郑州市地方志“一体两翼”工程
The “One Body Two Wings ” Project of Zhengzhou’s Local Chronicles

郑州地情报告

2022

郑州市地方史志编纂委员会　主办
郑州市地方史志办公室　编著

中国水利水电出版社
www.waterpub.com.cn
·北京·

图书在版编目（CIP）数据

郑州地情报告. 2022 / 郑州市地方史志办公室编著
. -- 北京 : 中国水利水电出版社, 2022.12
ISBN 978-7-5226-1203-4

Ⅰ. ①郑… Ⅱ. ①郑… Ⅲ. ①郑州—概况—2022
Ⅳ. ①K926.11

中国国家版本馆CIP数据核字(2023)第000828号

选题策划：马爱梅　宋建娜　李慧君
责任编辑：李慧君

书　　名	**郑州地情报告（2022）** ZHENGZHOU DIQING BAOGAO（2022）
作　　者	郑州市地方史志办公室　编著
出版发行	中国水利水电出版社 （北京市海淀区玉渊潭南路1号D座　100038） 网址：www.waterpub.com.cn E-mail：sales@mwr.gov.cn 电话：（010）68545888（营销中心）
经　　售	北京科水图书销售有限公司 电话：（010）68545874、63202643 全国各地新华书店和相关出版物销售网点
排　　版	中国水利水电出版社微机排版中心
印　　刷	北京印匠彩色印刷有限公司
规　　格	167mm×237mm　16开本　25.5印张　379千字
版　　次	2022年12月第1版　2022年12月第1次印刷
定　　价	**98.00**元

《郑州地情报告（2022）》编委会

侯丽芳　樊福太　郭　威　周少杰　王　勇　曲　翔
张　静　杨东方　严　波　王春涛　王利锋　刘娟娟
李晓玲　焦家如　位彩利　王　芳　侯震华

编纂说明

一、《郑州地情报告》以马克思列宁主义、毛泽东思想、邓小平理论、“三个代表”重要思想、科学发展观、习近平新时代中国特色社会主义思想为指导，认真学习贯彻落实党的十九大和历次全会精神，坚持辩证唯物主义和历史唯物主义立场、观点和方法，继承和发扬我国优秀文化传统，提高地方志资源开发利用水平，充分发挥存史资政育人的功能作用，积极服务郑州市国家中心城市现代化建设大局，客观翔实地记述郑州市在经济建设、政治建设、文化建设、社会建设、生态文明建设方面的发展状况，力求达到思想性、资料性、科学性的统一。

二、《郑州地情报告》由郑州市地方史志编纂委员会主办，郑州市地方史志办公室编著。该报告依据地方志资料年报制度要求，充分反映郑州国家中心城市现代化建设的工作实践，是系统记述本行政区域政治、经济、文化、社会和生态等方面情况的年度资料性文献，为机关、企事业单位等组织及外来投资者和社会各界人士了解郑州、研究郑州、建设郑州提供丰富翔实的地情资料。

三、《郑州地情报告》以出版年号为卷次名称，自2018年创刊以来，每年出版一卷。

四、《郑州地情报告》总体结构划分为三个部分：第一部分为总报告。第二部分为专题报告，收录各开发区、区县（市），部分市委部委、市直机关、人民团体的年度工作报告，突出展示各方面重点、亮点工作成效。第三部分为调研报告，收录部分开发区、区县（市），市委部委、市直机关、人民团体的专题调研报告，对一些全局性、典型性课题进行深入调查研究。

五、《郑州地情报告》所辑录的内容由各开发区、区县（市），市直各部、委、办、局等单位组织提供，均经各供稿单位审核。

六、《郑州地情报告》在组稿、编撰、印刷、发行过程中得到各有关部门和领导的大力支持，撰写人员付出了艰辛努力，在此一并谢忱。本卷《郑州地情报告》中的疏漏和错误之处，敬请专家和读者批评指正。

郑州市地方史志办公室

2022年7月

目录

Ⅰ 总报告

政府工作报告
——2022年4月27日在郑州市第十五届人民代表大会第五次会议上
…………………………郑州市人民政府代市长　何　雄/3

Ⅱ 专题报告

郑州市2021年组织工作报告………中共郑州市委组织部/33
郑州市2021年宣传思想文化工作报告
……………………………………………中共郑州市委宣传部/39
郑州市2021年统一战线工作报告
……………………………………………中共郑州市委统战部/47
郑州航空港经济综合实验区（郑州新郑综合保税区）2021年经济社会发展报告
………………郑州航空港经济综合实验区（郑州新郑综合保税区）管理委员会/52
郑东新区2021年经济社会发展报告
…………………………………郑州市郑东新区管理委员会/58
郑州经济技术开发区2021年经济社会发展报告
……………………………郑州经济技术开发区管理委员会/65

郑州高新技术产业开发区 2021 年经济社会发展报告
…………………… 郑州高新技术产业开发区管理委员会/69
登封市 2021 年经济社会发展报告 ……… 登封市人民政府/78
巩义市 2021 年经济社会发展报告 ……… 巩义市人民政府/83
新密市 2021 年经济社会发展报告 ……… 新密市人民政府/89
荥阳市 2021 年经济社会发展报告 ……… 荥阳市人民政府/95
新郑市 2021 年经济社会发展报告
………………………… 中共新郑市委　新郑市人民政府/102
中牟县 2021 年经济社会发展报告
………………………… 中共中牟县委　中牟县人民政府/108
中原区 2021 年经济社会发展报告
………………………… 中共中原区委　中原区人民政府/117
二七区 2021 年经济社会发展报告
………………………… 中共二七区委　二七区人民政府/124
金水区 2021 年经济社会发展报告
………………………… 中共金水区委　金水区人民政府/133
管城回族区 2021 年经济社会发展报告
…………… 中共管城回族区委　管城回族区人民政府/139
惠济区 2021 年经济社会发展报告
………………………… 中共惠济区委　惠济区人民政府/146
上街区 2021 年经济社会发展报告
………………………… 中共上街区委　上街区人民政府/151
郑州市 2021 年发展和改革工作报告
………………………………… 郑州市发展和改革委员会/158
郑州市 2021 年教育工作报告 ……………… 郑州市教育局/165
郑州市 2021 年科技工作报告 ……… 郑州市科学技术局/173
郑州市 2021 年工业发展报告
……………………………… 郑州市工业和信息化局/178
郑州市 2021 年民政工作报告 ……………… 郑州市民政局/182

郑州市 2021 年司法行政工作报告 ……… 郑州市司法局/189
郑州市 2021 年财政工作报告 ……………… 郑州市财政局/195
郑州市 2021 年人力资源和社会保障工作报告
…………………………… 郑州市人力资源和社会保障局/202
郑州市 2021 年自然资源和规划工作报告
………………………………… 郑州市自然资源和规划局/209
郑州市 2021 年城乡建设工作报告
…………………………………………… 郑州市城乡建设局/214
郑州市 2021 年住房保障和房地产管理工作报告
……………………… 郑州市住房保障和房地产管理局/219
郑州市 2021 年交通运输工作报告
…………………………………………… 郑州市交通运输局/229
郑州市 2021 年城市管理工作报告
…………………………………………… 郑州市城市管理局/234
郑州市 2021 年农业农村工作报告
……………………………… 郑州市农业农村工作委员会/242
郑州市 2021 年脱贫攻坚工作报告
……………………………… 郑州市农业农村工作委员会/251
郑州市 2021 年水利工作报告 ……………… 郑州市水利局/260
郑州市 2021 年林业工作报告 ……………… 郑州市林业局/267
郑州市 2021 年商务工作报告 ……………… 郑州市商务局/270
郑州市 2021 年文化广电和旅游工作报告
……………………………………郑州市文化广电和旅游局/277
郑州市 2021 年卫生健康工作报告
………………………………………… 郑州市卫生健康委员会/283
郑州市 2021 年应急管理工作报告
…………………………………………… 郑州市应急管理局/289
郑州市 2021 年统计工作报告 ……………… 郑州市统计局/294
郑州市 2021 年文物工作报告 ……………… 郑州市文物局/301

郑州市 2021 年园林绿化工作报告……… 郑州市园林局/306
郑州市 2021 年工会工作报告……………… 郑州市总工会/312
郑州市 2021 年共青团工作报告…… 共青团郑州市委员会/318
郑州市 2021 年妇联工作报告……… 郑州市妇女联合会/322

Ⅲ 调研报告

加快推动郑州文化旅游融合高质量发展 打造具有国际影响力的黄河文化旅游带
——关于沿黄文化旅游融合发展问题的思考研究
…………………………… 郑州市人大常委会民侨外工委/333
打造国内大循环战略节点、国内国际双循环战略链接点 全面推进高质量发展区域增长极建设
…………………………………… 郑州市政协经济委员会/339
加快郑州建设区域性科技创新中心的调查研究
………………………………… 中共郑州市委政策研究室/348
面向开放的郑州国际物流枢纽建设研究
………………………………… 中共郑州市委政策研究室/353
疫情影响下经开区构建更高水平对外开放格局的调查与思考……………………… 郑州经济技术开发区党工委/361
锻造新兴产业长板 厚植发展新优势 提升产业链龙头带动能力
——以郑州高新区传感器和超硬材料产业为例
…………………… 郑州高新技术产业开发区管理委员会政策研究中心/369
建设郑州都市圈黄河流域生态保护和高质量发展示范区思路举措研究……………… 郑州市发展和改革委员会/377
郑州黄河文化脉络及展示空间体系构建调研报告
…… 郑州市自然资源和规划局城乡规划编制研究中心/389

I

总报告

政府工作报告

——2022年4月27日在郑州市第十五届人民代表大会第五次会议上

郑州市人民政府代市长　何　雄

一、2021年工作回顾

2021年是郑州历史上极不平凡、极其艰难、极具挑战的一年，是踔厉奋发、顶压前行、难中求成的一年。特大雨灾与世纪疫情叠加交织，发展环境严峻复杂，风险挑战超过预期。关键时刻，习近平总书记对防汛救灾作出重要指示，为我们做好抢险救灾、恢复重建等工作提供了根本遵循和行动指南。李克强总理亲临郑州指导灾后重建，对加快解决城市内涝等突出问题提出了明确要求。孙春兰副总理坐镇指挥疫情防控，迅速遏制扩散蔓延势头、提升了精准防控水平。

一年来，省委、省政府对郑州发展高度重视，在发展定位、创新驱动、产业升级、防汛救灾、疫情防控、城市建设、生态保护、养老服务等方面提出具体要求，给予指导和大力支持，为我们指明了努力方向。在省委、省政府和市委的坚强领导下，我们坚持以习近平新时代中国特色社会主义思想为指导，深入贯彻习近平总书记关于河南及郑州重要讲话指示精神，统筹防汛救灾、疫情防控和经济社会发展，灾后恢复重建加速推进，常态化防控机制持续完善，高质量发展动能加速集聚，国家中心城市建设稳步推进。主要抓了以下工作。

（一）聚焦聚力抢险救灾，恢复重建统筹推进。2021年7月下旬，郑州遭遇历史罕见特大暴雨，极端小时雨量突破我国大陆气象观测记录历史极值，山洪滑坡、河流洪水、严重城市内涝等多灾并发，造成重大人员伤亡和财产损失，教训十分深刻。在习近平总书记和党中央的亲切关怀下，在省委、省政府的坚强领导下，在人民解放军、武警官兵、消防救援指战员、国家部委、央企及社会各界的大力支持下，我们坚持抢险救灾和灾后重建两手抓，及时处置常庄水库、郭家咀水库、南水北调干渠等重大险情，紧急转移安置群众34.6万人，用2天时间恢复全市通信网络，5天时间主城区居民小区通电通水，7天时间市政道路、城区桥梁隧道及公交线路恢复通行，10天时间居民小区积水抽排和主要道路、国省干线、县乡村道抢通；加快灾损房屋、塌陷道路、水利基础设施、农村公路修复，出台临时生活补助等惠民举措40多项，84个乡村住房集中安置点建设快速推进，金水河综合整治先行段开工建设，出台《加强应急管理体系和能力建设的意见》等系列文件，“一库一案”综合治理143座中小型水库，启动构建“31382”防洪防涝规划体系，灾后重建项目完成投资149.5亿元。

（二）聚焦聚力“六稳”“六保”，经济运行总体平稳。以非常之举应对非常之难，积极扩大增长点、转化拖累点、抓好关键点、稳控风险点、抢占制高点，树牢“项目为王”理念推进“三个一批”，全域全员开展“万人助万企”活动，出台加快企业复工复产20条措施等系列政策，帮助企业解决问题8956个，新增减税降费98.6亿元，较好稳住了经济基本盘。全市地区生产总值完成12691亿元、增长4.7%，规模以上工业增加值增长10.4%，社会消费品零售总额完成5389.2亿元、增长6.2%，一般公共预算收入完成1223.6亿元、增长0.3%，固定资产投资下降6.2%，居民人均可支配收入增长6%，新增各类市场主体27.71万户，全社会研发投入强度2.31%，进出口总额增长19.1%，占全省的71.8%，单位规上工业增加值能耗下降12.78%，居民消费价格指数上涨

1.1 个百分点。

（三）聚焦聚力蓄势增能，科技创新全面提速。中原科技城加快建设。全国“双创”活动周郑州主会场成功举办，签约高质量项目 50 个、投资金额 800 多亿元，与 50 多家知名企业达成合作意向，叫响了中原龙子湖智慧岛品牌；积极推进与省科学院、国家技术转移郑州中心融合发展，集聚各类高层次人才 908 名，成功签约上汽集团、超聚变等领军项目 87 个。创新资源加快集聚。嵩山、黄河等省实验室挂牌运行，获批国家新一代人工智能创新发展试验区，新增新型研发机构 10 家，获批省中试基地 2 家，荣获国家科学技术奖 9 项，新增高新技术企业 1212 家、增长 41%，万人高价值发明专利拥有量 6.41 件、增长 38.7%。新增科技型企业 2172 家、总量突破 1 万家，科技孵化载体在孵企业 1.49 万家，获批国家级创新平台 6 家、培育省级研发平台 241 家，实施重大一流课题 4 个。创新生态持续优化。发布郑州人才计划系列政策，引进各类人才 1.8 万人，郑州技术交易市场线下投入运营，技术合同成交额 306.5 亿元，规模以上工业企业研发活动覆盖率 58.8%；世界传感器大会成功举办，鲲鹏软件小镇（一期）投用，英国伦敦、德国汉堡、新加坡 3 个国际离岸创新孵化中心挂牌成立。

（四）聚焦聚力转型升级，产业发展态势强劲。制造业稳中向好。六大主导产业增加值增长 13.3%、战略性新兴产业增长 22.1%，分别占规模以上工业的 82.1%、43.4%。郑煤机等 17 家企业入选省制造业头雁企业。创新科区域总部基地等 281 个项目开工建设，富泰华 5G 智能手机、华锐光电等 284 个项目建成投产；工业技改投资占工业投资的 40.1%。新增“上云”企业 1.7 万家，认定“三高”企业 2035 家、“专精特新”企业 960 家。建成 5G 基站 2.5 万个，小微企业园开工 28 个。服务业提质增效。组织“醉美·夜郑州”等系列促消费活动，发放 2.5 亿元消费券，带动直接消费 57.4 亿元。获批国家级市场优化升级专项行动试点城市、服务业标准化（商贸流通专项）国家试点城市。存贷款余额突破 5.7 万亿元，新增上市企业 5 家。郑州商品交易所成交量、成交额增速居国内商品期货交易所首位，物流业增加值突破千亿元。数字经济加快发展。

超聚变公司首台服务器量产下线，浪潮安全可靠生产基地、中国长城（郑州）自主创新基地、紫光智慧计算机终端全球总部基地等项目加快建设，规模以上软件和信息服务业增长28.2%。现代都市农业稳步推进。新建高标准农田2万亩、高标准“菜篮子”示范基地6300亩，新创省级现代农业产业园2个。第三届郑州种业博览会暨第六届中原国际种业科技展览会成功举办。

（五）聚焦聚力协调发展，城乡统筹提质增速。城市人居环境持续改善。市区主次干道及支线路网完成改造440公里，老旧小区改造完工1994个，城乡接合部“三个清零”任务全部完成，打通“断头路”65条，市区新建公共停车泊位5.9万个。完成道路中小修130.5万平方米、治理病害窨井盖10.7万座、整改施工围挡526万平方米、拆除违法建设405万平方米，创建精品道路1017条，生活垃圾分类覆盖率97.2%；完成架空通信线缆入地改造207.7公里，三环内主次干道、主要支路等架空通信线缆基本清零，城市建设管理更加有序。枢纽建设稳步推进。机场三期扩建工程北货运区、高铁南站主体工程完工，郑许市域铁路贯通，郑济高铁郑濮段联调联试，第二绕城高速全线开工，省道312市区段建成通车，国道310西南段主线、环城货运通道全线贯通。基础设施建设步伐加快。32个核心板块加快建设，城市大脑三期全面启动，轨道交通运营里程206.3公里。四环线及大河路快速化工程全线通车。南部（二期）生活垃圾焚烧发电厂建成投入试运营，新建改造供水管网120.6公里、燃气管网105公里、供热管网91.3公里，新发展燃气用户11.5万户，新增集中供热入网面积776.6万平方米。乡村振兴扎实推进。开工建设精品村50个，89个示范村达到“四美”乡村标准，农村生活垃圾收运处置体系全覆盖，脱贫户人均可支配收入增长10.7%，94%的行政村集体经济经营性收入超过10万元。郑州都市圈扩容提质。都市圈范围由“1＋4”拓展到“1＋8”，积极谋划推进郑开同城化示范区，兰考纳入郑开同城化发展进程。谋划实施轨道交通S2线等合作项目，郑新产业带、许港产业带加快建设。

（六）聚焦聚力提档升级，改革开放纵深突破。重点改革扎实推进。

国企改革三年行动冲A百日攻坚扎实推进，11.2万国企退休人员实现社会化移交。实施“标准地＋承诺制”改革，盘活土地11.96万亩。成立市产业发展基金管理委员会，健全政府投资基金管理机制。全市供水“一体化一张网”改革落地，侯寨水源置换等工程加快推进。营商环境持续优化。全省综合排名连续三年第一，一体化政务服务能力跻身全国前十。上线“一件事”和高频事项946项，其中“掌上办”事项721项，115个“三跨”型“一件事”实现线下办理，申报材料、办理时限、跑动次数分别压缩58.7％、87.8％、82.8％；政府和社会投资项目审批时间分别压缩至61个、54个工作日内；分阶段办理施工许可证经验全省推广，房屋交易、缴税、不动产登记率先实现全域通办、一窗办理；信用分级分类监管实现重点行业领域全覆盖。“四条丝路”协同发力。郑州机场开通全货机航线48条，货邮吞吐量突破70万吨，连续两年跻身全球货运机场40强。国际货运班列（郑州）开行2002班；全国首个跨境电商零售进口药品试点获批；跨境电商交易额1092.5亿元、增长17.4％。铁海联运到发集装箱17930标箱、增长18.6％。获批国家新一轮中欧区域政策合作案例地区。自贸区郑州片区建设扎实推进。256项改革创新试点任务完成98％，实现“证照分离”全覆盖。中部地区首个自贸区法院、检察院挂牌成立。招商引资成效显著。“125计划”签约亿元以上项目149个、投资总额2279.4亿元，引进省外资金1252.4亿元、增长3.1％，实际吸收外资48.6亿美元、增长4.4％。实施“三个一批”项目322个、投资总额3909亿元。

（七）聚焦聚力黄河国家战略，生态环境持续改善。黄河流域生态保护和高质量发展核心示范区建设迈出坚实步伐。编制完成《核心示范区总体发展规划》《核心示范区起步区建设方案》；76.5公里沿黄生态廊道建成开放，大运河国家文化公园等项目加快建设。持续开展黄河“清四乱”专项行动，启动核心示范区内80个村庄生活污水治理和沿黄55个村庄环境综合整治，黄河干流水质断面稳定达标。污染防治攻坚战成效显著。中央生态环保督察交办案件扎实整改。综合优良天数237天，较上年度增加7天，在全国168个重点城市排名中提升5个位次，连续两年稳定退出后20位；$PM_{2.5}$平均浓度下降至42微克/立方米，居全省第2位，是全市有空气质量监测数据以来最好水平。7个城市集中式饮用水源地水质达标率100%，22个国、省、市控断面全部达标，农村黑臭水体源头“动态清零”。“双碳”工作扎实推进。碳达峰行动方案及碳中和城市建设规划加快编制，能源消费强度和总量“双控”持续推进，建成区重污染企业全部搬迁，16家年产30万吨以下煤矿关闭退出，压减煤炭产能252万吨、耐材产能70万吨，新增充电终端2600个，市区巡游出租车实现新能源车全部替代。生态屏障高效构建。实施国土绿化3.89万亩、抚育中幼林7.67万亩。新增绿地1783万平方米，新建生态廊道16条108公里，208个公园游园建成开放。成功申办2025年第十一届中国花卉博览会。

（八）聚焦聚力防风险守底线，本质安全统筹推进。去年以来，面对多轮疫情冲击，持续强化基层网格群防群控、重点部位联防联控、行业部门严防严控，用最短时间圈住封死扑灭疫情。夯实扁平化指挥、智慧化防控、人物环境同防、多点触发等“10＋N”防控体系，完善常态化防控和局部应急处置机制，压实“四方责任”，扎紧“四个口袋”，完善闭环管理机制，持续提升核酸检测、流调溯源、隔离管控等“五种能力”，科学化精准化防控水平持续提升。扎实开展安全生产专项整治三年行动，安全事故起数、死亡人数分别下降14.8%、20.8%。稳妥化解金融风险，32家P2P机构清理至8家、存量业务化解率97.1%，积极有序化解上市公司风险。强力开展问题楼盘攻坚化解，365个问题楼盘终结性化解297个、化解率81.4%。校园安全、食药监管、信访稳定、社会治理、平安建设持续加强。

（九）聚焦聚力民生福祉，群众获得感不断增强。民生投入1219.9亿元，占一般公共预算支出的75.1%。新增城镇就业13.63万人、农村劳动力转移就业4.96万人，零就业家庭动态为零。加大民办幼儿园政府回购，237所公办幼儿园投入使用，公办学位占比提高至56%，普惠幼儿园覆盖率84%。新投用中小学校30所，增加学位4.9万个，培育新优质初中54所，义务教育阶段大班额占比下降至6.6%。10所市属高中新校区开工建设。“双减”改革强力推进，午餐供餐和课后延时服务实现城乡全覆盖。国家卫生城市通过复审。国家区域医疗中心郑州儿童医院南院区投入使用，7家医院纳入省级区域医疗中心建设；县域医共体深入推进，100家政府主导的社区卫生服务中心全部建成，基层诊所标准化药房建设200家。新增养老服务设施284个、床位7200张。国家文化和旅游消费试点城市成功创建，德化街成功创建国家首批旅游休闲街区，辛丑年黄帝故里拜祖大典、黄河文化月等活动高水平举办，“唐宫夜宴”“只有河南”成为现象级文化精品。建成安置房56591套、回迁安置群众13.5万人，新开工15437套；筹集保障性租赁住房9万套、分配公租房8496套，有效缓解新市民住房困难。

过去一年，我们坚持重大事项向市委报告，自觉接受人大监督、政协民主监督和社会监督，认真办理人大建议和政协提案。扎实开展党史学习教育，持续加强能力作风建设，加强审计监督，政府自身建设不断加强。工会、共青团、妇女儿童、残疾人、红十字等事业健康发展，慈善募捐款物居全国省会城市第一位。国防、双拥、退役军人服务保障等工作持续加强，民族宗教、外事、侨务、对台、统计、审计、史志、气象、地震、文史、社科、援疆等工作取得新成绩。

各位代表！回顾2021年，我们深深体会到，习近平总书记领航掌舵、举旗定向是应对严峻形势、战胜困难挑战的主心骨和定盘星，我们必须坚决捍卫“两个确立”，做到“两个维护”；中国特色社会主义拥有无比强大的制度优势，郑州能在“7·20”特大暴雨灾害后迅速恢复生产生活秩序，是“全国一盘棋”，一方有难、八方支援的生动实践，我们必须坚定“四个自信”，强化制度优势。人民是真正的英雄，以任冀军、周帅锋为代表的党员干部在滔滔洪水面前挺身而出、不畏牺牲，千万市民守望相助、勇毅前行，展现出众志成城、命运与共的团结伟力，我们必须紧紧依靠群众、全心全意服务群众。省委、省政府统筹各方资源全力支持、倾心相助，进一步坚定了全市人民战胜困难的信心和勇气，我们必须锚定“两个确保”，实施“十大战略”，高水平推进国家中心城市现代化建设，努力在中原更加出彩中出重彩。在此，我代表市人民政府，向全市人民，向给予政府工作大力支持的人大代表、政协委员，向各民主党派、各人民团体和各界人士，向中央在郑单位和各类驻郑机构，向驻郑部队、武警官兵、消防救援指战员、公安干警、医务工作者、基层工作人员，向所有关心支持郑州建设发展的港澳台同胞、海外侨胞和国际友人，表示最崇高的敬意和最衷心的感谢！

回顾2021年，我们切实感受到，郑州作为快速发展的特大城市，在城市规划建设管理中还存在着应急指挥体系不顺畅、应急管理体制改革不到位、防洪排涝设施标准不高、预警与响应联动机制不健全、防灾避险自救能力不足等短板弱项。我们在“7·20”特大暴雨灾害中付出了沉痛代价，铭记“7·20”、告慰逝者最好的方式，就是把教训变教材、教材变方案、方案变行动，从快从实从严整改突出问题，把加快灾后恢复重建和应急能力提升作为重要任务，全面落实“两个坚持”“三个转变”，统筹好发展与安全两件大事，健全完善风险研判、决策风险评估、风险防控协同、防控责任考评等制度，加快韧性城市建设，持续提升防灾减灾救灾的基层基础和现代化水平，让我们的人民更幸福、城市更宜居！

回顾2021年，我们清醒认识到，经济社会发展中还有不少困难和问题：常态化、精准化疫情防控能力需要提升；产业链供应链循环不畅，部分企业生产经营困难；产业转型升级步伐需要加快，战略性新兴产业规模体量偏小；科技创新基础依然薄弱；生态文明建设任重道远；教育、医疗、养老等公共服务供给与群众需求还有差距；干部作风能力素质与国家中心城市建设还不适应。对此，我们将保持清醒，加快补短板、强弱项，切实解决好各种发展不充分、不平衡、不协调问题。

二、2022年政府工作总体要求和主要预期目标

2022年是党的二十大召开之年，这是党和国家政治生活中的头等大事，必须确保发展上得去、社会稳得住、城市管得好，营造平稳健康的经济环境、国泰民安的社会环境、风清气正的政治环境。

政府工作总体要求：以习近平新时代中国特色社会主义思想为指导，

全面贯彻落实党的十九届六中全会和中央经济工作会议精神，深入贯彻落实习近平总书记关于河南及郑州的重要讲话指示精神，落实省委十一届二次全会暨省委经济工作会议、市委十二届二次全会暨市委经济工作会议部署，坚持稳字当头、稳中求进、以进促稳，深入把握新发展阶段，完整、准确、全面贯彻新发展理念，主动服务和融入新发展格局，以深化供给侧结构性改革为主线，以改革开放创新为动力，以“当好国家队、提升国际化、引领现代化河南建设”“建设国家创新高地、先进制造业高地、开放高地、人才高地”为总目标，以“整体工作争先进成高原，重点工作创一流起高峰”为总要求，全面开展工作有标杆、落实有标准、突破有标志“三标”活动，深入实施“十大战略”行动，努力发挥好全省经济发展“领头羊”、社会治理“首善区”作用，全力开局破题，奋力高台起势，为服务全省乃至全国大局作出新的更大贡献，以优异成绩迎接党的二十大胜利召开。

主要预期目标：生产总值增长7.5%，全社会研发投入强度2.6%，居民人均可支配收入与经济增长同步，规模以上工业增加值增长10%，固定资产投资增长10%，社会消费品零售总额增长9%，进出口总值保持平稳增长，一般公共预算收入增长3%，城镇调查失业率控制在5.5%以内，居民消费价格涨幅控制在3%左右，单位生产总值能耗强度与“十四五”控制目标统筹衔接。

今年以来，全市上下积极应对“需求收缩、供给冲击、预期转弱”三重压力和多轮疫情等风险挑战。一季度，全市地区生产总值增长3.5%，规模以上工业增加值同比增长8%，固定资产投资增长8.1%，一般公共预算收入增长3%，经济运行企稳回升、稳中有进，基本面趋势向好。实现全年目标，要优化存量、扩大增量、激活变量，努力在不确定因素中坚持系统思维、谋求动态平衡，在风险挑战中化危为机、掌握主动，在百舸争流中奋勇争先、抢占先机。一是必须把发展作为第一要务。面对标兵渐远、追兵渐进的激烈竞争态势，不进则退、慢进亦退，不创新必退，我们必须入局不能出局。要抢抓构建新发展格局战略机遇、新时代推动中部地区高质量发展政策机遇、黄河流域生态保护和高质量发展历史机遇，以建设国内一流、国际知名的“四个高地”为引领，闯出一条具有郑州特色的高质量发展新路子，成为中部地区高质量发展的战略支点。二是必须把创新摆在发展的逻辑起点、现代化建设的核心位置。主动对接国家、省战略科技力量体系，大力实施创新驱动、科教兴市、人才强市战略，做强创新平台、壮大创新主体、集聚创新人才、完善创新制度、优化创新生态，让创新活力充分涌流、创业潜力有效激发、创造动力竞相迸发，奋力建设国家创新高地、人才高地，全面塑造竞争发展新优势。三是必须把制造业高质量发展作为主攻方向。制造业是实体经济的主体，是立国之本、兴国之器、强国之基，必须坚定不移推进制造业高质量发展，落实产业链链长和产业联盟会长“双长制”，聚焦“五链”深度耦合、“六新”加速突破，强化关键技术、材料、零部件等全链条培育，构筑以传统产业为基础、新兴产业为支柱、未来产业为先导的先进制造业体系，努力在国内大循环和国内国际双循环中成为关键环、中高端。四是必须把改革开放作为根本动力。坚决拆壁垒、破坚冰、解痛点、疏堵点，着力破解发展不平衡不充分的体制机制障碍，为高质量发展增动能、添活力；坚定不移走好“枢纽＋开放”的路子，以规则机制创新提升开放能级，加快构建互利共赢、多元平衡、安全高效的开放型经济新体制。五是必须牢牢守住安全底线。坚持人民至上、生命至上，强化系统思维、底线思维，统筹抓好疫情防控和经济社会发展，按照稳定大局、统筹协调、分类施策、精准拆弹的方针，时刻保持清醒警醒，主动发现化解风险点，全力消存量、控增量、防变量，在更高起点上打造本质安全城市。

三、2022年重点工作

今年是省委、省政府实施“十大战略”的开局之年，郑州是实施“十大战略”的主阵地，必须知重负重，率先破题，研究制定“一行动一专案”，建立健全主要领导高位推动、工作专班具体推进、定期研究部署、全面督查考评等保障机制，加快形成推动工作的强大合力，打造贯彻落实“十大战略”的郑州样板，确保省委、省政府的部署在郑州走深走实、见行见效，为高质量发展提供强大动能，以郑州一域之发展支撑全局更好发展。着重抓好以下工作。

（一）着力加快灾后恢复重建。认真对照《河南郑州“7·20”特大暴雨灾害调查报告》，全面落实《河南郑州等地特大暴雨洪涝灾害灾后恢复重建总体规划》《郑州市贯彻落实国务院灾害调查组〈河南郑州“7·20”特大暴雨灾害调查报告〉整改方案》和《郑州市特大暴雨灾害灾后恢复重建总体方案》。把帮助受灾群众重建家园作为重中之重，尊重自然、立足当前、着眼长远，在恢复重建中赢得新的发展机遇。一是加快灾损房屋建设。45个“新村模式”、39个“社区模式”、68处“拆除类”建设任务全部完成，4.6万户受灾农房恢复重建10月前完成，让群众住上安全房、放心房。汛前对全市房屋建筑开展隐患排查整治，重点防范切坡建房引发地质灾害风险等突出问题，切实消除安全隐患。二是提高防洪排涝能力。把补齐城市防洪排涝短板作为重点，加快编制“31382”防洪防涝规划，构建“上拦、中滞、下排”防洪体系，尽快将主城区防洪标准提高到200年一遇。实施143座中小型水库“一库一案”治理工程，主汛期前完成郭家咀水库、常庄水库、五星水库水毁修复、大坝加固工程，完成贾鲁河三个决口堵复、全市河道和水库水毁修复；金水河综合整治工程全面开工，主汛期前帝湖、大学路桥、北闸口、水上餐厅等防洪卡口完成改造，2023年除涉铁工程外全面完工，打造安全河、生态河、幸福河、景观河；加快推进贾鲁河综合治理七里河分洪、南水北调左岸截流等工程前期工作；“一点一策”整治城区道路46处易涝点、198处积水点。三是修复提升受灾基础设施。开展城市体检和灾害综合风险排查，分类改造位于地下空间的备用供电、排水泵站等关键设施，强化重大生命线工程安全保障。汛前基本完成水毁工程修复，6月底前完成较大、重大灾毁路段恢复重建，10月前完成特别重大灾毁路段恢复重建。四是完善应急体系。建立“131631”气象预报等十项机制，实现预报、预判、预警、预案、预演“五预”有机衔接，构建统一指挥、专常兼备、反应灵敏、上下联动的应急管理体制。用大概率思维应对极端天气和重大自然灾害，立足防大汛、抢大险、救大灾，始终保持高度重视、清醒、警觉，全力守护人民群众生命财产安全。加强全灾种大应急综合性消防救援队伍建设，推进应急装备现代化，强化应急实战演练，提升应急保障能力。加快市综合性应急救援保障基地建设，构建市县乡三级应急救灾物资储备体系。开展防灾科普“五进”活动，提高群众安全意识和防范能力。

（二）着力稳定经济运行。把稳增长摆在更加突出的位置，确保经济运行在合理区间。一是扩大有效投资。坚持“以项目论成败、以项目论英雄”，建好调优储备库、拟开库、在建库、竣工库，滚动实施“三个一批”，力争签约项目100个、开工200个、投产150个，确保签约率、开工率、投产率、达效率保持全省前列。突出抓好年度投资5839.9亿元的2020个重大项目、年度投资4670亿元以上的924个省市重点项目、年度投资807亿元的233个市本级政府投资项目，强化项目全生命周期服务管理，畅通审批服务和要素保障绿色通道，加快政府专项债券支付进度，发挥好投资“压舱石”作用。专人专班推进华为区域总部、海康智能制造、一汽新能源、比亚迪整车及零部件生产二期、富士康关联配套、华润城市更新等一批高质量项目，确保项目快落地、快开工、快见效。加快观音寺调蓄等重大水利工程、重大交通工程、重大能源工程建设进度，争取完成更多实物工作量。谋划实施总投资3954.4亿元的新基建项目，优化提升信息基础设施、城市融合基础设施，加快智慧社区、数字乡村建设。谋划包装城市更新项目，每个县（市）至少确定1块、主城区各区确定3～5块，通过城市更新提升片区发展活力动力。芝麻街1958双创园、国际金茂港、自贸科技中心等16个项目加快前期设计，积极稳妥推进。在郑东新区、常西湖片区加快建设A类、B类、C类、D类人才公寓，在北龙湖区域规划建设高层次人才公寓组团。二是加快建设独具特色的国际消费中心城市。大力实施国际活动提升、口岸经济引领、特色服务消费等九大工程，积极发展消费新业态新模式。发展新消费经济。吸引知名电商在郑设立区域性、功能性总部，推动UU跑腿、中钢网等本地电商规模化发展，探索休闲食品、电子制造、轻纺家居、家用电器等特色产业与电商融合发展。谋划设立全球汇进出口商品展示销售平台。积极发展“直播经济”“网红经济”，支持蜜雪冰城、锅圈食汇等50个新型消费明星项目提质发展。发展会展消费。建设新国际会展中心，将郑州全国商品交易会等项目打造成行业领先的专业展会。积极引进世界高水平单项体育赛事和综合性运动会，谋划全国顶级电竞赛事。发展特色文旅消费。打造沿黄文化产业带，积极申办世界大河文明论坛；加快建设“天地之中”、黄帝故里、商代王城遗址等三大文化核心展示区；支持银基、方特创建国家级旅游度假区，支持电影小镇、“只有河南”、黄帝千古情等景区提升品牌影响力，继续办好黄河文化月等重大活动，办好首届中国非物质文化遗产保护年会。促进商品住房合理消费。加快建立多主体供给、多渠道保障、租购并举的住房制度，稳妥实施房地产长效机制，落实《关于促进房地产业良性循环和健康发展的通知》，稳地价、稳房价、稳预期，支持商品房市场更好满足购房者合理住房需求，有效保障新就业大学生、进城务工人员、新型人才等群体安居发展。提升国际消费水平。实施国际消费供应链体系建设，在自贸区郑州片区及各大商圈推行“保税网购＋线下提货”模式。大力发展“免税经济”“退税经济”，探索“消费＋登机预办”一体化试点，形成内陆免税购物新高地。提升消费集聚能力。打造二七广场、高铁东站两大国际化核心商圈，提升二七万达、中原万达、惠济万达、锦艺城、大卫城以及郑东新区中央商务区、商代王城遗址特色街区、农科路酒吧休闲一条街等特色消费场景，各区县（市）至少打造两个地标性消费场景、网红打卡地。推动德化街创建国家级步行街，打造“夜郑州”特色品牌，全力培育郑州“现象级”消费。三是提升流通能力。推进国际性综合交通枢纽提档升级，畅通骨干物流通道，加快空陆网海“四位一体”对外开放大通道建设，推动东西向“一字型”大通道、“几字型”综合运输走廊、南北向客货运大通道加快形成，有效提升“一单到底、通达全球”的集疏通达能力和综合运营效益。加快大型物流、智慧化集成商、集成企业集聚，推动“枢纽＋通道＋网络”有机衔接，实现交通区位优势向枢纽经济优势转变。以贸易集聚带动流通扩量，让人流、物流、资金流、信息流、技术流由“流量”变“留量”，把“留量”转化为经济增量。四是服务市场主体。越是困难的时候，越要多给企业力量和信心。扎实推动企业管理创新等“八个深化”，推进“万人助万企”活动中小微企业全覆盖。全面落实纾困帮扶中小企业政策措施，支持餐饮、住宿、零售、文化、旅游等行业企业挺得住、过难关、有奔头。引导金融机构加大对受灾情疫情影响严重行业企业的融资支持，避免出现行业性限贷、抽贷、断贷，推动解决实体经济融资难题。整治拖欠中小企业账款行为，机关、事业单位和国有企业带头清欠；巩固涉企行政事业性“零收费”成果，开展涉企违规收费专项整治；用好财政资金直达机制，确保第一时间直达基层、直接惠企利民。弘扬企业家精神，制定涉企政策多听市场主体意见，支持企业家专注创业创新、安心经营发展。开展企业家领航计划和优秀企业家培养计划，新增领军型、成长型企业家200名，培训企业家1000名以上。力争新增市场主体25万户以上。

（三）着力增强创新动能。瞄准“六个一流”，打造科技人才高度集聚、创新要素高度整合、科创活动高度活跃的国家创新高地。一是推进中原科技城与省科学院融合发展。对标国际水准、国内一流，高起点规划260平方公里的中原科技城，全域布局基础研究、产业研究、未来研究和实验室、中试基地、大科学装置等，联动打造国家创新高地的新高峰。积极引进大院名所、科技型“头部”企业、省内外龙头企业研发机构、高层次人才团队，做好宇通自动驾驶研究院、北理工郑州研究院等12个拟入驻省科学院团队服务对接，加快推进人工智能公共实验室、中电科27所河南省电子装备柔性中试基地等7个首批项目，力争引进头部企业20家以上、省内外科技企业及高质量研发团队50个以上。引进高端配套商业，高标准做好物业管理服务保障，集中配置“畅聊沙龙”“创业食堂”等生活设施，打造集创业孵化、生活服务、社交互动于一体的人才社区。发展创新金融，设立50亿元中原科技城科研产业引导基金，建立市级基金备投优质企业项目库和风投创投基金投资引导目录，实现总部、金融、高端商贸等传统产业与科技创新产业融合发展。推进郑州技术交易市场建设，用好国家技术转移郑州中心，谋划建设公共服务平台5个，集聚创新要素市场，加快构建“研发在郑州、孵化在周边、转化在全省”科技研发及成果转化格局。二是引进培育一流创新平台。加快建设郑开科创走廊，支持嵩山、黄河、龙湖现代免疫等省实验室高标准建设、高效能运转，争创国家实验室或分支（基地）。推动在郑国家重点实验室提质增效、省级重点实验室结构优化。加快推进国家技术转移郑州中心、“中原之光”超短超强激光、智能传感器关键技术（MEMS）平台建设；谋划建设重大科技基础设施功能区，争取更多国家级大科学装置在郑布局。加快省产业研究院、中试基地建设，促进科技成果高效转化。推行“研究院＋创新平台＋合作项目”运行模式，部门、县（市）区、开发区与功能板块协同联动，完善科技创新资源对接机制，围绕电子信息、新能源汽车、硬岩盾构等优势领域，新建省级以上创新平台100家。加快国家新一代人工智能试验区建设，围绕物流、制造、农业以及城市管理等领域，谋划打造20个应用场景。三是加速集聚创新人才。城市因人才更精彩，人才因城市更出彩。聚焦主导产业“双招双引”，力争引进全球知名科学家、两院院士、杰出青年等高端人才500名，博士以上优秀青年人才1500名，引进培育市级创新创业团队项目30个以上。落实青年人才创新创业十条新政，实施百万大学生留郑计划，构建近悦远来的良好人才生态，力争来郑留郑大学生20万人。推动大学校区和产业园区、城市社区“三区”融合，打造环大学创新经济带，规划建设两个5～10平方公里青年创新创业园，打造青年人才“拎包入住”“拎包办公”服务模式。加快国家双创基地、众创空间建设，政府主建的孵化器等创业载体至少有30%的场地免费提供给大学生创业。建立100亿元青年创新基金，完善“郑科贷”“人才贷”“人才保”金融服务模式，为青年人才创新创业提供全链条金融支持。三年筹集建设40万套人才公寓，五年内保障100万青年人才居住，今年完成7万套。筹建投用一批青年人才驿站，为来郑就业创业的大学生提供7天免费住宿，让整个城市成为青年人才创新创业的“加油站”“孵化器”。全面放开在中心城区居住、就业、学习人员及直系亲属的户口迁入，让各类人才潜心钻研、尽展其能。四是打造一流创新生态。推进规模以上工业企业研发活动覆盖率达到65%、研发投入增长17%以上，新增高新技术企业1000家、科技型企业1500家，万人高价值发明专利拥有量达7.5件以上。推动中原龙子湖智慧岛实体化市场化运营，统筹推进架构设计、空间整合、创新金融、政策体系、人才服务等工作，着力打造全要素、低成本、便利化、开放式的国家级双创示范区。健全职务科技成果产权制度，建立县（市）区与高校、科研机构常态对接机制，构建“需求众筹＋揭榜挂帅＋科学评审＋里程碑管理＋绩效评价”管理链条，提高科技成果就地转化率。在产业发展、协同创新、人才培育、联动应急等领域推进军民深度融合发展。

（四）着力构建现代产业体系。把制造业高质量发展作为主攻方向，构建产业生态圈、创新生态链，加快形成以先进制造业为支撑、现代服务业为主导的现代产业体系。一是推进产业集群式发展。坚持“五链同构”谋划产业图谱，突出“一群多链、聚链成群”，推动产业由集聚向集群发展。大力拓展电子信息产业，突出“芯、屏、网、端、器、用”，推进超聚变服务器、紫光智慧计算终端全球总部等50个重点项目建设；大力引进手机终端芯片材料、设计封测等产业，发展可穿戴设备和医疗器械等智能终端，加快中国（郑州）智能传感谷起步区建设，力争电子信息产业规模达到5500亿元。壮大新能源汽车产业，以电动化、智能化、网联化为方向，建成上汽乘用车郑州基地二期项目，开工建设宇通新能源商用车基地、比亚迪整车及零部件生产二期、一汽新能源等项目，新能源汽车产量突破15万辆；抢抓燃料电池汽车应用示范城市群建设机遇，依托上汽、宇通等新能源整车企业，大力引进发展新能源电池产业，制定氢能储运加用规范标准，出台加氢站管理办法，积极推动以燃料电池货车和客车为主的多场景示范应用。大力发展装备制造业，加快推进海康威视郑州科技园和传感器生产基地、格力灯塔工厂等重点项目，发挥宇通重工、七一三所、郑煤机、中铁盾构等行业骨干作用，推动智能装备、工程装备、轨道装备、电气装备、起重装备、节能环保装备等高端装备制造业做大做强。积极发展生物医药，引进清华中医研究院，推进安图生物诊断仪器产业园、中牟官渡生物医药产业园等重大项目，推动 1～2 个创新药获批上市。支持具备条件的企业争取国家药品集中采购，打造区域性药品药械供应基地。同时，通过数字化赋能、服务化转型、集群化培育，加快推进现代食品、铝加工等传统优势产业发展。二是开展产业项目会战。支持开发区和县（市）区找准融入产业链突破点，加快成为具有独特优势的产业集群关键环、中高端。以资本纽带、股权纽带为突破口，发挥产业基金招商作用，力争签约亿元以上制造业项目 150 个，签约总额全市招商占比 30%以上。引导对接“头雁”、单项冠军等企业，在财政资金、融资担保、要素保障、研发投入等方面助力中小微企业做大做强，贯彻落实《支持“专精特新”中小企业高质量发展的实施意见》，培育认定“专精特新”企业 500 家以上，新增超百亿元企业 2 家、入规工业企业 310 家、“三高”企业 1000 家。三是拓展产业发展空间。强化“亩均论英雄”作用，开发区加快推进调规扩区，县（市）区盘活闲置用地，腾出低效用地，置换商业和安置用地，调优调增产业发展空间。加快 32 个核心板块建设，科学导入新业态、新模式、新经济，谋划落地一批高质量项目。高质量建设 60 个小微企业园，引导小微企业入园 6000 家。四是强化产业要素配置。推行“标准地＋承诺制”，在中原科技城、重点招商区域实行新型产业用地政策，努力做到熟地等项目、拿地即开工。大力开展企业技术改造提升行动，滚动发布“四基”突破清单，推进消费品“三品”战略，实现规模以上制造业企业技术改造全覆盖。对重点企业实行主办银行制度和“白名单”制度，促进普惠金融、绿色金融、科技金融融合发展，提高信易贷平台覆盖面，让广大市场主体切实感受到融资便利度提升、综合融资成本明显下降。完善差异化用地用能排污等机制，调动资源要素向重点产业重点企业重点项目倾斜。出台支持建筑业高质量发展意见，实施“内培外引”战略。五是加快数字经济发展。持续完善“一云、一网、一平台、一中心”和“政府、社会、经济三条数字化转型主线”的“数字郑州”体系。加快数字政府建设，坚持以“数字政府”建设为带动，加快完善提升政务服务“一网通办”、率先完善拓展“数字郑州”智慧化应用、实现政务数据“一网通享”，促进各个方面加快数字化步伐。完善数字基础设施，重点推进

"381"专项工程，加快中国联通中原数据基地、中国移动网络云郑州大区中心等208个重点项目建设，争创国家级新型互联网交换中心，新增数据中心机架9000个；在地铁智能化、无人驾驶、交通枢纽、智慧化学校、智慧化医院等领域加密5G基站布局，累计建成3万个以上。壮大数字产业，启动规模以上企业数字化改造，开展"上云用数赋智"行动，新增上云上平台企业1万家，规模以上软件和信息服务业增长20%以上；整合算力资源，发展计算产业；探索设立数据交易所，建成国家工业互联网平台应用创新推广中心。推进数字治理，以城市大脑三期项目为抓手，打造全市"一屏掌控"、政令"一键智达"、监督"一览无余"、绩效"自动生成"的数字化协同工作平台；围绕市域社会治理一体化、新城建、数字孪生城市等重点领域，大力开发数字应用场景，构建智慧城市"一网统管"数治体系，加快建设"智慧社区"。营造数字生态，实施数据价值化推进和数字生态体系建设行动，大力招引发展软件企业和人才，推进鲲鹏软件小镇建设，培育省级以上软件园区3～4家；大力发展智慧教育、在线办公、在线文娱、元宇宙等新业态新模式，继续办好数字经济峰会、"强网杯"网络安全挑战赛。六是推动现代服务业加快发展。培育引进企业总部和区域总部，着力发展枢纽经济、信创经济、头部经济。持续推进国家区域性金融中心建设，发展基金产业、提升集聚效应；支持郑州商品交易所优势再造，加强上市后备企业培育，新增上市公司5家。完善多式联运和城乡配送网络体系，推动物流业与制造业、电商、跨境贸易深度融合，围绕国际物流、冷链物流、即时物流、供应链等，培育全国领军型、特色标杆型、新兴成长型物流企业，力争物流业增加值增长8%以上，A级以上物流企业达到129家。积极做好网络货运数字产业园区建设，力争3年内入驻企业300家、年交易额1000亿元。加快壮大科技服务业，发挥基金、风投等多元投资作用，为科技企业提供精准金融服务。加快拓展工业设计、工程设计等市场规模。高标准完成国家商贸市场化升级试点任务，推进商贸市场提质增效，年交易额突破5000亿元。大力发展体育、养老、育幼、家政等生活性服务业。

（五）着力扩大对外开放。深度融入共建"一带一路"，着力培育壮大航空经济、引育集聚高铁经济、提质增效陆港经济、做大做强临港经济，打造国家开放高地。一是强化枢纽开放平台。统筹规划枢纽经济区，实施枢纽能级巩固提升行动，郑州南站、郑济高铁郑濮段建成运营，机场三期、通航产业示范区等加快建设。用好第五航权，争取第七航权，深化郑州—卢森堡双枢纽战略合作，打造卢森堡货航亚太枢纽；加快中原龙浩和中州航空等货航企业发展，力争郑州机场客货吞吐量达2400万人次、75万吨。加快中欧班列集结中心建设，力争我市中欧班列（中豫号）开行班次增长30%。提升跨境电商综试区核心区的引领辐射带动作用，发展跨境“电商+空港+陆港+邮政”运营模式，推动“电商+外贸+郑州制造”深度融合，推进跨境电商零售进口药品试点业务扩面提质，发展“产业带+跨境电商”模式，支持本地企业依托海外仓积极布局全球供应链。加强铁海联运枢纽网络建设，力争实现“一单到底”，铁海联运达到2万标箱。二是完善提升开放体系。积极对接区域全面经济伙伴关系协定（RCEP）经贸新规则，建立汽车整车及零部件、机械等RCEP关税减让对比清单，争取RCEP成员国经贸促进机构在郑设立代表处，探索建设RCEP经贸合作示范区。高标准建设自贸区2.0版，建立自贸区郑州片区、中原科技城、自创区郑州片区政策共享机制，推进自贸区、自创区“双自”联动；发展临空偏好型、高铁偏好型、港口偏好型产业，加快形成“临空+自贸+保税”叠加优势；扎实推进新郑综保区扩区工作。提升口岸及海关特殊监管区域功能，加快建设郑州全国重要国际邮件枢纽口岸，争取中邮航空第二基地落户；积极争取航空口岸过境人员144小时免签政策；推动经开综保区与汽车整车口岸联动发展；依托进口肉类口岸及万邦国家骨干冷链物流基地，打造中部地区进口肉类（水产）交易分拨中心；依托上街国际陆港第二节点，做好木材口岸申建前期工作，在航空港区规划建设国际陆港中心港。三是提高招商引资实效。围绕主导产业，构建以政府为引导、以中介机构为桥梁、以驻外机构为窗口“三位一体”招商网络，常态化开展京津冀、长三角、大湾区等重点区域招商，建立港资、台资、日韩、世界500强企业四个利用外资专班和重大外资项目工作专班；深化驻外办事处（联络处）改革，各开发区、县（市）区选派一批有经验的年轻干部常态化驻地招商。创新招商模式，提升基金产业集聚效应，围绕电子信息、汽车、装备制造、数字经济、网络安全、生物医药等强化基金招商。建立市县两级联动招商机制，定期研判、动态关注招商线索。继续实施高质量招商“125”计划，新引进百亿级头部企业项目16个，30亿元以上8个、10亿元以上24个、5亿元以上主导产业链项目56个，力争签约总额突破6500亿元。办好2022世界传感器大会、第六届全球跨境电商大会、2022中国（郑州）国际智能网联汽车大赛、首届“空中丝绸之路”国际合作论坛、2022中国（郑州）产业转移系列对接活动等重大赛会活动，引进落地一批高质量项目。

（六）着力推进高品质城市建设。坚持人民城市人民建、人民城市为人民，提高城市发展持续性、宜居性，让人民群众生活更方便、更舒心、更美好。一是科学编制落实城市规划。围绕郑州都市圈“1＋8”空间格局和新战略要求，以《郑州市国土空间总体规划（2020—2035年）》为核心，构建“五级三类”国土空间规划体系；以主体功能区规划为基础划定“三区三线”，确保“一张蓝图绘到底”。配合做好郑州都市圈发展规划编制，完成经开区和高新区扩区规划、郑开同城化规划、中原科技城与省科学院融合发展规划。二是加快建设“轨道上的都市”。力争6号线一期首通段、3号线二期、城郊线二期、郑许市域铁路等项目建成通车，加快7号线一期、8号线一期等线路建设，力争年底通车里程达到294.5公里。小李庄客运站（郑州南站）上半年开工，S2线贾鲁河至登封段年内开工。启动第四期建设规划编制。三是持续完善基础设施。下穿二七广场隧道建成通车，彩虹桥主体工程大头落地，开工新龙路、农业路西延、紫荆山路—长江路组合立交、北三环跨京港澳高速组合立交等工程。加快推进国道107东移（郑开交界至炎黄大道段）新建工程、省道541（南四环至国道310段）等项目。全力推进高速公路“13445工程”，加快建设第二绕城高速、中心城区至航空港区路网，实现市域交通“内捷外畅”。加快燃气等生命线工程建设更新，新建燃气管网100公里，新增居民用户9万个；新建供热管网30公里、新增集中供热面积500万平方米；更新改造老旧供水管网 80 公里、燃气管网 150 公里、供热管网 43 公里、排水管网 30 公里。坚持“四水四定”，加快建设节水型城市，科学统筹南水北调水、黄河水等水资源配置使用，加快西水东引等项目建设，实现以水润城、城水共生。四是着力提升城市品位。坚持“规划先行、样本引路，市级统筹、县区为主，分级推进、分步实施”，强力推进城市更新。以现代理念开展城市设计，让城市更有颜值、有温度、有活力。规范城市建筑物外立面，扩大“多杆合一”智慧灯杆覆盖范围。支持新郑、巩义、荥阳建设中等城市。五是持续提升精细化管理水平。深入实施“序化、洁化、绿化、亮化”提升行动，常态化监管、查处占道突店经营、噪声扰民等问题，强化施工围挡、网线入地等综合整治，四环内主次干道、主要支路空中管线入廊入地、道路箱柜应减尽减。实施停车序化管理“1＋6”方案，试点停车资源共享，完善智慧停车系统建设运营，实现停车系统“一网通管”，积极缓解停车难问题。六是高水平建设“1＋8”郑州都市圈。发挥郑州龙头带动作用，做强国家中心城市内核，带动都市圈发展强起来。推动建立政策协同、产业协同、项目协同、利益共享、信用共享、联动协商、应急联动“七项机制”，在生态联保、飞地园区合作、共投产业基金、对外开放合作等方面，探索“融城成圈、一体发展”。实施郑开快速路改造、郑州至洛阳高速公路等重大工程，持续构建以郑州为中心的“半小时通勤圈”。推进郑开、洛巩、许港、郑新、郑焦、郑漯产业带建设，形成以郑开科创走廊、许港产业带、开港产业带为骨架的郑汴许“黄金三角”。推动都市圈政务服务“一网通办”，实现涉企便民服务事项异地通办。深化沿黄城市合作联动，加快建设郑洛西高质量发展合作带。

（七）着力推进乡村振兴。在全面推进五大振兴的基础上，固根基、扬优势，推动乡村振兴取得新进展、农业农村现代化迈出新步伐。一是扛稳粮食安全责任。严格落实粮食安全“党政同责”，严守耕地保护红线，严格管制耕地用途，坚决遏制耕地“非农化”、防止“非粮化”；强化农业科技支撑，抓好种业科技攻关，扶持种业企业做大做强、做专做优。新建高标准农田 4.57 万亩、提升建设高标准“菜篮子”生产示范基地 2000 亩。二是持续巩固拓展脱贫攻坚成果。扎实开展“万企兴万村”行动，推动巩固拓展脱贫攻坚成果与乡村振兴有效衔接，教育、医疗、住房、低保、养老等政策向有实际困难的脱贫人口倾斜，加强脱贫不稳定户、边缘易致贫户和突发严重困难户监测预警。发展特色产业，加强劳务协作、职业技能培训，促进脱贫人口持续增收，巩固“两不愁三保障”成果，坚决守住不发生规模性返贫致贫底线。三是突出产业振兴。大力发展都市型农业、食品加工业、三产融合产业、特色产业，实施企业升级、延链增值、绿色发展、质量标准、品牌培育五大行动。创建省级现代农业产业园 4 个，新建、认定县级以上现代农业示范园 30 家。做强做大“一村（乡）一品（业）”，创建国家级农业产业强镇。加大新型经营主体培育力度，全面激活农民主体、农业要素、农村市场。实施休闲农业与乡村旅游精品工程，加快构建全域乡村旅游新格局。全市行政村集体经济经营性收入基本达到 10 万元以上。四是加快美丽乡村建设。以美丽乡村精品村为试点，打造一批集便民服务、土地管理、集体产权、电子商务等为一体的“数字村庄”。建成精品村 50 个、示范村 80 个、美丽乡村旅游精品线路 5～10 条，完成村庄环境综合整治 75 个。推进农村供水“四化”建设，实施“治理六乱、开展六清”人居环境集中整治行动，促使乡村全面净起来、绿起来、亮起来、美起来。加快推动县域内城乡基础设施一体化、基本公共服务均等化。五是深化农村改革。进一步向基层放权赋能，激发乡镇发展活力；加快农村集体产权制度改革，持续开展农村产权流转交易市场建设试点，探索“合作社＋集体经济组织＋村民”模式，提高集体经济发展能力；稳慎推进农村宅基地制度改革，提高土地产出率；深化农业科技体制机制改革，构建适应现代农业发展的农技推广体系。

（八）*着力推动绿色低碳发展*。坚定不移走生态优先、绿色低碳的高质量发展之路，加强污染治理和生态保护修复，促进人与自然和谐共生。一是创新发展清洁能源。实施新能源提质、清洁能源外引、煤电转型升级、电力网源储优、油气保障能力提升工程。统筹推进地热供热、屋顶光伏、再生水综合智慧清洁能源等项目。配合做好西气东输三线河南段建设，加快省外清洁电力引进，有序降低煤电占比。统筹推进新能源汽车充电终端的规划建设。二是发展绿色低碳产业。坚决遏制“两高”项目盲目发展，推动能耗“双控”向碳排放总量和强度“双控”转变，用好国家碳减排支持工具和2000亿元支持煤炭清洁高效利用专项再贷款政策，建设一批“双碳”试点园区（企业），装配式建筑占新建建筑面积30%以上。三是加快形成绿色循环体系。积极创建“无废城市”，16座区级生活垃圾分拣中心建成投用，南部（二期）生活垃圾焚烧发电项目满负荷生产和规范化运行，西部生活垃圾焚烧发电项目加快推进，生活垃圾分类覆盖率98%以上、回收利用率38%以上；加快推进侯寨垃圾填埋场生态修复工程、南曹污水处理厂和郑州新区污水处理厂二期工程建设，启动陈三桥污水厂二期提标改造工程。四是深入打好污染防治攻坚战。全面实施$PM_{2.5}$与臭氧协同治理，抓好工业企业、移动源和面源污染防控，“3+2”新能源车替换持续推进，PM_{10}、$PM_{2.5}$平均浓度完成省定目标，稳定退出全国168个重点城市后20位。坚持“五水综改”，压实“河湖长+警长+检察长”责任，持续开展集中式饮用水源地、南水北调总干渠保护区和城市黑臭水体环保专项行动。实施污染地块和国土空间规划“一张图”监管，试点开展农业面源污染调查监测，确保化肥、农药使用量零增长。五是加快打造绿色屏障。巩固黄河“清四乱”治理成果，深入实施“三滩分治”，系统推进山水林田湖草沙综合治理，让绿色成为母亲河的鲜明底色。全面推行“林长+检察长”制，实施山区增绿添彩、城乡绿化美化。严格控制树木迁移、砍伐，启动邙岭生态修复，恢复重建廊道绿道13.4公里、林木2.32万亩、森林抚育2.97万亩。

（九）着力推动改革取得更大突破。把改革作为开新局、育先机的重要抓手，以改革解难题、促发展、增活力。一是持续推进“放管服效”改革。强力推进“四减一优”专项行动，抓实“高效办成一件事”，实现公共服务事项接入、高频事项“一件事一次办”基本覆盖，强化“一次告知、一表申报、一窗受理、一次办好”，实现1000个政务服务事项“即来即办”、500个事项3个工作日内办结。全面实行企业投资项目承诺制、推行一枚印章管审批，对社会投资低风险工程建设项目实行“极简”审批，推动容量160千瓦及以下小微企业用电报装“零投资”，水气热报装流程精简到2个环节、3个工作日内；提升“掌上办”覆盖面，郑好办App新开发上线惠企利民事项200项以上，“零材料”办理事项300项，“免证办”事项100项。二是持续优化营商环境。营商环境没有最好，只有更好。畅通企业群众诉求反映渠道，做到有诉即接、有诉即应、有诉必办。大力建设信用城市，稳步推进信用信息向金融机构开放共享，“零”容忍打击恶意逃废债，让失信者寸步难行；政府带头讲诚信，全面开展依法依规兑现承诺行动，全面营造重信践诺社会环境。聚焦“六最”目标，推进营商环境优化重点任务，确保综合评价排名全省始终保持第一，所有开发区、县（市）区全部进入省排名20%以内，3～5个单项指标进入全国标杆城市行列。三是扎实推进重点领域和关键环节改革。打好国资国企改革“三年收官战”。有序推进战略重组和专业化整合，在产业投资、资本运作、金融服务、交通运营、文化旅游等领域组建培育一批龙头企业集团。坚持“一企一策”，完善现代企业制度，强化以管资本为主的国有资产监管体制，增强国有经济的竞争力、创新力、控制力、影响力和抗风险能力。稳妥推进机关事业单位改革。通过“撤、并、增、转”，做好党政机构改革“后半篇文章”，对专业性较强的公务员职位探索试行聘任制。推进政事分开、事企分开、管办分离，在全省率先完成事业单位重塑性改革。强力推进开发区管理体制改革。坚持“一区一策”，完成“一县一省级开发区”整合挂牌；实质化推进“管委会+公司”模式，招引国内外知名园区运营商参与专业运营，稳步推进社会职能剥离，年底前完成改革任务。

（十）着力保障和改善民生。把群众身边小事当成政府头等大事，聚焦“一老一小一青壮”民生问题，尽力而为、量力而行，让群众获得感更加厚实、更可持续。一是高质量办好重点民生实事。①高质量推进“人人持证、技能河南”建设，新增技能人才39万人，新增城镇就业13万人、农村劳动力转移就业3.5万人。②新建街道养老服务中心10个、社区日间照料中心200个。③建成托育指导中心17家、乡镇（街道）普惠托育中心150家。④打通“断头路”50条，新增公共停车泊位5万个以上，治理提升建成区公共区域窨井盖5万个。⑤免费为符合条件的新生儿、孕妇、适龄妇女、重点人群开展疾病早筛早诊工作，对符合条件的残疾及孤独症儿童开展康复救助；为视力、听力、言语残疾人发放通信信息消费补贴。⑥分配人才公寓1000套、基本建成及分配公租房3000套，完成老旧小区改造230个，既有住宅加装电梯200部。⑦新建绿地500万平方米、建成公园游园60个，全市农村新增“美丽庭院”达标户3.5万户以上。⑧开展“舞台艺术进乡村、进社区”文艺演出1200场、精品剧目演出30场；更新全民健身路径300条、建设智能健身驿站40个，更新、新建社区健身活动中心20个。⑨保障农产品供应和食品安全，建成一级大型农产品交易市场1个，对已建成的105家标准化农贸市场进行智慧提升改造，建成“五化”农贸市场20家、布局“微菜场”200家。⑩为城镇燃气用户加装自闭阀等安全装置，改造既有管道天然气居民用户80万户；加快推进居民用电户表改造。每个开发区、县（市）区至少建成Ⅰ类和Ⅱ类应急避难场所各2处、街面警务工作服务站1个。二是高质量建设美好教育。力争10所市属高中、25所中小学校、76所公办幼儿园建成投用，新增公办幼儿园学位2万个、中小学学位4万个，再开工22所中小学校和10所高中，积极引进一批优秀教育人才；持续提升学前教育普及普惠水平，推进县域义务教育优质均衡创建，让孩子们共享优质教育资源。着眼“1年内有效减轻、3年内成效显著”目标，走出郑州特色“双减”路子。促进普通高中多样特色办学，实施高职学校“双高”工程，推进中职学校标准化建设；引进落地国内外高等大学，推进市属高校内涵式发展，支持郑州大学、河南大学“双航母”提质进位，加快名城名校融合发展。三是全力打造健康郑州。加快推进市公共卫生应急救治及处置中心、市传染病医院改建、市中心医院高新医院等项目，市八院迁建项目建成投用。加快国家、省级区域医疗中心、市级专科诊疗中心和县域医疗中心建设，高质量推进医联体和紧密型县域医共体建设，着力打造“15分钟便民医疗圈”，让群众在家门口享受更便捷更优质的医疗服务。实施职工医保门诊共济制度，推动药品和医用耗材集中带量采购，有效减轻患者就医负担。完善生育支持政策配套措施，申建婴幼儿照护服务全国示范城市。开展青少年心理健康服务活动 200 场以上，建设“青翼家园”工作阵地 25 个。四是大力发展养老事业。持续实施居家社区养老“百千万”温暖工程，强化医养结合，每个社区至少有一个老年人就餐助餐点，鼓励发展农村互助式养老服务；完善智慧养老服务体系，推进“互联网＋养老”服务全覆盖，新增家庭养老床位 4000 张以上。五是实施文化惠民。商都遗址博物院、文物考古研究院建成开放，推进黄河国家文化公园、黄河滩地公园一体化建设，加快黄河国家博物馆、中原考古研究展示中心、大河村国家考古遗址公园、河南（豫西）抗日根据地郑州纪念馆等建设，郑州海洋馆二期力争年内建成开放；谋划博物馆群体系，强化“百家博物馆”集群效应，推动历史、文物、文化活化具象化，塑造“行走河南、读懂中国”郑州品牌。办好第九届博博会。六是健全完善社会保障。深化社会救助和保障标准与物价上涨挂钩联动机制，“应保尽保、应补尽补”全面落实。强力推进安置房建设，年内实现未开工项目全部货币化安置或开工，新增建成回迁安置房 2500 万平方米、安置群众 15 万人，力争 3 年内安置房建设和群众回迁全部完成；棚户区改造基本建成 3.2 万套、新开工 4257 套，筹集保障性租赁住房 5 万套，让群众在“住有所居”中创造美好生活。

（十一）着力防范化解重大风险隐患。强化底线思维和风险意识，保持敏锐洞察果敢，及早预防处置各类风险，保持大局和谐稳定。一是不断巩固提升常态化疫情防控水平。把疫情防控摆在各项工作首位，坚持“外防输入、内防反弹”总策略不放松、“动态清零”总方针不动摇，坚决克服麻痹思想、厌战情绪、侥幸心理、松劲心态，针对病毒变异的新特点，从严从紧从实从细落实各项防控措施，推进常态化精准防控和局部应急处置有机结合，对照全省 2.0 版常态化疫情防控工作方案要求，扎紧“四个口袋”、筑牢“三条防线”，强化“五种能力”，发挥“十个哨点”作用，全面提高多点触发机制灵敏性、准确性、及时性，牢牢守住长周期不发生规模性疫情反弹的底线。全力做好重点企业生产物资、社区群众生活物资、重点防疫物资保供保通，打通物资配送“最后一百米”，最大限度减少疫情对经济社会发展的影响。二是全力防范化解安全生产风险。严格落实“党政同责、一岗双责”“三管三必须”制度，全市所有高危行业企业、规模以上企业全部建立双重预防体系；严格执行强化安全生产责任落实、坚决防范遏制重特大事故十五条措施，坚决打好安全生产专项整治三年行动收官战；进一步完善从根本上消除事故隐患的责任链，坚决遏制重特大事故发生。加强疫苗药品质量监管，着力解决食品安全突出问题，构建“大质量、大监管、大市场”体系，确保城市安全、社会安定、人民安康。三是全力化解经济金融领域风险。加强政府债务风险管控，遏制增量、化解存量。加快法人机构不良资产化解力度，落实全省存量金融风险三年出清，通过清收改制，高风险机构全部退出“红区”。四是全力防范化解社会稳定风险。落实《信访工作条例》，扎实做好信访工作。持续开展问题楼盘攻坚化解，确保省市问题楼盘信访案件大头落地、新增问题楼盘动态清零。扎实开展欠薪治理专项行动，确保各领域特别是政府项目劳动者工资基本无拖欠。开展“三零”创建、“六防六促”专项行动，健全自治、法治、德治、智治“四治融合”基层治理体系，完善视频监测设施，加强“一村一警”和基层“六员”队伍建设，坚决把风险隐患防范在源头、化解在基层、解决在萌芽，推动平安郑州建设再上新台阶。

加强国防动员、后备力量、人民防空、双拥共建工作。强化统计工作，做好国民经济统一核算。支持工会、共青团、妇联、残联、红十字会等群团组织更好发挥桥梁纽带作用。做好民族宗教、外侨、对台、史志、气象、地震、文史、社科、慈善、援疆等工作。

各位代表！任重千钧，唯有担当！我们将切实加强政府自身建设，努力推动政府治理体系和治理能力现代化。一是加强政治能力建设。坚决捍卫“两个确立”，切实增强“四个意识”、坚定“四个自信”、做到“两个维护”，胸怀“国之大者”，深刻领会党中央的决策意图、政策初衷，着力提高政治判断力、政治领悟力、政治执行力，自觉在大局下推动工作，在全局中守好一域，确保党中央决策部署条条落实、件件落地、事事见效。二是加强法治政府建设。坚持依宪施政、依法行政，确保政府各项工作在法治轨道内规范运行。认真执行市人大及常委会决议决定，自觉接受人大法律监督、工作监督和政协民主监督。广泛听取各民主党派、工商联、无党派人士和人民团体、社会各界人士的意见建议，主动接受舆论监督和群众监督。三是加强能力作风建设。推动党史学习教育常态化长效化，深入开展“能力作风建设年”活动，大力弘扬“干事干净干练”作风，开展好大学习大培训大练兵大提升，聚焦捍卫“两个确立”、优势再造、蓄势增能等八个方面抓落实，持续提升政治、专业、改革创新、统筹发展和安全、群众工作五种能力，以“13710”制度提升工作质效，以能力作风大提升大转变支撑经济平稳健康运行。四是加强反腐倡廉建设。认真履行全面从严治党政治责任，严格落实中央八项规定及实施细则精神和省市有关要求。切实加强正风肃纪，构建亲清政商关系、简减同志关系、严严组织关系，严厉惩治腐败和侵犯群众利益等问题，推进政府系统党风廉政建设。坚持政府过紧日子，建立健全厉行节约各项制度，推进节约型机关建设，强化财政资金监管，勤俭节约办一切事业，严控非急需非刚性支出，把宝贵资金用在发展紧要处、民生急需上。

各位代表！山高攀则至，路远须疾行。让我们更加紧密地团结在以习近平同志为核心的党中央周围，高举习近平新时代中国特色社会主义思想伟大旗帜，在省委、省政府和市委坚强领导下，躬身入局，实干担当，不断开创国家中心城市现代化建设新局面，为谱写新时代中原更加出彩的绚丽篇章贡献郑州力量！

Ⅱ

专题报告

郑州市2021年组织工作报告

中共郑州市委组织部

2021年是建党百年、“十四五”开局之年、集中换届之年，全市组织系统坚持一切工作向中心聚焦、为大局聚力，发扬连续作战、冲刺攻坚的过硬作风，持续固底板、补短板、锻长板，办成了三件大事，实现了五个跃升，在极不寻常的年份取得了极不平凡的成就，交出了一份出彩答卷，为实现“两个确保”、打造“四个高地”、加快国家中心城市现代化建设提供了坚强组织保证。

一、迎难而上、知难而进，在大战大考中彰显组织部门担当

面对灾情疫情叠加的艰难局面，迎难而上、闻令而动、坚毅前行，始终与市委想在一起、与群众干在一起，打响打赢了战汛灾、抗疫情、护生命、守家园的全民战役。

保障打赢防汛救灾遭遇战。面对突如其来、史所罕见的暴雨灾情，快速反应、全面动员，发动全市2.6万个基层党组织和40多万名党员投入战役，3184名村（社区）党组织书记身先士卒，4200多支党员突击队、16.4万名党员志愿者将生死置之度外，涌现出了任冀军、杨旭恒等一大批不畏生死、挺身而出的先进典型，构筑了防汛救灾的“红色堤坝”。

保障打赢灾后重建攻坚战。面对灾后恢复重建的繁重任务、群众期盼，全力以赴、集中攻坚，大力实施党建引领履责担当、聚力攻坚、先锋引领、激励关爱四项行动，引导各级党组织和广大党员一刻不停、连续作战，2 天内恢复全市通信网络，5 天内主城区居民小区通水通电，7 天内市政道路、城区桥梁隧道及公交线路恢复通行，10 天内居民小区积水抽排和主要道路、国省干线、县乡村道抢通，1 个月内生产生活步入正轨，帮助和带领受灾群众重建美好家园。

保障打赢疫情防控阻击战。面对“7.30”“11.2”“1.03”三轮新冠疫情的连续冲击，临危受命、勇往直前，牵头负责核酸检测工作，依托组织体系构建高效指挥体系，编撰全国首个《大规模核酸检测规范化操作指南》，建立平战结合、无缝转换、快速响应的机制，突出质量为王，强化过程管理，树立结果导向，形成“采、送、检、录、报”工作闭环，深入开展“敲门行动＋上门服务”，做到应检尽检、不漏一人，累计检测近 2 亿人次，确保三次疫情都在一个潜伏期内捞净圈住。特别在防疫关键窗口期，1 月 7 日至 9 日，连续 3 轮 6 小时完成千万人次以上核酸采样，每 24 小时之内完成检测结果上传，核酸检测系统最高峰值每分钟采样 4.7 万人，在全国树立标杆，创造了大规模核酸检测的“郑州速度”，受到孙春兰副总理高度赞扬。

二、围绕中心、主动作为，在有力有效服务大局中办成三件大事

始终把谋定的大事扛在肩上、抓在手上，聚焦主责主业有序“自转”，围绕中心工作高效“公转”，两个“轮子”齐发力，抓总抓重抓要、专项专题专班，做到心中有方向、胸中有全局，确保桩桩落地、件件精彩。

庆祝建党百年活动精彩纷呈，隆重召开全市“两优一先”表彰大会，一次性成功推荐全国、全省“两优一先”表彰人选，高质量颁发 4.1 万枚“光荣在党 50 年”纪念章，精心组织 41 万名党员重温入党誓词，深

入开展一系列精彩纷呈的庆祝活动，特别是拍摄的《弘扬劳动精神　争当出彩先锋》微视频被新华社客户端采用，点击量达 110 万，营造了党徽亮、党旗红、党性强的浓厚氛围。

四级党委集中换届圆满成功，树牢“一盘棋”思想，打出一套“组合拳”，村（社区）“两委”换届 3184 个村（社区）首次实现 100%成功换届，“一肩挑”达到 100%；乡镇换届 134 名“五方面人员”进入班子，熟悉乡村振兴、新型城镇化、基层治理的干部分别达 321 名、320 名、387 名，“五方面人员”134 人，35 岁以下干部 304 人，整体年龄下降 2.8 岁，班子结构、整体功能大幅度优化提升；区县（市）换届综合运用 12 项维度、进行“沙盘推演”20 次，打造坚强县级领导班子，党代表推选、换届考察和党代会日程模板等做法被省委组织部在全省推广；市党代会组织严密、程序严谨、风清气正，省下派代表、市委常委、市委委员、纪委常委、纪委委员全部满票当选，从领导同志到委员代表都给予高度评价。

中原科技城建设掀起高潮，用好河南省人才创新创业试验区平台，出台特殊支持政策、完善领导体系和工作机制，全力服务省科学院重建重振与中原科技城、国家技术转移郑州中心融合发展。推行“人才＋项目＋资本＋场景”模式，聚焦数字产业、生命科学等主导产业，制定重大项目快速落地机制，创新轻资产“拎包办公、拎包入住”，重资产“签约即拿地、拿地即开工”的“双拎双即”服务模式，引进哈工大、郑州呼吸健康研究院等大院名所 17 家，欧美同学会郑州海创中心揭牌成立，累计签约华为、海康威视等重大项目 158 个，总投资超过 1700 亿元，初步形成了以人才为核心的高水平科创项目规模集聚之势。省市协同举办“一城一策一事”新闻发布会，集成发布中原科技城、郑州人才计划和人才工作“一件事”，人民日报推出“山河祖国　风华郑茂”四连版海报和专题文章，央视新闻栏目报道郑州人才工作，“一城一策一事”在全社会引起广泛关注，郑州人才工作品牌效应和社会影响力进一步增强。

三、聚焦主责、务实创新，在破解难题中推动组织工作持续跃升

树牢有解思维，以“我为群众办实事”活动为牵引，把难题当课题、用实绩来检验，以改革创新精神破解工作中的难点和痛点。

在干部工作上，持续办好“问学前沿”高端讲堂、深入开展“万名党员进党校”，累计举办专题培训60余班次、推动讲党课1.4万余场次，提升了党员干部思想政治理论水平；持续推进“五个一批”三年行动计划，大力实施“双百工程”、狠抓“墩苗计划”落地，乡镇班子中35岁以下干部占比由11%提高到35%，做大了年轻干部队伍底盘。修订《郑州市公务员平时考核实施细则》，创新运用领导班子“六看六比较”、市管干部“5+2”和“三新”干部“三结合一侧重”方式方法，注重全方位、多角度、交叉点考察识别干部，全面辩证识人察人。

在党建工作上，针对薄弱环节和短板弱项，规范乡镇班子职责体系，为8个“大乡镇”统筹增设1～2个领导职数，保证发展需求与干部资源相匹配；实施“三年强村计划”，全市经营收入5万元以下集体经济薄弱村全部“清零”，10万元以上的村达94%；推进党建引领特大城市治理，持续深化“一核多元　融合共治”工作机制，切实发挥街道党工委对现代城市基层治理体系的领导；深入开展“红色物业”示范创建，全市4137个无主管楼院制定“居民公约”、80%建立物业收费机制，完善社区、物业、业主三方共议共商制度，从“无主管”转向“管得好”；大力推进党建引领营商环境优化，实施“双抓双促”活动、开展“一把手走流程”，受到各界广泛好评。

在人才工作上，对标国内先进城市，推出3.0版郑州人才政策，构建“上下联动、条块结合、精准有效、务实管用”的“1+9+16”人才政策体系，重塑郑州人才“政策优势”；实施“双百聚才”活动，举办各类政策宣传推介、“双招双引”等活动340多场，高质量承办2022年全国“双创”周主场活动、中国·河南招才引智创新发展大会等，引进境

内外高层次人才和创新创业人才1900余名，支持创新创业项目500个，带动新增省级高新技术企业1367家，同比增长213.76%，形成了引进高层次人才、创办高科技企业、发展高新技术产业的链条效应；大力推进人才工作“一件事”，系统梳理教育、医疗等5大类办事主题场景，形成30项人才高频“一件事”，平台上线以来，累计访问34.66万人次，人才好评率99.5%以上，增强了郑州“环境引才”特质；大力实施大数据人才培养计划，计划利用3年时间，通过校企“捆绑式”合作和统一教材、统一师资、统一考试、统一发证的“四统一”模式，培养10万名应用型大数据人才，切实提升技能人才层次，推动我市人口红利向人才红利转化，目前实现年度目标3.5万人，引起国内很多网络信息公司关注。

在公务员工作上，高质量做好公务员公开录用、遴选、调任、交流、培训、考核奖励等工作，着力打造“招得来、留得住、用得好、管得严”的公务员全链条培养机制，帮助“青苗”尽快成长为“青松”；围绕破解基层公务员编制少、登记难等问题，积极与上级沟通，采取多种措施，有效解决520名干部登记难题，让基层干部感受到了组织关怀。

四、牢记“两个绝对”，打造模范部门建设过硬队伍

坚持从严治部、从严律己、从严带队伍，着力建设讲政治、重公道、业务精、作风好的模范部门。

推动党史学习教育走深走实。认真落实组织部门职责，探索构建以党员轮训专题学、红色资源体验学、丰富活动深入学、结合实际深化学为主的“四学”模式，先后举办讲党课、集体政治生日、党史知识竞赛、党史故事分享、“不忘初心再出发”主题党日、参观红色教育基地、评选表彰优秀共产党员等为主要内容的“七个一”系列活动；列出包含48项内容的“我为群众办实事”工作台账，办成了一批实事难事，提升了组织工作的认可度和满意度。

加强支部规范化建设。坚持“党的一切工作到支部”，选举产生新一届机关党委，把支部建在处室上，以标准化、规范化建设为目标，严格

落实党费收缴、民主评议党员等制度，认真抓好部机关共驻共建、基层联系点、党员到社区报到、志愿服务等，建设政治功能强、支部班子强、党员队伍强、作用发挥强的“四强”党支部。

强化党风廉政建设。召开全面从严治党工作会议，制定落实党风廉政建设主体责任任务清单，将党风廉政建设与业务工作同研究、同部署、同检查、同考核，明确党风廉政建设责任分工，层层签订党风廉政承诺书，形成一级抓一级、一级带一级、层层抓落实的工作机制。扎实开展以案促改，及时把典型问题、案件通报传达至每一名党员；节假日发送廉政提醒短信，切实增强党员干部拒腐防变的思想自觉和行为自觉。

打造过硬组工队伍。圆满完成部机关干部职务调整、轮岗交流、职级晋升，扎实开展处室负责人季度述职评比活动，大力实施组工干部专业化能力提升计划，常态化开展岗位练兵、交流研讨、业务竞赛，积极选派组工干部参与市委重大活动、重大项目和攻坚工作，不断提升干部队伍的能力本领。持续改进文风、会风、调研、督查等，注重为基层减负，营造和谐向上、担当奉献、奋发有为的文化。

郑州市 2021 年宣传思想文化工作报告

中共郑州市委宣传部

2021 年，全市宣传思想文化系统坚持以习近平新时代中国特色社会主义思想为指导，深入贯彻落实习近平总书记关于河南、郑州重要讲话指示精神，贯彻落实党的十九届六中全会精神以及省市党代会精神，紧紧围绕“举旗帜、聚民心、育新人、兴文化、展形象”使命任务，深入实施宣传思想文化“十大工程”，为国家中心城市现代化建设营造了团结奋进、众志成城的舆论氛围。

一、大力推动习近平新时代中国特色社会主义思想深入人心

持续推动习近平新时代中国特色社会主义思想学习宣传贯彻走深走实，引导全市广大党员干部坚持用党的创新理论武装头脑、指导实践、推动工作。中心组学习扎实开展。坚持“第一议题”制度，深化运用“五种学习方式”，围绕学习贯彻习近平新时代中国特色社会主义思想、习近平总书记系列重要讲话精神、党的十九届六中全会精神和省市党代会、省委市委工作会议等重要内容，精心设置学习专题，年度开展市委中心组学习 6 次。对各开发区、区县（市）和市直各单位党委（党组）中心组学习全部进行巡听旁听，推动中心组巡听旁听制度常态化。理论

宣讲实效明显。扎实做好党史专题宣讲、“永远跟党走”专题宣讲、党的十九届六中全会精神宣讲，全市开展专题宣讲8900余场次。举办“讲党史 感党恩 跟党走”党史专题宣讲大赛，在全市掀起党史学习热潮。“学习强国”参与度不断提升，郑州学习平台的供稿量及全国平台、省平台采用量，稳居全省第一，荣获2020年度“学习强国”推广运用工作唯一全省一等奖（最高奖）。青年教育工作不断加强。推动领导干部进高校讲思政课常态化，市级领导干部均已完成上半年进高校讲思政课。深化部校共建马克思主义学院工作，通过充实郑州工程技术学院马克思主义学院领导班子、加强思政教师培训、开展思政课题研究等方式，不断加强马克思主义学院建设。同时，推进成立郑州工程技术学院青年马克思主义研讨社，积极开展研讨交流活动，组织省市“五四”奖章获得者、“青年理论讲师团”等进学校开展宣讲35场，不断加强对年轻群体的思想政治引领。

二、持续推动党史学习教育走深走实

严格按照中央、省委和市委安排部署，扛稳牵头推动全市党史学习教育政治责任，聚焦“学党史、悟思想、办实事、开新局”总要求，做实规定动作、抓准自选动作，党史学习教育取得了阶段性成效，得到了中央第三巡回指导组和省委第一巡回指导组的充分肯定。学思践悟持续深化。把深学细悟总书记系列重要讲话，特别是习近平总书记“七一”重要讲话、党的十九届六中全会精神作为重中之重，通过高质量开展“第一议题”学习、党委（党组）理论中心组学习研讨、专题宣讲、专家辅导、教育培训、“四史”宣传教育等多种方式，引领广大党员干部持续感悟思想伟力，真正把伟大思想转化为头脑中的“操作系统”。为民服务成效明显。按照鲜明、具体、有获得感的要求，扎实开展“我为群众办实事”实践活动，强力推进市党政领导干部牵头领办重点民生实事项目和市县两级确定的3060项民生实事项目。同时，根据灾后重建和疫情防控实际，及时调整完善民生实事项目清单，以“小切口”撬动“大民生”，为民办实事质量水平持续提升。深入开展“万人助万企”活动，有力解决了企业的困难诉求，以党史学习教育的高质量助力产业恢复发展高质量。特别是我市“一把手走流程”体验活动、社区卫生服务中心建设、社区养老服务中心建设等经验做法先后被中央、省委党史学习教育简报和人民日报、光明日报、河南日报、河南新闻联播等媒体专题刊发报道。巡回指导有力有序。把严的主基调贯穿巡回指导全过程，坚持严督实导，敢于较真碰硬，持续传导压力，及时引正纠偏。圆满完成了全市两轮集中巡回指导，督促指导全市 16 个区县（市）、80 家市直单位、104 家企事业单位按时高质量完成专题组织生活会的召开，进一步锤炼了广大党员干部的坚强党性。

三、严格落实意识形态工作责任制

强力推进意识形态工作责任制落实，持续加强各类意识形态阵地管理，全市意识形态领域向上向好态势不断巩固。意识形态责任制进一步压紧压实。市委常委会召开两次专题会议、市委意识形态联席会议每季度召开一次，对贯彻落实省委《关于进一步强化意识形态领域责任追究的决定》、巡视巡察督查整改、网络意识形态工作和大中小学思政课建设等进行研究部署，切实推动党委主体责任落实到位。制度机制不断完善。进一步健全完善“4＋N”“1＋4＋N”等工作机制，严格落实“列单、派单、办单、交单”四单交办制度，针对省委巡视督查反馈问题，向各开发区、区县（市）及市直单位下发任务提示清单 39 份，风险预警清单 26 份，问题督办清单 2 份，有力推动整改工作落细落实、见底见效。将重大风险点、特定群体和关键领域作为意识形态领域风险隐患排查工作重点，结合排查情况形成分析研判报告，制定下发提示清单并督促相关单位督办落实，形成“排查—报告—提醒—督办—化解”工作闭环，确保风险早发现早处置。三是各类阵地可管可控。完成对郑州旅游职业学院、郑州工程技术学院、郑州幼儿师范高等专科学校和郑州财税金融职业学院四所高校的意识形态工作责任制专项巡察，切实守牢高校意识形态阵地。开展“净网”“剑网”专项行动、印刷行业整治、电影行业安全生产暨市场秩序治理等网上网下行动。截至年底，办理重大案件21起，上报处置敏感信息1.2万条，查扣涉嫌非法出版物80万余册，有效维护了郑州文化市场和意识形态领域安全稳定。

四、着力营造团结奋进的舆论氛围

围绕庆祝建党百年、党的十九届六中全会等重大主题主线，聚焦市委中心工作，组织协调各级媒体，不断提升策划水平，为郑州现代化国家中心城市建设营造良好的舆论氛围和外部环境。重大主题宣传深入人心。紧紧围绕庆祝建党百年、党的十九届六中全会、党史学习教育、黄河流域生态保护和高质量发展、省市党代会、黄河文化月等重大主题，推出一系列策划宣传、实现全媒体呈现。今年以来，人民日报、新华社、中央广电总台等中央主要媒体在重要版面、重点栏目、重要时段、显要位置正面宣传郑州稿件约2600余篇。其中，头版头题3篇（条），报纸头版62篇，重点报道815篇（条），刷新了中央主要媒体正面宣传郑州的新纪录，形成了强大舆论声势，传播好郑州声音。救灾抗疫双线宣传凝聚力量。在抗击“7·20”特大暴雨灾害和两轮疫情反弹期间，积极协调联动中央、省、市主要媒体，聚焦我市及时应对灾情疫情的行动举措，聚焦双线战中涌现出的先进典型，及时推出《“金光”，在暴雨中熠熠生辉》《党旗在疫情防控一线高高飘扬》《背水疫战》《郑在归来》等一大批有深度、有温度的重磅报道，中央媒体连续报道我市救灾抗疫工作1750篇，央视《新闻联播》《焦点访谈》等重要栏目连续多日报道我市救灾抗疫硬核举措和积极成效，为打赢疫情防控和防汛救灾双线战提供了强大精神力量。舆情引导妥善及时。坚持“分析研判为基，线上线下联动为策，防范化解为重，夯实责任为要”的工作原则，持续强化舆情风险及意识形态风险防范化解处置。把握好重点时期的舆情关键点，建立“143”工作模式（“1”是建立日例会制度，“4”是建立排查、交办、责任、督办四张清单，“3”是建立日报告、日通报、舆情应急处置三项机制），坚持每日对全市敏感舆情进行分析、研判、交办、处置，做好风险防范化解，营造了庆祝建党百年的良好舆论氛围。防汛防疫期间紧盯热点舆情，每日专题分析研判，针对网上“京广路隧道拖出公交车”“郑州全面空中喷药消杀”等谣言，及时组织主流媒体辟谣，有效缓解市民恐慌心理，维护了社会大局和谐稳定。媒体融合加快推进。郑州市全媒体中心建成投用。中央文化区广电传媒中心建设加快推进。正观客户端用户量突破800万，粉丝量近千万，重要新闻发稿、推送速度稳居全国主流新闻客户端第一方阵。持续叫响“郑州发布”品牌，疫情防控期间通过高密度、高精度、高时效发布疫情防控通告、通报等政策和消息，坚定了疫情防控信心。县级融媒体中心持续壮大，“新闻＋政务＋商务＋服务”模式进一步拓展，用户黏性有效增强，迎来更大发展空间。对外宣传出新出彩。持续巩固提升“三微六网一杂志”外宣主阵地，积极搭建海外传播矩阵。依托黄河文化月、辛丑年黄帝故里拜祖大典、“Touching黄河”骑行采风等活动，组织境内外媒体大力宣传，叫响郑州“山河祖国”的文化IP。以输出郑州“山河祖国”文化IP为核心的设计理念，制作推出“山河祖国”书签和“郑州心意”拓片套装城市外宣文创产品，推广具有黄河文明精神内核和时代价值的郑州文化标识符号。新闻发布及时有力。新的郑州市新闻发布厅正式建成投用。持续完善“4·2·1”新闻发布工作模式，围绕重大活动、民生实事、防汛救灾、疫情防控等重点工作，及时发布权威信息，有效回应社会关切，截至年底，共组织新闻发布会52场，特别是在今年救灾抗疫期间，接连召开22场新闻发布会，及时回应群众关切，有力稳定了社会情绪。

五、持续提升城乡文明程度

大力培育和践行社会主义核心价值观，持续推进新时代公民道德建设，深化拓展群众性精神文明建设，努力形成适应新时代要求的文明风尚、行为规范。文明创建工作扎实推进。以全国文明城市创建为统领，建立“1＋4＋3”工作体系，加快推进群众生产生活和城市管理秩序恢复，加快复苏城市生机活力。持续提升文明单位、文明校园、文明村镇、文明家庭等精神文明细胞工程建设水平。持续加强农村精神文明建设，新时代文明实践中心建设实现全覆盖，有效打通了宣传群众、教育群众、关心群众、服务群众的“最后一公里”。公共文明素养有效提升。持续抓好《郑州市文明行为促进条例》贯彻落实，进一步完善全市诚信建设“红黑榜”发布制度，深入开展“四项集中治理”行动和城区行人、非机动车交通违法行为专项治理行动，市民文明指数不断提升。广泛倡议践行“防疫一二三”“文明用餐一二三”，大力倡导文明健康、绿色环保的生活理念。深入开展“绿城使者”系列志愿服务行动，面对救灾防疫双线战，近50万名志愿者主动请缨、冲锋在前，成为一道靓丽风景。思想道德建设深入开展。二七纪念馆、中国中铁装备集团郑州盾构总装车间被中宣部命名为全国爱国主义教育示范基地，实现了我市全国示范基地零突破。利用清明、烈士纪念日、国庆等重要时间节点和党史学习教育的有利契机，深入开展爱国主义主题教育活动。创新开展理想信念教育，通过开展“出彩河南人”楷模发布厅进校园等活动，深化未成年人思想道德建设，1人被推选为全国“新时代好少年”。持续推进开展重大典型选树宣传，1人被授予第八届全国道德模范提名奖，2个先进典型入选全国“四个100”，18个先进典型入选全省“四个优秀”。

六、不断丰富群众精神文化生活

认真贯彻落实黄河国家战略，持续推动文化事业繁荣发展，不断满足群众对美好精神文化生活的需求。大型活动异彩纷呈。统筹全流域、联动国内外，于2021年4月13日至5月8日创新谋划举办首届中国（郑州）黄河文化月，九大活动76项子活动精彩不断，搭建了贯彻黄河国家战略的创新平台，凝聚了保护传承弘扬黄河文化的广泛共识，全网累计点击量超过50亿，奏响了新时代黄河大合唱，有力提升郑州美誉度。文艺精品创作态势良好。舞蹈《唐宫夜宴》火爆出圈，掀起席卷全国的“现象级”关注热潮，被党史学习教育中央第三指导组称为中国的一张文化名片。舞剧《精忠报国》、舞蹈《唐宫夜宴》、长篇诗报告《飞行者礼赞》、电影《鹭世界》等获省第七届文学艺术优秀成果奖，数量位居全省地市第一。群众文化活动丰富精彩。围绕建党一百周年等重大主题，精心组织“永远跟党走　全民大合唱”——庆祝建党百年社区（村）群众合唱比赛，央视新闻频道进行直播宣传。持续推进街头艺术展演，成立郑州街头艺术协会，不断规范街头艺人管理，组织“街艺向党　我行我秀”——街头艺术大赛等，扮靓了郑州时尚形象。开展“出彩郑州”、第七届群众文化艺术节、第十八届绿城读书节、戏曲进校园、“舞台艺术进乡村、进社区”“舞台艺术精品演出季”、红色文艺轻骑兵等系列文化活动6400余场，有效满足群众文化需求，营造了浓厚文化氛围。文化博物旅游工作深入开展。牢记总书记“保护传承弘扬黄河文化”的殷殷嘱托，持续挖掘梳理文化资源，加快宋陵、双槐树等重点遗址的保护开发利用。双槐树遗址入选2020年度全国十大考古新发现，新郑裴李岗遗址、巩义双槐树遗址、郑州商城遗址入选全国百年百大考古发现。加快推进黄河国家博物馆、大河村国家考古遗址公园、黄河天下演艺综合体等一批重点文旅项目建设。围绕“建党一百周年”“山、河、祖、国”“两带一心”设计16条精品文化旅游线路，持续巩固黄河历史文化主地标地位。公共文化服务效能不断增强。大力推进公共文化服务数字化工程，依托“智慧郑州”城市大脑，“郑州文旅云”开展“菜单式、订单式”服务，开展公共文化活动供给7569场，产生百姓活动订单30余万单，极大增加了用户黏性。郑州博物馆新馆正式开馆，推出《黄河珍宝——沿黄九省文物精品展》等精品展览16个，迅速成为省内外文博爱好者的打卡热地。

七、持续激发文化产业发展活力

紧紧围绕文旅强市建设目标，牢牢把握高质量发展主题，加快推进文旅文创融合发展，建设具有黄河流域鲜明特征的文旅强市。体制改革稳步推进。加强对所属国有企业的监管，完成郑州广播电视台所属15家国有文化企业国有资产统计。以市属媒体深度融合、国有文化企业集团组建等为突破口，推动两台实质性合并，解决广播电视报转企改制问题。制定出台《郑州市关于加强文化领域行业组织建设的意见》，推动我市文化领域行业组织健康有序发展。紧紧围绕文旅强市建设目标，牢牢把握高质量发展主题，加快推进文旅文创融合发展，建设具有黄河流域鲜明特征的文旅强市。发展环境不断优化。制定出台《郑州市建设文化旅游强市支持文化产业发展实施细则（试行）》《郑州市文化创意产业园区、文创楼宇及空间认定管理办法》等文件，不断完善文化产业发展政策体系。组织开展郑州市文化创意产业园区、楼宇及空间认定工作，持续提升郑州文创园区服务水平，打造文化“创意工场”。创新开展文化创意设计大赛，为文化企业和人才提供展示创造能力和创新成果的平台。印发《郑州市文化贷款风险补偿实施方案》，组建市级“文化银行”，累计发放贷款3000余万元。制定出台《郑州市乡村旅游民宿高质量发展实施意见》，以产业发展为引领，推动文旅行业深度融合。重点项目建设有序推进。克服灾情疫情不利影响，加快推进华强四期·郑州中华复兴之路、只有河南·戏剧幻城、郑州海昌海洋公园等一批重点项目建设。只有河南·戏剧幻城、银基动物王国二期先后建成开园，释放出文化产业发展的新动能。只有河南·戏剧幻城6月5日首演至7月20日因灾情闭园，短短45天，累计接待观众16万人次，观剧人次近100万，所有剧目（3大主剧＋18个小剧）累计演出2800余场，逐渐成为市民热门旅游目的地。文旅市场逐渐复苏。对全市AAAA级旅游景区开展“大抢修、大排查、大培训、大练兵”活动，指导全市旅游景区灾后恢复开放。持续做好国家文化和旅游消费示范城市创建工作，郑州国际文创园区入选第一批国家级夜间文化和旅游消费集聚区。建业·华谊兄弟电影小镇、郑州方特旅游度假区、郑州市樱桃沟景区等4家单位荣获河南省夜间文化旅游消费集聚区。中牟县、登封市、新密市荣获河南省文化和旅游消费示范县（市、区）。积极开展文化旅游惠民消费季活动，先后两次发放郑州文旅电子消费券1200万元、旅游年卡补贴250万元，有效释放了文旅消费潜力。

郑州市 2021 年统一战线工作报告

中共郑州市委统战部

2021 年，在市委的坚强领导下，市委统战部坚持以习近平新时代中国特色社会主义思想为指导，以学习习近平总书记关于加强和改进统一战线工作的重要思想为主线，以学习贯彻《中国共产党统一战线工作条例》（以下简称《条例》）为重点，守正创新，主动作为，统筹推进，在凝聚上有新增强，在出彩上有新作为，在强基上有新提升，全面建设提质增效。市委统战部荣获全国统战信息工作先进单位、全省统战工作成绩突出单位、全省统战信息工作成绩突出单位、全省统战宣传（网站）成绩突出单位。

一、注重提升制度效能，多党合作事业持续健康发展

规范开展政党协商。协助市委制定年度政党协商计划，召开党外人士协商会、座谈会各 2 次，党外代表人士围绕优化营商环境等提出意见建议 30 余条。调整完善市委、市政府领导班子中党员领导干部与党外代表人士联谊交友制度，为资政建言搭建平台。

协助完成党派换届。按照政策规定做好民主推荐、三方协商、人选考察等工作。9 月，中国国民党革命委员会等 5 个民主党派市委代表大会胜利召开，顺利完成政治交接。

支持履行工作职能。支持各民主党派开展考察调研30余次，形成调研报告14篇，其中6篇被市委书记签批。持续开展“同心助学”等社会服务活动30余次，助力乡村振兴。

支持党派加强自身建设。先后举行联合中心组学习3次，深学细悟中共党史。举办培训班5个，开展教育活动40余次，不断巩固共同思想政治基础。五是加强无党派代表人士队伍建设。加强市无党派人士动态管理，依托高校知联会等举办学习教育活动42场，参加1969人次。推荐18名特邀监督员，为无党派人士履职尽责创造条件。

二、坚持依法科学管理，民族宗教领域持续和谐稳定

组织开展宗教政策法规集中宣传月活动，严格落实“双暂停”，实现宗教领域零感染、零事故、零伤亡。宗教治理成效得到中央统战部督导组认可。认真学习贯彻中央、省委民族工作会议精神，组织召开市委民族工作会，协助组织全省市县乡三级党政正职培训，积极开展“同心圆·共发展”活动，促进各族群众交往交流交融。5月，迎接中共中央书记处书记、中央统战部部长尤权来郑调研，我市民族工作的创新做法得到肯定。

三、服务促进“两个健康”，民营经济统战工作提质增效

抓引领，凝聚向心力。深化“守法诚信经营、坚定发展信心”理想信念教育。推荐11名省抗击新冠肺炎疫情民营经济先进个人、30名“出彩河南人”，表彰80名市非公有制经济人士、优秀中国特色社会主义事业建设者暨出彩郑州人，开展“两个健康”实践创新示范区县（市）创建活动，引导民营经济人士听党话、跟党走。

搭平台，增强吸引力。组织企业家参加培训17期，培训1600人次。发挥民营企业诉求响应智慧平台作用，目前入驻民营企业4.3万余家，

收到诉求 121 个，办结 119 个。深入开展“万人助万企·深化一联三帮”和“强信心、挖潜力、促增长”活动，助推民营经济健康发展。

建机制，激发内动力。建立健全谈心谈话制度和“领导干部＋工作专班＋服务对象”的帮扶名录。市县乡三级 1291 名领导干部联系 3332 家非公企业，帮助解决问题 3 万余个，民营经济统战工作的基础进一步夯实。

四、持续强化组织功能，新的社会阶层人士统战工作出新出彩

凝聚共识“统”思想。组织开展“筑梦新时代，凝聚新力量”“寻美中国”“铭记百年历史，奏响时代华章”歌咏比赛和“唱支山歌给党听”快闪活动，邀请轮值会长讲述“党史故事会”，增进思想政治认同。

创新抓手“强”组织。全市在册登记新阶层人士 37.48 万人，建立代表人士人物库 817 人。4 个开发区，12 个区县（市）已全部成立新联会，191 个乡镇（办）、147 个社区、园区先后建立了联谊组织、行业分会和联络站，“全域化”布局逐步形成。

打造精品“显”作用。抓好实践创新基地特色化“精品工程”建设，8 个省级实践创新基地获省批复。金水区河南荣康律师事务所、管城区馨家苑社区服务中心创新实践工作得到省委统战部肯定。

五、围绕壮大友我力量，港澳台侨和海外统战工作创新发展

扎实做好对台工作。组织开展“黄河历史文化记忆郑州行”、“豫见华夏·感知中原”夏令营等活动，积极推动两岸联络交流。组织参加省“百年圆梦·见证辉煌”党史暨涉台知识网络大赛，取得优异成绩；积极挖掘涉台信息点，年度采编信息 26 篇。密切联系服务台资企业，持续推进涉台积案化解。

扩大海外统战朋友圈。积极做好辛丑年黄帝故里拜祖大典，邀请社会各界代表413名参加拜祖大典现场活动。加强欧美同学会组织建设，助推郑州海创中心落地中原科技城。开展“暖侨行动”，关怀华文教师，促进海外文化交流持续发展。

抓好港澳台侨服务保障。关心关注港澳台侨同胞，联合市直各部门为700余名港澳同胞、192名台胞，以及在郑华侨华人接种新冠疫苗。协助14名台胞子女解决就学问题。成立侨务（海外统战）工作联系会议。办理归侨证9个，侨眷证31个，为41名老归侨发放退休生活补助金9.84万元，为11名老归侨及其眷属发放困难补助金22万余元。

六、坚持全面从严治党，机关自身建设不断提升

推动《条例》有效贯彻落实。贯彻落实习近平总书记关于构建大统战工作格局要求，将市委统一战线工作领导小组成员单位由23家调整为32家，明确职责分工，规范运行机制。选派8名县处级干部开展《条例》宣讲16场次，受众3000余人，实现党政领导、统战干部、基层干部、党外代表人士全覆盖。将《条例》纳入综合目标考核，确保《条例》落地见效。

扎实开展党史学习教育。启动“早”。第一时间召开理论学习中心组学习会，传达学习习近平总书记重要讲话精神，进行动员部署。覆盖“全”。开展“学党史迎百年悟初心跟党走”“知党史、感党恩、听党话、跟党走”“学党史、忆初心，牢记报国使命”“凝聚新力量，筑梦新时代”等活动，实现统战各领域全覆盖。形式“活”。组织巡回宣讲、专题研讨、红色主题观影、诗歌朗诵会、书画展等，活动丰富鲜活。方法“新”。探索建立“学写讲考赛”“五个一”机制，组织撰写“每月一文”8期，学习交流9次，编发简报59期。办事“实”。厚植为民情怀，梳理“我为群众办实事”项目11项，办结为民实事77件。市委统战部被市委党史学习教育领导小组表彰为郑州市“我为群众办实事”先进服务单位。

党建引领夯实发展根基。以上率下深化机关理论学习。严格落实

"第一议题"等制度，组织中心组学习 22 次，部主要领导带头到市属高校宣讲理论 3 次，班子成员均到所在支部讲党课。先后组织机关集体学习 34 次，教育活动 10 次。以巡察整改促机关作风转变。研究制定整改落实方案，落实"一岗双责"，先后召开部务会 3 次、专题会 2 次、工作推进会 2 次，72 条整改措施、23 个整改事项全部完成。强化日常监督执纪，着力打造清廉统战机关。以防汛抗疫锤炼党性展现担当。成立防汛防疫工作小组，坚持日报告、日研判制度，下沉 7 个社区 800 余人次，102 名干部职工自发捐款 6.6 万元；协调全国各地统一战线爱心人士为我市捐赠款物 3.1 亿元，助力灾后恢复重建。以创建为载体凝聚统战力量。持续开展"二一一＋N""老兵更出彩""文明夕阳红""共同创建我来建言""单位创建我来保驾""小蜜蜂"三飞活动等创建活动 66 余次，在创建中凝心聚力。以调研信息宣传发出统战声音。围绕课题计划深入开展调研，1 篇调研文章获全国统战理论政策研究创新成果奖，2 篇调研文章获全省统战理论政策研究创新成果奖。此外，我们还加强机关群团组织建设，支持机关工会、妇委会发挥作用，成立青年工作委员会。精简公议，控制发文，开展垃圾分类等，引导干部职工厉行节约，反对浪费。8 月，被国家发展和改革委员会等四部门联合授予"节约型机关"称号。

郑州航空港经济综合实验区（郑州新郑综合保税区）2021年经济社会发展报告

郑州航空港经济综合实验区（郑州新郑综合保税区）管理委员会

2021年，郑州航空港经济综合实验区充分发挥经济建设主阵地、主战场、主引擎作用，全力推进发展速度与发展质量双提升，统筹疫情防控、灾后重建与经济社会发展，牢固树立“项目为王”导向，扎实推进“万人助万企”“三个一批”工作，紧盯年度目标，克难攻坚，经济发展持续保持较快增长，社会大局平稳有序。2021年，全区地区生产总值从2012年的206亿元增长至1173亿元，年均增长15.3%；同比增长12.1%。规模以上工业增加值从176亿元增长至609亿元，年均增长14.8%；同比增长25%。外贸进出口从1759亿元增长至5246亿元，年均增长12.9%；同比增长17.9%。建成区面积从19.6平方公里拓展至105.6平方公里，年均增长约10平方公里。

一、灾后生产生活快速恢复

面对特大暴雨洪涝灾害，坚持人民至上、生命至上，全力推进灾后恢复重建各项工作，经济社会秩序快速恢复。全区共有受灾群众30705

人，紧急转移避险2213人，无因灾伤亡人员，直接经济损失约4亿元。农村住房和公共服务设施快速重建，筹措拨付各类资金超1.3亿元。27所受损中小学校和幼儿园、8所受损基层医疗卫生机构全部完成修复；国省干线、县乡公路、市政基础设施、园建绿化、生态廊道、河流堤岸已基本修复到位。坚持项目为王，加快恢复重点项目建设。华锐光电、富驰主板、鸿富锦摄像头模组、速达机械等一批重点产业项目顺利竣工投产，比亚迪、中国电信中部数据中心等一批高质量产业项目开工建设。

二、安全稳定底线更加牢固

坚持“外防输入、内防反弹”总方针，扎牢“四个口袋”，抓紧抓细抓实常态化疫情防控。建立完善的疫情防控应急处置指挥、保障机制，紧盯机场、富士康等重点部位，严格组织社会管控，严管医疗机构，加强校园、养老机构等特殊场所疫情防控。加快疫苗接种，构筑免疫屏障。牢牢把握意识形态工作主动权，筑牢思想防线。坚持总体国家安全观，扎实开展保密隐患排查，切实增强全民国家安全意识，防范化解各类安全风险，国家安全得到进一步加强。扛牢安全稳定政治责任，强化领导接访，畅通信访渠道，加强源头治理，及时会商研判。

三、“枢纽＋开放”体系带动力显著增强

持续完善以航空枢纽为核心的多式联运体系和以“1＋1＋7”口岸体系为核心的开放体系，着力打造国内大循环重要枢纽、国内国际双循环战略节点。机场三期北货运区主体工程加速建设、郑州南站工程同场转线正式完成，空铁双枢纽加速形成。郑州机场在匈牙利布达佩斯建立国际机场货站，成为国内机场在海外建立的首个境外航空货站。柬埔寨吴哥航空股权转让协议正式签订，航空港实验区航司基地地位进一步提升。郑州机场货运吞吐量首次突破70万吨，连续两年跻身全球货运机场40强；其中，国际地区货邮吞吐量超过54万吨，连续五年位居全国第五；

出入境货运航班首次突破1万架次，创历史新高。郑州新郑综合保税区在全国海关特殊监管区域绩效评估中获得A类排名，全年完成进出口总额4739.22亿元，同比增长15.5%，进出口值居全国综合保税区第二位。全面实施“7×24”小时通关机制、“提前申报”通关模式，进出口通关时间分别压缩至12.4小时、0.05小时，分别是全国平均时效的5倍和49倍；口岸作业区到机场的进出口通关时效达到了全国同期的27倍和29倍。创新跨境电商模式，拓展“跨境电商出口+口岸冷链进口”的货运包机和中欧班列业务，跨境电商持续保持快速增长，2021年完成进出口146.1亿元，连续五年翻番式增长后，同比再增28.2%。

四、产业培育成效显著增强

按照“长短结合、引育并重”“全产业链、全生态”的总体思路，全力推进“2+8”千百亿产业集群，“高端引领、多点支撑”的产业体系加快完善。

（一）抢增量取得新突破。7月10日全省重点项目建设暨“三个一批”推进会在航空港实验区召开，发出了项目建设最强“动员令”。全年新签约项目35个，总投资703.5亿元，其中百亿级头部项目4个、30亿元以上高质量项目5个。

（二）扩存量成效显著。面对此次洪涝灾害、新冠疫情，航空港实验区以“万人助万企”为核心，积极应对，帮助企业危中抢机，全区425家“四上”企业均已全面复工复产，部分企业生产取得新进展。电子信息产业发展提速，已拥有富士康、超聚变两个投资百亿以上项目，2021年产值4110.5亿元，增长31.9%，全省占比达到79%；富士康科技园产值首次突破4000亿元，达到4052.6亿元，成为全国单体产值最大的项目。半导体、生物医药、新基建三大产业，新技术、新产品不断涌现、市场规模持续扩大，已有合晶单晶硅、东微电子、光力科技（半导体），安图生物、鸿运华宁（生物医药），世博电子、中移动大数据（新基建）等一批重点企业，产业吸附力、集聚力不断提升。

五、重点项目加快推进

以“三个一批”为抓手，坚持快审批、快开工、优服务，实施创新模拟审批、容缺办理等工作机制，全面展开“签约即拿地、拿地即开工”，项目建设提速增效。协调落实项目建设用地直报权，进一步减少了用地报批环节、压缩了报批时限。2021年，航空港实验区列入省市重点项目72个，累计完成投资467.5亿元，占年度计划投资的102.8%，计划新开工项目共17个已全部开工。纳入全省第一期、第二期“三个一批”11个开工项目全部开工。

六、发展动能显著增强

北航郑州人工智能研究院、上海交大医工交叉临床转化创新中心、郑州新材料数字智造研究等创新平台相继入区。目前，全区国家级研发平台1家、省级研发平台40家、市级研发平台79家。2021年底，全区高新技术企业数量达到108家，科技型中小企业备案达到333家。已建成投用恒丰科创园、临空生物医药园、智能终端手机产业园、台湾科技园、锦荣信息科技园等创新平台载体300余万平方米，累计入驻企业超过700家，在研新技术、新产品超过500项，实现营业性收入突破100亿元。如智能终端手机产业园，已入驻企业200余家，已培育规模以上企业30余家，获批国家级科技企业孵化器。如恒丰科创园，已入驻创新企业150家，其中研发投入超百万的企业18家、经营收入超千万的企业15家。郑州临空生物医药园获授“河南省生物医药CXO一体化科技成果中试基地”，成为河南省唯一取得中试基地授牌的生物医药园区。2021年，全区战略性新兴产业产值同比增长35.3%，比全省高21.1个百分点。成功举办“2021郑州航空港实验区招才引智专项行动”系列活动，引进各类人才百余名。“放管服”改革持续深化，企业开办实现“网络即窗口”，开办时间由2个工作日压缩至1个工作日内。发布《郑州航空港经济综合实验区优化营商环境三年行动方案（2021—2023）》，制定 186 项改革任务，全力打造实验区特色的“市场化、法治化、国际化”营商环境。营商环境正在形成竞争新优势。

七、城市综合承载能力显著增强

按照整体移交的总体原则，现已完成郑州代管区域全部移交，代管面积约 430 平方公里。随着尉氏四个乡镇的加速移交，托管面积将突破 750 平方公里。原规划区域内农田已基本全部调出，基础设施覆盖超过 220 平方公里，建成区面积 105.6 平方公里，建设发展空间巨大，可满足各类重特大项目快速落地需要，实现“签约即拿地，拿地即开工”。紧扣“中流、北城、南工”功能布局，全面推进空港新城、空铁新城和双鹤湖科技新城三大片区建设，城市形象、承载力快速提升。目前，“三大片区”建设工作已全面展开，公共文化服务中心、国际经济文化交流中心两个核心板块建设加速推进。国内最大的单体组合式互通立交——京港澳高速、102 省道与华夏大道组合式互通立交工程正式通车，京港澳高速公路航空港区站正式开通，进一步完善航空港区立体综合交通枢纽体系及通道网络。“三项工程、一项管理”深入推进，占道经营、沿街堆放等城市乱象等得到有效整治。特别是，园博园、双鹤湖、苑陵故城三大城市公园与梅河、兰河等一批水系、公园的建成投用，基本形成“300 米见绿、500 米见园”的生态体系，建成最优生态环境。

八、群众生活获得大幅改善

全区贫困人口全部实现脱贫，美丽乡村建设全面启动。新建成投用公、民办学校 21 所。各级各类学校（幼儿园）达到 194 所，学位达到 13.8 万个。以“三名工程”为引领，教育教学质量实现新提升，中招成绩实现“六连增”，郑州市第一中学、郑州外国语学校、回民高级中学等三所市属公办高中及郑州桐柏县第一高级中学等一批优质教育资源建设取得较大进展；省职工文体中心建成投用，郑州大学第一附属医院南院区开诊，航空港实验区公共文化服务水平进一步提升；郑州航空港区站正式建成通车，群众出行更加便利。合村并城工程加快推进，已完成整体拆迁108个村，完成回迁安置的拆迁村庄78个；累计建成移交安置房1535万平方米，安置群众约16.2万人。

九、党的建设持续加强

围绕建党100周年，感悟新征程，扎实开展党史学习教育。在党员领导干部中开展“四项”活动，组织全区党员干部开展党史知识竞赛39场次，参与党史集中学习19万人次；深入践行我为群众办实事，组织党员志愿服务活动2805次，解决实际困难1219个。不断夯实基层基础建设。圆满完成村（社区）“两委”换届选举，选举产生村（社区）“两委”干部1114名，真正选优配强“两委”班子；大力实施农村党支部“堡垒”工程；持续推进“两新”组织提质扩面增效，新建“两新”党组织39家，打造非公领域党建示范点18个，“非公”党建阵地覆盖面更广。加强高素质专业化干部队伍建设。建立年轻干部培养计划，制定“四型”干部人才储备方案，完善《年轻干部梯队建设计划》，坚持因岗选人、人岗相宜，盘活了岗位资源，优化了干部队伍。不折不扣全面落实从严治党主体责任，党风廉政建设取得了新成效。

郑东新区 2021 年经济社会发展报告

郑州市郑东新区管理委员会

2021 年，面对严峻复杂的发展环境和超出预期的风险挑战，特别是历史罕见的特大暴雨灾害和多轮疫情的严重冲击，郑东新区以“能力作风建设年”活动和效能考评为抓手，攻坚克难，砥砺前行，统筹推进疫情防控、防汛救灾、灾后重建和经济社会发展取得较好成效。全年完成地区生产总值 1270.3 亿元，同比增长 4.8%，总量居全市第二；完成固定资产投资 575 亿元，同比下降 17.5%；完成一般公共预算收入 124.54 亿元，同比增长 0.28%，完成税收收入 112.9 亿元，完成社会消费品零售总额 600.7 亿元，同比增长 6.9%。

一、坚持全民动员，救灾抗疫工作取得双战双胜

（一）防汛抢险救灾迅速有力。面对暴雨突袭，第一时间会商研判、调度指挥，提前转移避险群众 4000 余人，全力做好应对准备。灾情发生后，团结带领党员干部群众，妥善救援安置受灾群众 4.78 万人，转移阜外医院医患群众 5000 余人，安全疏散高铁东站滞留旅客 2 万余人，全力保障国家电网官渡 500 千伏变电站安全运行。灾后第一时间完成全区 400 余个小区“两通一排”工作，修复道路塌陷等问题 188 处，水毁水利设施 142 处，重修重建农村房屋 44 户，生产生活秩序迅速恢复。投资 14.6

亿元，谋划灾后重建项目 197 个，已开工 187 个，应对风险能力得到提升。面对严峻的黄河秋汛，成立一线指挥部，24 小时不间断巡查监测，有力保障辖区 8 公里黄河大堤安全度汛。

（二）疫情防控有序有效。面对三轮疫情威胁，第一时间完成指挥部平急转换，紧盯高铁东站、会展中心、国际邮件口岸、进口货物等关键部位和关键环节，成立工作专班，一线值守排查，织密防控措施。结合疫情防控要求，争分夺秒做好流调隔离、排查管控、核酸检测等工作，保障全市分流集中隔离人员近 2000 人，为全市快速圈住封死扑灭疫情做出了积极贡献。按照“外防输入、内防反弹”的工作方针，坚持领导小组例会机制，从严从细抓好常态化疫情防控，保持联防联控机制高效运转，不断巩固疫情防控成果。

（三）积极推动经济快速恢复发展。深入开展“万人助万企”活动，推动解决富鼎精密、郑州四棉等企业问题 350 余项，区级减税降费 23.5 亿元，拨发应急救灾资金 2.7 亿元，发放救助补贴 2519 万元，减免房租 800 万元，助力企业高质量发展。省第三期“三个一批”项目建设活动在东区举办，省科技馆新馆、省豫剧大剧院等重大项目建成启用，省市重点项目综合排名位居全市前列。

二、坚持创新引领，中原科技城建设全面发力

（一）积极推动与省科学院融合发展。委托中建西南院开展中原科技城规划提升，形成《中原科技城概念性战略规划》；加强与省科学院沟通衔接，初步确立了管理队伍、空间布局、人才机制等七个融合发展方向，获得省主要领导充分肯定。重建重振省河南科学院于 12 月 28 日正式揭牌，与中原科技城融合发展迈出重要步伐，为构建一流创新生态、打造国家创新高地注入了强劲动力。

（二）创新产业加快培育。聚焦头部企业、大院名所、人才团队，加大双招双引力度，成功签约上汽集团、华为中原区域总部等优质项目 87 个，累计招引 155 个，总投资近 1700 亿元，认定两院院士刘大响、王家

耀等各类高层次人才908名，“数字豫才”计划招揽软件人才2240余名，嵩山实验室、黄河实验室、哈工大郑州研究院等重大科创平台相继落地，以数字产业、生命科学为主导的“2＋N”产业体系加快构筑。以中原科技城为带动，全年新增高新技术企业162家、同比增长59%，新增科技型企业251家、同比增长50%，新增备案科技型企业、高新技术企业、双创载体数量均居全市前列。

（三）创新载体加快建设。出台重大招商项目快速落地办法，郑州国际文化交流中心、中原科技城科技创新园等“四梁八柱”项目实现集中连片开工，掀起了龙湖北部片区快速建设热潮。鲲鹏软件小镇一期117栋单体工程全部封顶，综合展示中心、软件研发基地等共15万平方米投入运营，农信通中原区域总部等首批10家企业入驻办公。中原科技城智慧产业创新园、粤浦白沙科技创新港等5家小微企业园建设顺利推进，中原大数据中心、原动力精密制造白沙工厂等投产运营。完善“双拎空间”服务体系，整合办公空间150万平方米、人才公寓2166套，为科创企业和人才提供最优服务。

（四）创新生态加速构建。全国“双创”活动周圆满举办，叫响了“中原龙子湖”双创品牌，中原“智慧岛”双创载体标准化建设模式加快完善，即将在全省复制推广。郑州技术交易市场正式揭牌运行，科创体系进一步完善。中原科技城50亿元产业引导基金正式启动。人才工作一件事“英才汇”上线运行，外国人才服务站揭牌。第六届清华校友三创大赛AI大数据全球总决赛、2021“郑创汇”国际创新创业大赛等重大活动接连举办，营造了浓厚的科创氛围。

三、坚持统筹发展，现代产业体系提质增效

（一）现代金融业稳健发展。金融岛内环楼宇及配套工程基本完工，光大银行等首批企业入驻办公，外环9栋楼宇主体封顶。新引进金融机构15家，累计招引389家，设立基金机构53家，累计216家，金融业增加值完成397亿元，约占GDP的三分之一。郑商所花生期货顺利上

市，全年成交量及成交量增速、成交额增速均位列国内五大交易所之首。河南润泰工程、微东科技等在新三板挂牌。辖区共有境内上市企业 4 家、境外上市企业 10 家、新三板挂牌企业 12 家。

（二）总部经济持续加强。着力招大引强，引进五冶集团、中建七局、招商蛇口等国际国内 500 强企业 3 家，引进华为区域总部、安钢集团总部等头部企业项目 17 个，累计培育税收超亿元楼宇 43 栋。全面提速东广场企业总部项目建设，正商国际大厦投用，星联中心主体完工，华润新时代广场、中原总部基地等项目加快推进，超级总部基地项目基本完成方案设计，白沙总部产业园控规获批，平原商会等 3 个项目即将开工。

（三）高端商贸业持续升级。充分发挥高铁枢纽优势，积极打造高端时尚消费高地。CBD、高铁站、农业东路等商圈提档升级，绿地 360 广场等特色商圈形成规模，龙湖里、海汇港获评省级旅游休闲街区，永和·时光里、海汇美术馆、海邻茂、盒马鲜生等开业运营，华润郑东万象城综合体开工，海汇港二期、华润新时代广场、新田·印象等加速建设，国际化消费中心建设全面提速。

四、坚持改革开放，高质量发展活力竞相进发

（一）持续深化改革增动力。推行不动产登记“综窗受理”新模式，实现不动产全业务无差别一窗受理，办理时限压缩至 1 小时内，经验做法被《人民日报》等媒体专题报道。项目土地保障有力，全年报批土地 10387 亩，征收 5372 亩，供应 6490 亩，创三年来新高，卫片执法实现“零约谈、零问责”。创新国家级试点金光路集租房项目审批流程，形成集租房规划建设审批“郑州模式”。“交房即发证”改革被中共中央党校（国家行政学院）作为政务服务最佳实践案例宣传推广。纵深推进“一网通办”政务服务改革，所有事项办理压减至“受理—审核—决定”三个环节，办理时限缩短 89%。创新推出“六个办”服务，即营业执照“网上办”、审批材料免费“邮寄办”、线下业务“预约办”、现场指导“自助

办”、社保制卡业务“快速办”、发票申领“就近办”。创新党建引领的“楼事会”机制，打通了服务企业的最后100米。便捷的服务激发了市场主体活力，全区新增市场主体3.7万家，同比增长20%，累计达到19.9万家。

（二）持续扩大开放强活力。持续完善开放政策体系，打造制度型开放高地，自贸区新注册企业11895家，注册资本900亿元，分别占郑州片区的72.7%、80.6%。新引进中拉航空货运总部、拉美六国商会代表处等服务平台13家，新增对外贸易经营者备案登记企业274家，累计备案2070家，涉外项目持续集聚。全年实际利用外资6.7亿美元，引进域外资金105亿元，均超额完成年度目标。第五届全球跨境电商大会、2021中国（郑州）国际期货论坛等大型经贸交流活动相继举办，高水平对外开放格局持续扩大，开放高地建设取得初步成效。

五、坚持建管并重，城区功能形象品质持续提升

（一）城乡面貌显著改善。完成金水路、中州大道等“一环十横十纵”道路和永平路等4条自选道路综合改造，38个老旧小区改造圆满收官。以迎接国家卫生城市复审和全国文明城市年度测评为契机，持续开展“四化”提升，推行施工围挡、非机动车乱停乱放、农村人居环境集中整治等专项行动，新建公共停车泊位6633个，环保公厕20座，试点运行“智慧环卫”，营造了舒适愉悦的城市形象。

（二）基础设施持续完善。开工建设基础设施项目141个，完成投资29亿元，太行110kV输变电工程、2座跨贾鲁河桥梁等27个项目建设完成。积极推进新基建项目建设，5G基站加快布局，基本实现全域覆盖，贯通金融岛与CBD的自动驾驶公交二期建成试运营，智慧城市管理中心“一网统管”示范区建设卓有成效，先后获评首届中国新型智慧城市创新应用大赛智佳奖、2021年中国领军智慧城区奖等荣誉称号。

（三）生态底色更加靓丽。建成新107国道西侧生态廊道一期、312省道和沿黄生态廊道等标志性项目，象山人才公园、清莲湾公园等18个

公园游园正式开园，全年新增绿化 206 万平方米，是市定目标的 2.2 倍。周密组织，攻坚克难，一举突破历时 9 年的拆迁难题，永盛明渠顺利疏通，贾鲁河象湖下游 4.8 公里治理及绿化工程完工。落实黄河流域生态保护和高质量发展战略，高标准完成黄河湿地自然保护区生态环境问题整改，保持黄河湿地良好生态。持续推进环境污染防治攻坚，大气、水、土壤环境质量进一步改善，臭氧超标天数和年度重污染天数全市最少，优良天数全市排名前列，散乱污企业和黑臭水体实现动态清零。

六、坚持以人为本，民生事业扎实推进

（一）教育水平持续提升。清华附中高中部、华水小学等 9 所学校建成招生，移交安置区幼儿园 6 所，新增学位 1.6 万个。积极落实“双减”政策，扎实开展校外培训机构整治，学科类校外培训机构由 58 家减至 6 家。深化校内课后延时服务，18 所学校学生午休实现“躺睡”，美好教育走深走实。

（二）医疗养老托育体系更加完善。落实“四有”经费，实现政府主导的社区卫生服务中心全覆盖。加快多层次养老服务体系建设，累计建成社区日间照料中心 52 家，覆盖率达到 80%，新增备案 100 张床位以上养老机构 4 家，太平洋保险国际颐养社区落地，泰康豫园加快建设，安格养老项目顺利推进。积极应对全面三孩政策实施后人民群众的新期待新要求，高标准打造了以小象优优、馨邦宝贝等为代表的一批“政府兜底、民办公助”社区普惠性托育机构，走在了全省前列。

（三）就业与社会保障体系不断健全。举办“万人助万企”金秋招聘月等系列公益招聘活动，认定就业见习基地 14 家、岗位 353 个，完成城镇新增就业 5974 人，完成失业人员再就业 519 人，完成农村劳动力转移就业 364 人，均完成市定目标 1.7 倍以上，开展各类补贴性培训 2.6 万人。安置房建设加快扫尾，全年回迁群众 2.8 万人，累计回迁 11.1 万人。发放被征地农民基本生活保障金 1.8 亿元，完成安置房网签 1.4 万套。

（四）社会治理能力进一步增强。积极开展电信诈骗等6个专项问题攻坚化解，全区信访总量较去年同期下降51%，非法集资存量案件销号圆满完成市定目标，完成资产兑付1.3亿元。扎实开展安全生产、消防安全专项整治三年行动集中攻坚，建成应急指挥中心，防灾减灾救灾能力有效提升。自贸区法院、检察院揭牌，法治环境进一步优化。统筹推进“三零”创建工作，连续五年获评全省平安建设先进县区，群众安全感、满意度持续提升。同时，宣传、意识形态、党管武装、民族宗教、工青妇、统战、政协、慈善等工作扎实开展。

郑州经济技术开发区 2021年经济社会发展报告

郑州经济技术开发区管理委员会

郑州经济技术开发区（简称“郑州经开区”）以高质量发展为主线，坚持以“东强”战略为统揽，以“双十工程”为抓手，扎实做好“六稳”工作，落实“六保”任务，经济社会保持了良好发展态势。2021年地区生产总值完成1234.5亿元，同比增长5.7%；规模以上工业增加值完成608.5亿元，同比增长4.4%；固定资产投资完成483.3亿元，同比增长0.8%；社会消费品零售总额完成482.6亿元，同比增长4.0%；一般公共预算收入完成101.35亿元，同比增长1.03%。三次产业比重为0.1∶71.9∶28。

一、坚持“制造立区”，现代产业体系初步建立

经过多年的发展，已形成汽车及零部件、装备制造、现代物流三个千亿级主导产业集群，2021年规模以上工业产值完成1833.3亿元。

（一）汽车产业方面。拥有上汽、海马、东风日产、宇通等整车厂4家，宇通重工、宇通专用车、森源鸿马、诺优房车、恒天宏达、宇通商用车、宇通矿用设备等专用车厂7家，日立化成、精益达等配套零部件

企业131家，形成了130万辆产能。2021年汽车产值1001亿元，整车产量47.5万辆，占全省产量的80%。

（二）装备制造业方面。集聚了郑煤机、中铁装备、海尔、富泰华等一批行业龙头，郑煤机是世界最大的煤炭机械生产商，中铁装备稳居行业世界第一，海尔建成全国最先进的智能化生产基地。2021年装备制造业产值635.3亿元。

（三）现代物流业方面。以医药物流、快递物流、保税物流、冷链物流、汽车物流等高附加值业态为重点，集聚4A级以上物流企业21家，建成仓储面积800万平方米。2021年现代物流业营业收入2247亿元，同比增长6.7%。国际物流园区获评省级快递物流园示范园区第一名。获评国家首批制造业和现代化服务业融合发展试点区域。

（四）其他产业方面。河南中烟完成产值288.9亿元，同比增长8.8%。郑州双汇、益海嘉里、中粮等食品加工产业产值超百亿。生物医药产业完成产值27.5亿元，同比增长14.6%。

二、坚持“开放带动”，枢纽能级持续提升

郑州经开区是河南省“五区联动”的重要平台、“四路协同”的主要载体。2021年实际吸收外资6.5亿美元，同比增长4.2%；进出口总额386亿元，同比增长30%；引进境内域外资金44.4亿元。

（一）“陆上丝绸之路”越跑越快。获批建设中东部唯一中欧班列集结中心，“关检合一”通过海关总署验收，“关铁融合”大监管区列入国家亮点工程。国际货运班列（郑州）开行达到2002班，形成了“十四站点、六口岸”国际物流网络体系。

（二）“网上丝绸之路”越来越便捷。获批全国唯一跨境电子商务零售进口药品试点，成功举办全球跨境电子商务大会。跨境电商进出口货值455.68亿元，其中，进口130.24亿元，出口325.44亿元。

（三）“海上丝绸之路”越来越通达。大力发展海铁联运，新增郑州至上海杨浦港铁海联运线路，2021年海铁联运到发集装箱17930标箱，

同比增幅18.6%。

（四）自贸区建设加快推进。上报创新案例6个，创新解决上汽集团郑州分公司非独立法人经营者备案问题，在全国复制推广；增列“9710”“9810”监管方式，实现了跨境电商出口业务全模式、物流全通道。经开综合保税区区域整合基本完成。

三、坚持“项目为王”，发展基础更加夯实

连续五年大抓“双十工程”项目建设，以“万人助万企”“三个一批”活动为契机，突出项目带动，以项目建设为抓手，实施项目化推进，重点推进10个投资超20亿元的重大产业项目和10类重点工程建设，拓宽“双十工程”的广度和深度，从原有的具体项目建设向开放创新领域延伸，从原有的全域配套建设向核心区域打造延伸，充分发挥“双十工程”支撑产业发展、提升城市形象、突出开放引领、强化创新驱动的作用。成立服务部（指挥部），建立“1＋1＋1”服务专班，落实周例会、月观摩、季讲评、年终总结的工作推进机制，全过程统筹项目推进、投产运营、后期监管、以商招商等工作。坚持“招大引强”，招商引资成效显著，2021年签约重点项目41个，总签约金额682亿元，在郑州市“125计划”单项考核中排名第一。2022年，共谋划项目390个，总投资2407亿元，年度计划投资517亿元。其中，新开工项目177个，续建项目190个，前期项目23个。全年计划竣工投产项目187个。

四、坚持“创新驱动”，动力活力持续释放

郑州经开区是郑洛新自主创新示范区和河南大数据综合试验区的重要功能区。2021年高新技术产业产值完成1377.6亿元，高新技术产业增加值完成335.9亿元。聚集科技型企业752家，高新技术企业250家，市级以上研发中心353家（国家级13家、省级127家），入选国家、省市各级人才工程187人（国家级32人、省级56人），获批院士工作站13

家、新型研发机构4家、省级产业技术创新战略联盟3个、市级及以上博士后科研平台15家、上市企业7家。研发投入强度达到4.2%。引进河南省氢能与燃烧电池汽车产业研究院、省级新型研发机构河南卫华机械工程研究院。中铁装备荣获国家科技进步二等奖，正在申报国家地下工程装备技术创新中心。郑煤机荣获省装备制造业科学技术奖一等奖。

五、坚持“以人为本”，城市品质全面提升

全区建成区面积64.7平方公里。通车道路里程350公里，公交场站5个，公交线路27条，停车位2万个，绿地总面积2705.5公顷，绿地率41.81%，绿化覆盖率43.24%。辖区主要分为起步区、滨河国际新城、国际物流园区、祥云办事处四大片区。按照郑州市32个核心板块要求，谋划了起步区老工业区核心片区、滨河国际新城核心功能区、国际物流园区核心功能区等三个核心板块，滨河新城核心板块立足打造生态宜居产城融合示范区，起步区立足工业智造转型示范区，物流园区内核心板块立足打造区域性物流总部示范区，目前已累计完成投资近200亿元。

六、坚持“人民至上”，民生福祉持续改善

坚持政府主导征迁安置，累计完成投资205.9亿元，建成投用安置房583万平方米，回迁群众9万余人，回迁率85%以上。全面做好“双减”工作，课后延时服务实现全覆盖，校外培训全面规范。辖区共建成学校102所，包括公办学校职业技术院校1所、中小学53所，公办幼儿园48所，学位近6万个。公立医院3所、民营医院2所，基层医疗卫生机构7所，床位近2000个，郑州大学第二附属医院、郑州市第七人民医院新院区建设快速推进，省人民医院签约落地，区域医疗水平大幅提升。大气质量显著改善，2021年综合指数4.62，优良天数242天，PM_{10}浓度75微克/立方米，两项指标全市排名第一。扎实做好信访稳定工作，压实安全生产责任，人民群众的获得感幸福感安全感显著提升。

郑州高新技术产业开发区 2021年经济社会发展报告

郑州高新技术产业开发区管理委员会

2021年，郑州高新技术产业开发区（简称“郑州高新区”）科学统筹防汛救灾、灾后重建、常态化疫情防控与经济社会发展，稳中求进、顶压前行，发展态势稳中有升，发展质量内涵持续优化。全年地区生产总值548.2亿元，同比增长3.0%；完成规模以上工业增加值170.9亿元，同比增长12.1%；完成社会消费品零售总额199亿元，同比增长6.7%；完成全口径财政收入148.19亿元，增长6.15%，完成公共预算收入67.6亿元，同比增长3.68%，其中，税收收入完成57.1亿元，收入质量为84.48%；新增市场主体约1.4万户，市场主体总数达到6.7万户（其中企业5.2万户）。在“2021中国高新区创新能力百强榜单”中名列第8位。

一、迅速有效应对灾情疫情，灾后重建加快推进

（一）全力以赴抢险救灾。从解决群众最紧急的基本生活保障入手，重点围绕着居民小区、车库积水的抽排，供水供电供气设备和管道的抢修和恢复，道路的疏通，被雨水浸泡车辆的清理，道路塌方点、积水点

的抢修，企业复工复产等任务，加速恢复城市运行和生产生活秩序恢复。全区 673 个基层党组织 12000 多名党员干部积极投身防汛第一线、救灾一线，89 支应急救援志愿服务队投入行动，4038 名志愿者积极参与抢险救灾、维护秩序和服务群众之中。

（二）筑牢疫情防控防线。全面落实“外防输入、内防反弹”的总体防控策略，抓紧抓实抓细常态化疫情防控各项措施。面对三轮疫情冲击，健全应急机制，高效完成多轮全民核酸筛查和重点人群筛查，累计接种疫苗 108 万剂次。压实四方责任，切实做社会面管控，认真落实重点人员集中隔离，辖区疫情防控工作始终保持平稳有序。

（三）扎实做好灾后重建。印发《郑州高新区灾后恢复重建工作实施方案》，研究出台城镇市政基础设施、水利设施、农业林业、教育、基础设施、应急救援和防灾减灾能力提升等专项规划方案。截至 2021 年底，高新区已筹措并接收各项防汛救灾专项资金 16887 万元，已累计支出 12545 万元。强化项目带动，已谋划灾后重建基础项目 53 个，总投资 3.24 亿元。发挥风险补偿资金池、应急转贷周转资金、政策性科技融资担保、商业保理等为企业增信的力度，8 家银行为 119 户中小微企业放款 19.42 亿元。

二、深入推动科技创新，创新引领能力持续提升

（一）创新创业活力持续激发。国家科技型中小企业总量 2477 家，同比增长 17.8%，占全市的 38.4%，全省的 16.4%；高新技术企业总数达到 1493 家，同比增长 32.9%，占全市的 36.6%，全省的 17.9%；新增 11 家国家级专精特新小巨人企业，占全市的 42%，新增 2 家河南省质量标杆企业，占全市的 67%；新认定瞪羚独角兽梯度培育企业 179 家。13 家企业入选河南省龙头企业，占全省的 11.2%，19 家企业入选河南省瞪羚企业，占比 20%。R&D 经费 48.6 亿元，占 GDP 的 9.43%，同比增长 0.84 个百分点，占全市的 19.2%，全省的 5.8%；完成技术合同成交额 105.1 亿元，占全市的 34.3%，全省的 17.2%。

（二）创新型平台和科技基础设施加速布局。新增省市级研发平台113个；围绕智能传感器、网络安全等主导产业，推进建设产业共性关键技术创新与转化平台、研发一体化公共平台、国家网络安全产业基地重大基础设施群、高新区科创大脑等科技创新基础设施服务平台；河南省智能传感器中试基地落户区内；成功获批第四批国家文化和科技融合示范基地（集聚类）。

（三）创新引领性机构量质齐升。2021年新获批省市新型研发机构9家，总数达22家，占省市总量的16.2%，其中省级15家，占全市的33.3%，全省的11.7%；市级14家，占全市的41.2%。新引进中科院声学所国家网络与服务技术创新中心、机科国创（郑州）绿色智造研究院、西安交通大学国家级中心郑州分中心等3家高端新型研发机构，河南工业大学产业技术研究院成功签约共建，河南省智能传感器产业研究院落户智能传感谷。

（四）“人才高地”集聚效应明显。2021年高新区立项推荐市级创新创业团队评选项目27个，入选中原科技创业领军人才2人，新增省级博士后创新实践基地3家，省级博士后创新实践基地达13家，增长速度及站点数量均居全市首位。新出台《郑州高新区引进培育创新创业人才若干措施》，组织百强百高企业名校招才活动。

（五）产学研用对接不断增强。组织国内名校线上科技大讲坛等产学研对接活动7场；坚持“走出去”与“引进来”相结合，组织4次活动，签订合作协议4项。积极对接国家科技战略布局，加强关键共性核心技术及卡脖子技术攻关，征集10项揭榜挂帅制重点研发专项技术需求，推荐27个项目参加全国颠覆性技术大赛，部分技术已经实现产业化。积极申建火炬创新街区，成功获批科技部火炬中心第二批企业创新积分制试点单位。

三、持续聚焦主导产业，经济发展提速提质

（一）重大项目引进建设推进有力。持续强化“院校机构+赛事展会

＋产业要素”的发展模式，成功举办第五届“强网杯”全国网络安全挑战赛、中国卫星导航第十届年会、2021世界传感器大会，不断集聚产业创新要素，全年新签约落地项目17个，总投资334.5亿元，其中，主导产业项目15个，投资239.5亿元，包括总投资34亿元的上汽资产河南总部项目、总投资30亿元的英维克精密温控节能设备中原总部基地项目等一批重大重点项目相继落地。重点项目建设稳步推进。年度共承担省市重点项目51个，完成投资191.94亿元。着力推动“三个一批”发挥效益，年内“签约一批”项目5个，“开工一批”项目7个，“投产一批”项目4个。

（二）高质量发展态势良好。高新技术产业发展势头迅猛，全区高新技术产业与高技术制造业对规模以上工业的贡献率分别达到94.1％和42.1％，高新技术产业产值占制造业比重达到90％。固定资产投资结构和质量趋势向好，工业投资同比增长57.1％，占全部固定资产投资的22.7％，占比较去年提高9.4个百分点，高于全市（12.8％）9.9个百分点；其中工业技改投资增长14.1％。新培育亿元以上企业14家；新培育三高企业680家，占全市的34％。规上制造业增加值同比增长13％，高于规上工业0.9个百分点。战略性新兴产业占规上工业比重为58.4％，较2020年提高2.8个百分点；工业投资同比增长57.13％；占固定资产投资的比重达到22.57％，较2020年提高9.45个百分点。

（三）产业大脑建设启动。以“产业大脑＋未来工厂”为突破口，通过全产业画像诊断摸清家底、找准短板，在全球产业参照系中找准高质量发展的破局点和发力点。已完成郑州高新区产业大脑（传感器产业）一期建设，并在2021年世界传感器大会上发布，通过产业地图、产业图谱、城市对标、精准招商四个模块建设，有效提升传感器产业数字化治理能力。

（四）开放发展持续深化。全年完成实际利用外资3.53亿美元，完成货物贸易进出口总额63亿元、服务外包产值总额3600万美元、境外投资6000万美元、跨境电商59.15亿元。

（五）中小企业蓬勃发展。谋划建设小微企业园13个，总投资256

亿元，占地面积2884亩，建筑面积541万平方米，入驻企业总数1199家，形成以创新大道为轴线，南北贯通、东西辐射的“一轴辐射、多点支撑”发展格局，已成为全区经济高质量发展的重要平台载体。

（六）融合发展加速赋能。2021年，两化融合贯标企业32家，完成全年任务的967%，“上云”企业1713家，完成全年任务的785%，“接链”企业339家，3家公司获批国家服务型制造试点示范，全市占比75%，全省占比27%；5家企业获批河南省大数据产业发展试点示范项目，全市占比23%，全省占比11%。

四、全面推进深化改革，高质量发展动能不断增强

（一）推进区域创新协同发展。积极推进与上海张江、中关村自创区等区域协同发展，梳理江浙沪合作项目26个，组织区内企业参加中关村科技项目线上路演对接活动2次。推进与沈阳、乌鲁木齐等地区合作交流，并与乌鲁木齐高新区达成战略框架合作协议。

（二）着力优化营商环境。深化“放管服”改革，推行涉企经营许可事项告知承诺制改革；推出个体工商户免费申领税务发票章便民措施，减轻市场主体负担；进一步提升“网办深度”和“掌上办”能力，网上可办事项（3星）占比达95%，（4星）事项占比达85%。建成全省首个“政府采购服务数字化平台”。建立企业服务驿站，探索政务服务向专业园区延伸。

（三）提升金融要素供给水平。新增注册规模1亿元政策性商业保理公司，新设深交所河南基地，新增基金管理公司21家，新增管理资金规模约252.6亿元，实缴到位21亿元；通过组织基金招商、创投峰会、融资路演、上市企业培育及后备企业辅导等支持企业直接融资36.46亿元；加强多层次资本市场建设，助推“百川畅银”创业板上市，“千味央厨”主板上市，累计形成了18家上市公司、78家新三板企业、764家四板企业、38家河南省重点上市后备企业的上市梯度培育体系。

（四）强化高质量政策供给。年内共落实国家、省、市、区级政策资

金及奖励10.28亿元。

（五）持续优化企业服务。扎实开展“万人助万企”活动，创建“13710＋133345”工作机制，成立4个工作组，实施包联重点企业364家、全部“四上”企业1066家，收集各类企业问题632个，推动问题解决622个，问题解决率达98.4％。

五、坚持建设管理并重，城市品质实现全面提升

（一）着力推进安置回迁。新开工安置房面积81.05万平方米；新增竣工安置房面积269.22万平方米，新增回迁面积105.9万平方米，新增回迁安置群众17508人。

（二）持续完善基础设施建设。累计整修路面2.3万平方米，治理窨井盖问题9000多处，疏挖收水井14866座，完成管道疏通6公里；全力改善功能性路灯照明，主次干道亮灯率不低于98％；基本完成架空通信线缆入地改造，区管6条“断头路”均已打通。

（三）着力提升城市环境。围绕“序化、绿化、洁化、亮化”，栽植乔木约2.5万株，完成新建绿地112.18万平方米，新建综合性公园2个，新建微公园、游园16个，完成道路绿化31条，完成申报省级园林小区4个，市级园林小区2个；垃圾分类实现全覆盖，新建公厕20座。路内停车泊位高位视频采集设备基础建设已完成并投入运行，实现2000个停车位纳入智慧停车管理平台。

（四）着力推进城市“双改”。城乡接合部综合改造工程涉及35项工程类项目全部完工，134项管理类项目常态化开展，涉及267项“三清零”问题台账和24个社区（村）“一村一策”整治项目228项全部整改到位。市定道路西三环（白庄街—北三环）综合改造基本完工，区定道路梧桐街（西四环—须水河桥）示范段打造加速推进。

（五）着力推进数智高新建设。完成郑州市一“事件”改革工作目标任务，完成“一网统管”三级平台中5个办事处分中心及30个片区工作站物理场所建设，实现沟赵办事处分中心、片区工作站试点运作，

实现城市停车服务、独居老人居家安全、新增违法建筑3个市定一“事件”和疫情防控、网络安全漏洞处置2个区级“一事件”上线运行。

六、深入实施污染防治攻坚，生态文明建设水平持续提升

（一）狠抓大气污染防治攻坚。以智慧环保时空精准监测管控平台项目建设为抓手，推动监管手段多样化、智慧化。推动减污降碳协同增效，持续对辖区51家涉VOCs企业进行现场核查，强化$PM_{2.5}$和臭氧协同控制。能源清洁取得成效，完成辖区内2蒸吨以上天然气锅炉低氮改造工作，协调郑州大学18台锅炉完成了锅炉整体或燃烧机更换。PM_{10}、$PM_{2.5}$、NO_2三项主要污染物浓度分别为75微克/立方米、42微克/立方米、32微克/立方米，均低于年度目标任务值。

（二）抓好水污染防治工作。坚持河流断面日常检查及水质监测。每月定期对南水北调中线工程高新区段、石佛沉砂池等饮用水源地周边区域进行风险排查，确保饮水安全。黑臭水体整治“动态清零”。推动河湖沟渠污水防治，及时贯通新建道路污水管线工程，消除污水明排隐患。

（三）做好土壤污染防治工作。分类实施土壤污染源头防治，严格控制涉镉等重金属企业污染物排放。加强重点行业企业监管，建立2021年高新区土壤污染重点监管单位名录，4家重点监管企业已完成本年度自行监测和隐患排查工作。完成辖区内加油站油罐改造情况复查、废弃井排查工作。辖区土壤环境质量总体稳定，污染地块安全利用率达到100%。

七、持续筑牢安全防线，社会大局稳定有序

（一）安全生产常抓不懈。检查各类生产经营单位11763家次，排查整改完成各类安全隐患28828项；执法处罚494起，处罚金额270.4万

元；查封 20 家，“三停” 15 家，累计 500 余家单位完成双重预防体系建设，6 家被评为郑州市首批双重预防体系建设示范企业；省、市安委会督查组督导交办安全问题隐患 35 项，全部整改完毕。

（二）织牢食药安全“防护网”。对辖区“三品一械”生产经营单位开展监督抽查，累计监督检查 4635 家次，消除风险隐患 1360 个；抽检“三品一械” 1622 批次，其中合格率 98.2%，同比增长 0.6%；建成 11 家基层诊所标准化药房，切实保障人民群众用药安全。

八、持续强化民生保障，民生福祉不断增强

（一）稳就业促创业。全年实现城镇新增就业 4918 人，城镇登记失业率 1.6%。全年举办专项招聘会 11 场，组织 2663 家用人单位参加，提供就业岗位 12688 个。强化就业创业政策落实，发放各项稳就业补贴 280 余万元、稳岗补贴 504 万元、以工代训补贴 745 万元，创业担保贷款组件 3200 万元。组织开展数字人才培训、就业技能培训、职业技能提升培训等 23495 人，已取得各类职业技能等级证书 4770 人，其中高技能人才 1313 人。

（二）扎实推进“美好教育”。新开工建设 3 所中小学，实际投入使用 7 所中小学，新增加优质学位 9600 个。新增公办幼儿园 10 所。统筹推进“双减”工作，42 所中小学均按照“5＋2”模式开展课后服务工作，在校生课后服务参与率达到 82%。开展校外培训机构治理，取缔 27 家非法培训机构。

（三）完善医疗服务体系建设。列入政府主导任务的 5 家社区卫生服务中心已全部完成。石佛、梧桐社区卫生服务中心“优质服务基层行”基本标准已通过市级验收。上海中医药大学附属龙华医院河南医院建设项目、郑州市中心医院高新医院建设项目加快推进。

（四）社区治理不断拓展，完成省级规范化社区创建 6 个；完成社区“亲民化”改造项目 2 个，建设区级社区社会组织孵化平台 1 个，设立 5 个社区发展治理（慈善）基金。

九、党的建设全面加强，持续引领高质量发展

扎实开展评优表先、“六月先锋行”“光荣在党 50 年”纪念章颁发等活动。组织演讲比赛征文比赛等各类庆祝活动 148 场次，领导干部、各级党组织书记讲专题党课 280 场次。

严格落实意识形态工作责任制。开展“永远跟党走”专题宣讲 41 场，开展“党的创新理论万场宣讲进基层”95 场，实现了社区（村）、园区全覆盖。

坚持无禁区、全覆盖、零容忍，综合运用监督执纪“四种形态”批评教育；坚持经常性警示教育，组织传达讨论学习 3 起严重违纪违法案件剖析，筑牢反腐倡廉思想防线；对五个办事处党工委及办事处领导班子成员开展第六轮巡察；慎始慎终抓好市委巡察整改工作，主动自查自纠，如实向市委报告整改清零情况。

登封市2021年经济社会发展报告

登封市人民政府

2021年，登封市面对经济下行、转型升级的双重挑战，面对灾情、疫情的双重考验，全市上下坚定信心、迎难而上，统筹发展与稳定两个大局，较好地完成了全年目标任务，实现了“十四五”良好开局。

一、万众一心、众志成城，抗洪灾、防疫情，发展环境更加稳定

（一）面对天灾，打赢了“主动仗”。面对历史罕见特大暴雨，第一时间快速反应，率先启动防汛Ⅰ级应急响应，紧急转移疏散危险区域群众4.1万人，由于我们应对早、行动快、措施实，最大限度地减少了灾害损失，最短时间恢复了正常秩序；集全市之力，共争取上级转移支付和慈善总会、红十字会等捐赠资金7.5亿元，实施9个领域264个省灾后恢复重建专项规划项目，3380户受损房屋完成加固修缮，3个集中安置点加快建设，2022年10月底前可达到回迁条件。

（二）面对疫情，守牢了“防控线”。完善常态化防控和局部应急处置机制，从严从紧从实从细落实各项防控措施，持续提升核酸检测、流调溯源、隔离管控等“五种能力”，科学化精准化防控水平不断提高，有力保障了全市人民群众生命安全和身体健康。面对灾情疫情，我们科学

应对、果断决策，应急处置能力和城乡治理能力得到新提升。

二、坚定信心、保持定力，抓产业、促转型，发展势头更加强劲

（一）招商引资“结硕果”。出台一系列招商引资优惠政策，构建大招商格局，深入开展产业链招商、以商招商、驻地招商，位列世界500强的海螺集团入驻登封，刷新了登封项目落地速度和海螺生产扩产速度；位列世界500强的三一集团新能源汽车智能制造项目在众多备选城市中选择登封落地；位列世界500强的圣戈班集团深耕登封16载后，再次与登封联手，新材料生产基地等项目顺利签约落地。这是继2002年华润电力之后，世界500强企业再次布局登封，全市招商氛围日益浓厚，投资环境持续优化，大项目、新项目、好项目接踵而来。

（二）工业振兴“势头强”。推动10家煤矿安全有序复工复产，完成10家刚玉冶炼企业标准化改造提升，新昇汽配等6家企业通过环保绩效A级企业认定，豫科光学、天瑞新登被评为国家级“绿色工厂”；实施重大产业项目45个，完成投资36.2亿元，瑞龙德圣堂等17个项目建成投产，克莱威、瓷金科技产值实现翻番，圣戈班、中瓷科技等一大批企业订单供不应求，新材料、装备制造、铝精深加工等主导产业占工业的比重进一步提升。

（三）文旅融合“添活力”。少室阙、会善寺、启母阙3处世界文化遗产对外开放，杨家门、北高庄、袁桥古村落等美丽乡村项目，以及大周封祀坛生态文化公园、中岳文化公园加快推进，谋划森林公园建设。全域旅游在常态化疫情下实现恢复性增长，游客接待量达到1159万人次、同比增长45.6%，旅游总收入达到94.5亿元、同比增长46.2%，我市位列中国县域旅游综合竞争力百强县市第28位。

（四）现代农业“提品质”。大力推进高标准农田建设，全市蔬菜种植面积超过4万亩，食用菌种植规模达到130万棒，登封小米、翡翠梨等5个新产品入选全国名特优新农产品，农业特色产业产值达到8.9亿

元，占农业总产值比重的37.7%。

三、拉大格局、精益求精，强建管、增内涵，城乡环境更加靓丽

（一）交通更加便利。完成207国道（市区至大金店段）、048乡道（市区至白坪段）等道路改建工程，少林大道下穿隧道通车运行，阳城路、少室路、崇高路升级改造工程恢复通车，环嵩山旅游专线开通运营。

（二）城市更加精致。中心城区功能提升（二期）等20项市政基础设施项目加快实施，豫华苑等14个老旧小区改造稳步推进，完成迎仙阁、阳城路等10个完整居住社区建设任务，新增ETC智慧停车场55处、泊位1.1万个，建成公园游园7个、新增绿地125万平方米，顺利通过国家卫生城市复审、国家园林城市复验，我们的城市更具品质、更富特色、更有韵味。

（三）农村更加宜居。大力实施乡村建设行动，全市5.2万户农村厕所改造工作圆满收官，农村卫生厕所普及率达到100%，生活污水治理率达到82%，打造美丽乡村精品村10个，创建美丽乡村示范村13个，大金店镇袁桥村、少林办雷家沟村入选河南省第六批传统村落名录，乡村面貌大变样，环境更美更宜居。

四、持续发力、厚植底蕴，重修复、抓治理，生态环境更加优美

（一）生态修复"让山更绿"。落实最严格生态环境保护责任，全面推行林长制，完成国土绿化0.8万亩，治理废弃矿坑65个，嵩山森林覆盖率提高至89%，创成2个森林特色小镇和18个森林乡村。

（二）四水同治"让水更清"。加快推进"南水北调"引水入登后续工程，纸坊水库至少林水库连通工程平稳推进，城乡供水一体化有序推进；治理河道641.3公里，压减地下水开采300万立方米，城市集中式

饮用水源地水质达标率100%，白沙水库国控断面氟化物年均值同比下降0.63个百分点，水质较往年明显好转。

（三）环境治理“让天更蓝”。持续打好污染防治攻坚战，省委生态环境保护督察反馈25项问题全部整改到位，优良天数达到249天，空气质量综合指数稳居郑州市县（市）首位。

五、多措并举、攻坚克难，抓改革、强保障，体制机制更加顺畅

（一）深化改革蹄疾步稳。完成卢店撤镇设街道，制定国企改革三年行动方案，有序推进市管企业整合重组。

（二）政务效能不断提升。“郑好办”App登封专区可办事项达到311项，工程项目全流程审批时限压缩至61个工作日内，不动产登记改革实现交房即发证，“互联网+监管”覆盖率位居郑州市前列。

（三）创新活力持续迸发。新培育国家高新技术企业20家、同比增长40%，新增专精特新企业21家，嵩山硼业被认定为国家级专精特新“小巨人”企业，上云企业数量达到1163家，获得授权专利证书1091件。

（四）要素保障坚实有力。谋划设立总规模10亿元的战新产业投资基金，储备项目10个；深入推进“万人助万企”活动，帮助企业解决用工需求4300余个，创造条件帮助世博钨钼、万林家居等11家工业企业获得不动产权证书，帮助121家企业办理应急转贷、展期续贷等业务27.8亿元，年度减税降费9213万元；全年供应土地2633.62亩，处置征而未供土地2522.57亩、供而未用闲置土地568.48亩，保障重点项目用地需求的同时，为新上项目留足了发展空间。

六、牢记宗旨、一心为民，办实事、增福祉，民生保障更加有力

（一）脱贫攻坚成果持续巩固。坚决落实“四个不摘”要求，累计识

别三类户1065户3583人，投入2.05亿元实施衔接乡村振兴项目159个，脱贫户年人均纯收入达到1.4万元、同比增长9.98%，代表郑州市顺利通过省巩固脱贫攻坚成果后评估验收。

（二）民生保障水平不断提升。建成安置房面积9万平方米，779户3448名群众回迁新居；新改建中小学校13所，新增公办幼儿园2所，新增学位4430个；深入落实“双减”政策，学科类校外培训机构大幅压减，义务教育阶段课后延时服务实现三个“全覆盖”、两个“百分百”；市医院通过三级医院评审，完成县域医疗中心建设，我市被评为省级慢性病综合防控示范区；发放城乡低保、特困人员救助资金6803万元，完成农村劳动力技能培训5127人，新增城镇就业5614人、返乡创业943人。

（三）社会治理成效更加显著。持续开展安全生产专项整治三年行动，常态化开展风险隐患排查整治，安全监管能力和企业本质安全水平有效提升；全市452个老旧小区和楼院成立业委会（自管会），宣化镇被评为河南省法治乡镇（街道）创建活动先进单位，少林办事处雷家沟村上榜全国乡村治理示范村，徐庄镇刘沟村再次入选全国民主法治示范村，棋盘山社区被命名为河南省老年友好型社区，我市被评为郑州双拥创建先进区县（市）。

同时，密切联系工会、共青团、妇联、文联、残联、工商联、红十字会、慈善总会、关工委、老促会、老干部，各项事业都呈现了新气象。民族宗教、地方志、金融、电力、税务、邮政、烟草、通信、气象等各项工作都取得了新成绩。

巩义市2021年经济社会发展报告

巩义市人民政府

2021年，面对灾情、汛情、疫情叠加的严峻形势，巩义市统筹推进防汛救灾、疫情防控和经济社会发展，克服了前所未有的困难，经受住了从未有过的考验，较好地完成了各项目标任务。2021年地区生产总值完成901.9亿元，增长7%，总量和增速均位居郑州六县（市）首位；规模工业增加值增长15.5%，一般公共预算收入完成51.6亿元，社会消费品零售额完成302.2亿元。全年民生支出49.8亿元，占一般公共预算支出的71.3%。

一、在大灾大考中彰显担当，全力守护家园平安

（一）全力以赴抢险救灾。“7·20”特大暴雨造成山洪暴发、河水暴涨，交通、通信等基础设施损毁严重，导致重大人员伤亡和财产损失。灾害发生后，广大干部群众坚持“人民至上、生命至上”，部门包镇、镇办互助、干部驻村，昼夜奋战，第一时间转移避险群众5.6万人，3天内主城区全面恢复供水，8天内供电、通信、国省道路全线贯通，20天内生产生活秩序基本恢复，最大限度降低了损失。

（二）扎实开展恢复重建。全面构建灾后恢复重建“1+15”工作体系，全力推进总投资260亿元的530个灾后重建项目建设。投资40亿元

集中建设49个安置区，一次性开工面积130万平方米。经过7个月的努力，6350户灾损房屋全部完成修缮加固，385户受灾群众完成货币补偿，25个新村1601户受灾群众完成安置，24个社区7013套211栋楼全部封顶。道路桥梁、水毁水利设施修复统筹推进，218处国省干线公路水毁点全部修复，297项水毁水利设施主体修复完成。投资5.4亿元提升整治汜水河，防洪标准由20年一遇提升到50年一遇，河道从灾前的60米拓宽到90米。受损严重的310国道米河段东移50米并将路面由16米扩宽至25米，道路质量、抗灾标准和河道行洪能力均远超灾前水平。

（三）全面完善应急体系。整合成立市减灾委，建立统一高效的“1防指2防办16专班”市级应急指挥体系和“1＋6＋45”应急预案体系，完善各类防汛预案1600余件，组织开展应急预案培训、演练546次。349支应急救援队伍组建完成，410处应急避难场所（点）加快建设。市应急救援保障基地和340个镇村应急物资储备站（点）全面启用，应急响应和防灾能力全面提升。

二、在严峻形势下难中求成，经济发展稳中有进

（一）项目建设加速推进。坚持项目为王，滚动推进“三个一批”，恒通新材料年产150万平方米高精幕墙板等71个省、郑州市重点项目超额完成投资任务，凤凰新材料年产5万吨高端焊剂等226个市定重点项目完成投资292亿元。恒星科技超精细金刚线、泛锐熠辉气凝胶隔热材料等项目接连竣工投产。明泰科技电子材料产业园、巩义市产业孵化园等特色园区相继建成投用。

（二）助企纾困成效显著。深入开展“万人助万企”活动，先后出台支持企业加快灾后恢复重建生产“30条”、稳经济促增长“43条”政策举措。建立四保企业“白名单”，400多名干部分包748家企业和94个重点项目，帮助解决各类问题1055个。为市场主体减轻税费负担13.9亿元，累计提供应急转贷周转资金35.7亿元。大力开展促消费活动，分批投入各类消费券1513万元，餐饮、商贸等行业持续复苏回暖。加大市场

主体培育力度，新增“四上”单位 135 家，全市市场主体同比增长 11.2%，总量达 6.2 万户。

三、在加速转型中再造优势，产业发展态势强劲

（一）制造业竞争力不断增强。342 个制造业项目完成投资 289 亿元，新增规模以上工业企业 70 家，高精铝、新材料和特色装备制造三大主导产业规模工业增加值增长 17.7%。全市规上战略性新兴产业企业达到 121 家，新增国家级专精特新“小巨人”企业 6 家、高新技术企业 51 家、省级专精特新中小企业 25 家，全社会研发经费投入强度位列郑州六县（市）第一，位居全国县域工业百强第 42 位、科技百强第 49 位。豫联、明泰、新昌销售收入分别突破 300 亿元、200 亿元、100 亿元；泛锐熠辉、华德地毯、晋安机械等“巩义制造”亮相北京冬奥会；中孚高精铝等 3 家企业被认定为第一批省制造业头雁企业，人民电缆被认定为国家级质量标杆企业；万达、永通等 8 家企业入围全省民营企业制造业 100 强。拓展产业发展空间，盘活闲置用地，腾出低效用地，谋划建设小微企业园 22 个，巩义市产业集聚区铝精深加工二区等 3 个小微企业园建成投用，鲁庄镇铝精深加工小微企业园等 6 个在建园区顺利推进，大企业顶天立地，小企业铺天盖地的发展局面初步形成。

（二）全域旅游格局加速构建。围绕建设黄河流域具有鲜明特征的文旅强市目标，整合资源成立文旅集团，着力打造北部沿黄、中心城区和南部山区三大旅游区，谋划实施重大文旅项目 21 个、总投资 354 亿元。高水平开展双槐树遗址考古公园保护及展示规划编制工作，高质量编制宋陵大遗址保护利用规划，流转土地 2966 亩，永昌陵、永厚陵、赵普生态遗址公园基本建成。里山明月、石居部落、山谷觉醒等精品民宿热度持续高涨，香玉故里红色教育基地建成开放，豫西抗日纪念馆完成修缮提升。成功举办杜甫国际诗歌周、长寿山红叶节等重大活动，全年接待游客 987.8 万人次，旅游综合收入 34.7 亿元。

（三）现代农业持续壮大。扛稳粮食安全重任，全市耕地保有量稳定

在36.8万亩以上，粮食年产量15.2万吨，小相菊花、南河渡石榴、涉村花椒、邙岭小杂果等品牌不断打响，新增河南省知名农业品牌3个，郑州市级现代化农业示范园5个，村集体收入5万元以下的村全部清零。

四、在绿色发展上持续发力，生态环境明显改善

（一）生态屏障高效构建。河洛湿地公园、南水北调引水、小浪底南岸灌区、伊洛河治理等重点工程有序开展。全面推行林长制，新建省级森林小镇4个、森林乡村15个，林木覆盖率达到45%。

（二）污染防治攻坚成效显著。$PM_{2.5}$、PM_{10}、二氧化氮年均浓度同比下降13%、4.8%、12.5%，全年优良天数达到226天，是有空气质量监测数据以来最好水平。严格落实河长制，实施“四水同治”项目5个，完成投资10亿元，伊洛河出水断面水质稳定达到Ⅲ类标准。国土空间生态修复加快推进，完成矿山恢复治理9852亩，受污染耕地及建设用地安全利用率达100%。

（三）双碳战略协同推进。大力推动企业节能改造，万元规模工业增加值能耗下降10.7%。后寺河抽水蓄能电站前期工作进展顺利，竹林庆州、恒星科技、明泰铝业创成国家级绿色工厂。企业屋顶光伏建设稳步实施，全市光伏发电装机容量同比增加22.2%。

五、在融合发展中重塑格局，城乡魅力日益彰显

（一）城市功能持续完善。城乡供水一体化项目进展顺利，新敷设燃气管道723公里、新增供热面积41万平方米，人民路大桥竣工投用，苏秦大桥、南河渡大桥、康桥主体成型。和谐西路、君道路等10条市政道路建成通车，和平路、官庄路等10条断头路顺利打通，紫荆路、河洛路等13条道路完成绿化改造提升。310国道西段改建工程、七里铺至韩门道路北段加快推进。总投资41亿元的310国道东段改建工程纳入郑州市2022年投资计划，郑洛、焦平、沁伊高速前期工作取得实质性进展，连霍高速公

路巩义东站立交改造工程纳入焦唐高速公路温巩段项目同步实施。

（二）城市品质持续提升。以创建全国文明典范城市为统领，大力提升城市品位，奥体公园、悦动园等 7 个公园游园建成开园，新增绿化面积 53.8 万平方米，开普东一区、孝义一纸厂家属院等 42 个老旧小区完成改造，拆除各类违建 4.5 万平方米，高标准改造提升窨井盖 2400 余座，主城区生活垃圾分类覆盖率达到 98%。

（三）乡村建设加快推进。基础设施建设和公共资源配置进一步向乡村延伸，改建提升农村道路 55 公里，创成河南省“万村通客车提质工程”示范县（市），南岭新村博物馆群、叶岭村省级乡村文化合作社等一批公共服务设施相继建成使用。美丽乡村提质增量，“达标村、示范村、精品村”梯次实施，大南沟、新山村等 10 个美丽乡村精品村和 16 个示范村完成投资 2.3 亿元，竹林镇获评全国乡村旅游重点镇，海上桥村获评全国乡村旅游重点村，巩义市入选河南省美丽乡村重点县建设试点。

六、在改革开放中开拓进取，发展势能加速释放

（一）重点改革落地见效。开发区“三化三制”改革步伐加快，巩义市先进制造业开发区挂牌成立。国资平台实体化、市场化转型速度加快，国投公司、文旅集团实力大幅提高。紧密型县域医共体改革试点成果显著，市内就诊率达 99%以上。农村宅基地改革全国试点工作全面铺开。

（二）营商环境持续优化。梳理“掌上办”事项 305 个，不见面审批占比达 97%，公共资源领域实现全流程电子化交易，政务服务效能稳步提升。推进信用分类风险管理，依法实施联合奖惩，“一处失信、处处受限”的工作格局基本形成。

（三）招商引资成果丰硕。组建北京、上海、深圳 3 个招商联络处和 6 个产业联盟，实施以商招商、基金招商、园区招商，中广核氢液化关键装备产业化项目开工建设，河南省科学院氢能产业研究院挂牌成立，河洛科创园等一批引领性项目签约落地。全年共签约亿元以上项目 39 个、总投资 574.6 亿元，引进市外境内资金 166 亿元，实际利用外资 3.7 亿美元。

七、在共建共享中增进福祉，民生保障更加有力

（一）脱贫成果不断巩固。脱贫群众年均收入达到 17136 元，全市未发生一例返贫致贫现象。

（二）社会事业持续发展。新增城镇就业 9181 人、农村劳动力转移就业 6214 人。巩义市第一初级中学等 6 所中小学、幼儿园建成投用，新增学位 3780 个。巩义市人民医院顺利通过三级医院评审，巩义市公立中医院正式运行，医疗保障服务水平稳步提升，全市基本医疗保险参保率达 95%以上。举办各类公共文化活动 300 余场，群众获得感、幸福度不断增强。

（三）社会保障日益完善。强力推进保障性住房建设，常兴花苑、新兴家园三区等 5 个项目 2954 套竣工交房，回迁安置群众 2756 户 6916 人。社会救助力度进一步加大，累计发放各类救助资金 1.2 亿元。养老服务设施建设加快推进，五里堡、新华南路等 7 个社区养老服务中心建成运营。

八、在风险防范上守牢底线，社会大局和谐稳定

（一）疫情防控常态长效。持续强化基层网格群防群控、重点部位联防联控、行业部门严防严控措施，动态储备集中隔离房间 3200 间以上，新建移动方舱实验室 2 个、全市日核酸检测能力稳定达到 4 万管 80 万人，配备核酸采样小屋 80 座，构建城区“15 分钟核酸采样服务圈”，累计接种新冠疫苗 185.8 万剂次，成功实现疫情“零输入”、人员“零感染”。

（二）风险化解有力有效。积极推进信访积案化解，澳龙港湾等 7 个问题楼盘化解取得突破性进展。助力企业防范化解金融风险，豫联集团债务危机成功化解，当年创造利税 22.4 亿元。严厉打击各类违法犯罪活动，破获电信网络诈骗案件 718 起，挽回群众损失 7215 万元。

（三）安全生产态势良好。加强食品药品安全管理，顺利通过省级食品安全示范县复审。持续推进煤矿、交通、住房等重点领域安全整治和常态监管，社会大局保持和谐稳定。

新密市2021年经济社会发展报告

新密市人民政府

2021年，面对错综复杂的经济形势、艰巨繁重的发展任务，特别是连续遭受特大暴雨灾害与多轮疫情叠加交织的严重冲击，新密市上下坚定信心、迎难而上，同心同德、共克时艰，打赢打好了防汛救灾、疫情防控、稳定经济的大战大考。生产总值同比增长1.8%，规模以上工业增加值增长5.4%，固定资产投资增长－20.7%，一般公共预算收入增长0.2%，居民人均可支配收入增长6.1%。虽然多个经济指标没有实现年初预期，但发展的质量效益、韧性和协调性在增强，呈现出稳中加固、稳中提质、稳中趋优的良好态势。

一、抵御灾害、艰苦抗疫，灾害疫情得到控制

（一）抵御了历史罕见的洪灾大汛。2021年7月下旬遭遇历史罕见特大暴雨，全市上下紧急迎战、严防死守，强化应急指挥调度，全力做好抢险救援，紧急转移安置群众4.8万人次。灾害发生后，各级各部门积极行动，用1天时间恢复了城区供电、供气；2天时间恢复了乡镇政府供电，保障正常运转；5天时间基本恢复了全市通信网络；7天时间恢复了城区供水，农村供水达60%以上，290个行政村恢复供电，城乡客运全部通行；10天时间社会基本恢复正常。积极推动企业复工复产，为78家

企业申请各类救助、补助资金 1079.7 万元，向 89 家企业发放贷款 3.8 亿元，帮助受灾企业复工复产、困难企业渡过难关。全力推进受灾房屋重建和水毁设施修复，完成房屋修缮加固 4293 户、分散安置群众 916 户，“1＋16”政府主导集中安置区加快建设。谋划灾后重建项目 341 个、总投资 24.2 亿元。

（二）打赢了艰苦卓绝的抗疫大战。面对突如其来的多轮新冠肺炎疫情，全市干部群众坚决闻令而动、迅速响应，统筹“四早”措施，压实“四方”责任，2000 余名基层干部身先士卒、火线指挥，3 万余名党员先锋队和志愿者树牢旗帜、筑强堡垒，围绕“圈住封死捞干扑灭”，不惜一切代价，同时间赛跑、与病魔较量，全力以赴做好疫情防控，“外防输入、内防反弹”常态推进，把牢守稳了郑州疫情防控“西南大门”。尤其是在 11 月疫情中，成功在一个潜伏期内实现“清零”，有效防止了疫情的传播扩散。

二、融入循环、补链强链，产业格局深度重塑

（一）工业主导更加强劲。实施重点工业项目 115 个 275.2 亿元，投资 12 亿元的中南高科·环保智造基地开工建设，国家 863 郑州（新密）科技创新园、锦荣纺织服装创意产业园和科技创新创业综合体等 5 个小微企业园进展顺利。安耐克公司被认定为国家级专精特新“小巨人”企业，康宁特等 21 家企业被认定为郑州市级专精特新中小企业。新增“两化融合”对标贯标企业 27 家、智能化改造企业 24 家、“上云”企业 787 家、“上链”企业 86 家。打造工业制造标杆企业 10 家、培育“5G＋工业互联网”融合发展试点 50 个。获郑州市制造业高质量发展先进集体，再次入围中国工业百强县（市）。

（二）文旅产业蓬勃发展。大伏羲山旅游区和环嵩山大旅游区格局加快构建，创建国家级旅游度假区 1 个，创成省级特色生态旅游示范镇 1 个、示范村 2 个，5 条美丽乡村精品旅游线路基本成型。山生有杏等北方特色民宿声名鹊起，魏长城国家文化公园文旅融合示范区快速推进。“十

一”期间，银基国际旅游度假区客流、营收位居全省“双第一”，入选全省第一批文化和旅游消费示范县（市）创建名单。相继举办 2021 中国（河南）国际大学生时装周暨青年时尚创意文化节、第三届全球文旅创作者大会、中国民宿发展大会和梦祥国潮白银文化艺术节。累计接待游客 1100.6 万人次，综合收入 48.5 亿元。

（三）特色产业亮点纷呈。实施都市生态农业转型升级战略，建设现代农业示范园 30 家、全国休闲农业与乡村旅游星级企业 2 家。加快筹建密玉博物馆，被授予“中国密玉之都”。商品房累计销售 50 亿元。签约京东物流项目、落地普洛斯郑南物流园项目，覆盖全市的物流空间网络体系加快形成，跨境电商交易额超 10 亿元。“五一嗨购”“溱美·夜新密”系列促消费活动广受欢迎，社会消费品零售总额首次突破 195 亿元。

三、全域融合、精雕细琢，城乡面貌历变新生

（一）城乡基础更趋完善。千方百计克服特大暴雨灾害带来的破坏影响，310 国道郑州市西南段全线贯通，317 省道线机场至新密段改建加速，焦平高速公路荥阳—新密段开工建设，234 国道前期办理加快，“西水东引”启动实施。城区未来大道北段和产业集聚区郑风大道、裕中路、兴业路竣工通车。新改建农村公路 30.7 公里，完成通村入组道路 9 个 10.4 公里。内捷外畅、融郑辐省的交通大枢纽逐步显现。新增燃气管网 20.6 公里，新建改造电网 349.9 公里。新建 5G 基站 654 座，基本实现市区、镇区和农村热点地区 5G 信号全覆盖。

（二）城市品质更有魅力。大手笔规划实施古城保护和城市有机更新，完成 1.5 平方公里核心区概念性规划和控制性详规，启动安置区拆迁。投资 3.5 亿元完成棚户区改造项目 200 户，完成老旧小区改造 529 户 4.8 万平方米。金域上院一期、溱水湖畔、翰林誉府一期等高质量地产项目竣工。金巴斗、中强光年、金博大、星光天地四大商圈更加成熟。雪花山森林运动公园、溱水湿地文化公园、开阳公园“三园齐开”成为新的打卡地。“城市大脑”一期全线运行，智慧教学、智慧医疗落地投

用，“智慧停车”入选国家试点经验。成功创建国家级“中餐豆腐美食文化地标城市”，成为全省第四个国家级美食名城，顺利通过全国文明城市提名城市复查测评。

（三）乡村振兴更具示范。实行乡村振兴合伙人招募制度，吸引人才、资金，助力乡村振兴。完成巩固脱贫攻坚成果项目202个1.56亿元，防返贫监测新纳入594户2016人，及时消除致贫返贫风险。高标准推进8个精品村、28个示范村建设，伏羲山神仙洞村、米村镇范村村入选河南省首批乡村康养旅游示范村，伏羲山神仙洞村获评2021年中国美丽休闲乡村，超化镇命名为全省第二批“美丽小镇”，获评全省乡村振兴示范引领县（市）。推进“三年强村计划”，集体经济收入5万元以下薄弱村全部消除，10万元以上村达90%以上。深化国家乡村治理体系建设试点工作，顺利通过农业农村部中期评估。

四、生态为本、扬优成势，美丽经济深入人心

（一）强化大气攻坚。中央、省环保督察及“回头看”反馈问题加快整改，查处环境违法问题161起。扛稳“双碳”战略责任，持续开展“三大改造”，重点行业环保绩效分级“创B争A”稳步推进。远东耐材被认定为国家级绿色工厂，建信耐材被认定为省级绿色工厂。持续推进耐材行业产能退出和产能减量置换工作，19家耐材企业退出产能31万吨，淘汰国三车辆2479辆。$PM_{2.5}$平均浓度降至42微克/立方米、同比下降17.7%，全市二氧化氮、臭氧、一氧化碳年浓度等3项指标质量均居郑州市县（市）首位，优良天数累计达253天，在郑州市16个县（市）区中连续两年排名第一，获省“十三五”污染防治攻坚战表现突出集体称号。

（二）美化林业生态。开展国家森林城市创建，实施国土绿化5800亩，森林抚育1.1万亩。精心谋划实施“3326”工程，创成省级森林特色小镇1个，创建森林（生态）乡村20个，独木成林古皂角树入选国家级保护名录，“生态屏障＋公园建设＋廊道绿化”成效显著。全面推行

“林长制”，深化集体林权制度改革，推进碳排放权交易，构建“林长＋公安局长”“林长＋检察长”等机制。铁腕整治露天矿山、废弃矿山，编制完成矿山地质环境恢复与综合治理规划，“三区两线”全部复绿，绿色矿山达到 3 家。

（三）深化全域治水。常态化实施“河长制”，河库“清四乱”“三污一净”专项整治，双洎河马鞍洞断面水质达到省定标准，集中式饮用水水源地取水水质达标率达到 100%。溱水河综合治理、大磨岭矿排水资源化利用项目启动，云岩宫水库改扩建项目完工。农村人居环境“三个清零”全部完成，全国节水型社会建设达标县（市）顺利通过复核验收。

五、多向发力、协调并进，改革开放步稳行健

（一）改革破立并举。省级下放的 255 项权限顺利承接到位，财政实现省级直管。“放管服”改革持续深化，以“一网通办、一次办成”改革为抓手，推动“一件事”集成办理。市政务服务大厅审批服务事项应入尽入，成立新密新区工作站，“零跑动”“一次办”“马上办”“就近办”成为常态，1890 项“最多跑一次”，345 项凭身份证直接办理。产业集聚区“管委会＋公司”改革发力，市创新创业综合体下放入区，注册运营公司，引入专业团队，“二次创业”蹄疾步稳。完成 1450 家制造业企业分类综合评价。

（二）开放成果丰硕。招商引资聚力成势，累计签约项目 18 个，招引落地百亿级头部企业项目 2 个、高质量发展项目 3 个、5 亿元以上主导产业项目 4 个，世界 500 强融创集团落地新密，超额完成“125”高质量招商任务。对外承包工程和劳务合作等“四外”经济逆势攀升，实际吸收境外资金 2.48 亿美元。

（三）创新多点突破。创新实施商事制度“1＋X”“清单制＋告知承诺制”改革，新增市场主体 9813 家。市科技创新创业综合体累计入驻企业 199 家，建成国家级众创空间 2 家、省级科技企业孵化器 2 家，落地大愿力生物科技等项目 24 个，销售收入达到 8 亿元。创建省级研发中心

3家，申报省、市各类科技项目200余项，新增高新技术企业43家、科技型企业61家。工业企业研发覆盖率达70%以上，科技对经济的贡献率达63%以上。

六、用心用情、久久为功，民生福祉更加殷实

（一）民生保障扎实有力。完成民生支出44.4亿元，占一般公共预算支出75%以上，累计兴办三级民生实事36件。发放城乡低保、优待优抚等各类补助补贴1.5亿元，残疾人补贴标准年均增长1%。新增城镇就业8406人，新增农村劳动力转移就业8544人，登记失业率控制在4%以内。改造提升乡镇敬老院3个，建成市中心敬老院，多层次社会保障体系更趋完善。

（二）公共服务普惠共享。投入资金4360.2万元实施教育项目31个，新（改）建校舍2.2万平方米，公开引进教师175名，政通路等10所幼儿园基本完工，育才街小学等4所学校实现秋季招生，“入园难”“入学难”显著改观。落实“双减”校外减负、校内增质，校外学科类教育培训机构减少139所。全国紧密型县域医共体试点县建设稳步开展，市人民医院建设有序推进，三级医院达到2家。

（三）社会大局平稳向好。深刻汲取“7·20”特大暴雨灾害和“5·26”“5·30”较大事故教训，煤矿、消防、燃气、特种设备、食品等安全底板筑牢夯实，10家计划内矿井关闭到位，重点行业企业双重预防体系建设完成。坚持和发展新时代“枫桥经验”，建成“雪亮工程”监控4944路，创成国家级模范司法所1个、省级五星规范化司法所6个。主动接受人大法律监督、工作监督和政协民主监督，办理人大代表议案建议、政协委员提案298件，办结率均100%。开展“转作风提效能抓落实”等专项活动，重大决策调查研究、专家咨询、风险评估、合法性审查等制度不断健全，“三重一大”决策制度严格落实，“三公”经费同比下降48.5%以上。

荥阳市2021年经济社会发展报告

荥阳市人民政府

2021年，面对错综复杂的经济形势、艰巨繁重的发展任务，特别是连续遭受特大暴雨灾害与多轮疫情交织叠加，荥阳市上下坚定信心迎难而上，同心同德共克时艰，在大战大考中交出了一份厚重提气的答卷。全年生产总值同比增长1.7%，规模以上工业增加值增长2.8%，固定资产投资增长1.3%，居民人均可支配收入增长5.7%，发展的质量效益、韧性和协调性逐步在增强。

一、抵御灾害、艰苦抗疫，灾害疫情得到控制

（一）抵御了历史罕见的洪灾大汛。2021年7月下旬遭遇历史罕见特大暴雨，全市上下严阵以待、严防死守，强化应急指挥调度，全力做好抢险救援，紧急转移安置群众23万人次，用时两周基本恢复了城乡生产生活秩序。汛期过后，加快灾损房屋、塌陷道路、水利基础设施、农村公路修复加固，开展了全域地质灾害调查，组织群众有序应急避险，制定临时性生活补助等惠民措施，城关乡石板沟村成为全省首个集中迁建的灾后安置小区并顺利交房；针对应急管理体制改革、预警响应联动机制、防灾避险自救等短板问题。

（二）打赢了惊心动魄的抗疫大战。面对突如其来的多轮新冠肺炎疫

情，2000余名基层干部身先士卒、率先垂范，3万余名党员先锋队和志愿者树牢旗帜、筑强堡垒，坚决扛起主战场责任，围绕“圈住封死扑灭”目标，强化群防群控，不惜一切代价，同时间赛跑、与病魔较量，全力打好疫情歼灭战；强化联防联控，深入研究常态化疫情防控态势和规律，夯实扁平化指挥、智慧化防控、人物环境同防、多点触发等“10＋N”防控体系。

二、全力抓好转型升级，产业发展进一步提升

（一）先进制造业不断壮大。荥阳产业集聚区新签约引进华同科技产业园等项目11个，郑州研工光机等8个项目完成建设。五龙产业集聚区泊易达科技产业园等3个项目开工建设，郑州装备产业园一期等5个项目建成投用。工业技改投资占工业投资44.6%，新增“上云”企业1303家。新增规模以上工业企业34家；实施工业技改项目62个、智能化改造项目13个，新增省级智能车间2家。数字经济产业园启动建设，优刻得等30家企业达成落户意向。

（二）现代服务业加快发展。郑州市骨科医院等3个项目投入运营。兴事发国际商务中心项目主体封顶；新城吾悦广场开业运营，商业氛围日趋浓厚。全域旅游深入推进，全年接待游客680万人次，旅游总收入6.2亿元。王村镇、汜水镇获评省级特色生态旅游示范镇，新沟村、南屯村、司村获评省级乡村旅游特色村。金融业增加值完成20.5亿元，增长4.1%。

（三）创新驱动力持续增强。科技创新主体不断壮大，新增高新技术企业36家、郑州市科技型企业74家。中原智谷新增孵化企业34家、毕业企业9家，创成省级科技企业孵化器。建成各类研发中心21个，新增省级“专精特新”中小企业14家、国家专精特新“小巨人”企业2家、省级工业设计中心2家。集中办好人才引进“一件事”，新引进创新创业团队4个，新增郑州市级以上博士后创新实践基地2家。

三、全力深化改革开放，发展活力进一步释放

（一）各项改革持续推进。出台高质量发展综合绩效评价办法。加大“放管服效”改革力度，政务服务事项承诺时限压缩88%，1691项政务服务事项实现“最多跑一次”，95%事项实现全程网办，“证照分离”实现全覆盖。持续推进工程建设项目审批“分、减、合”，全面落实“清单制+告知承诺制”，在全省首创小型低风险项目“极简审批”模式，先行先试推行施工许可证分阶段办理，分级分类制定14项情景式服务套餐，创新开展小微企业园“一件事”全流程服务试点，改革成效多次在省市宣传推广。实施“一区两园”发展模式，深化“管委会+公司”改革，整合优化荥阳产业集聚区和郑州新材料产业园区，产业聚合效应加速释放。

（二）对外开放持续扩大。持续创新招商方式，拓展以企招商、以商招商、委托招商，举办专题招商推介会7场。新签约佛山柔浩、华中细胞等亿元以上项目12个，其中10亿元以上项目7个，50亿元以上项目2个。全年引进域外境内资金115亿元，实际吸收外资4868万美元。

（三）营商环境持续优化。多维度提升政务服务质效，完成新增50件跨领域政务服务“一件事”线下办理和300个涉企便民事项“掌上办”。积极对接郑州市政策直达平台，上线惠企惠民政策117项，逐步实现涉企资金兑现“一张网”。完善审批服务“联网+联动”机制，实现“政务服务便民热线”一号通办。扎实推进企业帮扶活动，积极落实减税降费和各级惠企政策，累计帮助企业解决实际问题722个，减免税费近16亿元。

四、全力统筹城乡建管，城乡形态进一步优化

（一）城市品质持续提升。积极推进国土空间总体规划编制，完成城镇开发边界和永久基本农田划定。实施城市提质项目59个，累计投资11

亿元。索河路、荥泽大道整体改造启动实施，完成老旧小区改造项目 68 个，打通城区“断头路”8 条，升级改造道路 8 条，既有住宅小区加装电梯取得新进展；突出治标与治本并重，城乡接合部 26 个工程类项目全部完工；持续开展专项整治，散乱污企业、违法建筑、黑臭水体等实现动态清零。

（二）城市管理规范精细。集中治理城市顽疾，拆除违法建设 21 万平方米；新建停车场 2 个，新增停车泊位 3000 个。严格落实“大城管”工作要求，改造提升垃圾中转站、清运车，生活垃圾无害化处理率达 100%；新建改造公厕 60 座。加大道路机械化清扫，城区主干道机械化清扫全覆盖，次干道达到 80%以上。持续完善老旧小区、背街小巷功能性照明设施，城市建筑楼体、公园周边等亮化效果不断提升。

（三）交通路网日益完善。融郑道路加快建设，实施马米互通立交等重点交通项目 8 个，完成投资 6.7 亿元；配合做好焦平高速公路、郑洛高速公路等项目建设。推进农村公路品质提升工程，改造提升农村公路 18 公里，完成美丽农村公路建设 12 公里。倾力打造“全域公交”服务体系，实施城乡公交一体化改造，新建公交候车亭 66 座、城乡公交站牌 310 个，西区客运综合场站完成建设。

五、全力做好农字文章，乡村振兴进一步深化

（一）现代农业蓬勃发展。大棚房问题专项治理“回头看”等重点任务圆满完成，新增高标准农田 1 万亩，粮食总产量 23 万吨，生猪出栏 7 万头以上。农业产业化加快推进，新创市级以上农业示范园 13 个；“荥阳石榴”荣获“受市场欢迎果品区域公用品牌百强”称号。加强农产品质量安全追溯体系建设，新认证“三品一标”农产品 5 个，获批国家名特优新农产品 3 个。

（二）美丽乡村深入推进。统筹“治标”与“治本”，建立“联乡包村”帮扶机制，完善美丽乡村配套政策，建设精品村 8 个、示范村 20 个，创建“美丽庭院”2700 户。推进农旅融合发展，流转土地 2610 亩，

盘活宅基地115处，引进社会资本1.7亿元。实施农村人居环境综合整治，集中整治“六乱”、开展“六清”，拆除改建旱厕1万余处，治理“空心院”388个，规范集镇市场65个。深入推进农村污水集中治理，建成农村生活污水集中处理场站1040个，规划保留村生活污水处理覆盖率达95%以上。

（三）脱贫成果更加稳固。精准落实扶贫政策，完成基础设施项目42个、产业项目29个，其中灾后恢复重建项目22个。为家庭困难学生发放教育助学金1897万元，减免脱贫人口和监测对象医疗费用216.7万元，投放小额扶贫贷款1556万元。完善“就业＋产业”帮扶措施，贫困群众自我发展能力不断提升，可支配收入同比增长7%。扎实开展干部驻村帮扶和结对帮扶工作，加强对脱贫对象跟踪和后续扶持，脱贫成果得到巩固拓展。

六、全力推进绿色发展，环境质量进一步改善

（一）污染防治取得突破。打好蓝天保卫战，完成161家工业企业深度治理，全市环境空气质量持续改善，PM_{10}、$PM_{2.5}$平均浓度同比分别下降13.2%、17.3%。打好碧水保卫战，严格落实河长巡河制度，深入开展河湖“清四乱”等专项整治行动，完成67个南水北调饮用水源地突出环境问题排查整治；第三污水处理厂扩建工程投入运行，全市污水处理率达96%；主要河流出境断面水质达到Ⅳ类标准。加强农用地和建设用地土壤污染防治，土壤资源得到永续利用。

（二）生态建设扎实推进。高标准编制黄河流域生态保护与高质量发展战略规划，实施沿黄生态治理，整治黄河湿地人类活动点位144个，加强河道工程及堤坝管理，及时处置控导工程险情，取得了黄河秋汛洪水防御全面胜利。开展大规模国土绿化行动，新增营造林1.3万亩、城市绿地54.6万平方米，创成郑州市级以上园林单位6个；顺利创成省级森林城市。大力推进土地整治，综合治理水土流失面积17平方公里。

（三）生态文明更加彰显。认真落实碳达峰、碳中和部署，指导国电

荥阳电厂等3家企业参与碳排放市场交易。严控高耗能、高污染行业产能，关闭退出“两高”企业3家，飞龙顶风电项目并网发电，淘汰国三及以下标准营运柴油货车2686辆，完成“3+2”汽车新能源替代753辆。兴安新材获批国家绿色设计产品，天河通信获批省级绿色工厂。加强环保执法联动，支持检察机关开展环境公益诉讼，立案查处违法案件134起；中央环保督察交办问题全部整改到位。

七、全力发展民生事业，民生福祉进一步增强

（一）社会事业暖心优质。集中力量办好了35项民生实事。京城高中等14个续建项目基本完工，牡丹路小学等19个项目加快推进，13所社区配建幼儿园改建工程基本完成，新增公办学位5430个；“双减”工作有力有序。创建国家基本标准乡镇卫生院4个，建成省级基层医疗机构中医馆3个、郑州市级基层诊所标准化药房13家。深化文化惠民工程，开展送戏下乡等群众文化活动300余场；新增智能驿站2个、多功能运动场8个、健身路径74条，建设体育工程项目22处，获评“全国群众体育先进单位”；完成秦王寨等9处遗址生态公园修建性详规编制工作。

（二）社会保障日益完善。用心用情解决民生难题，民生投入53.5亿元，占一般公共预算支出的79.6%。全面落实稳就业各项措施，新增城镇就业5739人、农村劳动力转移就业6851人。持续推进全民参保，重点做好被征地农民及时进保、应保尽保，新增参保5479人。健全退役军人服务保障体系，建成退役军人服务站317家，完成示范型退役军人服务中心（站）创建达标工作。“一老一小”关爱机制深入推进，市级老年活动中心主体封顶，农村居家养老服务设施实现全覆盖。城乡低保标准分别提高至每人每月740元、518元，兑现残疾人两项补贴10万余人次。大力发展慈善事业，实施慈善项目30个，发放救助金1792万元，惠及群众近4万人次。建成安置房6137套，1.5万余名群众入住新居。

（三）社会大局和谐稳定。健全立体化社会治安防控体系，常态化开

展扫黑除恶，“雪亮工程”项目全部完工，市镇村三级视频监控联网体系全面建成，治安防控体系更加完善。“八五”普法取得实效，法治荥阳建设有力有序，获评郑州依法治市工作先进单位；廉苑被认定为全省优秀法治宣传教育基地。深化信访积案和突出问题化解攻坚，智慧矛盾调解平台建成运营。开展安全生产专项整治行动，全面推进双重预防体系建设，安全生产形势持续稳定，食品、药品等市场规范有序。

新郑市 2021 年经济社会发展报告

中共新郑市委　新郑市人民政府

2021 年，面对严峻复杂的国内外形势，特别是“7·20”特大暴雨灾害和新冠肺炎疫情严重冲击，新郑市统筹做好防汛救灾、常态化疫情防控和经济社会发展各项工作，在风云突变时沉着应对，在疾风骤雨中顶压前行，全市经济社会发展持续保持稳中向好态势，圆满召开市第六次党代会，“十四五”实现良好开局、迈出坚实步伐。

一、坚持克难攻坚，交出了大战大考的“行动答卷”

面对突如其来的汛情疫情，市委快速反应、沉着应对、果断决策，第一时间启动防汛应急响应，累计出动各类抢险车辆 1112 台、救援人员 16692 人参与排险除险、转移群众、抢险救灾，尽最大努力减少人民群众生命财产损失；第一时间启动恢复重建，抢通水电、排涝除淤、消杀防疫，累计发放救灾物资 62 万件、救灾资金 2.5 亿元，以最大力度保障人民群众生产生活需要；第一时间激活疫情防控应急体系，盯紧看牢重点领域、重点环节、重点部位，抓实抓细联防联控、核酸检测、疫苗接种等各项防控措施，全面压实“四方责任”，真正把疫情圈住封死，守好郑州的“南大门”，确保了全市生产生活秩序整体平稳有序。

二、坚持转型升级，交出了高质量发展的“优质答卷”

经济发展行稳致远，2021 年完成地区生产总值 793.3 亿元，同比增长 5%；地方一般公共预算收入 74.7 亿元；固定资产投资 456.9 亿元；社会消费品零售总额 332.2 亿元，同比增长 9.2%；规模以上工业增加值同比增长 6.1%。全国科技创新百强县（市）、全国中小城市综合实力百强县（市）、县域经济基本竞争力百强县（市）排名分别攀升至第 44、第 38、第 28 位，县域经济发展质量总体评价连年位居全省县（市）首位。常住人口达到 117 万，是郑州地区唯一一个人口破百万的县（市）。工业经济加快转型，电子信息等新兴产业增加值占规模以上工业比重超过 30.8%。现代服务业提质发展，金融机构数量、银行存贷款规模连年保持全省县（市）首位。现代农业稳步提升，粮食生产稳定增长，新型农业经营主体蓬勃发展，全市农民合作社达 283 家，农业发展活力更加强劲。坚持“项目为王”，项目建设强势推进，黄帝故里园区改扩建等 40 个项目列入河南省、郑州市重点项目，完成投资 280.6 亿元。大力推动制造业高端化、智能化、绿色化发展，锐杰微封装芯片等 11 个项目进入省企业智能制造项目库，尊绅光电等 31 个项目实现开工，光明莫斯利安生产线改造等 36 个项目竣工投产。

三、坚持开放创新，交出了攻坚突破的“改革答卷”

围绕“三主三新”产业体系发展，强化以商招商、基金公司招商、专业团队招商，以高水平招商引资推动产业转型发展，全年签订项目 30 个、总金额 303 亿元，引进域外境内资金 96 亿元，招引 5G 大数据中心等超 10 亿元项目 5 个。以一件“事”为牵引，深化“一网通办、一次办成”改革，推行“标准地”出让，让用地企业享受到“拿地即开工”；工程项目审批时间压减至最长 61 个、最短 22 个工作日；首推商品房“交房即发证”新服务模式，实现交房同时即可领取不动产权证书；高效行使省、郑州市赋予新郑市156项经济社会管理权限，办事效率和服务水平显著提升；营商环境排名全省104个县（市）第一位，是唯一一个达到省辖市优秀水平的县（市）。加强创新平台载体建设，激发企业自主研发能力，建成航天液压等17家省级企业技术中心、瑞泰耐火材料等5家省级工程研究中心。实施培育创新型企业三年行动计划，新增规模以上工业企业39家，高新技术企业36家，专精特新企业28家，全社会研发投入强度由上年的1.13%提高到1.7%，科技创新水平持续提升。

四、坚持建管并重，交出了城乡统筹的"品质答卷"

深入践行"用脚步丈量工作法"，坚持以城带乡、协调并进、一体化发展，确立了"双核引领、多点支撑、组团联动、功能互补"的城乡发展新格局。实施城市建设提质项目48个，年度投资24.4亿元，新建提升城乡道路32条、56公里，改造提升老旧小区、背街小巷18个，建成开放大型城市公园、多功能街头游园10个，新规划停车位3800个，城市功能日益完善。大力实施城乡环卫一体化，严格落实"路长制"，常态化开展"大清理、大清扫、大清洗"行动，城市主次干道机械化清扫率、垃圾清运率、无害化处理率均达100%，城市环境面貌持续改善，顺利通过国家卫生城市复审。智慧城市加快推进，数字城市运行管理中心、龙湖城管分中心建成并投入使用，数字化城管基本实现全域覆盖，城市管理更加精细。乡村振兴战略深入实施，2个美丽乡村精品村、12个美丽乡村示范村和7个美丽乡村特色村建设任务基本完成，农村旱厕、垃圾治理实现"动态清零"，农村人居环境焕然一新。

五、坚持生态优先，交出了低碳发展的"绿色答卷"

大气污染防治有效开展，整治提升中小微企业162家，PM_{10}、$PM_{2.5}$累计浓度分别下降8.4%、13.7%，年优良天完成227天，全市空气环境质量得到明显改善。河湖长制工作扎实开展，双洎河国控断面水质稳定达标，城关污水处理厂中水回用项目、龙湖湿地公园尾水净化处理项目建成投运，城市建成区黑臭水体提前一年完成“动态清零”，水生态环境质量逐步提升。大力实施国土绿化、廊道绿化、城市绿化，完成新造林4300亩、森林抚育1.3万亩，全市森林覆盖率达到31.5%，建成区绿化覆盖率达到41.5%，建成区人均公园绿地面积增至16.7平方米。完成343国道南移、新村大道东延2条道路的绿化工作和31个绿化项目的养护工作，完成25个森林乡村建设任务，北靳楼生态旅游沿黄示范森林特色小镇通过省级验收。

六、坚持以文化城，交出了特色彰显的“人文答卷”

大力弘扬社会主义核心价值观，推进公民道德建设工程，入选“中国好人”1人，榜样力量进一步深入人心。巩固拓展新时代文明实践中心（所、站）全覆盖成果，组织18万余名志愿者开展防汛防疫、创文宣传及文明劝导志愿服务活动，营造向上向善的社会氛围。全面启动2021—2023年新一轮全国文明城市创建工作，在河南省文明城市观摩交流互评活动中获得优秀等次。黄帝故里园区改扩建项目建设如火如荼，九大项目等工作均按时间节点压茬推进；连续16年成功举办黄帝故里拜祖大典，连续高规格举办15届黄帝文化国际论坛。加强历史名城保护利用，裴李岗遗址入选第三届中国考古学“百年百大考古发现”名单。持续加大黄帝千古情核心板块建设，加快新郑市图书档案方志馆、郑韩文旅云平台等重点文旅项目进度，招引总投资30亿元的“寒舍·轩辕夜游谷”旅居集群项目，文旅融合发展初显成效。持续开展“戏曲进乡村”“百场演出送农民”等群众喜闻乐见的文化惠民活动1700余场次，覆盖群众50余万人，群众精神文化生活不断丰富。加强历史名城保护利用，新郑考院入选第八批河南省文物保护单位，裴李岗遗址入选第三届中国考古学“百年百大考古发现”名单。

七、坚持以人为本，交出了温暖人心的“民生答卷”

坚持以人民为中心的发展思想，回应群众关切，办好民生实事，全年民生支出83.2亿元，占一般公共预算支出的82.4%。持续推进巩固拓展脱贫攻坚成果同乡村振兴有效衔接，贫困人口稳定脱贫、持续增收。教育质量稳步提升，坚持办好人民满意的美好教育，新建、改扩建中小学、幼儿园14所，新增学位6930个，中小学校午餐配餐和课后延时服务实现全覆盖，高中教育教学质量连续30年保持郑州市县（市）领先位次。就业创业充分保障，开展职业技能培训2.3万人次，新增城镇就业再就业8817人，发放创业担保贷款7710万元。全面建设健康新郑，深入推进紧密型医共体建设，持续深化医药卫生体制改革，新郑市公立人民医院成功创成三级医院，新郑市公立中医院主体完工，建成3个社区卫生服务中心。深入推进“三零”平安创建和政法队伍教育整顿，常态化开展扫黑除恶斗争，全市信访形势平稳向好，安全生产形势持续稳定，平安建设基层基础不断夯实。

八、坚持高举旗帜，交出了“两个维护”的“政治答卷”

始终把政治建设摆在首位，不断提高政治判断力、政治领悟力、政治执行力。理论学习持续跟进，常委班子带头严格执行“第一议题”制度，先后召开常委会会议学习36次；扎实开展党史学习教育，开展各类宣讲活动430余场次，覆盖党员群众17.5万余人次。围绕促进中部地区崛起、黄河流域生态保护和高质量发展战略，认真研究河南省委、郑州市委关于县域经济高质量发展相关精神，立足当前，着眼长远，提出了建设现代化全国一流中等城市的发展目标。

九、坚持全面从严治党，交出了党建引领的“红色答卷”

坚持和加强党的全面领导，深入推进党史学习教育。牢牢把握意识形态工作领导权，巩固壮大主流思想舆论。坚持正确选人用人导向，高质量完成市乡村三级党组织换届工作，围绕安置墩苗育苗干部、乡镇党委换届、机构改革等工作进行干部调整，提拔使用一大批干部到重要岗位履职历练。深入实施关于加强党的基层组织建设“双带双争”三年行动计划，着力推进村级党组织“五星支部”创建，基层党组织战斗堡垒作用不断增强。落实党管人才要求，大力实施人才队伍建设工程，通过“故里英才引进计划”新招引 99 名硕士研究生以上学历高层次人才，为新郑市高质量发展注入新的活力。坚定不移正风肃纪反腐，一体推进不敢腐、不能腐、不想腐。强力整治“四风”问题，严肃查处违反中央八项规定精神问题 11 起 13 人。

中牟县2021年经济社会发展报告

中共中牟县委　中牟县人民政府

2021年，中牟县坚持稳中求进工作总基调，完整准确全面贯彻新发展理念，抢抓黄河流域生态保护和高质量发展、郑开同城化发展、郑州国家中心城市建设三大战略机遇，砥砺奋进、攻坚克难，战汛情、抗疫情，应变局、开新局，守住了“稳”的底线，保持了“进”的态势，“十四五”实现良好开局，现代化国家中心城市东部新城建设迈出坚实步伐。全县地区生产总值完成448.2亿元，同比增长1.8%；一般公共预算收入完成56.8亿元，规模保持郑州各县（市）第2位；固定资产投资同比增长6.3%，位居郑州各县（市）第1位；社会消费品零售总额同比增长8.8%，位居郑州各县（市）第2位；城乡居民人均可支配收入分别达到35826元、24186元，同比增长6%、8.3%。成为全国投资潜力百强县、县域经济基本竞争力百强县、科技创新百强县。

一、有力有效应对汛情疫情，坚决守护人民生命健康安全

面对“7·20”特大暴雨灾害的冲击和新冠肺炎疫情的反复，坚持人民至上、生命至上，全县上下齐心协力、共克时艰，实现了防汛“零伤亡”、防疫“零感染”。

（一）扎实做好防汛救灾、恢复重建工作。迅速反应、高效处置，第一时间全面启动战时机制，县级领导同志带队驻守乡镇一线调度指导，县直单位全体人员火速支援贾鲁河沿线乡镇（街道），1.2 万名党员干部冲锋一线，24 小时巡河守堤、抢险除患；果断启动群众迁安工作，连夜转移安置群众 5 万余人。汛情平稳后，紧锣密鼓推进灾后恢复，压茬推进“四清一消”，3 天时间完成“四通一排”，5 天内规上工业企业全部复工复产，一周内居民生活秩序恢复正常。编制建立灾后恢复重建政策体系，谋划实施灾后重建及防灾救灾项目 109 个，总投资 44.1 亿元，已完工应急抢险项目 68 个。

（二）持续巩固疫情防控成果。针对多轮疫情反弹，迅速实现平急转换，第一时间管住重点人群、重点场所、重点区域，细之又细开展流调排查，严之又严抓好隔离管控，压茬推进全员核酸检测，有力保障群众基本生活。针对复杂严峻的疫情防控形势，坚持“外防输入、内防反弹、人物环境同防”策略，建立完善扁平高效、多点触发、可防可控的常态化疫情防控工作机制，着力提高常态化疫情防控能力，持续加强社会面管控，最大程度地降低了疫情对全县经济社会发展和群众正常生产生活的影响。实施最严格、最全面、最细致的管控措施，确保万邦市场疫情防控安全，有力保障了全省全市市场供应。

二、蹄疾步稳推动产业升级，持续提升经济发展质量效益

面对经济下行的巨大压力和汛情疫情的严重冲击，把产业发展摆在更加突出的位置，固根基、扬优势，补短板、强弱项，以产业突破引领发展突围，推动全县经济顶压前行。

（一）着力激发经济活力。坚持稳主体。全面落实国家、省市惠企助企政策，及时拨付各类扶持资金 6400 余万元，减征、缓征各类社会保险费 3000 余万元；积极推动政银企联动，为 300 余家企业授信超 7 亿元，支持 34 家企业应急转贷 4.5 亿元，切实帮助企业摆脱困境、渡过难关，

全年新增市场主体12187家、入库规模以上企业86家。坚持稳消费。制定实施《中牟县灾后促消费8项措施》，聚焦时尚购物、汽车家电、文旅餐饮等重点领域，组织开展消费季系列活动50余场次，社会消费品零售总额完成172.3亿元，同比增长8.8%，郑州国际文化创意产业园成为国家级夜间文化和旅游消费集聚区。坚持稳投资。树牢“项目为王”理念，充分发挥重大项目支撑拉动作用，健全完善招商引资政策体系、奖励办法，滚动实施、压茬推进“三个一批”，5个“开工一批”项目完成投资7.6亿元，占年度目标的103%，2个“投产一批”项目实现运营、完成投资56.6亿元；36个省市重点项目完成投资217.1亿元，占年度计划投资的116%；新签约“125计划”项目8个，其中100亿级头部企业项目1个，10亿元以上高质量项目2个。全年固定资产投资同比增长6.3%，增速位居全市第一。

（二）着力提升产业能级。聚焦优化升级，推动先进制造业稳步发展。始终把发展先进制造业作为主攻方向，年产整车达到8万辆。坚持补链延链强链，不断推动制造业向产业链价值链中高端延伸，荣电人工智能产业园一期等10个项目建成投用，机动车质量检测认证中心等39个项目加快推进，联东U谷等6个小微企业园加快布局。聚焦放大优势，推动现代服务业争先发展。“吃住行游购娱”一体化水平不断提升，只有河南·戏剧幻城、杉杉奥特莱斯二期建成营业，海昌海洋公园、中华复兴之路等项目加速推进，全年接待游客1139万人次，同比增长8.7%，“五一”期间支付宝线下消费笔数位居全国县域第一，成为全国最能“买”的县城、自驾游热门县域目的地，成功创建省全域旅游示范区；总部经济、设计产业蓬勃发展，中牟创智中心、省城乡建筑设计院等6个项目竣工投用，建业J18、省移动总部基地等22个项目加快推进，郑州交通科技产业中心、河南传媒文化产业园等8个项目开工建设。聚焦抢占先机，推动新兴产业集聚发展。完成县“十四五”战略性新兴产业规划编制工作，比克新能源汽车5G车路协同等3个项目入选省5G项目库；生物医药产业集群初现雏形，贝迪药业签约入驻，凯利莱二期等8个项目加快推进，四环医药、中牧生物一期建成投产。聚焦提质增效，推动现代农业创新发展。坚持藏粮于地、藏粮于技，建成高标准农田1万亩、“菜篮子”生产基地6400亩，新增市级示范园5家、农民专业合作社25家、绿色农产品1个、“名特优新”农产品2个。

（三）着力增强发展动能。坚持全面深化改革。深入推进“一网通办、一次办成”政务服务改革，实现全部2059项政务服务事项网上办、1067项即时办、495项掌上办、326项凭身份证“一证可办”，承诺办理时限压减至法定办理时限的9.1%；扎实推进“一网统管”，监管事项主项覆盖率达到90.3%；大力推行“标准地＋承诺制”“一枚印章管审批”，实现不动产登记“交房即发证”、企业开办“准入即准营”、项目建设“拿地即开工”；建立县乡村三级专职帮办代办队伍，实现乡村便民服务中心（站）全覆盖，全面打通政务服务“最后一公里”；持续深化农村集体产权制度改革，“三农”发展激发新动力；认真落实县域放权赋能、省直管县财政和开发区“三化三制”改革，255项经济社会管理权限高质量承接，县域经济发展迸发新活力。坚持优化营商环境。树牢“服务企业就是服务发展大局”的理念，扎实开展“万人助万企”“一联三帮”等活动，帮助企业解决问题453个；全面推行营商环境特邀监督员制度，扎实开展“一把手走流程”体验活动，政务服务水平持续提高，营商环境综合评价全省第四。坚持强化科技创新。拨付各类扶持资金4400余万元，带动全社会研发投入7.1亿元，投入强度达到1.7%；培育国家级高新技术企业18家、科技型中小企业80家、省市级创新企业33家、研发机构平台27家，引进高层次、创新型人才72人。

三、一体融合抓好城乡建设，着力打造宜居宜业美好家园

必须坚持走城乡融合发展之路，统筹城市提升、乡村建设和生态保护，切实把城市和乡村打造得更有形象、更有品质、更有味道。

（一）持续提升城市品质。国土空间总体规划编制加快推进，生态保护红线、永久基本农田、城镇开发边界三条控制线科学划定；3.5平方

公里文创园核心区域建设高标推进，6 次获得全市第一。城市建设管理水平加快提升，谋划推进城市道路综合改造项目 21 个、老旧小区改造项目 19 个，城乡接合部 107 个工程类项目全部完成；建成安置房 149.3 万平方米，回迁群众 6785 人。道路交通体系加快完善，打通 5 条断头路，完成 18 条市政道路、15 条农村道路建设，312 省道、317 省道中牟段建成通车，安罗高速公路、汽车客运南站等 4 项工程扎实推进，城乡联通、区域联动的发展格局持续优化。“城市大脑”加快建设，建成 5G 基站 283 个，智慧化水平不断提升。

（二）持续加快乡村建设。巩固拓展脱贫攻坚成果，严格落实“四个不摘”要求，建立完善长效防返贫监测帮扶机制，“两不愁三保障”和饮水安全成果持续巩固，黄河滩区居民迁建三期工程加快推进，没有发生一户返贫、新致贫。扎实开展农村人居环境整治，围绕“净、绿、亮、美”的目标，大力“治理六乱、开展六清”，加快完善垃圾收储运体系，动态实现“三个清零”，获评省农村人居环境整治先进县。稳步推进美丽乡村建设，3 个精品村、10 个示范村建设任务全部完成，4264 户美丽庭院成功创建，万滩镇关家村成为省乡村旅游特色村。

（三）持续优化生态环境。大力实施国土绿化行动，基本建成河南省中牟森林公园，新增生态林、抚育林 1.3 万亩，107 国道、312 省道生态廊道绿化全线贯通。持续打好蓝天碧水净土三大保卫战，全年优良天数 237 天，PM_{10}、$PM_{2.5}$ 等主要指标均位居六县（市）前三，空气质量年综合指数位居六县（市）第三；县级饮用水源地水质全部达标；土壤环境质量持续稳定。严格开展生态环境监督执法，查处违法案件 17 件，整治、取缔企业 25 家，淘汰、拆解国三及以下排放标准营运车辆 1070 辆，374 家工业企业实现动态管理。深入推进黄河流域生态保护，坚持系统治理、源头治理，建立县乡村三级管护联动网络，谋划实施重点工作 9 项、重点任务 20 项、重点项目 12 个，沿黄生态环境持续改善。高标准做好中央环保督察交办问题整改，雁鸣湖湖区生态修复工程加速推进，三刘寨引黄工程水利灌溉功能充分发挥。

四、用情用力办好民生实事，不断增强群众获得感幸福感安全感

牢固树立以人民为中心的发展思想，坚持“政府过紧日子、群众过好日子”，持续推动财政支出向民生领域倾斜、改革发展成果更多更公平地惠及全县人民。2021 年，全县民生领域支出完成 60.8 亿元，占一般公共预算支出的 75.7%，省市县重点民生实事圆满完成。

（一）民生事业稳步推进。突出抓好“一老一小一青壮”工作。“一老”方面，建成街道养老服务中心 2 个、社区日间照料中心 13 个，新增养老设施面积 1.2 万平方米、床位 405 张，37 个城乡养老服务设施投入运营。“一小”方面，青少年活动中心开工建设，新建公办幼儿园 7 所、乡村教师周转宿舍 135 套，修缮受灾学校 73 所，新增教师编制 2749 个，招聘教师 734 人；坚持“官方带娃”，实现城区 21 所小学午餐配餐服务、全县 108 所小学课后延时服务全覆盖；“双减”政策全面落地，义务教育实现优质均衡发展，高考一、二本上线率、职业学校对口本科升学率均位居市属县（市）第一。“一青壮”方面，深入推进“人人持证、技能河南”建设，开展职业技能培训 2.5 万人次；新增城镇就业 3528 人、农村劳动力转移就业 7109 人，零就业家庭保持动态清零；居民人均可支配收入 29270 元，同比增长 6.5%，高于生产总值增速 4.7 个百分点。着力优化公共卫生服务。县人民医院通过三级综合医院评审，建成河南省县级临床重点专科 3 个、郑州市县级临床重点专科 7 个；综合医改深入推进，紧密型县域医共体深度融合，县域内就诊率达到 90%。充分发挥社保兜底作用。健全完善社会保障体系，足额发放各类社会保险基金 5.6 亿元、被征地农民基本生活补贴 2378 万元；医保基金使用管理进一步规范，查处违规定点医药机构 39 家，带量采购药品 29 种，平均降价 56%。

（二）文体事业繁荣发展。着力加强文化供给。开展“舞台艺术进乡村”“送戏下乡”“双优”“双带”系列文化惠民活动 324 场，惠及群众 40 余万人次；组织公益性文化培训 3120 人次；新建乡村学校少年宫 24 所，

优化基层综合性文化服务中心 8 个。大力倡导全民阅读。开展各类阅读推广活动 114 场，“我们都是朗读者”文化品牌持续擦亮；图书馆、城市书房接待读者 9.5 万人次，借阅总量 23 万余册次。持续推动全民健身。新建、更新各类健身场地 111 处，新增单项体育协会 3 个，培训优秀社会体育指导员 348 人；开展“下基层、送健康”活动 154 场，2 万余名群众受益。切实保护文化遗产。新增省级非遗项目 3 项，开展非遗“六进”活动 120 场，东古城遗址生态文化公园建成开园。不断塑造文明新风。600 余支学雷锋志愿服务队、10 万余名注册志愿者活跃在大街小巷、服务于各个领域，开展爱心公益服务 21.8 万小时；涌现出县级以上先进典型 327 人，县级以上文明村实现全覆盖，以全省第一的成绩通过省级文明城市提名城市年度复审。

（三）安全稳定有力保障。始终筑牢安全生产防线。聚焦建筑、交通、消防、危化、溺亡等重点领域、关键环节，创新建立“10＋25”大排查大执法长效机制，持续强化安全生产领域宣传教育、排查整治、监督执法，事故起数、死亡人数同比下降 73％、60％，典型经验全省推广。坚决守好信访稳定底线。大力开展“三零”单位创建活动，健全完善信访稳定突出问题综合治理化解机制，率先完成六大领域突出问题综合治理化解行动市定目标，并在全市信访稳定突出问题攻坚化解总结会上作典型发言。深入推进平安建设工作。扎实开展电信网络诈骗犯罪专项整治、校园安全及周边环境综合整治行动；加快推进“雪亮工程”建设，14 个乡镇（街道）标准化视频监控中心全部建成投用，村（社区）视频监控基本实现全覆盖。常态开展扫黑除恶行动。打掉涉恶犯罪团伙 1 个，严惩犯罪人员 9 人，开展警示教育 20 次，10 万余名群众受教育；坚持打伞破网，复核案件 12 起，党纪政务处分及组织处理 28 人。

五、持之以恒推进民主法治，巩固和发展全过程人民民主

充分调动各方面的积极因素，推动构建共建共治共享新格局，凝聚

加快建设现代化国家中心城市东部新城的强大合力。

（一）支持人大履行宪法法律赋予的各项职责。高标准筹备推进县乡两级人大换届工作。支持人大及其常委会依法行使职权。充分发挥人大代表工作监督和桥梁纽带作用，组织人大代表参加专题调研、执法检查等活动1000余人次，常态化开展五级人大代表进联络站活动，高质量办理人大代表议案建议151件。

（二）支持和保障人民政协履行职能。支持政协在建言资政、凝聚共识上双向发力，征集“民生实事落实”“公共停车场运行管理”等意见建议70余条，形成“美丽乡村建设”“挖掘打造黄河文化”等高质量调研报告2篇，办理各类提案108件，专门协商机构作用得到充分发挥。

（三）巩固和发展最广泛的爱国统一战线。加强同各民主党派、工商联、无党派人士和各民主团体的联系交流，定期通报工作情况、听取意见建议。成立新阶层联谊会党支部，实现联络处、工作站党建指导员全覆盖。组织民主党派人士、无党派人士、新阶层人士和侨胞侨属加强中共党史学习，切实增强听党话、跟党走的政治自觉。

（四）深入推进依法治县。持续深化法治政府建设。制定出台《中牟县法治政府建设实施方案（2021—2025）》，健全完善重大行政决策法定程序，持续抓好规范性文件“立改废释”工作，深入推进优化法治化营商环境专项行动，严格落实行政执法“三项制度”，依法行政水平显著提高。纵深推进法治社会建设。启动实施“八五”普法，扎实开展法律“七进”活动，举办各类法治宣传活动694场次，16.1万余名干部群众受教育，成功创建市级以上民主法治乡镇5个、民主法治示范村（社区）4个，全社会知法懂法、用法守法的氛围更加浓厚。着力加强政法队伍建设。坚持动真碰硬，纵深推进政法队伍教育整顿，整治顽瘴痼疾26个，查办问题线索80件，党纪政务处分78人，新时代政法队伍形象得到重塑、活力充分激发。

六、一以贯之深化全面从严，纵深推进新时代党的建设

统筹推进党的各项建设，不断提高党的创造力、凝聚力、战斗力，

切实以党建“第一责任”引领和保障发展“第一要务”。

（一）夯实党的基层基础。树牢基层鲜明导向，聚焦强基础、补短板、增亮点、创品牌，高标准谋划实施74个党建项目。修复提升受灾村级活动阵地38个，整顿转化软弱涣散村党组织15个。改扩建城市社区党群服务中心10个，19个社区、54个小区成功创建“红色物业”示范点，150个无主管楼院管理优化提升。成立非公有制经济组织和社会组织工作委员会，建立非公党组织353家，派驻党建指导员220名，打造非公党组织示范点10个，151个机关党组织与企业结对共建，“两个覆盖”质量持续提升。

（二）打造过硬干部队伍。树牢正确选人用人导向，严格落实“凡提四必”，圆满完成11个乡镇党委换届工作；落实全省“墩苗育苗”计划和全市年轻干部“双百工程”，5名省市机关干部和2名乡镇党委书记实现交流任职，14名优秀年轻干部得到选拔任用。圆满完成294个村（社区）“两委”换届工作；加强“头雁”建设，举办村（社区）党组织书记“亮赛比”活动120场；创新开展“两委”干部初任评估，诫勉谈话、停职免职处理5人；聚焦后继有人，高标准建立850人的村级后备干部队伍。

（三）深化党风廉政建设。严格落实党风廉政主体责任，坚持不懈把全面从严治党向纵深推进。围绕黄河流域生态保护和高质量发展等重大战略，聚焦防汛防疫、恢复重建、三级党组织换届等中心工作，开展专项监督检查，督促整改问题2347个，约谈乡科级领导干部8人，党纪政务处分6人。查处违反中央八项规定精神问题17件，党纪政务处分和组织处理19人，通报曝光7人；积极探索村（社区）集体“三资”提级监督，搭建“中牟县小微权力一点通平台”，群众身边的不正之风和腐败问题得到有效遏制。

中原区2021年经济社会发展报告

中共中原区委　中原区人民政府

2021年，中原区坚持稳中求进工作总基调，把握新发展阶段、贯彻新发展理念、构建新发展格局、推动高质量发展，团结带领全区人民以敬畏之心、战斗姿态、拼抢精神，统筹推进疫情防控、防汛救灾、灾后重建和经济社会发展，全区生产总值完成746.2亿元、增长4.2%，一般公共预算收入完成50.8亿元，规模以上工业增加值完成90.6亿元、增长11.6%，固定资产投资完成345.6亿元、增长0.5%，社会消费品零售总额完成276.1亿元、增长7.4%，实现了“十三五”完美收官、“十四五”良好开局。

一、坚持人民至上、生命至上，奋力夺取防汛救灾和疫情防控双胜利

全面落实“三新一高”发展要求，统筹发展和安全，全力以赴打赢灾后重建、疫情防控和经济发展三场硬仗，取得了重大阶段性成果。

（一）全面动员、迅速行动，应对雨情汛灾。面对“7·20”特大暴雨灾害，第一时间启动应急响应，科学调度全区所有力量，累计发动群众11.6万余人参与抢险救灾，妥善处置常庄水库、郭家咀水库重大安全隐患群众疏散、茜城花园居民楼倾斜应急处置等险情，累计紧急避险转

险群众 27360 人、转移安置 18690 人。第一时间启动灾后恢复重建，强力推进，仅用 10 天左右即实现主城区“四通一排”全部清零，“两清一消杀”全覆盖，群众生产生活快速回到正常轨道。聚焦城市基础设施、重大民生工程、城镇既有住宅等重点，出台加快灾后恢复重建助民助企十三条举措，实施灾后重建项目 83 个，完成投资 6.2 亿元。

（二）沉着应对、精准施策，稳妥有序打赢了疫情防控阻击战。中原区第一时间激活疫情防控应急体系，紧盯重点部位、重点环节、重点人员，迅速建立起严密的防控网络，强化区、街道、社区（村）和物业、志愿者“三级五方”联防联控，建立了“快速响应、快速转换、快速落实”的平战转换工作机制，构筑了“全天候、全覆盖、全链条”的智能监管网络，高质高效开展 7 轮次全员核酸检测工作，全人群累计接种新冠疫苗 201.32 万剂次。

二、深入贯彻新发展理念，高质量发展呈现新气象

面对严峻困难的外部环境，全力以赴、奋力攻坚，区域经济综合实力稳步提升。

（一）主导产业不断壮大。第三产业增加值完成 516.2 亿元，增长 8%，占 GDP 比重达 69.2%，对经济增长贡献率达到 129.1%，呈继续扩大趋势。科技服务业增加值达 134.1 亿元，占 GDP 比重达 18%。字节跳动、滴滴出行、国家工业互联网平台应用创新推广中心等重点项目先后落地，中原小微企业园、黄河智谷·中原企业总部港等开工建设，推动科技服务业、数字经济快速发展。郑州奥林匹克体育中心、郑州大剧院、郑州美术馆新馆、郑州博物馆等投入运营，二砂文创园入驻杨丽萍美学馆、豫游纪、约克动漫等 18 家知名文创公司，三厂历史文化街区项目加快推进，全区文创企业达 200 家，产业增加值达 11.2 亿元，增长 15%。华侨城大型文旅项目、金科贾鲁小镇项目有序推进，金马凯旋万达第四代综合体、CCD 中央大街、盒马鲜生等将陆续开业，消费热点、消费场景不断丰富，消费潜力将进一步释放。线上消费蓬勃发展，通过

公共网络实现商品零售额 8.5 亿元，增长 89.6%。总部企业累计达 22 家，商务楼宇达 40 栋，入驻企业 3200 余家，其中 10 栋楼宇单体税收贡献超千万，规模效应逐步彰显。

（二）招商引资成效显著。围绕“4+1”主导产业，大力推进招商“125”专项工作，引进字节跳动河南区域总部等百亿级企业项目 2 个，东方雨虹河南区域总部及楼店研仓项目、金马凯旋万达第四代综合体等 10 亿级高质量项目 2 个，黄河智谷·中原企业总部港项目、郑州铁路科技产业园、昱峰医疗科技产业园等 5 亿元产业链项目 3 个，主导产业集聚效应进一步凸显。全年新签约项目 33 个，总投资 375.5 亿元，实际利用外资 26249 万美元，增长 11.1%。

（三）项目建设加快推进。扎实推进“万人助万企”活动，212 名县级、科级干部包联企业 707 家，协调解决问题 366 个，帮助企业强信心、渡难关，以硬招、实招促进经济增动力、提效能、上台阶。按照谋划项目抓签约、签约项目抓入库、入库项目抓开工、在建项目抓投产的模式，建立“五本台账”，滚动推进“三个一批”项目 5 个，总投资 43.3 亿元。全年 36 个省市重点项目完成投资 449.9 亿元，占年度投资计划的 115.4%，重点项目示范引领作用进一步彰显。3 个核心板块城市设计成果完成固化，完成投资 34 亿元；新签约产业项目 20 个，总投资 28.5 亿元；新开工产业项目 18 个，总投资 14.3 亿元；在建产业项目 9 个，完成投资 20.2 亿元，产业项目支撑作用逐步增强。

三、强创新、优环境，发展活力进一步迸发

持续深化改革创新，以创新的改革思维、科学的改革方法有效破解问题，推动改革创新更好服务全区经济社会发展大局。

（一）创新动力更加强劲。以全国“双创周”为契机，成功举办“金融科技融合　助力企业发展”银企对接、“科创中国”技术路演（中原）专场等系列主题活动，吸引参展企业 500 余家，与位列世界 500 强的上海电气等 50 余家知名企业达成合作意向，华为、浪潮、亚信中国等国内

知名企业成功签约，中原科技传播中心正式揭牌，以武强院士、张向阳教授为代表的多个高端创新创业人才团队陆续入驻，技术创新能力、科技成果转化能力、创新人才集聚能力、创新创业服务能力持续提升。持续深化“项目＋人才＋团队”招引培育工程，成功培育创新创业团队项目3个，总量达17个。新增科技型企业91家，总量达415家，增长28%；新认定高新技术企业79家，总量达134家，增长84%；全社会研发费用投入达15亿元，研发活动企业达63家。新增省级工程技术研究中心、企业技术中心、工业设计中心、工程研究中心9个、市级重点实验室3家，工程技术研究中心总量达48个、重点实验室总量达31个，为全区科技创新打下坚实基础。

（二）营商环境持续优化。深入推进“放管服效”和商事制度改革，在全省率先建成预付式消费第三方监管平台、率先推出“刷身份证即出健康码”便民服务、率先开通政务服务“跨省通办”通道，在全市率先取消简易注销企业“清税证明”，新政务服务大厅建成投用，区级政务服务事项实现应进必进、一窗受理、最多跑一次、网上可办“四个100%”，办事总时限压减89%，全年新增市场主体1.5万余家。在全省首次“全域化”营商环境评价中，中原区营商环境达到优秀水平，位列全省54个市辖区第二名，“小原帮办”主题式集成服务体系被省司法厅推荐参评“全国法治政府单项示范项目”。

四、统筹城市建管与生态建设，内涵品质全面提升

着重加大基础设施、生态建设力度，营造更多绿色空间，不断丰富内涵、提升品质，打造城市靓丽名片。道路综合改造市定10条道路及区定8条道路高质量完工，市级9条、区管6条“断头路”全部打通。34个老旧小区完成改造，整体工作基本大头落地，老旧小区面貌焕然一新、功能愈加完备。36个城乡接合部综合改造工程类项目持续推进，桐树王示范片区建设初见成效。城市管理近6年全市年度综合考评，五次排名第一，一次排名第三，顺利通过国家卫生城市复审，城市面貌每年都有新

变化，群众认同感和归属感不断刷新。持续推进污染防治攻坚，中央环保督察反馈问题全部整改到位，全年优良天数达235天，各项污染物指标稳定下降，空气质量持续改善。河长制工作扎实推进，“散乱污”企业实现动态清零。贾鲁河综合治理工程基本完成，须水河生态水系提升上游工程完成绿化79万平方米，秀水河工程基本完工，生态水系格局基本构建。长江路、郑上路生态廊道基本建成，新建公园游园15个，新增绿地93万平方米，连续三年获评全市“月季花杯”金杯单位，基本实现“推门可见绿、出门即入园”。

五、持续保障改善民生，公共服务更有温度

牢固树立以人民为中心的发展思想，把满足人民群众对美好生活的新期待作为发展的出发点和落脚点，坚持在发展中保障和改善民生，让发展成果更多更公平惠及全体群众。全年民生支出完成39.7亿元，占一般公共预算支出的79.6%。

（一）公共服务优质均衡。坚持办好人民满意的美好教育，持续加大教育投入。新建、续建中小学、幼儿园21所，新增学位16050个；为3384名师生发放教育资助金489.7万元，妥善安置6330名随迁子女入学，午餐供餐和课后服务实现全覆盖，“官方带娃”赢得群众赞誉；查处关停无证培训机构264家，中小学生均能在国家规定时间内完成书面作业，“双减”工作开局良好，教育更加公平、更加优质。坚持公益惠民，加快推进社区卫生服务体系建设，14家社区卫生服务中心、1家乡镇卫生院均达标创建为国家基本标准以上，“社区580”移动家庭医生服务平台搭建完成，入驻服务团队128个、医生463名，签约33.75万人，群众看病更加方便；新增公办养老机构2家，新建社区养老服务机构8家，养老床位达2258张，养老服务体系逐步完善。

（二）社区治理精准高效。积极推进社区治理机制创新，26个规范化社区创建、25个社区亲民化改造、8个社区党群服务中心达标升级全部完成，1个区级和3个街道级社区社会组织孵化基地陆续建成，8个街

道社区发展治理基金成功建立，248 个无主管楼院建立治理长效机制。

（三）社会保障健全有力。新增城镇就业 24305 人，完成年度目标的 124.6%，城镇登记失业率控制在 3.5%之内，零就业家庭动态保持为零。逐步扩大社会保障覆盖面，发放低保金、高龄津贴、优抚对象及退役安置补助等资金 9677 万元，特殊群体生活得到有效保障。

（四）安置回迁提质提速。新开工安置房 243 万平方米，完成年度目标任务，位列市内五区第一；建成安置房 200 万平方米，完成网签 6078 套，回迁群众 9155 人，公租房分配、安置房回租回购、电梯加装等工作均超额完成年度目标任务。

（五）文化事业繁荣发展。14 个新时代文明实践所、105 个新时代文明实践站、101 个社区综合性文化服务中心、4 个城市书房建成运营，庙沟、白寨、马庄遗址生态公园基本建成并对外开放，文体功能区建设蓬勃发展。

（六）社会大局和谐稳定。深入开展“三零”创建活动，区级、街道、社区三级矛盾纠纷调处网络基本建成并在全市推广，信访突出问题综合化解率 92.3%，实现赴京零涉访、零集访的目标；安全生产事故起数、死亡人数、受伤人数分别下降 53%、33%、92%，未发生重特大安全事故，食品药品安全等工作进一步加强，荣获全市平安建设先进区、信访工作先进区等称号，政法机关执法满意度达 96.8%，进入全省前 50 名。

六、全面加强党的建设，政治生态持续向好

（一）强化政治建设。将落实“两个确立”作为政治信念、政治忠诚、政治立场、政治态度，切实把“两个确立”转化为做到“两个维护”的思想自觉、政治自觉和行动自觉。用好“学习强国”线上平台，建成线下践学空间 15 个、主题市场 1 个，强化基层党组织“三会一课”组织生活制度，拓宽党员干部学习渠道，提高学习质量，确保学习效果。

（二）夯实思想建设。召开 4 次意识形态联席会议，组织开展 2 次意

识形态领域风险隐患排查，落实“4＋N”分析研判制度，建立“四个清单”，先后印发12批次116条风险隐患提示清单，切实把矛盾解决在萌芽、化解在基层。在2021年10月召开的全省意识形态工作责任制培训会上，中原区作为全省唯一的县（市）区代表作经验交流。

（三）筑牢基层基础。圆满完成村（社区）“两委”换届，为村（社区）党组织书记建立电子档案，实行“一人一档”，跟踪考核、全程纪实。“亮赛比”活动扎实开展，书记抓、抓书记的工作机制日趋成熟，强队伍、强作风的工作载体更加有效，见贤思齐、比学赶超的氛围更加浓厚。实施“三年强村”计划，为每个村编制发展规划，壮大集体经济，46个村年均经营性收入达360万元；提前完成两个软弱涣散村整顿工作，深化城市基层党建体系建设，完善区域党委运行机制，推进社区党建、单位党建、行业党建互联互动，丰富党建资源，拓宽服务渠道；大力实施“雁阵工程”，推动非公党建向核心片区、产业园区、商圈市场拓展，中原新区联合党委入选全国“2021年企业党建协同创新优秀单位”，瑞阳养老院党支部作为全市唯一一家养老机构获评全省先进基层党组织。坚持重基层、重实绩选人用人导向，先后调整干部16批125人次；落实全省“墩苗育苗”计划、全市“双百工程”，30岁以下年轻干部较2020年翻了一番。

（四）全面从严治党。开展“百日提升”行动，完善“千人进千村”机制，深入化解基层矛盾，信访举报同比下降73%。充分运用巡察“利剑”作用，圆满完成十一届区委巡察全覆盖任务，对217家单位反馈问题3174个，全部完成整改。全面加强对“一把手”和领导班子监督，深化以案促改，加强警示教育，坚持“三个区分开来”，运用“四种形态”处理227人次，第一种形态占比66.1%，监督执纪由“惩治极少数”向“管住大多数”拓展，关口前移、抓早抓小的监督防线更加牢固。坚持“三不”一体推进，重遏制、强高压、长震慑，处置问题线索225件，立案71件，给予党政纪处分71人，采取留置措施7人，移送司法机关6人。

二七区2021年经济社会发展报告

中共二七区委　二七区人民政府

2021年，二七区坚持把方向、管大局、作决策、保落实，以贯彻落实国家、省市重大战略为着力点，进一步完善打造“品质二七、田园二七、温暖二七”的实践体系，推动现代化、国际化、生态化新城区建设迈出坚实步伐。统筹防汛救灾、疫情防控和经济社会发展工作，全区地区生产总值达到784.23亿元、同比增长1.3%，经济社会发展总体呈现出稳中有进、结构优化、品质提升、环境改善的特点，为推动发展新跨越积蓄了强大势能、提供了强力支撑。

一、坚持统筹兼顾、科学应对，救灾抗疫“双战双赢”

面对突如其来的汛情、疫情，二七区坚持人民至上、生命至上，发扬负重拼搏、越战越勇的连续作战精神，打响了战汛灾、抗疫情、护生命、守家园的全民战役。

（一）打好防汛救灾保卫战。及时进行备战部署，迅速进入战时状态，多次召开现场会议，组织郭家咀水库沿线4个街道9.8万居民安全撤离，用30多个小时基本解除水库险情。区四大班子领导坐镇一线、靠前指挥，应急、城管、建设交通、农委等部门、各镇街道强化联动、协同作战，转移人员、抢险值守，最大限度保障群众生命财产安全。同时，面对此后的多轮强降雨天气，组织广大基层干部、业务部门同志不顾辛劳、连续作战，加强防范、排险除险，切实保障度汛安全。

（二）打好灾后恢复重建攻坚战。把灾后恢复重建作为重大政治任务，累计组织13.1万人次奔赴抢险救灾和恢复重建一线，高效率实现城乡生产生活秩序的基本恢复；全面梳理修复重建项目311个、总投资14.75亿元，累计开工281个、完工261个，完成投资5.14亿元；积极争取灾后重建专项债券18.03亿元，占全省发行灾后重建专项债券总额的18%，是郑州市争取额度最大的县市区。

（三）打好疫情防控阻击战。面对三轮疫情，第一时间建立扁平化、实体化、一竿子插到底的疫情防控指挥调度体系，执行好核酸采样、封闭管控、迅速流调、加快转运、服务保障、垃圾清运、居家隔离、隔离专班、信息核查、环境消杀、医疗垃圾处置、宣传教育等机制，第一时间管住重点人、重点区域，强化“三公一大”协同作战、流调溯源，多轮压茬开展核酸检测，专业化、人性化实施隔离措施，累计转运集中隔离1万多人、居家隔离6.8万余人，向居民群众发出五封“温暖家书”、公布9部咨询热线，用最短时间圈住封牢传播源、扑灭疫情。同时，针对国内外疫情防控复杂形势，从严从细抓好常态化疫情防控，进一步完善疫情防控“10＋N”工作机制，坚持条块联动，推进防线前移，不断巩固疫情防控成果。

二、坚持项目为王、发展赋能，综合实力持续跃升

坚持把项目建设作为经济工作主抓手，以更多、更有品质的项目支撑高质量发展，省、市重点项目综合完成情况在市内五区均排名第一。

（一）项目建设步伐加快。建立领导包联、专责推进、专班服务、全程跟踪、督促督办等机制，270个重大项目完成投资375.1亿元，深国际北方区域总部智慧港等47个项目顺利开工建设，郑投科技创新园等50个项目实现竣工投产。对各类资源进行深度整合，推动迟缓项目重新启动，支持省市平台公司推进安置区项目，促进全区经济持续健康发展。

（二）招商引资成效显著。聚焦“一号产业”、先进制造业、战略新兴产业开展精准招商，新签约项目 15 个、投资总额 410.53 亿元，郑投科技创新园、佳兆业佳纷天地等项目投产达效；把招商“125 计划”作为硬任务，引进百亿级头部企业项目 2 个、10 亿元以上高质量项目 2 个、5 亿元以上主导产业链项目 3 个，杉杉国际名品时尚中心、中天科技产业园等“大个头”项目签约落地。持续扩大对外经贸交流，全年实际利用外资 2.83 亿美元、引进域外境内资金 96 亿元、跨境电商交易额达 30 亿元。

（三）要素保障精准有效。通过发行政府债券、筹措土地整理资金、盘活沉淀资金等措施，筹措各类资金 137.57 亿元，获批全国化债试点；积极推进 2022 年政府专项债项目，审核通过 15 个，总投资 203 亿元，年度申报金额 69.84 亿元，审核通过项目及申报金额在市内六区均排名第一；科学有序推进土地运作，全年完成征收 1664.35 亩，供应 847 亩、出让金 50.7 亿元。

三、坚持产业为基、提升品质，四大片区协同发力

坚持以“四大产业园区”为主战场，大力培育发展现代制造、高端商贸、文旅康养、科技服务“四大主导产业”，现代产业体系基本构建，获评“郑州市制造业高质量发展先进单位”。

（一）二七特色商业区。以加快二七商圈城市复兴为带动，突出抓好二七广场提升、道路综合改造、街区风貌改善，加快华润二期、华联组团、锦尚德化等重大项目建设，有序推进业态更新、功能更新、形象更新。全年营业收入完成 120 亿元，税收收入 8 亿元，固定资产投资完成 25 亿元。德化步行街入选全国步行街改造提升试点，获评为国家级旅游休闲街区、省级旅游休闲街区。

（二）二七经开区。围绕“省级产业集聚区、省级经济技术开发区”两大平台，突出“集聚区”“凤湖智能新区”“田园生态区”三大板块，打造郑州西南部“文化水岸、城南门户、智慧新城”。以小微企业园为载

体，新签约入驻国电投综合智慧能源、奥克斯电气设备产业园等6个重大产业项目，全力推进重大项目38个，完成投资56.52亿元。郑投科技创新园被授予“河南省电子商务示范基地”，联东U谷科技总部港等被认定为“郑州市第一批重点建设小微企业园”。

（三）二七新区。以三个核心板块建设为引领，同步运作110个重大项目，完成投资188.36亿元；芦村河生态文化遗址公园、二七文化艺术中心等项目基本完工，仲景医药健康产业园、东方医院康养综合体等项目签约落地，初步形成医疗康养中心雏形。

（四）樱桃沟田园区。统筹文旅融合发展，实施全域旅游开发，抓好长安古寨生态酒店、西岗建筑艺术体验园等11个文旅项目，打造“三生一体”的美丽景区。成功举办十五届樱桃文化节，“五一”假期接待游客74.67万人次，居全省游客接待量首位，实现旅游总收入0.756亿元。

四、坚持管理为要、塑造形象，城市魅力显著提升

扎实推进以人为核心的新型城镇化，以“品质化、系统化、全民化、标准化、精细化”推进高品质城市建设。

（一）道路功能不断完善。高标准完成“一环十横十纵”二期、三期6条道路、近20公里道路改造任务，70处违法建设全部拆除，49处住改商全部恢复到位，增设街角游园、口袋公园、微景观等20余处，14条“断头路”打通工程基本完成；抓好TOD综合开发、1410亩商业商务地块开发建设等重点工作，推动道路向街道转变、向美丽街区转变。

（二）人居环境不断改善。注重广泛宣传、征求意见、达成共识，建立“三类组织”2500余个，组织开展群众见面会、交流会785次、3.56万人次；统筹老旧小区硬件改造与社会治理，新改造及续建老旧小区87个，累计完工332个；创新“党建引领、连片管理”物业管理模式，建立红色物业联盟，100个小区实现专业化物业管理。“一领四单、五联共治”工作模式获评“全国市域社会治理创新优秀案例”。

（三）城乡形态风貌不断提升。落实好“一个目标、三项机制、六项

治理、六个美丽、六个专案”的“13666”举措，189项工程类项目全部完工，659项管理类台账深化推进，清运垃圾95.4万余立方米，清理占道经营3.6万余处，拆除私搭乱建3.5万余平方米，黄土裸露覆盖109.8万平方米，263项“三清零”工作全部整改到位。全面实施乡村振兴战略，大力发展观光休闲农业、民宿经济、文旅文创产业，有力推动农业提质增效、农民增收致富。

（四）城市管理水平不断提升。树立“物业城市”理念，对辖区内407条道路、995万平方米环卫作业、三环内办事处及马寨镇进行专业化、标准化管理；抓好停车管理“1＋6”序化攻坚、环境卫生专项整治等行动，建成、开发停车场48处、停车泊位7957个，拆除各类违法建设1041处、近30万平方米，高标准推进32座公厕、环卫中转站续建项目，完成2万座窨井盖治理提升，生活垃圾分类覆盖群众50万户。

（五）基础设施建设不断完善。建立安置房建设及土地出让专责推进机制，通过与省、市平台合作、引进央企运作、区平台公司建设等多种路径，异地安置、原址提升、货币化补偿等多元模式，完成安置房建设211万平方米。实施以道路及市政基础设施为载体的扩容提质工程，全年新建、续建市政道路100条、长154公里，芦庄路、向荣路等22条道路已建成通车；特别是郑州垃圾处理场实现封场、转入生态修复阶段，将有力带动南部城区基础设施品质提升。

五、坚持创新为源、改革驱动，发展活力不断增强

围绕全市打造创新高地、人才高地，注重科技创新培育，全面提升核心竞争力。

（一）持续推进创新驱动。成立“二七区创新创业协会”，建立“二七区创新创业联盟”，统筹推进双创载体培育、科技孵化器和众创空间建设，新增国家级孵化器1家、众创空间1家，省级孵化器2家，市级孵化器3家、众创空间2家；新增省级企业研发平台8个；新增科技型企业97家、总量达487家，技术交易额达13.95亿元，花花牛公司、新大

方重工被认定为省两化融合企业，二七双创中心荣获“省级科技企业孵化器”称号。

（二）加快小微企业园建设。抓好联东U谷科技总部港、郑投科技创新园等8个小微企业园建设，累计引入小微企业180家，其中外资企业2家、高新技术企业8家、专精特新企业5家、备案科技型企业25家，启阳工控、杰威电子、纬达自动化、特飞等一批新一代信息技术企业陆续入园达产。

（三）持续改善营商环境。深入开展“万人助万企”活动，健全政府守信践诺机制，率先开展免审即享、上门服务，统筹惠企政策、帮扶纾困、要素保障、防范风险等措施落实；制定问题转办督办机制，召开企业座谈会228次，收集问题525个，已全部解决；选派151名助企干部组成15个工作组，实现全区751家“四上”企业和102个重点项目单位全覆盖。深化“放管服效”改革，加快构建“一网通办”“一网统管”体系，首推惠民政策“免申即享”，狠抓“四减一即”，1170个事项实现“不见面审批”，累计受理各类行政审批及公共服务事项122余万件，服务群众130余万人次，满意率达99.36%；全区新增各类市场主体2.47万户，累计达14.6万户；二七商圈“慧服务”专厅、政务畅通日入围全市政务服务改革十大精品案例。国企改革、土地要素市场化配置改革、基础设施“一张网”改革等有序推进，成效不断显现。

（四）全面实施人才新政。制定《二七区2021—2023年人才新政22条》及16个配套实施细则，实施“高校优秀毕业生专项引进行动”，定向引进49名硕士研究生。实施“暖心工程”，建立“1+N”微信群，落实党委联系服务专家制度，组织走访慰问、座谈交流30余次，形成了日常化、常态化的联系沟通机制，在全区营造了识才、爱才、敬才、用才的浓厚氛围。

六、坚持生态为先、精细治理，美丽风貌更加彰显

围绕全市打造沿黄生态保护示范区，坚持生态优先、绿色发展，加

快建设“田园二七”。

（一）抓关键出重拳，打好污染防治攻坚战。坚持减污降碳协同发力，统筹源头严控、过程严管、末端严治，推进工地在线监控设备提升改造，整改各类扬尘问题7936个，261家“散乱污”企业全部实现动态清零；以中央环保督察整改为抓手，狠抓环境突出问题整治，办结中央第五生态环境保护督察组群众举报24批44件、生态环境部重点区域监督帮扶等各级督导组问题50余个；全区PM_{10}、$PM_{2.5}$等污染指标均低于目标值，其中PM_{10}年均浓度排名前列，被评为全省“十三五”污染防治攻坚突出集体。

（二）扩增量优存量，持续改善生态环境。樱桃沟社区、申河社区和袁河社区试点村建设项目全面完成，大路西社区、桐树洼社区等精品村建设有序推进；新造林100亩，新建公园游园22个，新增绿化面积约62.23万平方米，城区绿色公共空间进一步拓展；“四水同治”成效显著，国控断面尖岗水库水质达到Ⅱ类标准，连续三年荣获全市水污染防治攻坚优秀单位。

七、坚持民生为本、和谐共享，幸福指数节节攀升

以建设“温暖二七”为抓手，突出抓好“一老一小一青壮”民生工作，不断提升群众幸福感、获得感、满意度。

（一）民生福祉持续改善。持续实施民生普惠、精准帮扶、社区治理等五大温暖工程，推进全员、全域温暖城区建设，受益群众达42.8万余人，荣获中华慈善大奖；在全省首次探索“互联网＋社区慈善”的“幸福家园”村社互助模式，成为全国首批试点城区之一。发放低保金、孤儿、残疾人、优抚对象等各类补贴补助3644万元，实现城镇新增就业2.1万人。

（二）养老服务温馨满满。聚焦全市“百千万”温暖工程，坚持“大中心＋小中心＋数字化”，高标准打造6000多平方米的区级养老服务中心，成为全市养老服务的示范标杆；通过共建共融、新建、改扩建等方

式，建成街道养老服务中心、社区日间照料中心115处8.2万平方米，覆盖92%的城市社区。福华街养老服务中心作为全省养老工作现场会郑州观摩点之一，代表全市迎接全省各地市现场调研。

（三）美好教育广受好评。坚持美好生活从美好教育开始，新建、改扩建陇西小学景中路校区等14所中小学校，新增优质学位1.86万个，新增普惠性幼儿园118所、达133所；开启小学、初中跨学段合作一体化研究，打造了16个紧密型教育集团、19个教育发展共同体，实现全区中小学、幼儿园全覆盖。

（四）文化氛围更加浓厚。大力弘扬红色文化，深入推动“二七精神”进机关、进学校、进企业、进社区、进农村、进家庭、进公共场所；统筹城乡公共文化服务体系建设，实施文化惠民工程，新建文明实践站所、基层图书馆、体育场所等224个，“三馆三中心”即将投入使用；深化文明城区建设，在全省率先推行“小板凳课堂”文明实践项目，精心实施27个特色志愿服务项目，开展志愿服务活动6600余场，“情暖夕阳”志愿服务项目荣获全省嘉奖。

八、坚持党建引领、强化保障，政治生态持续向好

深入贯彻落实新时代党的建设总要求，切实以党建“第一责任”引领和保障发展“第一要务”。

（一）锻造过硬干部队伍。树牢“两德三注重”的选人用人导向，落实好能上能下、容错纠错、多元激励、考核奖惩等机制，完善年轻干部“选育用管”全链条机制，3名同志入围全省“墩苗育苗”计划，12名同志入围全市“双百工程”、入围率全市第一，在市内五区率先开展职级晋升近300人次。制定《二七区2021年引进优秀人才实践历练跟踪管理方案》，选派新引进的49名优秀人才到项目建设、信访稳定、招商引资等中心工作开展岗前锻炼。

（二）强化基层阵地建设。扎实开展农村软弱涣散基层党组织整顿、“三年强村计划”等，53个村经营性收入全部达到10万元以上；持续开

展“支部联建、干部分包”活动，为1261个小区（楼院）配发“党建工具包”；创新社区楼院“逐户走访+集中议事”机制，统筹推进社区治理“三议三专三法”，完成16个省级规范化社区建设任务、23个社区党群服务中心亲民化改造任务，培养组建社区社会组织1300个；对全区718家非公企业和社会组织开展全面摸底排查、登记造册，选派党建指导员215名。

（三）深化全面从严治党。全面开展“两优六清一风”建设“清廉二七”，处置问题线索243件，立案审查调查83件，给予党纪政务处分87人。率先在全市启动深化作风建设暨优化营商环境“效能提升年”行动，制定亲清政商关系“正面负面清单”“十条禁令”，建立纪检监察干部“廉通”企业（园区）工作机制等，查处损害营商环境问题6起、违纪案件5起。扎实推进政法干部违纪违法问题线索查办，查实问题线索19个，留置4人，给予党纪政务处分6人，组织处理10人，移送司法1人。持续加强对常态化疫情防控、防汛救灾、灾后重建等工作的监督检查，督促整改问题367个，对未按要求返岗进行疫情防控的1名公职人员进行查处并全区通报。开展以案促改警示教育大会120余场，一体推进不敢腐、不能腐、不想腐，心有所畏、行有所止、政令畅通、令行禁止成为全区行为风范。

金水区 2021 年经济社会发展报告

中共金水区委　金水区人民政府

2021 年，面对复杂严峻的发展环境和超出预期的风险挑战，金水区坚持以习近平新时代中国特色社会主义思想为指导，深入贯彻落实习近平总书记视察河南及郑州的重要讲话重要指示，聚焦打造“创新智城・品质金水”、建设国家一流现代化国际化中心城区的总体目标，高效统筹防汛救灾、疫情防控和经济社会发展，一以贯之绘蓝图，一心一意抓落实，各项事业取得显著成绩，历史性迈进全国百强区前十强，位列全国创新百强区第八、投资竞争力百强区第十一、智慧城市百佳县市第十四、市辖区高质量发展百强榜第十九、高质量发展百强区第二十二，“十四五”迈好了第一步，见到了新气象。

一、迎难而上、逆向而行，在大战大考中彰显一往无前的“金水担当”

2021 年 7 月下旬，金水区遭遇极端强降雨，最大小时雨量突破我国内陆观测记录历史极值，黄河连续 24 天保持每秒 4800 立方米大流量行洪状态；多轮新冠疫情接连突袭，严重威胁人民群众生命财产安全。面对历史罕见“雨情”、百年不遇“汛情”、突如其来“疫情”，我们迅速启动防汛应急响应，果断处置丰产路道路塌陷及燃气管道泄漏等重大险情，安全避险转移 19725 人，用 2 天时间恢复移动通信网络，6 天时间完成 1170 个停水、603 个停电、266 个积水严重小区的通水、通电、排涝任务，快速恢复了群众生产生活；组建黄河抗洪抢险前线指挥部，连续 31 天驻守马渡险工一线，坚定守护了黄河沿岸安定安澜。“一键切换”平急指挥体系，率先在全市落实“八包一”防控责任，“零延时”精准锁定风险人员 2.1 万人，“零投诉”隔离服务 5000 余人，“零失误”核酸检测 1246 万人次、占全市 1/10 以上，三轮疫情均在一个周期内圈住封死，得到国务院联防联控机制督导组充分肯定。各位代表，一个个逆行出征的背影，一串串排查值守的足迹，一幕幕舍身救人的情景，一场场艰苦卓绝的奋战，刻骨铭心的每个日夜，成为 162 万金水人民心中永志不忘的共同记忆。

二、顶压前进、高位竞发，在质效双升中夯实硬核支撑的“金水实力”

面对汛情、疫情双重冲击，坚持稳中求进、难中求成，扎实开展“大干一百天、奋力保全年”活动，冲刺三季度、单季打平，决战四季度、强势转正，全年实现地区生产总值 1878.8 亿元，同比增长 3.1%，社会消费品零售总额 1033.3 亿元，增长 5.5%，一般公共预算收入 121.1 亿元，增长 1.8%，是市内五区唯一一个财政收入逆势正增长的城区，是全省唯一一个社会消费品零售总额破千亿的县（市）区，是全省唯一一个战略性新兴产业受到国务院督查激励的县（市）区。突出产业迭代、倒逼转型，大力发展数字经济，“数智金水产业大脑”正式投用，国内最大“车规级安全芯片综合测试产线”顺利投产，信大捷安等 2 家企业入选中国网络安全“综合实力百强”，近万家企业“上云”发展、占全市的 1/5，数字经济核心产业完成增加值 162.6 亿元，增长 16.2%，总量、增速均居市内六区首位。信息科技、现代金融、高端商务、商贸服务、文化创意等 5 大重点产业增加值突破 1100 亿元，区级税收超千万楼宇达到 55 幢，全口径税收超亿元楼宇达到 14 幢，荣获“中国楼宇经济发展特别推动奖”。狠抓恢复重振、提质发展，深入开展“万人助万企”活动，全面实施“千企万户”专项支持计划，系统出台“1+N+X”产业政策和“助企九条”扶持政策，帮助5493家中小微企业，获得担保贷款9.7亿元，市场主体逆势增长4.7万户，总量达到27.7万户，占全市的近1/5。扎实推进“三个一批”，国电投综合智慧能源等67个优质项目顺利落地、签约额突破330亿元，220个重大项目完成投资750亿元、再创新高。连续举办“促消费”活动110场，激发大众消费290亿元，花园路商圈获评“全国国庆消费热门商圈”第三名。金水经济以强大韧性和蓬勃生机，成为全市全省高质量发展的“风向标”。

三、唯实求实、守正出新，在动能转换中激发更加澎湃的“金水活力”

（一）创新高地聚势成峰。成功举办2021金水科创大会，新培育国家重点“小巨人”企业2家、“专精特新”企业140家；新增高新技术企业330家、科技型中小企业337家，分别占全市的1/4、1/6；登记技术合同成交额51.9亿元、占全省的1/10，科技创新“关键变量”正转化为高质量发展“最大增量”。嵩山、黄河、神农种业等3家省实验室正式揭牌，许为钢研究员成功当选中国工程院院士，各类领军人才突破1300名，国家“双创示范基地”评估考核优秀档次全国第二。科教园区吸引入驻信大网御等90家科创企业，聚方科技园等3个园区被认定为全市首批小微企业园；科技园区创新“园区+公司”模式，企业培育数量、企业营收总量均实现两位数增长；国家知识产权创意产业试点园区探索“知识产权科学家经纪人”模式，组建全国首支知识产权服务官队伍，荣获中国设计产业十佳园区，快步迈入全国一流行列。

（二）开放高地乘势而上。以自贸区建设为引领，并联运行海外办事处30个、海外仓43万平方米，全区跨境电商交易额达到107亿元、进出口总额突破130亿元，均居市内六区第一；以“自贸十条”政策为引导，设立人才发展专项资金池，自贸区块注册企业2385家，“一带一路”经贸产业园获批省市电子商务示范基地，柳东路自贸创新产业园营业收入超过100亿元。

（三）重点改革顺势而为。区属国有企业等重点领域改革加快推进，创意园区、金水自贸区运营模式改革等2项改革成果，被省委改革办红榜通报；政务服务改革持续深化，1315个事项“申请一张网、只进一扇门”，829个事项“联审一个窗、联批一张表”，703个事项“双休可办、随时申办”，448个事项“就近代办、掌上云办”，区政务服务大厅顺利通过“省级社会管理和公共服务标准化示范项目”验收。

四、统筹联动、系统整治，在精建细管中塑造城靓乡美的“金水品质”

（一）突出提升功能重里子。23条道路提档升级，176个老旧小区焕发新颜，70公里地下管线顺利迁改，142公里雨污水管网深度疏挖，2.1万个窨井高效整治，行政片区顺利通过国家级城市更新建设标准化示范项目验收。6条“断头路”全线贯通，16条道路建成通车，7289个公共停车泊位投入使用，群众出行更顺畅、生活更舒心。

（二）突出提升形态重品质。高起点规划沿黄15平方公里区域，强力实施人居环境集中整治，旱厕、黑臭水体、乱堆垃圾“动态清零”，73万平方米违章建筑全面拆除，191户美丽庭院精彩呈现，首批26家企业入驻马渡梦想科创小镇，美丽乡村建设得到全市观摩肯定。

（三）突出提升环境重实效。312省道沿黄示范性绿道圆满完工，79个中央环保督察交办案件全部销号，90家重点排污单位实时监管，188个工地智慧化改造，133万平方米生态绿地点缀城区，236个优良天数刷新纪录，河流断面水质稳定达标，“天空蓝”“生态绿”成为金水最亮丽底色。

五、真情为民、服务惠民，在践行初心中传递普惠民生的“金水温度”

坚持“政府过紧日子、群众过好日子”，在收支压力极大的形势下，民生领域支出达62.3亿元，占一般公共预算支出的76.5%。

（一）社会保障提质扩面。扎实开展“我为群众办实事”实践活动，109项省市区民生实事、1158件“微实事”高质量办结，12345市民服务热线工作全市领先。举办线上线下招聘会47场，组织职业技能培训3.6万人次，新增就业3.9万人，居民人均可支配收入达到51526元、全省第一。建成安置房194万平方米，网签安置房1.2万套，7371名群众回迁新居。坚持应助尽助、应补尽补，发放各类救助补助资金6827万元，困难群众感受到更多温暖。

（二）社会事业亮点纷呈。严格落实“双减”政策，新建成学校9所，新增普惠性幼儿园37所，课后服务模式、劳动教育课程入选教育部典型案例，经验向全国推广。深入践行全民健康理念，家庭医生签约服务突破80万人，郑州市金水区总医院顺利通过三级综合医院执业评审验收。智慧健康养老云平台全面投用，“三级联动、线上线下、以大带小、延伸居家”社区养老服务体系，得到省委楼阳生书记调研认可和全省现场会观摩推广。“金水文旅云”上线运营，公共文化一体机实现街道全覆盖，发布文化活动790场，“金图学堂”“金言金讲”成为群众喜闻乐见的人文课堂。

（三）社会治理扎实有效。深入开展安全生产和消防安全排查整治，2.2万个安全隐患对账销号，227家重点企业双重预防机制系统建成，安全防控水平不断提高。大力推进食品安全“互联网+”行动，创新“四检联动”模式，有效守护了群众“舌尖上的安全”。全面开展“三零”创建，强力攻坚化解问题楼盘，创设全省首个区级“社会治理综合服务中心”，上三级万人信访量历年最低。

六、从严治政、依法行政，在作风转变中巩固风清气正的“金水生态”

始终把政治建设摆在首要位置，严格落实“第一议题”学习制度，持续营造学的氛围、严的氛围、干的氛围，全区党员干部的“四个意识”

更加自觉、“四个自信”更加坚定、“两个维护”更加坚决。扎实开展党史学习教育，隆重举办建党 100 周年系列庆祝活动，不断从党的百年奋斗历程中汲取奋进力量。始终把依法行政作为第一准则，严格执行区人大及其常委会的决议决定，自觉接受人大法律监督、工作监督和政协民主监督，认真办理人大建议 156 件、政协提案 165 件，办结率 100%。全面落实“司法为民八件实事”，深入实施“法律九进”普法宣传，成功创建全国模范司法所 1 个、省级五星司法所 7 个。始终把廉洁勤政作为第一操守，认真落实党风廉政建设责任制，强化重点领域监督，严格财政资金监管，为民务实清廉的政府形象进一步树立。大力弘扬真抓实干作风，健全“四不两直”闭环督查机制，事不避难、义不逃责，“马上就办、办就办好”成为政府工作新常态。同时，工会、共青团、红十字、残疾人、妇女儿童等事业健康发展，民族宗教、地方史志、外事侨务、粮食流通、国防动员、人民防空、双拥共建、民兵预备役、退役军人事务等工作都取得新成绩。

管城回族区 2021 年经济社会发展报告

中共管城回族区委　管城回族区人民政府

2021 年，管城回族区坚持以习近平新时代中国特色社会主义思想为指导，认真落实中央、省市决策部署，聚焦高质量发展主题，坚持稳中求进工作总基调，统筹疫情防控、防汛抢险、灾后重建和经济社会发展，各项工作展现新气象、开创新局面。

一、坚决打赢防汛抢险、灾后重建、疫情防控三场硬仗

（一）面对特大暴雨灾害，迅速成立“一办九组”指挥体系。组织 115 支、4450 人的抢险队伍，转移受灾群众 8901 名，争分夺秒打通站马屯沟，确保了南水北调干渠“工程、水质、供水”三个安全，受到国务院事故调查组高度肯定。制定“1＋1＋10＋N”灾后重建方案，拨付防汛救灾资金 1.3 亿元，两周时间基本恢复灾后生产生活秩序，45 个灾后重建项目全面开工，300 多名党员干部下沉阜民里片区，57 天昼夜无休攻坚“除险去危”，赶在大风寒潮天气来临前完成 1062 户征迁任务，切实守护了群众生命财产安全。

（二）面对疫情，迅速调整完善“一办两部三专班”疫情防控指挥体系。实施党委、政府“双常委”负责制，第一时间管住重点人、重点区

域，强化协同作战、流调溯源，以最快的速度圈住、封死、扑灭疫情。设置党员先锋岗177个，10896名党员奔赴抗疫一线，完成8轮82万人全员核酸检测，累计追踪风险人员24.67万人，管控重点人员18835人，核酸检测等工作受到国务院联防联控领导小组高度评价，央广网报道我区先进抗疫经验；创新打造进口冷链食品终端监管系统，全面完成400余家餐饮服务单位“互联网＋明厨亮灶”建设；累计接种新冠病毒疫苗181万余剂次，切实筑牢防疫屏障。

二、坚决贯彻新发展理念，高质量发展稳步推进

坚持完整、准确、全面贯彻新发展理念，加快融入新发展格局，高质量发展呈现新气象。

（一）经济运行稳中有进。总体呈现缓中趋稳、顶压前行、结构优化、质量改善的特点。全区地区生产总值完成695.4亿元，同比增长3%，市内五区排名第三；社会消费品零售总额完成555.5亿元，同比增长7.4%，市内五区排名第一；固定资产投资完成368.4亿元，同比增长0.9%，市内五区排名第二；一般公共预算收入完成47.32亿元，增幅在市内五区排名第二。

（二）项目建设有力有序。坚持“项目为王”，滚动推进“三个一批”，实行领导分包、专班推进、督导考评等制度，全力推动246个重大项目建设，年度完成投资353.4亿元；坚持“资源跟着项目走”，报批土地641亩，完成征收1902亩，供应1823亩；谋划申报中央投资项目79项，争取专项债券7.8亿元。

（三）开放水平持续提升。全面落实“125”招商计划，新签约“商鼎云”、中创算力信息科技等项目28个，签约总额332亿元，引进境内域外资金134.6亿元，占年度目标的140%。结合“万人助万企”活动，出台推动经济高质量发展48条意见和“管城助企政策18条”，落实帮扶资金9000余万元，实施减税降费9.5亿元，“管城企联帮”13710直办平台累计为企业解决难题187件。

（四）发展动能加速汇聚。扎实开展“万人助万企”活动，推进创新型企业“微成长、小升规、高变强”梯次培育，新增“四上企业”114家、“上云”企业1405家、A级以上物流企业3家，规上软件和信息服务业增长8.7%，全区市场主体逆势增长17.8%，总数达到13.1万家。

三、突出高标开局，板块建设扎实推进

把三大核心板块作为经济增长的稳定器、区域发展的新引擎，突出龙头引领，坚持以三大核心板块规划建设带动城市结构调整、动能转换、发展方式转变。

（一）商代王城遗址板块。城墙本体保护及环境提升工程等10大类公建项目大头落地，4.5公里城垣全线贯通；6大文化片区城市设计通过市规委会审批，文物手续获国家文物局批复，亳都古巷片区开工建设，商都考古遗址公园、宫殿区遗址公园建成开放，郑州商都遗址博物院、郑州市文物考古研究院“两院”项目开馆迎宾，成为省会文化新地标；6大风貌协同区中，顺城街·代书胡同片区、平等街·平等街片区、管城街·衙署片区成为新晋网红打卡地，城南路·阜民里片区等3个区域正有序推进；4个安置区中，源升金锣湾、郑地美巢具备回迁条件，金岱文苑竣工验收。

（二）金岱科创板块。金岱科创城入围省级经济技术开发区，成为全市做地和存量工业用地改革“双试点”，完成土地整理833亩；与腾飞集团等12家企业完成签约，金岱智能建筑产业园等3个小微企业园筹备开工建设；文德路等5条道路综合提升工程和总面积46万平方米的生态绿化项目开工建设，金岱创客中心等7个项目和南台路小学建设有序推进，金岱商务中心、科创城体育公园等标志性项目建成投用。

（三）小李庄火车站板块。抢抓全省枢纽经济战略机遇，对标“世界眼光、国际标准、国内一流”，践行“站城一体”理念，加快推进3.3平方公里的小李庄火车站板块建设。目前，城市设计已通过市规委会审定，站场建设方案、产业规划设计方案已编制完成，23个基础设施、公共服

务配套项目全面启动，4 宗国有土地收储正在加快推进。

四、坚持建管并重，城区品质大幅跃升

坚持以城市建设方式、发展方式转变推动经济发展转变，城区形象气质、功能业态全面提升。

（一）道路综合改造效果显著。启动区级道路建设 198 条，高品质完成 10 条道路综合改造，航海路示范段成为全市“四带”标杆，盘活土地 657 亩；打通德风街、牧歌路等 16 条“断头路”。

（二）老旧小区改造大头落地。坚持“路院共治、路园一体”，533 个小区改造全面完成，物业植入、养老服务、数字赋能等工作全面铺开，北三街片区、东明路 32 号院改造被《人民日报》和中央电视台《新闻联播》专题报道。

（三）城乡接合部整洁有序。148 个工程类项目全部完工，190 个管理类项目建立了长效机制。张华楼等 2 个美丽乡村建设成效初显。深入开展农村人居环境“六乱六清”集中整治行动，新建区级垃圾分拣中心、垃圾中转站、污水处理厂、移动公厕等 49 座，基本实现“三个动态清零”和“三个全覆盖”，人居环境显著改善。

（四）城市管理更加精细。打造精品街 110 条，增设夜间泊位 9320 个，智慧停车工作被《人民日报》点赞。持续深化“一网统管”改革，探索实施“721”人性化管理模式，扎实开展 57 条“严管街”创建，在全市率先成立办事处公益型物业公司，初步构筑“大城管”体系和精细化治理格局。

五、抓好改革创新，激发高质量发展动能

坚定破除利益固化藩篱，清除体制机制弊端，激发创新创造潜能。

（一）重点领域改革深入实施。“放管服”改革持续深化，“一网通办”集成服务加速拓展，1069 项服务事项网上可办，材料压缩 33%，时

限缩短87%；7500平方米一站式政务服务大厅建成投用。工商设立登记注销当日办结，营业执照“秒批秒办”，政务服务评价受到群众好评。国企改革稳妥推进，实施国企改革三年行动计划，完成区属平台公司市场化转型，实现营收5.1亿元，资产总额142亿元，净资产83.5亿元。要素市场化配置效率大幅提升，以金岱科创板块为依托，围绕承接规划管理“一张图”“标准地”“亩均论英雄”等重点改革事项，以效率变革、质量变革、动力变革汇聚高质量发展动能。

（二）科技创新亮点纷呈。坚持把创新摆在发展的逻辑起点、现代化建设的核心位置，先后引进23家创新创业企业、大师大家工作室和科研机构，认定省级及以上研发平台2家，入选郑州市专业技术拔尖人才10人，引进青年人才2500名。积极推进科技型中小企业登记入库和高新技术企业后备库登记，新增高新技术企业51家，同比增长64.5%；新增科技型企业87家，同比增长30.3%；技术合同成交额达8.6亿，超额完成市定任务。全社会研发投入强度达到2.62%，高于全市0.31个百分点。

六、突出绿色低碳，生态环境明显改善

践行习近平生态文明思想，坚决打好环境污染防治攻坚战，加快构建大生态格局。

（一）大气环境持续改善。以“工地不停工、企业分类管、指标降下来、空气好起来”为目标，推动大气污染防控常态化、精准化，年度$PM_{2.5}$、PM_{10}平均浓度同比下降18%、12.6%，优良天数达到221天，空气质量持续改善。

（二）水生态建设成效显著。完善“河长制”工作体系，扎实推进“清四乱”“三污一净”“四水同治”“五水综改”，累计清理修复河道面积1.9万平方米、封堵排污口22处，全区黑臭水体基本消除，辖区4条河流水质达到Ⅲ类标准，南水北调环境污染风险点全部消除。

（三）生态绿化扎实开展。启动实施92个生态建设项目、完成投资6.9亿元，新增绿化面积80万平方米，建成区绿地率达35%，建成公

园、游园22个，全力打造“15分钟生态圈”。

（四）中央环保督察问题全面整改。中央环保督察组交办的63起案件，除1件3次重复举报案件由市牵头化解外，其余60起全部整改销号；9条反馈意见，2021年需完成的4条全部整改到位。

七、坚持人民至上，民生福祉持续增进

坚持以人民为中心的发展思想，聚焦“一老一小一青壮”，围绕加强普惠性、基础性、兜底性民生建设，让改革发展成果更多更公平地惠及全区群众。

（一）民生保障稳步加强。累计支出民生资金29.7亿元，发放低保金、补贴2690.6万元；高质量推进“人人持证、技能河南”建设，城镇新增就业7.6万人，零就业家庭动态为零，就业保障更加充分；分配公共租赁住房941套，分配回迁房11940套，回迁群众3767人。

（二）社会事业均衡发展。突出“一老一小一青壮”，积极探索“物业＋养老、家政＋养老”服务模式，建成街道、社区养老服务设施17个，新增床位920个，打造平等街社区日间照料中心、爱睦家护理院等医养结合示范点；新改（扩）建小学9所、新投用8所，新增幼儿园14所，普惠性幼儿园达到85所，中小学午餐配餐和课后服务实现全覆盖；建成社区卫生服务中心10家，改造公有产权村卫生室13家，圆满完成市定任务。

（三）文明创建成效凸显。构建“1＋4＋3”创建工作体系，围绕25类173个样本点位督导问题4000个，整改率98%，整体达标率90%以上，为郑州市争创全国文明城市做出应有贡献。

八、坚持全面从严，党的建设持续加强

坚持党要管党、全面从严治党，弘扬伟大建党精神，切实把制度建设贯穿于党的政治建设、思想建设、组织建设、作风建设和纪律建设全

过程。

（一）坚持政治统领。坚持把政治建设摆在首位，严格执行“第一议题”制度，充分发挥区委总揽全局、协调各方的领导核心作用，全年召开常委会、中心组学习会51次，确保总书记重要讲话和指示批示精神得到全面贯彻落实，引领全区广大党员干部进一步增强“四个意识”、坚定“四个自信”、做到“两个维护”。

（二）夯实基层基础。深化“党建领航工程”引领基层治理创新，构建五级组织体系，全面推进“红色物业”创建，覆盖辖区12个街道、179个小区。成功举办全国第三届非公党建工作交流会，建成6000平方米的“红色园区”示范基地。选好“头雁”，配强班子，高质量完成全区131个村（社区）“两委”换届，圆满实现“一降一升”目标，1109名新任“两委”干部履职培训实现全覆盖；开展“亮赛比”活动36场次，张华楼村书记荣膺全市“十佳”村（社区）党组织书记称号。

（三）加强能力作风建设。积极开展“能力作风建设年”活动，强化思想淬炼、政治历练、实践锻炼、专业训练，着力引导党员干部强能力、转作风、重实干、促发展，打造了一支“脑中有思路、眼里有问题、手上有招数、脚下有路子”的高素质干部队伍。

（四）守牢意识形态阵地。牢牢把握意识形态工作领导权，严格落实意识形态工作责任制，召开意识形态联席会议暨分析研判会议4次，健全落实风险排查、舆情评估、问题交办、应急响应“4＋N”风险防控机制，统筹线上线下媒体资源，打造掌上融媒云矩阵，巩固主流意识形态，全年“零舆情”“零事故”，意识形态领域基本面和总体态势积极健康向上。

（五）深化反腐败斗争。持续深化以案促改，稳步推进清廉管城建设，各级党组织和领导干部履行主体责任意识明显增强，风清气正、干事创业的政治生态持续优化。运用监督执纪“四种形态”处理291人次，第一种形态占到“四种形态”的68.4%，实现了惩治极少数、管住大多数，加速构筑不敢腐、不能腐、不想腐的体制机制。

惠济区2021年经济社会发展报告

中共惠济区委　惠济区人民政府

2021年，惠济区深入贯彻习近平总书记系列重要讲话指示批示精神，克难攻坚、主动作为，面对罕见暴雨突袭、三轮疫情肆虐带来的挑战，全力打好“防洪、战疫、灾后重建”三场硬仗。受灾情疫情冲击等影响，主要指标增速逐季走低，地区生产总值占全市的2.4%，经济密度居六区末位；高新技术企业数量占全市的0.9%，创新基础薄弱、氛围不浓；市场经营主体占全市的4.1%，呈现小而散的特征，经济活跃度相对较低。

一、战胜了历史罕见特大暴雨

面对突发汛情，惠济区全力以赴、众志成城，用责任和行动守护了群众生命财产安全。第一时间组织1300余名机关干部、9000余名党员深入一线，与群众站在一起、苦在一起、干在一起，提前转移2443人，累计排查隐患1400余处，累计消杀4.56亿平方米，全市最早恢复全域供电，实现“大灾之后无大疫”的目标。强化黄河防汛准备，有效处置较大险情1次、一般险情67次，安全有序度过汛期，被评为2021年全市黄河秋汛防御工作先进单位。

二、交出了疫情防控合格答卷

面对三轮疫情，坚持“人民至上、生命至上”，迅速进入“战时状态”，扎紧扎牢“四个口袋”，以最有力举措构筑坚固防线。建立全市首家进口冷链食品集中监管仓，累计出仓货物 40 万吨；组织 3000 余名干部、志愿者坚守 400 余个卡点，先后完成 14 轮全员、9 轮重点人员核酸检测，累计检测 750 万人次；疫苗接种 119 万剂次，覆盖 51 万余人，后两轮疫情实现“零发生、零感染”。

三、取得了灾后重建阶段成效

坚持“人民优先、民生优先”，以对党和人民高度负责的态度，全力以赴做好灾后重建。先后制定“工作意见”“专项方案”“惠企十二条”等文件政策，谋划储备项目 37 个、总投资 12 亿元，累计支出各类救灾资金 6965.6 万元，325 家“四上”企业、2100 余家商户快速复工复产，完成 378 户农房修缮重建，国务院调查组移交的 97 起案件全部办结，经济社会平稳有序恢复。

四、破难题、攻难关，发展动力更加强劲

（一）重点项目成效明显。坚持“项目为王”，22 个省市重点项目完成投资 248 亿元，10 个新开项目全部开工，66 项联审联批事项在全市率先办结；137 个区级重点项目完成年度投资 258 亿元，竣工 43 个，圆满完成年度目标。

（二）科技创新逐步集聚。出台促进科技创新发展若干政策，新增市级科技型企业 31 家，完成技术合同成交额 1.3 亿元；谋划新建小微企业园 4 个、改造提升小微企业园 1 个，夯实科创企业聚集基础。

（三）深入开展“万人助万企”。累计走访企业 756 次，梳理问题 232

个，办结率和企业满意率均为100%，经验做法被省市媒体广泛宣传报道。

五、抓保护、促建设，黄河战略深入实施

（一）生态治理纵深推进。持续开展滩区整治，上级交办的1649个台账问题全部整改到位；拆除十八门闸库区违法建设4.6万平方米，修复生态湿地9200亩，黄河郑州段数字化生态保护监测平台加快推进。

（二）起步区项目稳步实施。最美沿黄公路312省道建成通车，生态廊道基本建成；黄河国家博物馆实现封顶，黄河天下文化综合体开工建设；大运河文化片区涉及的铁炉寨等4个村完成整体征迁，荥阳故城遗址生态文化公园开工建设。

（三）黄河文化不断彰显。2022中国（郑州）黄河合唱周等重大活动成功举办，第十一届中国花卉博览会选址惠济，“黄河文化”品牌实力持续壮大。

六、激活力，转动能，改革开放明显提速

（一）招商引资成效显著。百亿级头部企业浙江国建河南子公司落地惠济，新签约项目26个，签约总额349.9亿元、增长19%，实际吸收外资突破2亿美元、增长44.3%。

（二）重点改革持续加力。土地要素市场化改革加快推进，存量土地利用效益全面提升；财政体制、投融资体制等重点领域改革全面推进，区属国有公司整合为3家，公司运营成本有效压减，公司管理更加规范。

（三）营商环境不断优化。严格落实“三集中、三到位”，1180件事项“一窗受理、集成服务”，300个利企便民事项“掌上办”，累计办理业务17万余件，办结率100%。

七、强基础、筑品质，美好家园加快建设

（一）城区功能日趋完善。完成开元路等8条道路提升改造，三全路

西延等 8 条“断头路”建成通车，110kV 惠民变投入运营；实施老旧小区改造 6 个，新建停车场 83 个，建成安置房 150 万平方米，回迁群众 1.81 万人。

（二）生态环境持续优化。持续加强环境污染治理，PM_{10}、$PM_{2.5}$ 年均浓度完成目标 109%、123%；扎实开展河渠“四乱和三污”，辖区 7 条河流断面水质全部达标，水生态景观初步呈现。完成国土绿化任务 1200 亩，森林抚育 1300 亩，新增绿地约 367 万平方米。

（三）乡村振兴接续推进。孙庄美丽乡村精品村基本建成，高位编制乡村振兴战略十四五规划、乡村振兴专项策划；成功承办 2021 第三届郑州种业博览会暨第六届中原国际种业科技展览会，规模创历史新高，被列入河南省五大农业品牌展会之一。

八、惠民生、解民忧，民生福祉持续提升

（一）美好教育全面提升。9 所公办幼儿园、小学建成投用，增加学位 8670 个，郑州枫杨高级中学、郑州科技工业学校落户惠济，午餐供应、课后延时服务全面推行，深入落实“双减”政策，群众满意度不断提高。

（二）医疗养老不断完善。首都医科大学附属北京天坛医院河南医院开工建设，市第三人民医院北部院区全面开诊，新建养老服务设施 34 个，智慧养老服务平台扎实推进，群众获得感持续增强。

（三）社会大局和谐稳定。严格落实安全生产责任，开展信访稳定突出问题攻坚化解，超额完成市定目标任务，群众的安全感不断提升。

2021 年，困难重重，大事、要事频发，惠济区顶压前行，统筹推进各项事业，迈出了发展的坚实步伐。

（一）经济发展持续优化。努力克服暴雨、疫情带来的不利影响，全年生产总值完成 306.8 亿元，增长 3.1%，居五区第二；一般公共预算收入完成 29.2 亿元，税收质量 90%；规模以上工业增加值完成 32.8 亿元，增长 6.8%；社会消费品零售总额完成 230.3 亿元，增长 4.8%，三次产

业比为 1.9∶35.7∶62.4，产业结构更趋合理。

（二）黄河战略持续推进。把实施黄河国家战略作为重大政治任务，坚持规划引领，明确节点任务，扛牢使命担当。大运河国家文化公园完成概念性设计方案，黄河国家博物馆、汴河遗址公园等重大文旅项目取得显著进展，“两带、四片、多点”的整体保护格局逐步形成。

（三）项目建设持续发力。坚持“项目为王”，扎实开展“万人助万企”活动，以“集中调度、专项督查、联审联批、观摩评比”为抓手，强力推进项目建设。全年固定资产投资完成 290.3 亿元、增长 3.1%，居五区第一；137 个重点项目完成投资 258 亿元，完成年度投资目标的 108%。

（四）城乡品质持续提升。加快城市有机更新，下足绣花功夫，综合改造迎宾路等特色道路 14 条，圆满完成老旧小区改造任务，城乡接合部实现乱象动态清零。加快美丽乡村建设，成功举办 2021 第三届郑州种业博览会暨第六届中原国际种业科技展览会，沿黄乡村展现新面貌。

（五）生态环境持续改善。坚持生态优先、绿色发展，空气质量优良天数达 221 天，PM_{10}、$PM_{2.5}$ 等指标均完成市定任务；新增绿地 370 万平方米，建成区绿化覆盖率达 44%；7 条河流断面水质全部达标，生态环境更加优美。

（六）党的建设持续加强。以开展党史学习教育为契机，落实“第一议题”制度，学习习近平总书记系列重要讲话精神 30 余次，政治信念更加坚定。胜利举行区第四次党代会，圆满完成区、镇党委换届和村级组织换届，调整优化了基层干部队伍，全区干群上下一心、人心思进，干事创业的氛围更加浓厚。

上街区2021年经济社会发展报告

中共上街区委　上街区人民政府

2021年，面对艰巨繁重的改革发展任务和汛情疫情的严重冲击，上街区坚持以习近平新时代中国特色社会主义思想为指导，夺取了抢险救灾、疫情防控的重大阶段性胜利，保持了经济社会高质量发展良好态势。2021年，地区生产总值完成176.8亿元、同比增长5.1%，全市排名第四；固定资产投资同比增长4.2%，全市排名第二；规模以上工业增加值同比增长10.5%；社会消费品零售总额同比增长7%；一般公共预算收入完成15.57亿元、同比增长4.21%，全市排名第2。

一、科学有力应对汛情疫情大战大考

坚持人民至上、生命至上，打好防汛救灾和疫情防控两场硬仗，努力维护人民群众身体健康和生命财产安全。面对突如其来、历史罕见的“7·20”特大暴雨灾害，第一时间启动防汛应急响应，动员各方力量投入防汛抢险救灾。区领导率先垂范，深入河道、积水点、水利工程等一线指挥调度，迅速组织18支应急抢险队伍、56支党员突击队开展防汛抢险，紧急转移安置群众5000多人，率先在全市恢复供水、供电、供气、通信，保障了群众正常生产生活秩序。坚持把灾后恢复重建作为重要政治任务和重大民生工程，编制实施“1+8”工作方案，加快受损房屋、塌陷道路、水利基础设施修复加固，142个灾后恢复类项目基本完工。针对多轮疫情反弹，不断健全完善平战结合、快速反应的扁平化指挥调控体系，及时研判、科学决策，第一时间管住重点人、重点场所，协同推进流调溯源，高效完成10轮全员核酸检测，专业化、人性化实施隔离措施，为全市以最快速度扑灭疫情贡献了上街力量；强化常态化防控措施，进一步健全群防群控、智能管控、综合保障等机制，抓实社会面管控，推动医疗机构、集中隔离点的管理服务水平不断提升，强化应急实战演练，有序推进疫苗接种，筑牢了疫情防控防线，取得了全年零病例的战果。

二、准确全面贯彻新发展理念，全力推动经济社会高质量发展

（一）坚持稳中求进，经济发展态势平稳向好。扎实做好“六稳”“六保”工作，千方百计保持经济发展良好势头。扎实开展“万人助万企”活动。牢固树立服务企业就是服务发展大局的理念，建立“13345”工作体系，县处级领导带头包联服务99家企业、37个项目，派驻157名助企干部包联企业235家，帮助解决生产经营中的堵点难点痛点问题245个，极大提振了企业发展信心。加大中小企业纾困帮扶力度。全年减税降费1.1亿元，为企业拨付支持发展、灾后重建资金6604万元，帮助企业融资15.12亿元。全力加快重点项目建设。坚持项目为王，滚动推进“三个一批”，强化土地、资金等要素保障，深化周例会解决问题、月“红黄绿”调度、季“红黑旗”评定等项目管理推进机制，21个省市重点项目全年累计完成投资42.2亿元，红星盾构、普洛斯物流园等25个项目竣工投产，晋潞光电等37个项目开工建设。

（二）坚持补链强链，产业转型升级步伐加快。千方百计围绕产业链做强实体经济，加快构建现代产业体系。提质发展制造业。围绕打造智能家电、装备制造、新材料等产业集群，精准开展补链延链强链，推动奥克斯、奥瑞环保、东方雨虹等重点项目加快建设，持续增强龙头企业

的带动作用；奥克斯等3个小微企业园建成投用，已签约入驻企业128家，全市小微企业园规划建设观摩现场会在我区召开。狠抓传统产业技术改造提质，31家企业完成技改，进一步促进工业产业优化升级，连续三年荣获郑州市“制造业高质量发展”先进单位。持续壮大通航产业。聚焦通航制造、运营、服务三大板块做强产业链条，不断加大工业无人机、自转旋翼机、地效飞行器等产品研发力度，河南三和S100消防版无人机完成郑州市消防支队正式列装；中航材大型飞机维修基地项目签约落地；试航3条短途航线，成功举办河南省青少年航空航天模型锦标赛等活动。加快推进数字化转型。实施“上云用数赋智行动”，107个5G基站建成投用，499家企业完成“上云上链”，10家企业完成智能化改造，30家规上工业企业实现两化融合，2家企业被认定为国家级两化融合贯标企业，中铝郑州研究院铝工业大数据平台获批国家工信部大数据产业发展试点示范项目。

（三）坚持招才引智，创新发展动能持续增强。做大做强创新主体平台。着力提升中关村e谷、通航产业创业园等双创载体的科技孵化能力，中关村e谷在全省众创空间年度考核中获得优秀等次。加大创新型企业培育力度，推进“微成长、小升规、高变强”梯次培育，新增高新技术企业20家、科技型中小企业43家、专精特新企业24家、省级工程技术研究中心6个。积极推动“产学研用”深度融合。引导企业加大研发投入，以院士工作站、博士后流动站、省级工程技术研究中心等创新站点为依托，加速科技成果转化，全年完成技术合同项目103个，成交总额达到2.01亿元、同比增长20%。稳步推进人才强区战略。实施“百千万”人才引育工程、“上街英才计划”，鼓励企业采用合作研发、学术交流、技术入股等多种形式，引进人才团队5个、各类技能人才450人，新认定区级创新领军团队1个。

（四）坚持抓重抓要，发展动力活力不断激发。纵深推进重点领域改革。加快推进一件“事”“一网通办”政务服务改革，1750个事项实现“最多跑一次”，337个事项实现“掌上办”，企业开办时间压缩至1个工作日，上街区在全省54个市辖区营商环境评价中排名第十四。深化以土地为重点的资源要素配置改革，完成646家企业“亩均论英雄”分类评价，稳步推进工业用地“标准地”出让，土地利用率有效提高。认真做好开发区“三化三制”、医共体、综合行政执法、事业单位等改革工作。深化拓展对外开放功能。围绕争创生产服务型国家物流枢纽，加快建设郑州中欧班列集结中心示范工程上街片区和国际陆港第二节点，获批建设河南省第三批多式联运示范工程。持续提升招商引资成效。聚焦先进制造业绘制招商图谱，开展驻地招商、产业链招商、以商招商，圆满完成“125”招商计划，投资20亿元的迈思科液晶显示器绑定模组生产、投资10亿元的创维无线智能终端制造等一批高质量项目签约落地。

（五）坚持扩容提质，城市内涵品质逐步提升。坚持规划引领。高质量编制国土空间规划（2020—2035年），编制完成《上街区“十四五”国土资源开发和利用专项规划》、通航核心板块控制性详规等，为高质量发展提供有力支撑。提升城市功能。完成金屏路大修，打通许昌路、丹江路等4条“断头路”，加快建设陇海路西延、丹霞路南延等道路，路网结构持续优化；新增停车泊位1757个，16处停车场接入郑州智慧停车平台，缓解了市民“停车难”问题；新建改造水电气管网27公里，集中供热普及率达88%，生活垃圾分拣中心加快建设，基础设施更加完善。优化人居环境。实施老旧小区改造项目22个，完成既有住宅加装电梯4部，荣获市老旧小区综合改造工作先进单位。开展人居环境集中清洁行动，圆满完成国家卫生城市复审。

（六）坚持标本兼治，绿色低碳发展成效凸显。实施国土绿化提速提质行动，新建公园游园8个。坚持精准治污、科学治污、依法治污，中央环保督察反馈问题全部整改到位，148家企业完成VOCs综合治理，建筑工地扬尘治理实现智慧化全覆盖，PM_{10}、$PM_{2.5}$、NO_2平均浓度和空气优良天数实现“三降一升”。开展入河排污口规范整治、河湖“清四乱”等专项行动，河流断面水质实现稳定达标，“占地造湖”项目全部整改到位；坚持“四水四定”，实施深度节水控水行动，获评全国第四批节水型社会建设达标县（区）。认真落实碳达峰碳中和部署，统筹做好能源保供和降耗减碳工作，有序推进清洁能源使用，生态环境持续改善。

（七）坚持为民惠民，民生社会事业全面进步。牢固树立以人民为中心的发展思想，突出抓好“一老一小一青壮”工作，群众的“幸福指数”更有质感、更有温度。坚持把稳就业放在首位。高质量推进“人人持证、技能河南”建设，完成各类技能培训8314人次，做好高校毕业生等重点群体就业工作，新增城镇就业3930人，发放创业担保贷款2150万元。努力办好人民满意的教育。新增义务教育学位1320个，学前教育普惠率达到99.2%，高考本科上线人数再创新高；扎实推进“双减”工作，学科类校外培训机构压减率87%，无证无照培训机构“动态清零”，群众对教育更加满意。不断提升公共卫生服务能力。郑州市第十五人民医院与郑州大学第二附属医院开展深度合作，通过二级甲等综合医院复审；在全市率先完成疾控中心标准化建设与实验室能力提升，“疾控机构—医疗机构—基层医疗单位”三位一体的健康管理模式初见成效。大力推进养老服务业高质量发展。加快构建居家社区机构相协调、医养康养相结合的养老服务体系，街道养老服务设施覆盖率达到100%，“12349”智慧养老服务平台成为全国首批居家和社区养老信息惠民工程试点。推动文化体育事业繁荣发展。围绕庆祝建党100周年、“黄河文化月”等主题，开展群众性文化活动500多场，举办传统文化艺术培训286期，受益群众近万人。完成上街体育中心提升改造，新建1个多功能运动场、3个足球场、1个智能健身驿站、23条全民健身路径。

三、加强社会主义民主法治建设，推进治理体系和治理能力现代化

（一）推动人大工作与时俱进、完善发展。支持区人大及其常委会依法行使职权，围绕先进制造业发展、高品质城市建设、民生实事等重点工作，开展视察、调研、执法检查27次。依托代表联络站，组织开展讲党史、听民意解民忧、共话经济新热点等活动36场，参与人大代表375人次，代表履职能力不断提升。

（二）推动协商民主广泛、多层、制度化发展。充分发挥人民政协专

门协商机构作用，围绕灾后恢复重建和复工复产、重大项目建设、医疗养老等重点工作，组织调查研究、专题视察50多次，形成调研报告、考察报告7篇，提出意见建议200多条。

（三）巩固发展最广泛的爱国统一战线。密切与工商联、各民主党派、无党派人士和党外知识分子、新的社会阶层人士的联系协作，增强听党话、跟党走的政治自觉。深入开展民族团结进步创建活动，持续推进整治非法宗教专项提升行动，进一步巩固民族团结、宗教和顺的良好局面。

四、推进全面从严治党，努力营造风清气正的良好政治生态

（一）扛稳管党治党责任。从严从实履行主体责任，全年召开区委常委会会议47次，研究部署基层党建、意识形态、党风廉政建设等工作。通过听取工作汇报、观摩督查、述责述廉等方式，层层传导压力，督促各级党组织真正把全面从严治党主体责任扛在肩上、抓在手中、落实到行动上。严格落实巡视整改主体责任，全力做好省委巡视反馈问题整改，制定方案，建立台账，逐项销号，32项整改任务全部完成。

（二）强化思想理论武装。把学习贯彻习近平新时代中国特色社会主义思想作为必修课、首修课、终身课，在深学深悟深刻上下功夫，持续用这一思想武装党员、教育人民、指导实践。认真落实“第一议题”制度，区委理论学习中心组开展集中学习13次、专题交流研讨5次、专题辅导4次，带动全区各单位理论学习中心组集中学习500多次。采取集中授课、分类教学等方式，对全区456名基层党组织书记进行全员轮训。

（三）提升意识形态工作水平。健全意识形态工作责任制，持续加强各类阵地管理，意识形态领域持续向上向好。紧扣“庆祝建党100周年”主题主线，精心组织开展“奋斗百年路、启航新征程”等主题宣传活动，主流思想舆论不断巩固壮大。大力弘扬社会主义核心价值观，实现三级文明实践中心（站、所）全覆盖，累计开展志愿服务活动1360场，全社

会文明程度进一步提升。

（四）着力夯实基层基础。实施“头雁培育”行动，举办基层党组织书记论坛6期，推动基层干部队伍整体优化。突出补短板、强弱项，持续开展软弱涣散村整治行动，如期完成整顿任务，实施“三年强村计划”，91%的村集体经济收入超过100万元；深入开展“红色物业”创建，128个无主管楼院全部引进物业服务；扩大党的覆盖，新建非公企业党组织同比增长150%，培育“两新”组织党建示范基地10家。

（五）打造高素质干部队伍。加强党员干部教育培训，通过各类干部培训班、“万名党员进党校”、网络在线教育等，培训党员干部近万人。坚持新时代好干部标准，做好人选岗位配备和跟踪培养，大力实施年轻干部“育苗工程”，选派99名年轻干部到基层一线、重点工作中实践锻炼，到上级机关挂职锻炼，不断激发干部队伍的干事创业活力。

（六）深入推进正风肃纪反腐。坚持把政治监督摆在首位，持续加强对“三新一高”、“十四五”规划实施和省市区党代会精神贯彻落实情况的监督检查，约谈履职不力的单位10家、党员干部9名。全面加强对“一把手”和领导班子监督，深入开展防汛救灾、疫情防控、党委换届、民生实事等专项监督，发现和解决了一批管党治党不力的突出问题。持之以恒纠治“四风”，开展落实中央八项规定及其实施细则精神情况监督检查，整改问题53个。始终保持高压反腐态势，全年共处置问题线索82件，立案26件29人，给予党纪政务处分25人。

郑州市2021年发展和改革工作报告

郑州市发展和改革委员会

2021年，在市委、市政府的坚强领导下，市发展和改革委员会坚持以习近平新时代中国特色社会主义思想为指导，认真贯彻党的十九大和十九届历次全会精神，深入学习贯彻习近平总书记关于河南及郑州系列重要讲话指示精神，牢固树立“四个意识”，坚定“四个自信”，坚决做到“两个维护”，坚持稳中求进工作总基调，立足新发展阶段，贯彻新发展理念，融入新发展格局，坚决有力应对特大暴雨灾害和疫情对于经济社会发展的冲击，统筹发展和安全，扎实做好“六稳”工作，全面落实“六保”任务，圆满完成了各项工作任务，多项工作受到国家和省市表彰表扬。

一、党建引领持续赋能，急难险重靠前作战

党建工作坚强有力。全面提高政治站位，树牢“四个意识”、强化“四个自信”、践行“两个维护”，坚定扛起新时代发改工作的责任担当，不断强化基层党组织建设。以开展党史学习教育活动为契机，围绕庆祝中国共产党成立100周年，组织开展“两优一先”评比工作，成功召开第一次党员代表大会，选举产生了新一届机关党委委员和机关纪委委员。充分发挥各级党组织的战斗堡垒作用和党员模范带头作用，疫情期间，

在十八里河核酸查验服务点筑起坚固防线、组织党员志愿者下沉社区开展核酸检测；暴雨灾情后，组织开展居民小区沉积淤泥清理、公共路面清扫等工作，以切实行动践行党员初心。

灾情疫情应对有序。面对突如其来的暴雨灾情汛情，全市发改系统快速反应、全面动员，对异地迁建、中央预算内项目、自来水厂、污水处理厂、油气管道等重要场所设施开展防汛抢险工作，尽最大努力降低灾害损失；面对两轮疫情冲击，严格落实疫情防控各项要求，进一步扎牢“四个口袋”，切实保障人民群众的身体健康和生命安全。

灾后重建稳步推进。坚持把灾后重建作为重大政治任务和重大民生工程，推动成立了高规格的市灾后恢复重建领导小组，迅速组建市重建办专班，构建了“1＋15＋15”灾后恢复重建实施方案体系和“1＋3＋39”的灾后重建支持政策体系，完成灾后重建项目全口径总投资额149.5亿元，累计统筹拨付防汛救灾资金92.6亿元。灾区家园重建方面，乡村住房加固修缮28073户，原址重建4295户，货币补偿1526户，城镇住房加固修缮1514处；水毁工程修复方面，国省干线公路一般性水毁和农村公路一般性水毁全部修复完成，水毁应急抢险救灾工程和影响群众生产生活的水利设施全部修复完成，受灾学校、基层医疗机构、公共文化场馆全部恢复正常；累计向困难群众发放实物折合金额1.55亿元，发放救助金7068万元。

“万人助万企”活动深入开展。整理并向企业发放《郑州市“万人助万企”惠企政策汇编》，推动惠企政策迅速转化为惠企实效。研究出台金融支持防汛救灾有关政策，推动金融机构助力防汛救灾。牵头做好洪涝灾害损毁项目核实和灾后恢复重建项目谋划工作，帮助包联企业解决复工复产中存在的道路桥梁不通、天然气断供等实际问题。

二、深入实施战略规划，城市能级不断增强

黄河流域生态保护和高质量发展核心示范区加快建设。印发实施黄河流域生态保护和高质量发展核心示范区总体发展规划和起步区建设方

案，高标准编制郑州市大运河文化保护传承利用暨大运河国家文化公园建设实施方案，梳理重大项目 80 项，总投资 1600 多亿，累计完成年度投资 180 多亿元。成功举办“黄河文化月”活动，进一步确立了郑州的黄河历史文化主地标地位。强力推进“占地造湖”问题整改，按照市“双到位”要求，37 个整改项目已全部完成整改任务。

抢占中部地区高质量发展战略先机。制定出台《关于在新时代中部地区高质量发展中出重彩成高峰的实施意见》，对标省委“十大战略”，提出实施五大提升行动。

郑州都市圈加快建设。配合省拟制郑州都市圈一体化发展工作要点和一体化建设重大项目库，编制《产业协同发展规划》《公共服务一体化规划》；郑新产业带、许港产业带发展规划通过专家评审；起草《郑开同城化联席会议方案》《共同推进郑开同城化发展合作备忘录》，启动编制《郑开同城化发展规划》；配合编制把兰考纳入郑开同城化发展进程总体方案。

重大规划编制和重大课题研究顺利实施。高标准编制印发“十四五”规划纲要工作，编制完成《新郑综合保税区扩区选址及产业项目梳理方案》，研究形成《推动郑洛西高质量发展合作带建设战略研究》等四项课题成果。

“轨道上的都市”提速建设。3 号线二期、6 号线一期等 8 个项目加快推进，全市运营和在建里程分别达到 206.3 公里、211 公里。

交通枢纽建设稳步推进。机场三期扩建工程北货运区主体工程基本完工。高铁南站、郑济高铁、机许市域铁路建设加快推进，郑州枢纽陇海外绕线及小李庄客站工程前期工作取得突破性进展。

三、着力稳定经济发展，加快推进结构调整

持续做好经济运行监测。密切关注国内外经济形势和宏观政策走向，向国家发改委、省发改委等报送价格动态信息 46 条，研究起草全市经济运行专报 12 期、价格《监测快报》65 期。

不断扩大有效项目投资。贯彻落实“项目为王”理念，全年共谋划重大项目 2075 个，总投资 2.75 万亿元，实施省、市重点项目 915 个，开工 219 个，完成投资 4665.8 亿元。积极争取国家资金、专项企业债券等支持，2021 年全市发行专项债券项目 193 个、总金额 156.67 亿元。加大对补短板重大工程的融资支持力度，银企常态化对接更加通畅。印发实施《关于扩大有效投资加强市本级政府投资项目建设管理的工作方案的通知》，政府投资项目长效管理机制不断加强。

积极推动能源结构调整。《郑州市推进碳达峰碳中和工作方案》印发实施，能源消费强度和总量“双控”工作持续推进。我市煤电行业转型三年行动任务全面完成，煤炭消费总量控制工作成效显著，全市规模以上耗煤企业煤炭消费同比削减约 174 万吨。持续加大外电引入力度，实现外电入郑 223.21 亿千瓦时。积极推动新能源开发利用，全市可再生能源发电装机规模累计 55 万千瓦，可再生能源供暖面积完成 1528 万平方米。大力推进充电基础设施建设，新增充电终端 3000 个。帮助电厂争取长协煤供应指标 131 万吨，冬春保暖保供顺利推进。

加快构建现代产业体系。编制《郑州市“十四五”战略性新兴产业发展总体规划（2021—2025 年）》等系列规划，印发《郑州市新型显示和智能终端产业链现代化提升方案》等 5 个专项工作方案，制定《郑州市促进个转企小升规规改股股上市的若干意见》等多项政策措施，组织申报省级智慧社区建设试点，5G＋智慧园区融合基础设施建设工程（物流方向）成功申报 2021 年国家新型基础设施建设专项，新兴产业发展步伐不断加快。积极推进两个国家级战略性新兴产业集群建设，在 6 月召开的全国战略性新兴产业集群建设现场经验交流暨政银合作对接会上，我市作为全国 7 个先进代表之一进行了典型发言。深入推进家政服务业提质扩容，积极开展废旧家电回收试点申报，制定出台《郑州市完善废旧家电回收处理体系推动家电更新消费三年行动方案》，中欧班列集结中心示范工程项目建设加快推进，“两业融合”不断深入，服务业发展工作扎实推进。

全面深化高质量考核工作。严格落实市委市政府对全市高质量发展的战略要求，深入开展全市2020年度市直单位高质量发展考核工作。依据省委、省政府最新考核要求，研究起草《郑州市高质量发展综合绩效考核与评价办法》，进一步明确高质量发展导向，夯实争先进位基础。

四、加速汇聚创新动能，不断深化改革开放

创新驱动战略加快实施。圆满举办全国“双创”活动周，8000万人通过线上线下方式参与活动，参与人数创历届之最；举办国家级活动5项共19场次、省级活动13项共16场次、市级重大活动12项共30场次；实现签约项目50个，签约金额达800多亿元；与上海电气、凯联资本等50余家知名企业达成合作意向，12家企业与相关县（市）区达成落地意向。推进大中型企业研发活动全覆盖，创新活力潜力持续增强，全年培育国家级企业技术中心1家，省级工程研究中心76家，省级企业技术中心37家，新建市级工程研究中心100家。

重点领域改革深入推进。组织编制《郑州市产业集聚区规划纲要（2021—2030年）》，印发《2021年郑州市推进产业集聚区高质量发展工作方案》，推进开发区改革创新发展。指导、督促非居民用水超定额累进加价制度和差别化污水处理收费机制按计划实施，落实绿色价格政策、制定差别化电价文件，安排部署城镇供水供电供气供暖行业收费清理规范专项行动，价格体制改革不断深入。在全市50个精品村、新密市整市开展农村基础设施管护体制改革试点工作。制定印发《郑州市公共信用信息目录（2021版）》，市信用平台归集信用信息23.62亿条，扎实开展失信约束措施清理和“屡禁不止、屡罚不改”严重违法失信行为专项治理工作，信用体系建设不断加强。

营商环境优化成效显著。制定出台《郑州市2021年优化营商环境工作要点》等，法制化营商环境保障水平不断加强。在2020年度国家营商环境评价中，营商便利度得分较2019年度提升21.36分，排名百分位提升了31.68个百分位，成为全国2020年度营商环境提升最快的10个城市之一，“获得电力”“办理破产”两个指标进入全国标杆城市行列，聚

焦进步较快的“保护中小投资者”指标（排名百分位提升了62.74个百分位），受邀在全国优化营商环境经验交流会上作典型发言。组织参加河南省2020年度营商环境评价，我市在全省连续三年排名第一位，“办理建筑许可”等8个指标全省排名第一位，市场主体获得感、满意度不断增强。

对外开放合作持续提升。深入推进中欧区域政策合作案例地区建设，组建郑州中欧区域经济合作中心，获批国家新一轮中欧区域政策合作案例地区；高标准组织中国（郑州）·匈牙利交流合作产业对接系列活动和第四届亚欧互联互通产业合作论坛；促成与匈牙利吉富集团签署“两国双园”建设合作意向协议，中部陆海国际多式联运郑州公司与匈牙利东西门多式联运场站签订合作框架协议，并推动中欧班列郑州至布达佩斯线路开通。

五、持续推动民生改善，着力稳定社会大局

继续做好乡村振兴和脱贫攻坚有效衔接。坚持扶贫与扶智相结合，在全国发展改革系统省会城市中率先印发《关于指导各结对帮扶村做好脱贫攻坚压茬推进乡村振兴工作方案》，建立健全了乡村振兴融合发展长效机制。支持五虎沟村、神仙洞村所在的新密市申报中央预算内资金1771万元、省基建资金928万元，支持千户寨村所在的新郑市申报中央预算内资金1200万元。

积极推进重点民生实事。充分吸纳社会意见，在就业、教育、医疗、养老等重点领域谋划民生实事共10项，并会同相关单位全力做好民生实事落实工作，提升了人民生活幸福感。

大力发展社会事业。加快推进国家儿童区域医疗中心建设，编报完成2021年国家儿童区域医疗中心项目中央预算内投资计划建议方案。深入推进国家产教融合型城市试点建设，29家驻郑企业成功纳入省第二批产教融合型企业入库培育名单。制定郑州市养老服务收费管理办法，规范养老机构及居家社区养老服务收费行为，实现了养老服务资源配置

优化。

扎实做好市场保供稳价。印发实施《郑州市政府猪肉储备调节和保供稳价工作方案》，成立重要民生商品产供销全链条会商协商工作专班，实行日监测、周报告制度；加强市场重要民生商品价格巡查和价格调查，力保汛期、疫情时期重要民生商品保供稳价工作顺利推进。适时启动价格应急监测和预警分析，在市发改委门户网站发布各类价格信息近6万条。完成涉纪检监察和涉刑事案件价格认定等工作2593起。连续多年被国家发改委、省发改委评为价格认定、价格监测工作先进单位。

全面防范社会风险。充分发挥经济、资源、生态3个领域国家安全工作牵头部门作用，健全安全保障体系，有效防范了政治和社会重大安全突发事件发生。加强“易信贷”支持力度，对存续期内企业债券开展风险排查，清除了金融领域重大安全隐患。推进市粮食储备管理运营机制改革，会同相关单位做好粮食安全储备保障工作，守住了粮食安全底线。

郑州市 2021 年教育工作报告

郑州市教育局

2021 年，在市委、市政府的坚强领导下，全市深入贯彻习近平总书记关于教育工作的重要论述，全面落实全国、全省和全市教育大会部署，坚持党对教育工作的全面领导，坚持人民至上，坚持立德树人，强力推进各级各类教育优质协调发展，教育教学质量持续提高，教育服务能力持续增强，人民群众教育获得感、幸福感、安全感大幅提升。

一、抓党的建设，加强党的全面领导

党管教育方针全面落实。坚持加强党的创新理论学习，深入学习习近平总书记重要论述，党中央国务院、教育部、省委省政府、市委市政府有关文件和会议精神，不断提高党员的政治素质和理论水平，积极推进政治机关建设，强化教育的政治属性。认真落实政治理论学习和支部“三会一课”制度，全面推进党的政治建设、思想建设、组织建设、作风建设、纪律建设。把制度建设贯穿其中，自觉在政治立场、政治方向、政治原则、政治道路上同党中央保持高度一致。持续加强领导干部队伍建设，全面开展领导干部培训工作，推行校长（园长）任职资格制度，加大领导干部队伍监管。广大党员干部“四个意识”更加强化，“四个自信”更加坚定，“两个维护”更加坚决。

基层党建工作持续加强。夯实基层党组织书记抓党建工作第一责任人职责，持续抓实教育系统党组织和党员理论学习制度。以加强“学习强国”督导管理为抓手，巩固党建阵地，加强基层党校建设，创建省党建示范校2所，全国先进基层党组织1所、省级先进基层党组织1所、市级先进基层党组织5所。加强党员教育和管理，强化党性教育，突出典型激励，充分利用庆祝建党100周年契机，共表彰521名优秀党员、18个先进基层组织，为161名教育系统老党员颁发“光荣在党50年”纪念章。进一步理顺民办学校党组织关系，实现市属民办学校全覆盖，组织200名公民办基层党组织书记参加第五届全国中小学校党组织书记网络培训。

党风廉政建设持续推进。坚持把党风廉政建设纳入教育发展和党的建设总体布局，行政党组统一领导齐抓共管格局。深入开展政治群众身边腐败和不正之风，成立6个专项工作组，处理校外培训机构整治线索16个、师德失范线索3个、乱收费线索1个。启动清廉学习起步年建设，重点整治违规办学等行为。强力推动巡视巡察问题高标准整改，清零37项整改问题。建立与驻市教育局派驻纪检组工作联系机制，及时办理纪检组交办问题11件、反馈监察建议书2份。严格履行管党治党政治责任，监督和检查疫情防控落实情况，严明中小学招生入学纪律，推动各环节制度规范化建设。积极配合1＋N＋E智慧监督，突出重点对象、部门和关键环节，对干部的用权行为进行监督，完善廉政风险内容、等级、防控措施和防控责任。积极开展以案促改活动，实现以案促改警示教育制度化常态化。

意识形态工作持续加强。不断巩固党对意识形态工作的领导。加强教育系统网络舆情收集、分析、研判及处置，认真落实意识形态联席会议制度，加强分析研判，共召开3次研判会议，分析意识形态领域形势，强化教育系统意识形态风险排查、分析研判、提前防范和应对处置等工作，全力维护校园政治安全。印发《2021年宣传思想工作要点》，对年度宣传思想工作进行安排部署。持续开展“党的创新理论万场宣讲进校园”和“领导干部进学校上讲台讲思政课”活动，安排机关中层正职以上 38 名干部到所联系学校讲思政课。建立了书记校长、班主任（学科教师）、学生三级宣讲机制。聚焦学习宣传贯彻习近平新时代中国特色社会主义思想这一主题，把握庆祝建党百年这一主线，围绕郑州“美好教育”改革发展的探索实践，持续推进与主流媒体深度合作，加强系统内自媒体、新媒体建设，构建全方位、多层次、立体式的媒体宣传格局。

党史学习教育成效突显。以局党组理论学习中心组学习为引领，发动全市教育系统深入学习习近平总书记在党史学习教育动员大会上和庆祝中国共产党成立一百周年大会上的重要讲话精神。积极参与“奋斗百年路·启航新征程”重大主题宣传，认真开展重温入党誓词、红色经典故事诵读、优秀微党课展播展演、“砥砺百年　出彩郑州——庆祝中国共产党建党 100 周年征文”等各类主题突出、生动活泼的宣传教育活动。积极向“学习强国”郑州学习平台供稿，累计在“学习强国”郑州学习平台发布稿件 43 条，其中被国家平台采用刊发 2 条，被河南学习平台采用刊发 13 条。深入开展“我为群众办实事”活动，将 20 项重点教育工作列入市领导领办的“办实事”项目，聚焦群众关心的教育民生问题，传递教育温度，展现教育力度，不断提升人民群众教育获得感、幸福感、安全感。

二、抓改革设计，发展机制持续优化

科学编制教育规划。坚持前瞻十五年，干好这五年，抓紧每一年，组织专门力量，编制《郑州教育现代化 2035》（简称《现代化 2035》）《郑州市教育事业“十四五”发展规划》（简称《教育发展规划》）《郑州市“十四五”高校设置规划》（简称《高校设置规划》）和《郑州市高等教育“十四五”发展方案》（简称《高教发展方案》）等 4 份规划性文件，明确近、中、长期发展思路、发展目标和实现途径，构建四梁八柱。《现代化 2035》已经专家多轮论证，计划近期提请郑州市政府审议，《教育发展规划》待省规划确定后，我们修改完善后按程序报批出台，《高校设置规划》已报河南省教育厅，《高教发展方案》正在组织专家论证。

推进“双减”改革。推动成立领导小组，制定工作方案，完善配套政策，形成高位推进机制。召开推进大会，进一步明确目标任务，压实部门、县区责任。着眼校内提升和校外治理，坚持边谋划边推进，取得了初步成效，先后发放课后服务专项补助 4.8 亿元，覆盖全市 1185 所公办义务教育学校，形成了持续投入的保障体系；坚持依法整治，露头就打，取缔无证无照培训机构 3911 家，实现机构有效退费 1.82 亿元，“学转非”、营转非、分类管理全部完成。

推进人事制度改革。联合市委编办、财政局、人社局，制定印发专项指导方案，为我市中小学教师“县管校聘”管理改革提供政策依据。积极推进校长职级制改革，草拟改革方案，与市组织、财政、人社部门多次沟通协调，计划年底前印发。两项改革明年将全面展开。

深化招生入学改革。市区全面推广小学新生网上报名分配，成功报名 11.8 万余人，保证了“应入尽入”，方便了群众，有效避免了现场报名人员聚集。市区民办初中继续实行电脑派位招生，参加学校 21 所，比去年减少 6 所，报名人数比去年减少 8880 人，民办择校热进一步降温。

三、抓学校建设，资源配置持续扩充

加压推进公办园投用。深入贯彻落实市领导指示，在圆满完成年度投用 60 所基础上，加压推进 237 所公办园投用工作。2021 年开园 161 所，其余 76 所今年投用难度大，任务艰巨。

提前完成中小学建设。市政府连续 12 年把市区中小学建设列入市政府重点民生实事。2021 年计划新建、改扩建 20 所，往年建设项目投用 30 所。10 月底前，两项任务已提前完成。

加快高中段学校建设。2020—2022 年，市区计划新建、迁建 20 所高中阶段学校。2020 年已经开工 1 所，2021 年计划开工“9＋1”所。市政府高度重视，列入重点督查项目，相关区县（市）、部门合力攻坚，提速推进。11 月 28 日，“9＋1”所高中学校建设项目集中开工。

四、抓教育质量，优质公平持续提升

推进学前教育普及普惠发展。加快推进公办园投用，公办在园幼儿占比从2020年的35.84%提高到2021年的47.59%。237所公办园全部投用且招生后，可提高到55.9%，普惠园学位覆盖率可从81.8%提高到87.9%。

推进义务教育优质均衡发展。联合市委编办、改革办、人社局、财政局印发专门指导意见，指导区县（市）深化集团化办学改革，整体提升义务教育优质均衡发展水平。全市共成立义务教育阶段教育集团94个，共有471所学校参与，占比38.48%。2018年以来，共投入1.2亿元，专项保障"新优质初中"创建，目前95所已通过认定，72所正在创建培育。深入开展示范校、特色校创建活动，省认定示范校13所、特色校23所。

推进普通高中多样特色发展。启动普通高中新教材、新课程（简称"双新"）改革，积极推进"双新"示范区和示范校建设，郑州市被确定为国家级"双新"示范区，3所学校（郑州市第二高级中学、郑州市第七高级中学、郑州市第四十七中学）被确定为国家级"双新"示范校；持续推进多样化示范校创建工作，确定省级多样化示范校7所、市级28所。

推进职业教育产教融合发展。深入开展特色学校、品牌专业创建活动，推动中职学校内涵纵深发展。推进人才培养模式改革，扩大现代学徒制试点覆盖面，逐步建立学校、企业双主体协同育人机制，推进产教深度融合。加快推进1+X证书试点申报工作，全市共有23所中职学校参与试点申报工作，批准13910人，申请证书106个、专业48个。成功举办2021年全国职业院校技能大赛——"电子电路装调与应用"项目，充分展示郑州市职业教育发展成果。

推进高等教育提质发展。继续支持郑州地方高校加强内涵建设。与哈工大正式签署共建研究院协议，优质高等教育资源引进取得阶段性突破，研究院院长遴选、事业单位注册等事宜已经确定。与高瓴集团、英国华威大学等保持密切联系，积极推进相关项目引进。

五、抓队伍建设，发展基础不断夯实

强化师德师风建设。健全教育、宣传、考核、监督与奖惩“五位一体”长效机制，深入开展教师职业道德提升年专项行动，严密组织最美教师、师德师风先进个人评选活动，广泛宣传模范事迹，严肃查处在职教师参与有偿补课行为。

深化教师编配管理。严格落实省委编办“省级统筹、市级调剂、县管校聘、动态调整”编制核定要求，认真核实、核清、核准我市中小学在校生人数和教师人数，市委编办积极协调省委编办，计划为郑州市调整增加 2.27 万名教师编制。

依法保障教师待遇。市政府要求各地把义务教育公办教师工资纳入当地财政全额预算，作为市重点督办项目，定期进行通报，保证了“一补两贴”（乡村教师生活补助、班主任津贴、教龄津贴）按时足额发放。

六、抓民生改善，美好体验持续改善

普及优化两项服务。2019 年 9 月试点启动午餐供餐和课后服务，2020 年底覆盖市区，2021 年春季学期末，两项服务覆盖到县乡。全市 1331 所义务教育公办中小学（含教学点，不含教学点为 1185 所），课后服务覆盖 1294 所（含教学点），午餐供餐覆盖 1172 所（不含教学点，教学点无需求），实现有需求学生、学校全覆盖。同时，不断拓展服务形式，丰富服务内容，提升服务质量，受到教育部和广大群众点赞。

严格落实学生资助。严格执行贫困家庭学生资助政策，2021 年发放资助资金 4.73 亿元，惠及学生及教师 61.34 万人次。

抓好控缀保学工作。持续推进控辍保学专项行动，疑似辍学儿童数据全部销账，残疾儿童上学得到保障。扎实做好义务教育阶段随迁子女入学安置工作，今年，全市区共接收 8.21 万人，做到了“应入尽入”。

七、抓安全稳定，平安建设持续增强

疫情防控坚实有力。全面贯彻落实市委市政府决策部署，锚定“开学平安、平安开学”总目标，加强组织领导、强化科学统筹、完善工作机制、细化工作方案，坚持精准施策、严管严防严控，压紧压实责任。制定了“1＋6＋3”整体疫情防控制度方案，高标准实现了数据闭环、校园闭环、责任闭环管理，建立“一校一院、一院多校”的联防联控机制；组织“疫苗”接种，全市教育系统（12 岁以上）两针剂疫苗接种率达 96.52%。

灾后重建全面高效。积极应对特大暴雨汛情，坚持“全面排查、专业检测、加快恢复、验收投用”的原则，全市教育系统实施动态排查机制，采取封闭施工、分流整合等措施，加快灾后重建，连续下发有关防汛抗旱通知，指导全市各级各类学校完善应急预案、严格值班值守、全面排查治理，汛情期间累计发布公文 10 余份，群发信息 110 多条，共排查出危房 777 栋，涉及 357 所学校，并对 D 级危房强制拆除，确保师生不在有安全隐患的校舍工作、生活。9 月底，全市中小学实现了“开学平安、平安开学”。

校园安全持续向好。坚持“三责”和“三管三必须”原则，全面落实安全责任。安全教育纳入教育教学全过程，全市中小学安全教育平台覆盖全域，先后举办第 26 个全国中小学生安全教育日启动仪式、平安建设宣传月、消防宣传月、防灾减灾日活动以及预防未成年人溺亡等专题教育活动，进一步优化校园安全环境。深入开展校园安全领域专项整治三年行动，制定下发“1＋14”工作方案，消除安全隐患 840 余条；严密组织道路交通“百日攻坚”行动，开展交通安全教育 15937 次，制作标语展板 9300 多块，整改校园内部交通隐患 793 处，消除校车安全隐患 219 条。全市教育系统双重预防体系建设提质扩面，市属学校实现全覆盖。

信访稳定工作平稳有序。把信访稳定与“我为群众办实事”深度结合，确保建党百年、灾后重建和“一节两会”期间全市教育系统和谐稳定，重点处置“重复信访、信访积案”，妥善化解招生季信访事件，积极回应群众需求呼声。2021 年，共接待来电来访群众 700 余起 1300 余人次，除各类专项活动移交案件外，共办理书面信访（含网转）件 30 件、各级网上信访件 62 件（其中国家和河南省交办、督办件 7 件）、手机（短信）信访件 4 件，复查件 2 件，均按照“三到位一处理”原则和依法分类原则妥善处理，群众满意率高。

抓纾困解难，万人助万企持续走实。“万人助万企”活动开展以来，市教育局主动融入中心大局，切实增强服务意识，及时回应企业“教育”需求，提振企业发展信心，营造良好发展环境，助推企业高质量发展。主动对接，摸清情况。充分掌握企业对教育工作需求，及时召开专题会议，集中研究解决办法，切实解决企业后顾之忧。紧盯诉求，精准帮扶。有针对性地建立助企台账，“点对点”精准施策，逐一解决企业提出的子女入学、报名点设立、书店进校园、优质高等教育资源引入等问题。持续加压、倾心服务。坚持“有求必应、无事不扰”，以郑州美好教育的温度增强企业扎根发展的热度，助力全市营商环境优化。办结省一批，市三、四批问题累计 8 项，企业均表示满意。

郑州市2021年科技工作报告

郑州市科学技术局

2021年，全市科技创新工作深入贯彻落实全国、全省科技工作会议精神，按照省委、市委工作会议决策部署，坚持内培和外引创新资源联动，着力培育创新主体，搭建创新平台，优化创新环境，激发创新活力，努力在建设国家创新高地中起高峰，各项工作取得显著成效。

一、科技平台建设迈出新步伐

重大创新载体建设。持续增强自创区创新发展能力，郑州国家新一代人工智能创新发展试验区成功获批，郑州高新区入选第四批国家文化和科技融合示范基地。省市联动，积极打造高能级创新平台，省科学院重建重振正式揭牌，与中原科技城融合发展加快推进；嵩山实验室、黄河实验室、神农种业实验室相继挂牌运营。

新型研发机构建设。全力推进大院名所引进，成功引进北京理工大学、中科院声学所、机械科学研究总院、中电网络通信集团、哈尔滨工业大学在我市设立新型研发机构或研究院。中科院计算所大数据研究院、郑州计量先进技术研究院、郑州轻院产业技术研究院等3家单位，被省政府命名为第二批河南省重大新型研发机构，占全省的50%。新增市级新型研发机构10家，总量58家。

科技研发平台建设。修订出台研发平台支持政策，规范市级工程技术研究中心和重点实验室建设管理办法，调动各类创新主体建设研发平台的积极性。新增省级研发平台241个，市级研发平台133个，总量3813个。

二、创新主体培育再上新台阶

高新技术企业培育。实施高新技术企业倍增计划，通过政策激励、宣讲解读、优化流程、壮大后备库等多项精准服务，全市高企培育工作取得了明显成效。全年新增高企1212家，总量4130家，同比增长41.4%，全省占比49.22%。

科技型企业培育。创新型企业培育深入实施，新增科技型企业2172家，总量达到10018家，同比增长27.7%。大力鼓励、指导企业开展网上信息填报，登记入库国家科技型中小企业6286家，占全省入库总量的47%。

推进规上工业企业研发活动全覆盖。建设市县联动、部门协同的工作机制，通过建立台账，分类施策，精准帮扶，政策引导等举措，鼓励规上工业企业积极开展研发活动。2020年全市有研发活动的规上工业企业占比50.3%，超出全省25.6个百分点，2021年预计占比将接近65%。

三、科技人才工作步入新阶段

大力培育创新人才。积极贯彻落实“郑州人才计划”，出台《郑州市创新创业团队项目资助实施细则》《郑州市科学技术局“人才引进一件事”政务服务工作实施方案》，启动创新创业团队项目申报工作，受理2021年度创新创业团队资助项目37个。积极推荐申报2021年度中原英才计划，新增创业领军人才4名。

引进用好外国智力。制定《郑州市引进外国专家项目及人才国际化培养实施办法（试行）》，积极承接“外国人来华工作许可”省级行政许可权限下放工作，审核审批“外国人来华工作许可”889件，引进外国高端人才42人、外国专业人才548人。在中原科技城设立全市第一家郑州中原科技城外国人才服务站。

办好招才引智活动。配合做好第四届中国·河南招才引智创新发展大会暨第二届中国·河南开放创新跨国技术转移大会各项工作，承办6个专场活动，因疫情原因完成2021“郑创汇”国际创新创业大赛年度决赛奖和大院名所引进2个专场，其余4项活动延期举行。

四、科技体制改革创造新亮点

改革重大项目组织方式。变全面扶持为重点支持，针对郑州市重点产业领域和优先发展产业领域科技需求，在自动驾驶车辆、智能传感器、高端超硬材料及制品、重大疾病基因诊断等4个重点方向领域，凝练并实施重大科技专项4项。

探索实施“揭榜挂帅”。创新科技项目组织方式，探索实施“揭榜挂帅”制重点研发专项，实现“谁有本事谁就揭榜”，推动原始创新、集成创新能力和产业核心竞争力全面提升，经过技术难题（需求）征集、榜单凝练，共遴选23项“揭榜挂帅”制重点研发专项项目面向全国公开发布。

积极争取省级经济社会管理权限下放。共承接“高新技术企业评审”“外国人来华工作许可”省级经济社会管理权限3项，争取“支持郑州与战略支援部队信息工程大学合作参与国家实验室建设”等支持政策12项。

五、关键核心技术取得新突破

引导加大研发投入。修订出台《郑州市鼓励加大全社会研发投入若干政策措施》，建立市县联动、部门协同工作机制，通过数据监测、调研辅导、政策引导等方式，大力鼓励各类创新主体增加研发经费投入。全社会研发投入经费增长 16.9%，总量 276.7 亿元，占全省总量的 30.7%，全社会研发投入强度达到 2.31%，实现大幅增长。

关键技术实现突破。郑煤机自主研发的 10 米超大采高两柱掩护式液压支架成为世界之最，综合性能国际领先。三磨所研制的超高导热和光学级 CVD 金刚石材料，实现热导率 2000W/mK 金刚石材料制备技术突破，成为国内首创，达到国际先进水平。二十七所研制的激光雷达作为交会对接的核心设备，精准引导神舟十三号飞船和天和核心舱交会对接。

科技奖励稳步增加。全市 9 项科技成果获 2020 年国家科学技术奖，占全省获奖项目的 53%。15 个项目进入 2021 年河南省国家科学技术奖备选提名项目库，6 个项目进入 2021 年度河南省科学技术奖一等奖现场考察名单。

六、科技服务体系展现新作为

科技孵化服务。打造众创空间—孵化器—大学科技园等孵化培育体系，提升载体承载力，新增各类科技孵化载体 29 家，总量 284 家，面积 879 万平方米，在孵企业 13694 家。11 家国家级科技企业孵化器被评价优秀，优秀率居全国第二位。

科技金融服务。推动科技金融融通发展，持续推进“郑科贷”与政策性担保业务。“郑科贷”业务累计放款家数 624 家，放款金额 25.34 亿元。开展科技金融资助业务，共资助担保补助、融资补贴等项目 639 个，金额 10832 万元。

成果转化服务。大型科学仪器开放共享数量达到 4130 台套，参与共享服务单位 419 家。新组建河南省中试基地 2 家，认定 2021 年市级技术转移服务机构 8 家，市级及以上技术转移服务（示范）机构累积达到 54 家。郑州技术交易市场挂牌运营，技术合同成交额 306.5 亿元，同比增长 44%，全省占比 50.3%。

营造创新文化。成功主办 2021 年全国大众创业万众创新活动周郑州主会场活动。克服疫情汛情影响，坚持举办4期“郑创汇”国际创新创业大赛，吸引来自美国、北京、香港等国内外280多个优秀创新创业项目参赛，域外项目占比超过40%，多个项目意向落地郑州。

七、民生科技发展有了新提高

社会发展科技。坚持面向人民生命健康，加快推进生物医药、医疗设备、健康、环保等领域科技发展，支持2021年度科技惠民计划项目37项，金额1000万元。

农业农村科技。持续推动科技特派员工作，发动全市科技特派员开展救灾复产、秋收秋播等实用技术培训活动600余次，参与人数7200余人次，发放技术手册8500余册，推广新品种、新技术50余项。

科学技术普及。积极普及科学知识、弘扬科学精神、传播科学思想、倡导科学方法，成功举办2021年郑州市科技活动周活动，新命名15家郑州市科普示范基地，6家中小学获批河南省小小科学家科技创新操作室首批试点建设单位。

郑州市2021年工业发展报告

郑州市工业和信息化局

2021年，在市委、市政府的坚强领导下，在省工业和信息化厅的精心指导下，郑州市工业和信息化系统大力实施“制造强市”战略，加快推进制造业高质量发展三年行动计划，统筹疫情防控和工业经济发展，较好地完成了各项目标任务，全市规上工业增加值同比增长10.4%，分别高于全国（9.6%）、全省（6.3%）0.8个、4.1个百分点，先进制造业高地建设迈出坚实步伐。

一、制定规划重提升

编制郑州市“十四五”先进制造业高地建设规划、新一代人工智能、智能传感器、软件信息技术服务业、5G及北斗等新兴产业发展规划；实施郑州市重点产业链工作推进机制和“10+5”重点产业链现代化提升方案、郑州市六大主导产业升级实施方案、制造业开放招商年度专案等方案共计40余个，构建制造业高质量发展支撑体系。出台关于支持高技术高成长高附加值企业高质量发展实施意见、关于持续推进工业企业分类综合评价优化要素配置的若干措施及关于促进中小企业健康发展的实施意见，形成差异化政策体系。

二、调整结构促升级

全面落实郑州市“十四五”先进制造业高地建设规划，大力发展以战略性新兴产业为支撑“1566”先进制造体系，2021 年，全年规上工业增加值同比增长 10.4%，两年平均增速 8.2%，在 9 个国家中心城市位居第二。全市六大主导产业同比增长 13.3%，占规上工业比重达到 82.1%，战略性新兴产业同比增长 22.1%，占规上工业的比重达到 43.4%，六大高耗能产业占规上工业比重下降到 28.9%。深入开展“亩均论英雄”改革，完成全部工业企业评价工作，倒逼企业加快转型升级。积极落后产能淘汰，压减耐材等产能 330 万吨，完成建成区重污染企业搬迁工作，完成 16 家 30 万吨/年以下煤矿关闭退出任务。大力发展绿色制造，全年新增国家级绿色供应链企业 2 家，省级以上绿色工厂 9 家，单位工业增加值能耗下降 12.78%。

三、狠抓项目强投资

推进项目招商。高质量实施招商项目“125”计划，推动宇通新能源商用车、海棠等一批重大项目签约落地，全年新签约亿元以上项目 197 个，总签约额 2184.1 亿元。推进项目建设。以“三个一批”为抓手，认真落实全省重大工业项目调度电视电话会议精神，建立重大工业项目调度机制，比亚迪新能源、创新科区域总部基地等 281 个项目开工建设；富泰华 5G 手机精密机构件、华锐光电技术改造等 284 个项目建成投产。推进三大改造。建立技术改造项目库，共实施三大改造项目 577 个，技改投资占工业投资比重达到 40.1%。

四、主体培育强载体

健全优质企业梯度培育机制，分类推进领军型企业、“高技术高成长高附加值”企业、“小升规”企业、专精特新企业培育，全年认定头雁企业17家，列入培育21家，认定“三高”企业2035家，新增省级“专精特新”企业229家，国家级27家。新增规上工业入库360家，净增239家，四年来首次实现净增长。加强培育提升企业家素能，持续实施优秀企业家领航计划，认定73名领军型企业家和348名成长型企业家。联合厦门大学、浙江大学等国内知名高校举办全市优秀企业家领航计划专题研修班4期，参训企业家累计超过500人次，邀请知名专家学者来郑授课，参训企业家1700余名。高标准启动小微企业园建设，紧盯“3年建成小微企业园60个”目标，全年谋划新建园区67个，已开工28个，改造提升存量园区59个，入园企业达4109家。积极协调解决各类问题260余件，为32个小微企业园提供融资金额81.7亿元。助推中小企业发展。持续实施“两个健康”“一联三帮”保企稳业专项行动，认定国家中小企业公共服务示范平台4家、认定国家小微企业创业创新示范基地3家，认定市级中小企业公共服务示范平台40家、市级小微企业创业创新示范基地25家。

五、创新发展育新能

引导工业企业加大研发投入。实施科技创新工作专案，持续推动规模以上工业企业研发活动全覆盖，高技术制造业同比增长26.5%，占规模以上工业的比重达到32.7%，规模以上工业企业有研发活动达到1153家，占比达到50.3%。加快科技成果转换。制定发布《郑州市首批创新产品推荐目录》，支持目录产品生产企业进入全市主导产业和战略性新兴产业供应链条，促进创新产品的市场化和产业化。积极培育工业企业创新载体。2021年，全市新增国家级工业设计中心1家、单项冠军2家、质量标杆企业1家；建成省级制造业创新中心2家、工业设计中心（企业）16家、技术创新示范企业15家；3家产业研究院被认定为河南省产业研究院；认定市级企业技术中心26家。

六、数字转型促融合

大力推动制造业与互联网、制造业与服务业融合发展，新增新天科技等30家省级以上新一代信息技术与制造业融合发展示范企业，郑煤机等22家省级以上服务型制造示范，其中国家级5家。实施智能化改造，完善智能制造项目库，累计入库项目152个，为200家重点企业提供智能制造诊断服务，培育了32家省级智能工厂（车间）。实施“万企上云接链”行动，全年新增上云企业1.7万家，累计达到5.1万家，新增接链企业2461家，累计达到5298家。加快建设新基建。加快建设“1＋N”工业互联网平台体系，省移动综合性工业互联网平台通过验收，中铁装备等13家省级工业互联网平台培育项目稳步推进，国家工业互联网平台应用创新推广中心加快建设，郑州计量院的工业互联网标识解析计量服务行业二级节点项目成功获批，全市累计建成5G基站2.5万个。

七、强化服务优环境

深入开展“万人助万企”活动，建立服务企业“13345”工作法，组织16个工作组和各开发区，区县（市）活动领导小组办公室走访大中小企业2万多家，发挥“问题直报平台”作用，采取“点办理、批处理”的方式，加大企业反映问题解决落实，梳理解决各类问题8956个。强化“四项对接”。全年举办产销、产融、用工、产学研“四项对接”活动267场，签约产销对接协议资金近200亿元，发布用工需求3000多个，建立全市优质企业和重大项目融资“白名单”，对进入名单的197家企业和59个项目进行重点支持。兑现政策减轻企业负担。运用郑州国家中心城市产业基金等各种渠道，累计提供超过180亿元融资支持。用好中原中小企业指数服务平台，帮助企业获得各类贷款44.6亿元。及时落实制造业高质量发展、灾后重建及促消费等各政策资金42.2亿元。协调解决民营企业中小企业清欠举报问题线索84件，涉及金额12.47亿元。

郑州市2021年民政工作报告

郑州市民政局

2021年，全市民政系统在市委、市政府的正确领导下，在省民政厅的大力指导下，深入贯彻落实习近平总书记对民政工作重要指示批示精神，认真践行"民政为民、民政爱民"工作理念，紧紧围绕"郑州国家中心城市现代化建设"总目标，牢牢把握"新阶段"的新定位、"新理念"的新内涵、"新格局"的新机遇，坚持党的领导、坚持人民至上、坚持系统思维、坚持法治思想、坚持统筹发展和安全，进一步深化改革、开拓创新，各项工作均取得明显成绩，民政事业呈现良好的发展态势。

一、防汛救灾工作

郑州市"7·20"特大暴雨灾害发生后，全市民政部门闻汛而动、闻令而行，全力做好防汛救灾各项工作。

积极开展灾后困难群众帮扶救助工作。应急救助期间，全市共救助受灾困难群众77.05万人，其中低保对象、特困人员和低收入人员4.13万人，累计发放食品、饮用水、衣物等实物折合金额1.55亿元，发放救助金7068万元。对受影响较大可能导致长期生活困难的群众，及时纳入低保、特困等社会救助范围。截至12月底，因灾纳入农村低保、农村特困69户、141人，其中老年人42人、儿童29人，农村受灾困难群众临时救助1321人次，累计发放临时救助金137.25万元。

*妥善做好遇难者善后事宜。*制定下发《洪灾遇难人员人文关怀工作指引（试行）》《关于对因灾遇难人员家庭发放补助资金的通知》。严格落实市委、市政府"一人一专班"要求，对遇难者和失踪人员家属进行心理疏导和情感抚慰，协助处理善后，帮助解决实际困难。

*广泛动员引导社会力量依法有序参与防汛救灾。*指导各级慈善组织依法开展募捐活动，动员引导慈善、社会工作、志愿服务及其他社会组织参与防汛救灾。全市先后发动专业社工3.11万人次、志愿者43.19万人次，开展电话慰问11.23万人次、入户探访11.37万人次、心理疏导2.99万人次；累计接收慈善捐赠资金29.89亿元、物资价值8.4亿元。

二、疫情防控工作

*动态调整防控措施。*及时调整民政系统疫情防控措施，养老服务机构、儿童福利机构和救助管理机构等人员密集场所实施封闭式管理，谢绝各类志愿服务和社会实践活动，暂停家属探视，并明确各单位采取"就高就严"原则，动态调整防控措施，确保全市民政系统安全稳定。

*开展疫情防控常态化监督检查。*成立4个监督检查指导组，对照行业疫情防控指南、省市疫情防控要求，对全市敬老院、养老院、福利院、救助站、殡葬服务机构等各类民政服务机构常态化疫情防控和常态化核酸检测情况进行监督检查。

*严格民政服务机构疫情防控管理。*加强窗口疫情防控，严格落实疫情防控要求。梳理民政服务事项，分门别类确定网上办、邮寄办、预约办等事项，对非现场办理不可的事项，及时启动预约程序，确保疫情防控期间政务服务不间断、质量不降低。组织民政系统开展疫苗接种，截至12月底，全市民政系统共完成接种6390人，除因身体原因外，民政系统已做到应接尽接。

三、社会救助工作

巩固拓展脱贫攻坚兜底保障成果同乡村振兴有效衔接。将低收入家庭范围延展至农村，完成了低收入家庭到低保边缘家庭的转换，认真排查全市低收入家庭，建立完善低收入人口动态监测机制。分层分类实施社会救助，统一城乡低保标准，调整优化低保“单人户”政策，核算收入时扣减必要的就业成本，对基本生活陷入困境的低收入家庭，及时给予临时救助。

不断提高社会救助效能。继续开展低保专项治理，科学开展核对工作。组织社会救助工作宣传月活动，通过多种形式宣传社会救助政策，畅通求助热线电话。开展2020年度社会救助工作绩效评价，新郑市、巩义市、新密市、荥阳市、金水区、二七区、管城区、经开区获得优秀等次。

扎实开展各项救助工作。自7月1日起，全市最低生活保障标准由每人每月730元调整提高到740元，特困人员救助供养基本生活标准调整提高到每人每年不低于13320元。深化社会救助领域改革完善，市委市政府办公厅联合印发了《关于改革完善社会救助制度实施意见》，明确了我市社会救助制度改革的目标、任务和保障措施。截至12月底，全市共有城乡低保对象2.80万户4.95万人，发放低保金3.09亿元；特困人员1.24万人，发放特困资金1.71亿元；临时救助暂时遇困群众7751人次，发放临时救助金842万元。

四、养老服务工作

推进养老服务高质量发展。成立了由市委、市政府主要领导为双组长的养老服务高质量发展工作领导小组。建立了郑州养老服务高质量发展的“1＋4＋N”框架、政策、制度、标准体系，破解了用房用地和消防审验难题，建立了财政金融支持和督导考评机制。市内各区按照“大中心＋小中心＋数字化、医养康养结合特征明显”的要求高质量打造全省养老服务现场会观摩点。10 月 21 日，按照省现场会流程召开了全市养老服务高质量发展推进会。11 月 29 日，全省加快社区居家养老服务体系建设郑州现场会顺利召开。

加快推进养老服务设施建设。将年度建设目标任务分解到各区县（市），加快补贴资金发放进度，缓解疫情给我市养老服务企业带来的压力，先后下拨补贴资金 7609 万元。截至 12 月底，新增备案养老机构 13 家，新建城乡社区养老服务设施 271 个，新增养老托老床位 7255 张。

不断加强养老服务质量建设。争取民政部资金 4282 万元，试点推进家庭养老床位改造，积极开展政府购买养老服务。建立智慧养老服务平台、养老机构智慧安全监管系统和智慧社区养老服务信息库，探索建立养老服务时间银行机制。积极推动老年人信息入网，截至 12 月底，全市老年人信息入网率达 90.9%。组织实施养老护理职业技能大赛，全年培训养老管理护理人员 5700 多人次。

认真做好老年人高龄津贴发放工作。联合大数据局建立郑州市高龄津贴信息平台。截至 12 月底，为全市 20.7 万多 80 岁以上高龄老年人，发放高龄津贴 2.5 亿元。（其中，由民政部门发放的 8.5 万多人，1.1 亿元。）为 100 周岁及以上老年人每人发放 1000 元的“老年节”敬老补贴资金，共计 50 万元。

五、儿童福利和慈善事业促进工作

持续做好孤弃儿童保障工作。进一步规范孤儿和事实无人抚养儿童认定和资金发放程序，截至 12 月底，全市为 1144 名孤儿发放 1568.40 万元基本生活费。积极推动孤儿和事实无人抚养儿童助学工程，共资助 104 名超龄孤儿、4 名事实无人抚养儿童上大学。积极推进收养评估工作，实现了孤儿、事实无人抚养儿童申请“跨省通办”，截至 12 月底，全市共办理收养业务 48 例。

扎实做好未成年人保护工作。成立了以市政府分管副市长为组长、37 个市直局委为成员的未成年人保护工作领导小组。落实涉案未成年人司法保护制度，开展法制宣传和犯罪预防，实现资源共享。全市共建成43个未成年人保护工作站。选优配强儿童督导员、儿童主任队伍，截至12月底，全市共有212名儿童督导员，3132名儿童主任。

深入开展农村留守儿童和困境儿童关爱保护工作。成立《中华人民共和国未成年人保护法》志愿宣讲团，指导郑州社会工作协会发起郑州市“护童行动”社工志愿服务项目，对接郑州市81个乡镇（街道）的2551名农村留守儿童和困境儿童，截至12月底，全市共有农村留守儿童622名、困境儿童10022名，共开展关爱活动1240场次。

稳步推进慈善事业促进工作。在全市民政部门和慈善组织开展了“《中华人民共和国慈善法》学习宣传活动月”活动，开展慈善组织摸底调研，认真筹备完成第六个“中华慈善日”和第14个“郑州慈善日”大型庆祝宣传活动。2021年新增慈善信托项目备案4项，备案资金743.99万元。

六、社会治理工作

圆满完成全市村（社区）“两委”换届选举工作。截至3月底，圆满实现村（社区）成功换届100%、党组织书记和村（居）委会主任“一肩挑”100%，35岁以下年轻干部和女干部实现全覆盖，组织3184名村党支部书记开展村党组织书记轮训。

开展村民委员会规范化建设。推进村务公开“阳光工程”，创建村委会规范化建设和村务公开“阳光工程”示范村，已完成190个市级示范村的创建。完成村（居）赋码校核及录入工作，为3184个村（社区）换发了基层群众性自治组织特别法人统一社会信用代码证书。

提高社会工作专业化水平。推进乡镇（街道）社工站建设。截至12月底，全市共建成社工站90个，金水区、中原区、管城回族区、郑东新区实现辖区内街道社工站全覆盖。依托市社工孵化基地开展社会工作专题培训，截至12月底，开展各类专题培训183场，孵化培训54场，共出壳14家孵化组织，新入孵6家组织、1个项目，累计服务人次21.26

万人次。指导郑州社会工作协会和市社工孵化基地联合开展郑州市社会工作专业项目大赛。

规范社会组织管理服务。严格遵守行政审批制度，截至 12 月底，共办理社会组织行政审批 796 项，合法率 100%，回访满意率 100%。全市社会组织 5242 家社会组织选派党建联络员 3679 名，党组织应建尽建率达 100%，实现了党的工作全覆盖。全面开展社会组织年检及执法工作，全市社会组织年检 4986 家，年检率达到 95%；同步开展社会组织评估工作，获得 3A 级以上社会组织 1549 家，评估率达 31%；约谈违规社会组织 62 家，责令改正 33 家，进行社会组织涉黑涉恶线索排查 130 家。规范行业协会商会收费 33 个，规范收费 178.9 万元；减免行业协会商会收费 34 个，减免收费 1803 万元。引导全市 5180 多个社会组织队伍，以不同形势开展助学、助医、助残、助农等帮扶活动，全年服务群众近 200 万人。

七、专项社会事务工作

区划调整工作。深入开展县级行政区划调整研究论证工作，为我市区划调整方案的可实施性提出研究论证意见。认真做好我市县级行政区划变更前的准备工作，开展撤乡设镇、撤乡（镇）设办等 3 件区划调整工作。根据省委省政府和市委市政府决策部署，积极与开封市协调沟通，推进航空港区代管工作。

地名和界线管理工作。完成轨道交通 3 号线二期等 4 条线路车站和锦春街等 82 条道路命名工作，完成城区 38 条道路起止点变更工作。截至 12 月底，完成居民住宅区和建筑物名称备案 136 个。完成“中央特区”等 9 个不规范地名的地名标志标识和网络不规范名称的清理整治工作。落实界线及界桩管护责任制，确保各级行政区域界线平安稳定。按照“一个方案、两次会议、三个阶段、四项成果”的工作制度，共完成 1 条市级 6 条县级界线的联检工作。

婚姻登记工作。稳步开展婚姻登记“跨省通办”试点工作，截至 12

月底，办理“跨省通办”婚姻登记2006对（跨省70对、跨市1717对、跨区219对）。积极探索婚姻家庭辅导工作，截至12月底，全市有12家婚姻登记处完成家庭辅导室建设。认真完成日常婚姻登记工作。截至12月底，全市共办理婚姻登记10.28万对，其中结婚6.24万对，离婚2.42万对，补领婚姻证件1.63万对，办理涉港、澳、台婚姻登记22对。

流浪乞讨人员救助工作。深入开展流浪乞讨救助服务质量大提升专项行动，成立郑州市寻亲工作小组，畅通各区县（市）救助站人像识别渠道，建立全市易走失人员花名册和返乡人员信息台账，完善流浪乞讨救助回访制度。认真组织开展2020—2021年度冬季救助工作，并通过购买社工服务强化冬季救助力量，保障流浪乞讨人员顺利过冬。截至12月底，全市共救助流浪乞讨人员3153人次。

殡葬管理工作。推进文明殡葬建设，积极创建“无烟陵园”，开展不文明祭祀行为、殡葬服务行业和殡葬业价格秩序公益性安葬设施建设经营专项整治。大力倡导节地生态安葬和低碳文明祭扫，对实施节地生态安葬的丧属给予1000元奖励。截至2021年12月底，全市共投入奖补资金17.1万元，惠及群众171人。积极推进公益性公墓建设，15个乡镇示范性农村公益性公墓开工建设，4个具备安葬条件。完善惠民殡葬政策，增加惠民殡葬项目，提高惠民殡葬补助标准，惠民项目达6项，补助标准由932元/具调整为1500元/具，截至12月底，全市共火化遗体4.15万具，惠民资金共投入2103.80万元，惠及1.76万人。

残疾人关爱保护工作。推动各区县（市）出台本地贫困重度残疾人照护服务政策文件，并摸底调研全市工作落实情况，确保对符合条件且有托养意愿的贫困重度残疾人开展集中照护服务，对其他符合条件的贫困重度残疾人开展社会化照护服务。全面完成我市精神障碍社区康复站点建设。实现残疾人两项补贴资格认定申请“跨省通办”，持续推动残疾人两项补贴规范化发放，实现残疾人两项补贴应补尽补、应退尽退的动态管理。截至12月底，累计发放残疾人两项补贴9003.51万元，保障困难残疾人1.56万人、重度残疾人5.56万人。

郑州市2021年司法行政工作报告

郑州市司法局

2021年，市司法局紧紧围绕市委、市政府中心工作，充分发挥司法行政机关“一个统筹、四大职能”作用，履职尽责，强化担当，持续推动全市司法行政工作提档升级，为郑州国家中心城市现代化建设提供坚强有力的法治保障和优质高效的法律服务。

一、坚持统筹协调，持续推进全面依法治市工作

以重要会议召开、重要文件起草为抓手，一体推进法治郑州、法治政府和法治社会建设。筹备召开了市委全面依法治市联络员会议、办公室第三次全体会议和委员会第三次会议，研究起草《法治郑州建设规划（2021—2025）》和《郑州市法治社会建设实施方案（2021—2025）》，使其成为我市今后5年法治建设的统领。牵头对全市99个单位进行法治郑州绩效考核，推动述法工作纳入全市领导班子考核。全面落实法治政府建设工作任务，起草《郑州市法治政府建设实施方案（2021—2025年）（草案）》。开展法治政府建设示范创建活动，中原区“小原帮办”政务服务体系被推荐创建全国法治政府建设示范项目。提请印发《郑州市人民政府2021年度领导干部学法计划》，着力提高政府工作人员法治思维和依法行政能力。持续推进服务型行政执法建设，在2020年度全省

依法行政考核中，我市再次获得优秀等次。持续加强普法依法治理工作，圆满完成了“七五”普法任务，被评为2016－2020年全国依法治理创建活动先进单位、省“七五”普法先进单位。研究制定法治宣传教育第八个五年计划（2021—2025）。法治文化建设取得新成效，10个法治宣传教育基地被命名为省级优秀法治宣传教育基地。法治创建活动扎实开展，新密市、中原区被评为全省民主法治示范县（市）区，6个乡镇办被评为全省民主法治示范乡镇（街道）办事处，16个村（社区）被评为全省民主法治示范村（社区）。

二、坚持突出重点，扎实做好政府立法和规范性文件管理工作

着力推进社会治理急需、人民群众关注的重点领域立法，开展行政规范性文件清理，营造法制统一、政令畅通的法治环境。组织起草《郑州市物业管理条例（草案）》《郑州市古树名木保护条例（草案）》，组织开展了优化营商环境、推进民法典实施等领域地方性法规专项清理工作，提请市人大常委会修改《郑州市城市养犬管理条例》等地方性法规7件，废止《郑州市城市房屋租赁管理条例》等地方性法规6件。颁布实施《郑州市人民政府关于修改和废止部分政府规章的决定》《郑州市非机动车管理办法》《郑州市机动车和非道路移动机械排放污染防治办法》《郑州市行政规范性文件管理规定》等政府规章4件；按立法程序推进《郑州市消防安全责任制实施办法》《郑州市警务辅助人员管理办法》。组织涉及新颁布的行政处罚法等行政规范性文件专项清理5次，共清理市政府及其办公厅规范性文件347件，各部门和各县市区规范性文件2233件；组织市政府规范性文件全面清理，共清理市政府文件2657件，拟废止或失效规范性文件777件。强化规范性文件备案审查，全面提高法治服务能力，共审查备案文件236件，发现内容存在问题文件22件，纠正问题文件20件。

三、坚持服务大局，持续开展行政执法协调监督工作

认真学习贯彻新颁布的行政处罚法，举办新行政处罚法知识竞赛，命名第二批“郑州市行政执法责任制示范点”。全面推行证明事项告知承诺制工作，以市政府办公厅名义统一向社会公布郑州市证明事项告知承诺制清单 176 项。建立轻微违法行为免于处罚清单制度，以市法治政府建设领导小组办公室、市优化营商环境工作领导小组办公室名义印发《关于建立轻微违法行为免于处罚清单优化法治营商环境的通知》，就郑州市建立轻微违法行为免于处罚清单优化法治营商环境作出统一部署。印发《郑州市法治政府建设领导小组办公室关于进一步规范行政裁量权工作的通知》，进一步规范行政处罚裁量权工作。做好全市行政权责清单的审核工作，共审核《郑州市权责清单》8000 余项，为推动“放管服”改革打下基础。切实做好行政执法证件管理工作和具体行政行为统计备案和重大行政处罚备案审查工作，办理发放行政执法证件 2208 个；备案具体行政行为 13691598 件，审查重大行政处罚 734 起，发现问题 1500 余项，下发《重大行政处罚备案处理通知书》14 份、《行政执法监督检查通知书》17 份。组织开展行政执法案卷评查，抽取 52 家单位的 150 余本行政执法案卷进行集中评查，提出问题 750 项。有力促进了严格规范公正文明执法。

四、坚持法治思维，认真做好行政应诉和行政复议工作

研究制定《行政应诉承办人办理细则》《法制审核承办人办理细则》，进一步推动政府行政应诉、法制审核工作程序化、规范化。完善法律顾问相关制度，严格落实《郑州市人民政府法制顾问工作管理办法》管理工作，健全政府决策机制，提高政府依法行政水平。进一步落实行政机关负责人出庭应诉和行政败诉案件过错责任追究制度，提升执法人员运

用法治思维和法治方式依法行政的能力。共办理行政诉讼案件107件，办理以市政府为被告的复议案件52件，办理败诉追责件13件。办理市政府法治审核562件，提出法制审核意见700余条。充分发挥行政复议化解行政争议主渠道作用，保障和监督行政机关依法行使职权，全市复议机构共审理行政复议案件1437件，已审结1128件，法定期限内审结率100%；市行政复议中心共计审理行政复议案件787件，审理办结572件。组织开展“复议为民促和谐”专项行动，集中力量化解涉及群众重大切身利益，尤其是长期未达到解决的行政争议，提升行政复议实质性化解争议的能力与效能。

五、坚持便民利民，持续推进公共法律服务体系建设

全面加强律师行业党建工作，实施律师行业党建引领发展“四大工程”，分批对200余名党支部书记进行培训。认真贯彻落实《关于加强公证行业党的领导优化公证法律服务的意见》要求，实现了公证行业党的组织和党的工作全覆盖。深化“村（居）法律顾问”工作，全市村（居）法律顾问由专业律师担任的占比达到95%，打通了服务群众“最后一公里”。积极组织律师开展民营企业“法治体检”、“万所联万会”活动。对市12348公共法律服务热线平台进行扩容改造，将原有的5个座席升级到26个，全市共接待群众来电、来访法律咨询150887人次（含“12348”热线咨询104403人次），办理各类法律援助案件24468件。积极开展“法援惠民生、扶贫奔小康”品牌活动，受到司法部的通报表扬。扎实开展律师、公证、司法鉴定行业突出问题专项治理活动，开展“乡村振兴 法治同行”活动。积极开展便民惠民服务活动，司法鉴定援助业务减免案件1617件，减免金额171万元；公证行业办理抗洪救灾公证380件、涉疫情防控公证70件，减免费用共计116800元。严格落实疫情防控常态化要求，圆满完成了国家统一法律职业资格考试郑州考区考试组织工作。

六、坚持强基导向，不断夯实司法行政基层基础

认真贯彻落实全省司法所建设工作会议精神，召开司法所建设推进会，举办司法所业务工作培训班。持续加大星级司法所创建力度，全市149个司法所中，已经创建三星司法所48个，四星司法所36个，五星司法所65个。全市司法所业务用房总面积达25361.49平方米，司法所工作人员达897人，2个司法所、3名司法所长被命名为全国模范司法所和全国司法所模范个人。充分发挥人民调解“第一道防线”作用，印发了《坚持发展“枫桥经验”推动人民调解创新发展实施方案》和《郑州市司法局关于进一步贯彻落实人民调解工作相关制度的通知》，高质量完成了基层调解组织换届工作，15个区县（市）全部完成以政府购买服务形式聘用专职人民调解员工作，共聘用461人。开展“民转刑”命案防范工作专项行动和“促和谐稳定　迎建党百年”专项持续提升安置帮教工作水平，认真做好刑满释放人员衔接安置工作。惠济区、管城区等依托社会企业建立了刑满释放人员过渡性安置基地，全市刑满释放人员安置率达到90%以上，帮教率达到95%以上。活动，举办全市骨干人民调解员培训班。全市共调解案件63822件，8个调委会、16名专职人民调解员被评为全省优秀调委会司法所和全省优秀人民调解员。

七、坚持稳妥有序，积极推进司法行政改革

以市委、市政府名义印发了《关于适应现代化国家中心城市建设要求　推进郑州律师行业高质量发展的意见》，积极稳妥推进城区律所管理体制改革，为建立权限明确、层次清晰、系统有效的城区律所管理体制，逐步形成统一、公平、有序的法律服务市场打下了基础。印发了《郑州市司法局关于下放市属律师事务所管理权的通知》《郑州市司法局关于落实属地管理、调整部分区（市）属律师事务所主管机关的通知》，111个市管律所全部落实属地管理，由住所地区级司法行政机关（主管部门）

行使日常监督管理权；经开区、高新区、航空港区范围内的律所按属地管理原则调整变更主管机关。城区新设立的律所一律由住所地的区、开发区司法行政机关（主管部门）直接管理。配合省司法厅，做好省直律师事务所下放接管工作，制定了《郑州市司法局关于接收省直律师事务所的工作方案》。统筹推进行政复议体制改革工作，以郑州市政府名义印发《郑州市行政复议体制改革方案》，明确了市县两级政府的各自管辖范围，并赋予了4个开发区管委会行政复议职责，实现了“一级政府只设立一个行政复议机关”的目标。持续深化司法行政“放管服”改革，市司法局政务服务审批42个事项，全部进驻市政务服务大厅，进驻率100％。创新“法律援助一件事”功能，依托“郑好办”App平台，实现“律师代申请”功能。

郑州市2021年财政工作报告

郑州市财政局

2021年，郑州市财政局坚持以习近平新时代中国特色社会主义思想为指导，深入学习贯彻习近平总书记关于河南郑州的重要指示批示，坚决落实省委、市委各项决策部署，积极应对经济下行压力及灾情、疫情冲击，统筹财政资源，优化支出结构，全力支持打赢防汛救灾、灾后重建和疫情防控两场硬仗，促进生产生活秩序恢复和经济社会持续健康发展，全市一般公共预算收入完成1223.6亿元，同比增长0.3%，其中，税收收入完成833.8亿元，占一般公共预算收入的68.1%。全市一般公共预算支出完成1624.4亿元，全市教育等民生支出完成1219.9亿元，占一般公共预算支出的75.1%。我市棚户区改造工作获得了国务院督查激励。

一、落实支持经济发展各项政策，夯实财政保障基础

落实落细减税降费等政策。顶格落实小型微利企业所得税、个体工商户个人所得税、研发费用加计扣除等减税降费政策，支持中小微企业、个体工商户等市场主体发展，全年新增减税降费98.6亿元。调整工业、小型仓储类项目城市基础设施配套费征收标准，降低实体经济运行成本。持续实施契税惠民政策，补贴资金4亿元，切实让群众享受到政策红利。

大力拓展财力空间。争取上级转移支付259.8亿元、新增政府债券额度293.9亿元。争取世行贷款3.9亿元、亚投行灾后重建紧急优惠贷款6亿美元。同时，坚持政府过紧日子，大力压缩一般性支出，从严从紧核定“三公”经费，节约资金保民生、保重点。

二、坚持以人民为中心，支持打赢防汛救灾、灾后重建和疫情防控两场硬仗

加强救灾资金保障。全面统筹财政资金和捐赠资金，累计拨付资金92.6亿元。特事特办、急事急办，开通支付绿色通道，第一时间下达防汛救灾资金，科学精细分配资金。加强救灾资金使用监管，坚决杜绝不按规定管理使用、挤占、挪用、截留、滞留资金等现象。

支持促进灾后经济恢复。研究出台临时生活补助、转移安置生活救助、因灾遇难人员家庭发放补助资金政策及涉水车辆购置新车补贴政策，保障受灾群众基本生活，减轻群众经济损失。制定支持灾后重建复工复产二十条措施等，实施减免房租、缓缴社会保险费、免收企业担保费用等政策，支持企业维修生产设备、技术改造、修复重建生产场所等，促进生产加快恢复。应急转贷周转资金与“郑好融”平台深度融合，累计投放资金70.2亿元，为企业节约融资成本近2亿元。发放2.5亿元汽车消费类、通用类、家电类、电商类消费券等，支持促消费一揽子计划顺利实施，带动直接消费57.4亿元，有力促进市场回暖。

积极支持疫情防控。投入资金18.7亿元，支持新冠疫苗接种、定点医院救治运营、一线医务人员工作补助等，全市累计接种疫苗2570.38万剂次，建立全人群免疫屏障。深入研究医保政策，扩大核酸检测医保报销范围，支持疫情期间全员及重点人群免费核酸检测。

创新建立“亲清在线”平台。建立惠企利民“政策库”，汇聚各类政策880条，根据企业标签主动推送政策，搭建政策申请、审核、资金兑付线上办理全链条，通过城市大脑数据共享，减程序、优流程、降成本，大力推进“免申即享”，实现资金兑付线上直达企业个人，累计兑付财政

补贴资金 6856 笔次 15.4 亿元。“亲清在线”获得全省“我为群众办实事”实践活动“3 个 100”先进典型表彰。

三、加强资源统筹，全力保障全市重点工作推进

加大科技创新支持力度。投入资金 84.1 亿元，增长 21.8%。支持科技研发、科技平台建设、高新技术企业奖补和黄河人才计划、“码农计划”1+N 配套政策实施，加快建设国家创新高地和人才高地，全年新增高新技术企业 1212 家，总量达到 4130 家；新增省级及以上创新平台 241 家。2020 年全社会研发经费投入增长 16.9%，强度达到 2.31%。全市 9 项科技成果获国家科学技术奖。制定中原科技城建设专项财政激励政策。支持 3 个省级实验室建设及 2021 年全国大众创业万众创新活动周、2021 世界传感器大会成功举办。

扶持产业转型升级。投入资金 25.5 亿元，支持汽车等重点产业转型升级、招商引资重点项目建设及“卡脖子”重点技术攻关。投入资金 1 亿元支持紫光等数字经济产业项目推进，推动产业技术化、智能化、绿色化发展。探索通过参股子基金、跟投优质项目等途径支持重大项目落地，发挥中心城市基金招商功能，参与完成总投资 570 亿元的重大战略产业收购项目落地，引导带动高端人才资源及配套产业集聚。

助力城市发展提质增效。投入资金 259.5 亿元，支持轨道交通 6 号线等 5 条地铁线路，轨道交通运营里程达到 206.3 公里。支持渠南路快速通道、310 国道西南段、二七广场下穿隧道等项目建设，四环线及大河路快速化工程建成通车。支持“一环十横十纵”道路综合改造顺利完成，打通“断头路”65 条。燃气供热管网设施、污水垃圾处理及城乡供水一张网建设加快推进，助力城市综合承载力持续提升。

助力扩大开放合作。投入资金 30 亿元，支持对外开放平台建设、对外经济技术合作及外贸经济发展。支持国际航空货运枢纽、国际陆港建设及跨境电商综试区提质扩容，郑州综试区获批跨境电商零售进口药品口岸，中欧班列（郑州）建成覆盖欧洲、中亚、东盟和日韩的“十站点

六口岸”的国际物流网络。建立健全财政金融政策机制，用好外贸贷、出口退税资金池，支持中小外贸企业发展，着力稳外资、稳外贸。

四、持续保障和改善民生，增进人民福祉

支持社会保障和就业。社会保障和就业支出 137.5 亿元，支持高校毕业生、农民工、就业困难人员等重点群体就业，完成新增城镇就业 13.63 万人、农村劳动力转移就业 4.96 万人。全市最低生活保障标准由每人每月 730 元调整提高到 740 元，特困人员救助供养基本生活标准调整提高到每人每年不低于 13320 元。支持养老服务高质量发展，支持新建城乡社区养老服务设施 271 个，新增养老托老床位 7200 多张。

支持建设美好教育。教育支出 246.3 亿元，支持新建、改扩建中小学 20 所、投用 30 所，全市投用公办幼儿园 237 所，落实城乡义务教育经费保障政策、幼儿园发展奖补政策，促进城乡义务教育均衡发展、学前教育普惠发展。支持“双减”改革稳步推进。建立高等职业教育项目库，做实全生命周期项目库管理。支持哈工大优质高等教育资源引进。

支持健康郑州建设。卫生健康支出 117.5 亿元，支持常态化疫情防控，全面实施基本医疗保险和生育保险市级统筹，提高城乡居民医疗保险财政补助标准，城乡居民医保财政补助标准由每人每年 750 元提高到 780 元。支持公立医院综合改革，深化医药卫生体制改革，提升医疗服务质量。国家儿童区域医疗中心郑州儿童医院南院区投入运行。

支持文体事业发展。文化体育支出 19.3 亿元，支持 2021 中国（郑州）国际旅游城市市长论坛、2021 年中国（郑州）黄河文化月等成功举办，支持郑州纺织工业遗址博物馆、郑州商都遗址博物院陈列展览等工程建设，郑州商都遗址博物院、考古研究院建成开放。支持免费为基层群众演出优秀戏曲（剧）1200 场、精品剧目 34 场，更新及新建全民健身路径工程 580 条、智能健身驿站 30 个、社区多功能运动场 22 个。

支持住房保障。住房保障支出 63.2 亿元，支持老旧小区改造开工建设 372 个、公租房建设项目 62 个，加快棚户区改造、安置房和住房租赁

试点建设，发放青年人才首次购房补贴，推动住宅小区完成加装电梯240部，棚户区改造工作获国务院督查激励。

支持生态环境改善。投入资金145.9亿元，支持打好蓝天、碧水、净土保卫战，支持新能源研发推广，推动碳达峰、碳中和有序开展，全市优良天数237天，优良率由2019年的48.5%提升至2021年的64.9%，优良天数达历史新高。支持推进沿黄生态保护，投入资金7.4亿元，支持312省道（江山路——107国道东移）、312省道示范性绿道建设、生态廊道建设和黄河文化基础设施项目等重大战略项目建设，沿黄生态廊道、312省道生态廊道惠济段等生态工程基本建成，黄河流域生态保护和高质量发展稳步推进。

推进脱贫攻坚与乡村振兴有效衔接。投入资金18.1亿元，支持建设美丽乡村精品村50个、高标准农田2万亩、高标准“菜篮子”生产示范基地6300亩，支持衔接推进乡村振兴，促进农业发展。大力开展“832消费扶贫”，采购金额突破1900万元。拨付资金4.5亿元，持续推动“四好农村公路”建设，20户以上自然村实现全部通硬化路。

五、持续深化财政体制改革，提升财政治理能力

深化财税体制改革。稳步推进省与市县财政体制改革，放权不放责、监管不缺位，激发县域经济发展动力活力。调整完善市与区国有土地使用权出让收支管理体制，建立土地出让金预拨机制，土地出让收支管理更趋完善。

深化预算管理改革。贯彻落实《国务院关于进一步深化预算管理制度改革的意见》精神，加快推广预算管理一体化，全市实现使用一体化系统编制2022年预算。加大零基预算实施力度，改变预算安排和资金分配基数依赖，打破部门界限及项目使用限制。出台自然资源、医疗卫生领域财政事权与支出责任划分改革方案，梳理下划城市管理事权事项，市县两级财政事项权责边界与分担比例更加明确。

建立完善直达资金预拨机制。用好上级直达资金133.9亿元，已分

配 129.8 亿元，分配进度 96.7%，有力支持基层兜牢“三保”底线、保居民就业、义务教育、住房保障等，充分发挥资金惠企利民实效。

深入实施预算绩效管理。市级层面基本建成全方位、全过程、全覆盖的预算绩效管理体系，实现预算和绩效管理一体化。加强政策、项目评价，涉及项目 1253 个、资金 142.4 亿元；财政重点绩效评价拓展至 6 个部门和 30 个项目，涵盖产业发展、教育、城市管理、农业等多个领域，推动绩效评价结果应用与完善政策、调整预算安排有机衔接。在全省市县财政部门预算绩效管理工作考核中名列第一。

深化投融资体制改革。成立郑州市产业发展基金管理委员会，健全政府重大产业投资决策机制，设立完成子基金 1 支，总规模 108.4 亿元。争取 2021 年新增政府债券额度 293.9 亿元，其中，一般债券 28.7 亿元，专项债券 265.2 亿元，有力支持轨道交通、医疗卫生、生态环保等重大项目建设。

优化财政领域营商环境。实行全市惠民惠农财政补贴资金“一卡通”管理，发放 58 个补贴项目、资金 1.2 亿元，受益群众 20.8 万人次，实现“一卡统发、一卡通领”，让群众少办卡、少跑路。推进政府采购合同融资，全年为 252 个中小微企业提供普惠信贷 7 亿元，较去年增长 90%。为 6682 家政府采购供应商减免投标保证金和履约保证金达 6.2 亿元。实现政府采购全面电子化，办理周期平均缩减 30%以上。打造“数字非税”服务，加快推进票据电子化改革。

加强国有资产管理。严格落实国有资产向人大报告制度。出台《郑州市市级行政事业单位通用资产配置标准》，夯实国有资产规范管理基础。健全公物仓管理制度，调剂、借出资产 1178 件，节约财政资金 620 万元；加强罚没资产处置力度，实现存量资产处置收益 927.8 万元。做好 24 家经营类事业单位改革、全市法检两院和环保系统资产清查划转工作。

强化财政政策效能。制定《郑州市轨道交通运营服务成本规制办法（试行）》，规范轨道交通企业运营成本预算与核定。出台《郑州市市级政府公物仓管理办法（试行）》，将大型活动、临时机构等物资纳入管理调配范围，提升财政资金和国有资产使用效益。出台郑州市沿黄生态廊道建设项目资金奖补办法，提高财政资金使用效益。

有效防范财政风险。坚持“三保”支出在财政支出中的优先顺序，严格落实“三保”风险事件应急预案管理，“三保”政策总体落实较好。严格政府债券管理，规范政府融资举债行为，遏增量、减存量，坚决守牢财政运行风险底线。

郑州市2021年人力资源和社会保障工作报告

郑州市人力资源和社会保障局

2021年，在市委、市政府的坚强领导下，全市人社系统加强政治机关建设，扎实开展党史学习教育，统筹灾后重建、疫情防控和业务工作，实现了“十四五”良好开局。

一、细化政策措施，全力稳就业

目标任务完成情况。全市新增城镇就业13.63万人，完成年度目标任务的113.6%；城镇登记失业率2.79%。农村劳动力转移就业4.96万人，完成年度目标任务的124.0%。组织创业培训4.09万人，完成年度目标任务的107.6%。组织农村劳动力就业技能培训4.8万人，完成年度目标任务的137.2%；返乡农民工创业培训0.56万人次，完成年度目标任务的147.4%；组织农民工创业辅导服务0.95万人次，完成年度目标任务的150.1%；新增农民工等人员返乡创业1.12万人，完成年度目标任务的134.9%。

全力稳就业保民生。提请市政府出台《郑州市人民政府办公厅关于印发郑州市进一步支持返乡入乡创业实施方案的通知》《郑州市做好稳就业工作助力经济平稳运行十一条措施》《郑州市人民政府办公厅关于印发郑州市促进 2021 年高校毕业生更加充分更高质量就业若干政策措施的通知》，出台了《郑州市人社局关于印发支持防汛救灾 灾后重建若干措施的通知》等一系列政策措施，通过“减、缓、返、延、补”和提供优质服务，拿出“干货”、掏出“真金白银”，切实做到利民惠企，稳就业工作取得良好成效。持续组织开展“抗灾情 稳就业”“民营企业招聘月”“百日千万网络招聘”等专项活动，全市各级人社部门累计组织线上线下招聘会 392 场次，参加企业 2.69 万家次，提供就业岗位 54.34 万个，初步达成就业意向 7.72 万人。中央电视台《朝闻天下》《新闻联播》报道了郑州“直播带岗”助力高校毕业生就业的创新做法。《人民日报》报道了郑州服务支持灵活就业工作的相关做法。

扎实开展“万人助万企”活动。市人社局牵头的郑州市“万人助万企”第八工作组进驻二七区开展工作。深入 12 个镇（街道办）及园区，召开企业现场座谈会 52 次，为企业送政策、谋发展、解难题，稳就业工作取得良好成效。

推动农村劳动力就业创业。建立联动机制，与七部门联合开展“迎新春送温暖、稳岗留工”专项行动，积极为就地过年务工人员、重点企业等有用工需求的用人单位提供服务保障。组织开展“春风行动”系列招聘活动，助推农民工节后尽快就业；期间，共组织“春风行动”等专场招聘会 73 场次，提供岗位信息 18.9 万条，2.95 万名求职者与用人单位达成就业意向。大力开展农村劳动力就业技能培训，提高农村劳动力综合素质，促农村劳动力就业创业、增收致富。出台《郑州市人民政府办公厅关于印发郑州市进一步支持返乡入乡创业实施方案的通知》，扎实推动农民工返乡创业工作，共有 6.5 万个返乡创业主体，带动就业 20.59 万人。

巩固拓展脱贫攻坚成果。全市脱贫继续享受政策人口中 16～60 周岁有劳动能力且有就业意愿的 19795 人全部就业，基本实现“应就业尽就业”；各区县（市）已为 29919 名贫困人员代缴居民养老保险费 3007800 元。

二、完善服务，提升社会保险保障能力

目标任务完成情况。全市城镇企业职工养老保险参保 573.15 万人（其中在职 533.73 万人，离退休 39.42 万人），完成年度目标任务的 102.4%。城乡居民养老保险参保 233.82 万人，完成年度目标任务的 100%。机关事业单位参保 20.8 万人，完成年度目标任务的 102.5%。失业保险参保 296.89 万人，完成年度目标任务的 108.6%；工伤保险参保 222.54 万人，完成年度目标任务的 112.4%。

全力助企业纾困。印发了《郑州市人力资源和社会保障局关于对受洪涝灾害影响生产经营困难企业缓缴三项社会保险费有关问题的通知》，受灾害影响生产经营出现较大困难的参加我市社会保险的企业，可缓缴基本养老、失业、工伤等三项社会保险费 3 个月，审核 1297 家参保单位缓缴三项社会保险费，共计 6.97 亿元。继续执行阶段性减征失业保险、工伤保险费政策，全市 13.1 万家企业减征失业保险费用 7.33 亿元，11.53 万家企业减征工伤保险费用 2689.98 万元。印发《关于做好 2021 年度失业保险支持受灾企业灾后重建实施稳岗返还政策的通知》，审核通过企业 1625 家，共计资金 5907.6 万元，涉及职工 278436 人。

提高社会保险待遇。按时足额发放各项社会保险待遇，发放率 100%。连续 17 次提高企业退休人员养老金水平，全市企业退休人员月人均提高 135.77 元，人均月养老金达到 3184.79 元；城乡居民月人均基础养老金标准提升至 200 元。全市 115 万退休人员和老年人受益。全年共征地 31 个批次，征收社会保障费用 72117.7921 万元，均按规定存入征地区县（市）社会保障基金专户。一次性工亡补助金由 84 万元调整至 87 万元。按照省人社厅通知要求，自 2022 年 1 月 1 日起我市失业保险金标准调整为 1600 元/月。

深化社会保险改革。积极推进事业单位改企转制，完成黄河饭店等 8 家事业单位符合转企改制提前退休条件人员资格认定工作。探索将调解机制引入工伤认定全过程，印发了《关于加强工伤认定调解协商工作的

意见》，在全省率先建立完善了工伤认定调解协商机制，更好地维护工伤职工和用人单位的合法权益。推进我市工伤保险先行支付工作落实，实现工伤定点医疗机构直接结算；开通工伤保险绿色通道助力防汛防疫工作，我市因汛情受伤（死亡）案件共认定75起，其中工亡认定27起。劳动能力网络远程鉴定服务平台建成并顺利运行。

加强社会保险经办服务。提升社保经办数字化水平，大力推进社保经办服务网上办、便捷办、不见面办。不断延伸服务触角，与银行共建社银一体化服务网点，打通社保服务的“最后一公里”。目前已有8家合作银行的115家服务网点投入使用，可就近办理社保证明查询打印、参保登记等142项业务。

三、加强人才人事工作，为国家中心城市建设提供人力资源支撑

加强招才引智。制定发布《郑州市高层次人才认定实施细则》《郑州市重点产业急需紧缺人才认定实施细则》等“郑州人才计划”系列政策，形成了人才政策“1＋N”体系。集成做好“人才工作一件事”，已上线16个事项。成功筹办第四届中国·河南招才引智创新发展大会郑州市专场活动，共达成求职意向24639人，其中博士后13人，博士342人，硕士3044人。征集项目287个，意向投资金额1863.21亿元；中原科技城引进项目155个，总投资超过1650亿元，引进科创人才908名。出台《郑州市博士后科研工作站（省级博士后创新实践基地）资助经费管理实施细则》等政策，明确了资助标准，给予博士后生活补贴。开展了“百企百站引博行动”，动员200家企业，多渠道延揽高层次、创新型青年博士后人才，全市新增进站博士后52名。积极推荐参加2021年全国博士后创新创业大赛，驻郑单位获2金、1银、1铜（全省共获得2个金奖、3个银奖、1个铜奖）。

扎实开展技能提升行动。深入推进“码农计划”，全市累计开展各级各类补贴性职业技能培训约43.04万人次，完成年度目标任务的

121.2%。累计支出职业技能提升专项资金7.29亿元。全市18所技工院校2021年度招生4.9万人，在校生人数10.1万人，学生就业率98%以上。首次采用“竞赛+就业”模式，创新开展第七届职业技能竞赛（郑州市码农计划和装备制造职业技能竞赛），共设置49个竞赛职业（工种），395支参赛队3200余名选手参加总决赛，为历届竞赛规模之最。

优化人才服务。畅通民营企业职称申报渠道，完善职称初定和职称资格确认政策，组建中原科技城工程系列中级职称评审委员会，在全省率先启动民间艺术人才中级资格评定。做好年度事业单位公开招聘，全市事业单位共计完成招聘6210人，其中市直614人。完成年度“三支一扶”高校毕业生130人的招募和培训任务；开展“我为美丽郑州代言活动”，提升了“三支一扶”管理水平。进一步完善事业单位岗位管理制度，强化聘后管理和任职备案工作。全面推进公立医院薪酬制度改革，指导各公立医院完善绩效考核办法与分配方案，加大各公立医院薪酬分配自主权，推动建立绩效工资总量动态调整机制。

四、加强政策宣传和案件办理，构建和谐劳动关系

夯实劳动关系工作基础。充分利用新闻媒体和网站、印发宣传材料等方式，加大劳动保障法规政策宣传培训力度。开展了“和谐同行”培育企业活动。印发了《关于灾情疫情期间稳定劳动关系有关问题的通知》和《关于特大暴雨灾后和新冠疫情防控期间加强劳动关系防控有关问题的通知》，指导企业和职工开展集体协商，稳定工作岗位。持续加强企业工资宏观调控与指导，开展企业薪酬调查和国有企业负责人薪酬改革。

推进劳动人事争议案件提质增效。职能前移，全市共建立乡镇（街道）劳动人事争议调解中心186家（其中国家级示范点1家，省级示范点32家，市级示范点16家），率先在全省建立调解仲裁联系点114家，掌握预防和处理争议纠纷的主动权。全市共受理劳动人事争议案件20169件，结案17714件，为劳动者挽回经济损失4.24亿元。我市调解仲裁工作优化营商环境的做法被河南省人民政府工作快报（152期）、国家发改

委网站、河南日报等刊用；《郑州市人社局开展双节期间“护薪”专项行动，让农民工不再“忧薪”》，先后被河南日报、大河报、人民资讯、新浪网、腾讯网等26家媒体转发。

*加强根治欠薪工作长效机制建设和源头治理。*宣传贯彻《农民工工资支付条例》，加强根治欠薪工作长效机制建设和源头治理。扎实做好拖欠农民工工资信访稳定攻坚化解工作。积极应对疫情期间的欠薪问题。切实防范化解重大欠薪风险隐患。今年全市接收省人社厅及省级以上相关部门督办、转办案件75起，已办结74起；认领省农民工工资支付监管平台案件为2586起，已办结2295起；接收国家欠薪线索平台案件24668起，已办结24429起。为3.77万名农民工追发工资待遇4.89亿元。

五、以党建引领，全面加强自身建设工作

*加强灾后重建和对口帮扶。*加强防汛救灾和灾后重建，为受灾群众捐赠了水泵、消毒液、方便食品等物资，干部职工累计捐款44.5万元。下沉社区开展志愿服务活动，赴帮扶村、共建社区开展走访慰问活动，圆满完成侯寨高速公路卡口疫情防控任务。支援建设帮扶村党建阵地建设项目，已建成并投入使用；争取政策和配套支持，为帮扶村打200米深机井一口，解决了全村居民生产及生活用水问题。为站街镇捐赠资金130万元、棉衣棉被各100件；向新密市曲梁镇朱寨村捐赠棉衣、棉被各40套；向中牟县黄店镇冯家村捐赠棉衣、棉被各30套。

*加强综合性基础工作。*加强普法宣传教育，全面推进人社领域依法行政。大力优化营商环境，在2021年省营商环境评价中，劳动力市场监管名列省辖市第4名，人才流动便利度名列省辖市第1名。不断提升政务服务能力，全面推行“一窗无差别受理”，一窗通办事项达到155项；全面提升“掌上办”，2021年新增“掌上办”事项39项，累计达到87项。按计划推进郑州市“十四五”人力资源社会保障事业发展规划草案编制工作，已报市政府办公厅审定。郑州市民卡上线，正式加载公共服

务、生活缴费、文化旅游等功能，标志着以社保卡实体卡和电子码为载体的市民卡线上线下服务管理模式正式走进人们的生活。累计发行实体社保卡 1003 万张，电子社保卡 760 万余张，发行第三代社保卡 103 万余张。省委改革办通报表扬郑州市民卡建设；《人民日报》点赞郑州优化民生政务服务：点名郑州社保卡一次不用跑。

郑州市2021年自然资源和规划工作报告

郑州市自然资源和规划局

2021年是中国共产党成立100周年，是实施“十四五”规划的开局之年，也是郑州国家中心城市现代化建设进程中的关键一年。全市自然资源和规划系统坚持目标导向、问题导向、结果导向，紧紧围绕国家中心城市建设总目标，找准工作着力点和突破口。全系统抓重点克难点，抓执行保落地，着力优化国土空间布局，着力提高资源利用效率，着力加强生态修复，着力深化改革创新，有重点、有层次、有计划地推进市委市政府各项决策部署落实落地，顺利实现“十四五”良好开局，呈现出“干事有氛围、工作有势头、发展有后劲、克难有力度”的良好态势。

一、规划编制取得新进展

完成生态保护红线划定和永久基本农田、城镇开发边界的试划工作，《郑州市国土空间总体规划》完成中心城区规划方案和12个专题研究、2个专项规划成果，7个县级国土空间总体规划已完成阶段性成果，6个县域村庄分类和布局规划全部完成，57个“千村试点”、65个“百镇千村试点”、50个美丽乡村“精品村”和75个“千村示范、万村整治”工程示范村等村庄规划完成率100%。郑开同城化示范区国土空间规划研究形成初步研究成果，5个重点专题研究形成阶段性成果。完成市政交通专项规划编制、修编和研究14项，完成31个核心板块城市设计成果固化和控规编制。着重在郑州市国土空间总体规划和郑州市总体城市设计中加强灾害风险评估研究内容，增加城市韧性安全专题研究，并启动排水防涝综合规划编制和应急交通规划研究，谋划部署防洪防涝“31382”规划体系建设。完成82个灾后重建安置区选址方案和详细规划方案审查固化。

二、土地利用呈现新局面

按照“稳地价、稳房价、稳预期”工作部署要求，深化土地供应制度改革，加快存量建设用地盘活，不断提高土地要素保障能力。上报建设用地总面积3.57万亩，批回建设用地总面积5.20万亩，完成1.12万亩第一批灾后重建用地需求统计上报，完成灾后易地重建的村民安置房占用永久基本农田补划2356亩。供应土地面积7.27万亩，成交金额连续5年超过千亿元，实现了土地成交规模和成交金额双保持，有力保障了今年我市城市建设和政府财政收入。坚持“消库存、控增量”，住宅用地供应面积同比减少36.93%，商服用地供应同比下降41.72%，工业用地供应同比增加52.74%，首次接近住宅供地规模。盘活存量建设用地11.96万亩，其中，批而未征完成3.04万亩、征而未供完成7.46万亩、供而未用完成1.46万亩。探索实施“标准地出让、成交做承诺、用地不闲置”的节约集约用地工作机制，实现“从招商洽谈、到拿地即开工、到达产见效”的全生命周期管理。

三、资源保护迈出新步伐

始终把耕地保护、资源监管执法、生态修复治理等重大任务抓在手上、扛在肩上，集中精力攻坚克难。牢牢守住耕地和永久基本农田保护红线，圆满完成“十三五”时期政府耕地保护责任目标考核，严格落实“占一补一、占优补优、先补后占”要求，连续22年实现耕地占补平衡；市、县、乡、村四级“一网两长”网格组建完成，新增乱占耕地建房点位整改率98.09%，2020年度土地卫片违法图斑查处整改率86.52%，违法比例降至10.21%，乱占耕地行为得到有效遏制；拆除的361栋违建别墅未出现“顶风违建”等反弹情况；立案查处各类违法开采案件29起，自2021年7月15日以后，未发现新的违法采矿行为，全市矿业秩序稳定有序。治理持证矿山0.49万亩、废弃矿山（矿坑）2.66万亩，生态修复京津冀周边废弃露天矿山0.48万亩，建成绿色矿山27家（其中，国家级10家、省级17家），排在全省前列。37个“占地造湖”项目加快整改落实，216件中央第五环境保护督察组交办群众举报件全部完成组卷上报、销号。

四、项目保障再上新台阶

坚持项目为王理念，创新举措强化资源规划要素保障，推动重大项目提速落地。出台《关于创新服务全力保障重大项目实施的意见》，创新性提出了22条具体措施，建立了重大项目资源规划服务保障工作推进机制。164个“三个一批”项目，已完成土地规划保障的项目133个，保障率81.1%；保障安罗高速公路、焦平高速公路、郑洛高速公路等重大建设项目占用永久基本农田补划近万亩；重点项目联审联批任务完成率100%，新开工省重点项目保障率100%，全省系统排名第一；“万人助万企”活动问题市本级办结率96%，超出全市92%的平均办结率，已办结问题满意率100%；各开发区、区县（市）分局问题办结率80%，已办结问题满意率100%。坚持流程优化，重创新，强改革，促进服务高效率。创新国家级试点金光路集租房项目审批流程，形成了集租房建设审批“郑州模式”；在航空港区持续保持新上报项目用地3～6个月内批回的“港区速度”，创造了新能源汽车项目跨区组卷9个批次、共5100亩用地当日受理、当日办结、次日取得用地批复的纪录。

五、资源管理夯实新基础

全市三调顺利通过省级验收，完成2020年度国土变更调查工作和城市建成区规模调查统计，完成33.2万宗房地一体宅基地使用权登记发证，发证率96.3%，超额完成了省厅关于年底前85%以上的年度目标。全力做好矿产资源勘察开采监管工作，工作经验在省厅培训会上做典型发言。完成2020年度矿产资源储量统计及矿山储量年报审核、矿业权人勘查开采信息公示及实地核查等工作，被省厅通报表扬。加快推进多要素城市地质调查。加快编制《郑州市基础测绘"十四五"规划》，申领2021年郑州市域范围IMG格式卫星遥感影像数据，严格落实测量标志保护工作，完好率100%。监管的10个北斗卫星导航定位基准站，整体故障率低于10%，有力提升全省的组网服务。首次向市人大报告2020年度国有自然资源资产管理情况，并通过了市人大常委会的审议。

六、创新服务出台新举措

聚力资源规划重点领域的堵点难点问题，不断深化改革、创新服务，持续优化营商环境。研究制定《加强土地出让管理工作的意见》《郑州市重点地区总设计师制试行办法》《全市规划审查"三级会议"议事规则》《郑州市新型工业用地规划管理技术规定（试行）》《郑州市小微企业园控规管理工作细则》《郑州市地下空间开发利用管理暂行规定》《郑州市建设工程设计方案审查标准和内容》《郑州市建设工程设计方案报建图纸编制规定》等规划土地政策和技术规定32个，优化内部工作流程23项，对接承接省级下放权限4项，有效提升了创新能力和服务水平。联合三部门出台了郑州市联合测绘实施方案，行政许可事项各项指标全部达到"一网通办、一次办成"要求，办件率99.42%，审批事项压缩率37%、材料压缩率48%。推进不动产一件事改革工作，82项业务纳入"全国不动产登记网上'一窗办事'平台"，郑州市登记财产指标由66.4分上升到88.1分，进入全国优秀行列。

七、风险防范获得新成效

坚持人民至上理念，深入推进风险防范化解和安全稳定工作。部署开展安全生产专项整治三年行动，加快风险防范化解，101个涉及手续完善类问题楼盘项目，化解70个，基本化解24个，终结性化解率79%；7个涉及重大规划政策调整类问题楼盘项目，化解5个，基本化解2个，终结性化解率71%。行政案件数量和败诉率同比分别下降45%和26%，实现双下降。积极开展矛盾排查纠纷化解、重复信访治理“大排查、大化解、大提升”活动，信访稳定工作运行整体平稳。

郑州市 2021 年城乡建设工作报告

郑州市城乡建设局

2021 年，在市委市政府坚强领导下，市城建局深入开展党史学习教育和局系统“五聚焦五强化”教育活动，坚持以高品质推进城市建设为引领，突出抓好“5+2”重点工作任务，积极应对汛情疫情双重考验，圆满完成了各项年度目标任务，为郑州国家中心城市建设作出了积极贡献。

一、“5+2”重点任务全面完成

65 条“断头路”全部打通。2021 年计划打通的 65 条“断头路”，已全部完成，总里程 65.8 公里、总投资 31.7 亿元。特别是群众反映强烈、对交通影响突出的化肥东路、文化宫路、三全路等“断头路”顺利通车，城市交通路网结构更加优化、道路“微循环”更加畅通，得到了市委、市政府的充分肯定和广大群众的普遍赞誉。

32 个核心板块建设初见成效。核心板块城市设计及控规修编已全部高标完成。全年各板块征地拆迁整理净地累计完成 8511 亩，基础配套设施项目完成投资 270.2 亿元，绿化配套建设完成投资 18.87 亿元，主体功能项目完成投资 284 亿元，各项目累计完成投资 574.7 亿元。今年以来，标志性引领性项目顺利开工，以龙湖北部片区、中央文化区（CCD）

北部片区、二七商圈等为代表的板块建设、产业招商、主体功能项目等有序推进，海康威视郑州科技园、大华股份郑州智慧物联基地、郑州启迪科技城等项目落地实施，逐步推动城市发展方式加快由“大”向“强”转变。

道路综合改造有序实施。今年开工的二期 6 条、三期 9 条改造工程已全面完工。经过三年努力，市、区两级累计改造完成“一环十横十纵”等主次干道及城市路网 137 条、440 公里，城市通行环境不断优化，街区品质有效提升。

安置房回迁任务超额完成。全年回迁安置群众 13.5 万人，完成率 135%。新开工面积 1283.9 万平方米，完成率 102%；建成面积 1993.14 万平方米，完成率 132%；累计完成新增投资额 653.56 亿元，完成率 126%。

市政重点工程加快推进。四环线及大河路快速化工程高架桥及地面道路全线建成通车。渠南路快速通道工程和下穿二七广场隧道正在加快建设。彩虹桥及接线拆解与新建工程、文化北路已全面开工。紫荆山路—长江路组合立交、火车站东西广场地下人行联络通道、新龙路等工程，正在加快推进前期工作。

工程建设项目审批制度改革卓有成效。围绕“五减一优”工作目标，全面推进并联审批、多规合一、区域评估、联合测绘、联合审图、联合验收等工作。施工图审查实行容缺受理，社会投资类、政府投资类建设项目审批用时压缩至 54 个、61 个工作日以内。试行施工许可分阶段办理，初步实现“拿地即开工”，相关经验做法被省工改办在全省推广。在全省营商环境评价中，郑州市办理建筑许可指标得分，位居全省第一位。

工地管理标准化水平持续提升。全面推进双重预防体系建设和安全生产专项整治三年行动，有效防范遏制各类安全事故发生，已创建省安全文明标准化工地 78 项。扎实开展工程质量监督和技术帮扶，着力培养精品工程，已创建国家级优质工程 5 项、省“中州杯”19 项、省质量标准化示范工地 65 项。严格消防审验，进一步明确市、区县（市）两级职责分工和工作流程，推进消防审验规范化、制度化运行，全年办理消防设计审查213项、消防验收225项、备案132项。认真抓好建筑工地常态化疫情防控工作。科学精准管控扬尘，提升控尘管理智慧化、精细化水平。坚持分类施策、精准管控，实施差异化动态管理。统筹扬尘管控和工程建设，全年管控天数较去年减少16天（去年70天、今年54天），PM_{10}浓度值较去年同期的84微克/立方米下降9.5%，达到76微克/立方米，全国倒排第30，有力保障工程建设、企业满意度明显提升。

二、城市配套功能逐步完善

市政公用设施加快推进。郑州东部原水干管工程（一期）已取得可研批复，侯寨水源置换工程已开工建设，郑州（南部）环保能源工程投入运营。全市新建和改造供水管网120公里、热力管网91公里、燃气管网105公里、污水管网92公里。

公共停车场、海绵城市、综合管廊稳步推进。代拟出台《郑州市城市公共停车设施建设规定》和《工作专案》，不断完善海绵城市、综合管廊配套管理办法。全年建成公共停车泊位59629个，超额完成民生实事任务；形成综合管廊廊体约81公里。

城市有机更新统筹推进。全年实施百城建设提质工程项目496个，完成投资447.75亿元，完成率100%。顺利完成2021年城市体检报告并报省住建厅审核，代拟出台《郑州市新型城市基础设施建设试点工作方案》，为下步“新城建”起步推进奠定基础。紧紧围绕轨道交通、市政重点工程建设，累计解决征迁问题1774个，有效保障了项目顺利实施。

三、建筑业加快转型发展

建筑业发展稳中向好。积极培育壮大市场主体，发放2020年度建筑业奖补资金6130.7万元，全年新增特级资质1家、新增总承包一级资质10项。全年完成建筑业产值5423亿元，增速9.5%，高于全省建筑业增速（8.1%）1.4个百分点，高于全市GDP增速（4.7%）4.8个百分点。

完成建筑业增加值1651亿元，占全市GDP比重的13%。

服务措施更加利企。扎实开展“万人助万企”活动，研究出台《郑州市建筑工程灾后复工复产有关计价问题的指导意见》，积极帮助企业克服汛期疫情带来的不利影响，累计解决问题110个。不断优化招投标监督服务模式，在网上不见面开标的基础上，进一步简化办事流程。按时发布材料价格信息，并新增材料109种，有力服务了企业经营。

建筑市场秩序更加规范。完善建设领域信用体系建设，评定AAA级企业364家，发布“红榜”企业名单18家、“黑榜”企业名单6家。严格行政执法，全面推行“双随机一公开”抽查，累计抽查企业124家，发现并整改问题1463个。严厉打击“三包一靠”等违法行为，配合开展“欠薪”专项整治行动。强化设计引领作用，开展全过程工程咨询试点，全面实施数字化施工图审查。顺利承接省级下放经济社会管理权限10项。

建筑业绿色发展扎实推进。全年通过施工图审查的绿色建筑面积3176万平方米、新开工装配式建筑面积673万平方米，占全省比重34%、43%。全市新增纯电动混凝土运输车1009台，淘汰燃油车辆934台。

四、村镇建设和灾后重建统筹实施

村镇建设进一步完善。指导23个中心镇加强公共基础设施建设，全年累计开工项目219个，完工项目168个，累计完成投资额34.06亿元，超额完成23亿元年度目标。本年度新增危房改造任务26户，目前已全部竣工。全年拨付市级补助2500万元，5个传统村落试点初见成效，4个村入选第六批省级传统村落名录。农房建设不断规范，新增危房改造任务按时完成，编制农村自建房设计图册52套、培训农村工匠4800余人。

市政工程抢险修复迅速完成。市城建局负责的金水路西延、航海路跨金水河桥等水毁工程以及604个深基坑、10个社区积水抽排任务均如期完成。

水毁农房灾后重建加快推进。成立7支工作队，抽调业内专家和技术人员3000多人（次），累计排查鉴定农房57.7万户。需修复重建的4.5万户中，加固修缮类2.8万户、原址重建类4300户、货币补偿类1500户均已全部完成，群众回迁率73%；集中安置类1.2万户、84个安置点，主体已完工14个、竣工3个。

郑州市2021年住房保障和房地产管理工作报告

郑州市住房保障和房地产管理局

2021年是实施“十四五”规划、开启全面建设社会主义现代化国家新征程的第一年，是郑州市实施高品质城市建设“三年行动计划”的关键之年。一年来，郑州市住房保障局和房地产管理局以习近平新时代中国特色社会主义思想为指导，认真落实国家、省、市关于住房保障和房地产管理工作的决策部署，按照市委十一届十三次全会暨市委经济工作会议要求，以深化房地产供给侧改革为主线，以“住得上、住得好、住得优”为目标，聚焦房地产市场调控、老旧小区综合改造、房地产领域专项整治、问题楼盘攻坚化解、房地产营商环境优化、政务服务效能提升等重点工作，统筹疫情防控、防汛救灾工作，加压驱动，创新善为，推进了年度各项工作高质量落实，促进了房地产市场平稳健康发展。

一、主要目标任务完成情况

保障性住房建设情况。全市棚户区改造新开工安置房目标任务15000套，开工15437套，目标任务完成率102.91%；棚户区改造基本建成安置房目标任务40000套，实际建成56591套，目标任务完成率141.48%；

公租房实物分配目标任务7000套，实际分配8496套，目标任务完成率121.37%。

房地产市场运行情况。房地产开发投资情况。全市完成房地产开发投资3088.89亿元，同比下降9.9%；商品房新开工面积3169万平方米，同比下降3.7%；商品房竣工面积2193.13万平方米，同比增长49.9%。

商品房投放情况。全市商品房投放2191.10万平方米，同比下降33.91%，其中商品住房投放1826.85万平方米，同比下降31.60%。

商品房销售情况。全市商品房销售1804.41万平方米，同比下降31.44%，其中商品住房销售1594.81万平方米，同比下降30.21%。全市商品房销售均价12153元/平方米，同比增长4.67%，其中商品住房销售均价12408元/平方米，同比增长5.79%。年底全市商品房累计可售面积为7062.39万平方米，去化周期47个月，其中商品住房累计可售面积为3198.32万平方米，去化周期24.1个月。

二手房交易情况。全市二手房交易面积672.86万平方米，同比下降1.77%；二手房均价11072元/平方米，同比增长5.44%。

房屋产权交易管理情况。全市受理各类房屋交易确认业务311082件，完成商品房买卖合同备案235640件，完成商品房预售款监管1456.61亿元；办理楼盘表确认6369起，6146.71万平方米；完成各类测绘成果备案5676件，5616.72万平方米；受理担保贷款3917户，担保资金34.17亿元；受理存量房资金监管7031件，监管资金69.33亿元。

住房租赁房源供应情况。全市新增各类租赁住房23604套，累计完成65862套；新增专业化住房租赁企业168家，累计达到332家；完成房屋租赁合同网签备案8.6万套（间）744万平方米；完成四批共70个住房租赁专项资金申报项目和企业的审核，累计拨付奖补资金22.8亿元。

物业管理情况和老旧小区改造情况。全市新增物业管理面积2060.9万平方米；老旧小区改造项目完工603个，完工户数91938户，目标任务完成率123.4%；既有住宅加装电梯240部。

维修资金归集使用情况。全市共归集维修资金14.95亿元，划拨使用1.35亿元。市本级归集维修资金8.1亿元，交存12.96万户1417.94

万平方米；划拨使用1.22亿元，用于509个小区2497幢房屋维修和设施设备更新维护，惠及业主31.03万户（次）。

人才购房补贴及安置房网签情况。全市共计7978名青年人才申请首次购房补贴，补贴金额4.2亿元，办理非郑州户籍人才购房2949件；全市安置房签约81217套（间）684.92万平方米，公租房签约2658套15.51万平方米。

二、重点工作开展情况

着眼市场稳定，落实长效机制，房地产市场基本保持平稳健康。加强房地产市场调控。围绕“稳地价、稳房价、稳预期”目标，加强市场运行监测，强化市场分析研判，密切关注形势变化，稳妥实施房地产长效机制，商品住房价格稳定，房地产市场运行基本保持平稳。加大开发项目管理力度。以《房地产开发企业项目手册》（以下简称《项目手册》）为抓手，按照时间节点对《项目手册》逐单位、逐项目筛查，对项目出现停工、进度过慢等情况重点监管，避免出现“烂尾”项目，《项目手册》填报率达到99.1%，开发项目管理不断强化。服务房地产市场主体。深入开展“万人助万企”活动，出台“调整预售审批标准、延长资质证书有效期”等支持开发企业发展的实质性政策，帮助企业协调解决困难问题，企业反映的6大类116个重难点问题全部清零。特别是特大暴雨和疫情暴发后，将融创中原宸院、锦艺四季城等21个逾期交房项目作为重点督导和帮扶对象，想方设法为企业解决问题，助力企业脱困发展。规范房地产市场经营行为。联合相关部门，扎实开展房地产领域专项整治行动，完善工作协调机制，建立房地联动机制，相关问题陆续解决；修订印发《郑州市商品房预售款监管实施细则》，确保了商品房预售款监管到位，维护了购房者的合法权益；落实“双随机一公开”检查，对全市818家（个）房地产企业（项目）进行了现场检查，责令187家企业限期整改，对99家问题比较严重的企业进行了通报曝光。强化房地产行业信用管理。持续加强房地产企业信用管理，完善企业信用信息加、减分细则，明确信用信息变更制度和要求，对房地产企业违规行为，及时记入企业信用档案，实行部门共享、联合惩戒。全年记录房地产企业信用信息 241 条，信用升级 27 家企业，信用降级 24 家企业。推进“问题楼盘”专项攻坚化解。压实属地责任，建立市区联动、府院联动、工作调度、综合监督工作机制，落实“1+7+1”系列方案意见，强化督导检查，着力减存量、控增量、防变量，确保攻坚化解效果，全市 365 个交办案件，终结性化解 297 个，终结性化解率 81.37%，盘活项目 104 个，引进资金 80 多亿元，惠及群众 72356 户，为台账内问题楼盘业主办理不动产权证 33801 本，维护了群众合法权益。

锚定目标任务，规范后期管理，全市住房保障体系逐步完善。加强保障性安居工程建设。围绕年度目标任务，通过现场调研、定期考核、分级督导、公开通报、及时整改等方式，科学谋划，全面统筹，全过程管理，高标准推进，超额完成了棚户区改造新开工、基本建成和公租房实物分配任务。规范公租房申请、分配和运营管理。狠抓公租房事项“一件事”办理，实现了公租房业务全程在线办理、一网通办；调整公租房分配流程和方式，开发自动匹配系统和房源跨区调剂系统，实现了公租房分配由人工现场选房到系统自动配租的转变；及时形成《关于加强公共租赁住房运营管理的通知》及考评办法，促进了公租房使用管理效率提升。推动保障性租赁住房发展。坚持“存量为主、新建为辅”原则，制定保障性租赁住房建设计划，规范保障性租赁住房中央预算内投资专项资金使用，不断增加保障性租赁住房供给，筹集待认定房源 3.5 万套。编制“十四五”住房发展规划。立足住房发展现状，着眼住房发展方向，科学确定总体思路和目标任务，及时指导第三方机构开展编制工作，已形成详细规划，完成征求意见，并通过专家评审，待市政府审核通过后将发布实施。做好审计发现问题整改工作。建立整改工作台账，明确时间节点，区分工作责任，确定目标任务，强化督促整改，2019 年保障性安居工程审计共发现问题 69 个问题，已整改到位 44 个问题。解决经适房相关遗留问题。印发《关于遗留经济适用住房项目核价流程的规定》，推动经适房核价工作正常办理；发布《关于经济适用住房轮候和购房资格确认的公告》，启动购房资格确认和最后一次轮候供应工作，迈出了全面妥善解决经适房遗留问题的关键步伐。

围绕试点攻坚，健全政策体系，住房租赁市场快速发展。坚持政策先行，加快住房租赁试点建设。印发《郑州市强力推进中央财政支持住房租赁市场发展试点工作实施方案》《郑州市闲置商业办公用房、工业厂房等非住宅改建租赁住房工作指导意见》，立足我市安置房充足的实际，以“盘活为主、新增为辅”为原则，以筹集租赁房源为重点，统筹推进住房租赁试点建设，全年确定回购安置房项目 21581 套，其中已签约 20458 套，已回租、规范化管理安置房 96079 套；已成立村集体住房租赁服务企业 121 家。印发《关于在全市设立住房租赁示范点的通知》，在全市分类设立住房租赁示范点，初步形成可复制经验；印发《关于调整完善我市财政支持住房租赁市场发展有关事项的通知》，调整申请门槛、申报时间及补助标准，提高了奖补资金的拨付使用效率。坚持规范为纲，推动住房租赁市场发展。联合相关部门印发《郑州市住房租赁资金监管办法（试行）》，完善房屋租赁平台资金监管模块功能，强化住房租赁交易资金监管，并与 13 家银行实现了对接；印发《关于简化住房租赁企业备案管理的通知》《关于规范房屋租赁合同网签备案管理的通知》，进一步优化了租赁企业和租赁合同备案管理；落实住房租赁市场日常巡视，适时发布住房租赁消费警示，集中开展“双随机、一公开”检查，通报曝光 33 家经营不规范的住房租赁企业，进一步规范了住房租赁市场秩序。坚持民生为本，提升住房租赁保障服务能力。会同市公积金管理中心印发《关于提高租赁住房提取公积金额度的通知》，明确在办理房屋租赁合同网签备案后，承租人提取公积金额度可在原有基础上提高 30%；协调公安部门提升租赁人员居住证办理效率，承租人登陆“郑好办” App 凭租赁备案共享信息即可线上办理居住证明；印发《关于做好郑州市人才公寓配租管理的通知》，完善租赁平台人才公寓配租模块和 App 功能，为人才公寓分配奠定了基础；加大承租人公共服务保障力度，全市租赁住房家庭子女入学累计达到 36.7 万人，提取公积金支付房租 11.1 万人，约 7.2 亿元。

完善行业标准，加强改造整治，物业服务管理水平不断提高。加快物业管理法治化进程。按照立法程序，对照时间节点，全力推进立法调研、意见征询、专家论证、报备审核等各项工作，圆满完成《郑州市物业管理条例》修订，并于2021年10月1日正式施行；推进郑州市物业服务标准制定，出台《郑州市物业服务标准通则》和《郑州市物业服务标准住宅物业服务》。狠抓物业管理系列专项整治。开展卫生城市复审社区楼院治理，督导检查楼院336个，发现整改问题504处；推进物业管理区域安全专项整治，规范消防制度落实、高空坠物防范、汛期安全防范、共有设施设备维护等，排查居民小区1049个，督促整改问题1712个；牵头全市物业管理区域窨井盖治理，将23万个井盖信息排查录入管理系统，并配合相关部门开展了窨井盖智慧化提升工作。推进老旧小区综合改造。聚焦民生实事，坚持党建引领，注重共建共管，加强质量监督，完善长效机制，加快推进老旧小区综合改造提升，2021年全市老旧小区改造项目完工603个，完成改造户数91938户，2019年以来累计改造完工老旧小区1994个，累计完成改造户数322956户，惠及群众129万人。抓好既有住宅加装电梯工作。建立区县（市）级联合审查验收制度，优化办事流程，开通“绿色通道”，最大程度减轻人民群众和加梯企业负担；将住房公积金、物业维修资金纳入加装电梯资金使用渠道；坚持每月考核通报排名，定期督查加装电梯工作进展，全市加装电梯240部，超额完成年度目标任务，加装电梯数量稳居全省第一。提升维修资金管理服务水平。拓展政务服务网、“郑好办”App、微信小程序等渠道，实现了维修资金交存功能全覆盖；试点维修资金使用“电子投票”模式，解决了使用表决周期长、易伪造、不易监督等问题；“7·20”特大暴雨灾害后紧急出台维修资金应急维修政策，推进受损房屋维修，促进了灾后重建和群众生活秩序的恢复。加强住建部系列试点建设。按照“统筹规划、新老一体、适度超前、应用导向、政企协同”原则，全力抓好智慧物业建设，518家企业、1452个项目在郑州市智慧物业平台注册；绿色社区创建试点工作扎实推进，完成了社区总数37.9%的创建任务；贯彻“物业服务+养老服务”理念，试点开展居家社区养老服务，代书胡同社区居家养老服务试点工作取得初步成果；按照管理规范、服务优良、环境宜居、安定和谐的要求，认真落实“美好家园”小区创建工作，10个小区被省住建厅确定为示范项目，金水区金城时代小区被住建部和中央文明办联合表彰为示范项目。

全力防汛救灾，全面治理隐患，房屋安全动态管理能力明显增强。认真抓好城市房屋防汛工作。印发《郑州市房管系统2021年度防汛工作方案》《郑州市房屋安全突发事件应急预案》《2021年防汛抢险预案演练方案》；组建25支2000余人的房管系统防汛抢险队伍，充实防汛物资器材，锤炼应急抢险能力；组织汛前安全排查，对388处各类危旧房屋，建立问题隐患和整改措施清单，实施闭环管理，消除安全隐患；落实局领导分包督导制度，加强汛期检查，督促各区县（市）严格落实汛期各项制度规定，切实保证城市房屋安全度汛。全力抓好居民小区排涝抢险。“7·20”特大暴雨灾害后，及时印发实施《郑州市居民小区排涝抢险工作专案》，逐个精准排查居民小区积水情况，及时建立积水严重居民小区任务台账，协调出动消防救援力量460台车辆、3612人，对接外省17支救援队、722人、234台装备，指导物业服务企业紧急购置投入沙袋252万条、铁锹12万把、挡水板1.8万面、抽水泵5.2万台、发电机1.5万台，向上级申领2240万受损电梯专项补贴资金并迅速拨付使用，圆满完成了居民小区排涝抢险任务，累计排水量2000余万方，确保了人民群众生活秩序快速恢复。大力推进受灾房屋除险解危。坚持以“不发生人员伤亡”为底线，迅速开展安全隐患排查，积极协调231家检测机构、1000余名房屋安全专家，参与房屋安全应急评估和检测鉴定，为受损房屋隐患治理、灾后重建提供技术支撑。及时印发实施《郑州市灾后城镇既有房屋安全隐患排查整治行动方案》《郑州市因灾致险既有城镇住宅房屋加固工作实施意见》，积极申请灾后补助资金，会同市大数据局开发灾后重建软件，全力推进灾后城镇既有房屋建筑重建整治及群众生活秩序恢复。全市城镇受损房屋检测鉴定和“小修类”房屋整治任务全部完成；“加固类”完成651处，完成率98.19%；“拆除类”完成111处，完成率62.01%。统筹开展房屋安全隐患排查治理。严格落实日常房屋安全动态巡查，全力推动第一次全国自然灾害普查房屋建筑承灾体调查，同步开展全市房屋建筑安全隐患排查整治、房屋建筑领域违法建设和违规审批专项整治、农村彩钢房隐患排查整治、农村房屋安全隐患排查整治等专项活动，全市危旧房屋安全隐患风险台账逐步建立，房屋安全档案更加完善，房屋安全动态管理进一步加强。

创新受理方式，推行网上办理，房屋产权交易更加便利。推行“一窗受理”新模式。联合相关部门试点实施存量房网签备案、房屋交易和缴税、不动产登记四项业务“ ·窗受理”新模式，取得成功经验，正在向全市房管服务办事大厅推广。深化政务服务“双减”改革。对房屋产权交易办事流程进行颗粒化梳理，精简要件，压缩时限，进一步提高房屋产权交易效率，新建商品房买卖合同备案登记、楼盘表确认等36项业务办理时限压缩为1～5个工作日，存量房买卖合同备案、注销等5项业务优化调整为即来即办。推进房屋交易网上办理。利用“互联网+”、App、电子签名等手段，及时解决数据推送、证照生成、电子签章等问题，有效推进房屋交易网上办理，商品房首次转移登记“网上办”进展明显，房屋买卖合同实现网签即时备案，房屋交易确认、交税、不动产登记“一件事”办理成效明显，基本实现了商品房买卖合同电子化并实时推送至市大数据局共享平台。抓好联合测绘工作。印发《郑州市房产测绘成果备案的数据要求》《关于印发全面推进郑州市工程建设项目联合测绘改革实施方案的通知》，规范数据编制规则、图形成果要求、图形属性数据要求、楼盘表变更方式、数据字典等，推进了工程建设项目联合测绘工作落地落实。强化直管公房管理。出台《郑州市直管公房管理办法》，规范直管公房日常管理、准入及退出机制、租金调整、非住宅租赁、征迁处理、档案管理和信息系统管理，进一步完善了直管公房管理体制；着力推进直管公房出售办证工作，房改审批出售直管公房3422套，累计房屋交易大宗受理2976套，已办理不动产证2557套。擦亮“房管蓝”为民服务品牌。抽调业务骨干，开动“房管蓝”便民服务车，打造移动办事大厅，多次参加12345政务热线进社区便民服务，深入企业开展“万人助万企”“三送一强”惠企助企服务活动，到居民家庭为特殊群体开辟绿色通道，切实为企业和群众办实事、解难题，受到了社会的一致好评。规范房产档案管理。按照数字化、信息化、规范化、便利化要求，进一步加强房产档案管理，实现了房产交易信息查询“跨省通办”和房产档案信息网上跨区域流转，全年完成过户档案整理17092卷，受理档案查询84090卷，开具房屋权属信息证明405964份。

推进政务改革，加快数据共享，房地产营商环境进一步优化。落实“优化营商环境”制度。围绕房地产营商环境36个优化项目，制定专项方案及实施细则，建立月报制度，完善考评制度，强化督导检查，房地产营商环境进一步优化，高标准完成了省优化营商环境考评工作。推进政务数据信息共享。积极协调相关部门，归集接入智慧郑州青年人才、高层次人才核验、完税、高校学历等数据接口，为政务服务效率提升提供了重要数据支撑；新开通38个郑州市数据服务查询平台账号，提高了存量房网签备案购房资格审查、高层次人才补贴、商品房合同备案、公租房审核等工作的准确度，满足了业务数据查询比对需求；及时更换电子证照签章，研究改进数据推送方式，促进了房管业务数据的互联互通。丰富App应用场景。完成房屋网签、贷款、纳税、交易、登记和经纪机构备案、青年人才购房补贴等“一件事”数据接口对接，将“串联式人工审核”优化再造为“并联式智能审核”，实现了“郑好办”App上27个房管服务事项的在线办理。完善政务服务“好差评”系统。认真梳理全局93个网办事项，突出办事指南准确度、材料清单逻辑完备度，发现整改7类322条问题；完善事项清单办事指南模板，录入河南省政务服务网，完成“好差评”数据与省政务平台实时对接，建立“好差评”常态化工作机制，实现了网上事项办理数据同源发布。加强房管系统重点项目建设。“智慧房产”项目成功列入郑州市“城市大脑”第三期第一批，完成了项目建议书、可行性研究报告和设计方案的编制及专家评审工作；郑州市房屋时空数据库可行性研究报告已通过初步评审。坚持依法行政。坚持依法依规履行职责、行使权力、开展工作，切实保障房地产市场服务对象合法权益；构建风险防控长效机制，对19项重点工作进行流程要件梳理，压缩自由裁量空间，规范行政权力运行，进一步遏制了廉政风险再生；梳理涉及我局的法规、规章和规范性文件，及时废止了《郑州市城市房屋租赁管理办法》和《郑州市城市安全管理办法》，拟废止的《郑州市城市房屋租赁管理条例》已报市人大决定，拟废止的15个规范性文件已提交市政府审议。加大信访工作力度。聚焦企业和群众反映的突出问题，建立便利、畅通的信访渠道，突出抓好敏感期信访安全稳定工作，全力推进重大信访和群众集访化解工作，妥善解决了广厦城市之巅、豫发置业大学南郡、美商置业龙湖一号等项目群众信访疑难问题，办结各类信访案件10274起。

郑州市2021年交通运输工作报告

郑州市交通运输局

2021年是中国共产党成立100周年，是党和国家历史上具有里程碑意义的一年，也是郑州历史上极不平凡、极其艰难、极为难忘的一年。一年来，全市交通运输系统面对疫情灾情双重考验，认真贯彻落实市委、市政府和省交通运输厅决策部署，顶住重重压力，克服重重困难，保持了行业总体平稳、稳中有进的发展态势，实现了“十四五”迈好第一步、见到新气象。

一、灾后恢复重建加快推进

“7·20”特大暴雨灾害发生后，全市交通运输系统深入落实习近平总书记关于防汛救灾工作重要指示精神，坚持以人为本、民生优先，努力用最短时间、最快速度恢复交通通行和运输保障，将灾情对群众生产生活的影响降到最低。经过连续奋战，我们用6天时间实现全市公交线路全部恢复运营，用10天时间实现全市25条国省干线及所有县、乡、村道全部抢通，9月1日起有序恢复道路客运班线，9月12日、15日分两个批次恢复地铁载客运营；10月，全市513处普通国省干线公路和1182处农村公路一般性水毁全部修复完毕；截至年底，计划中的约200个较大、重大水毁灾后重建项目已全部开工，31处超限检测站点和非现场执法点已修复完毕，1 个码头泊位项目完工。抢险救灾期间，行业广大党员干部不顾安危，英勇作战，新密市公路事业发展中心白晓平同志不幸殉职，以实际行动践行了“敢于争先、甘于奉献，勇于担当、善于作为”的交通铁军精神。

二、疫情防控工作有力有序

采取“一办六组”专班化模式开展工作，健全完善了“外防输入、内防反弹”的常态化组织领导和监督检查机制，为郑州市去年 7 月底疫情在一个月内得到控制、2021 年 11 月初和 2022 年元月初疫情均实现一个潜伏期“清零”积极贡献了交通力量。其间，果断启动道路运输“熔断”机制，及时调整公共交通运营线路，扎紧扎牢“四个口袋”，严防疫情通过交通运输传播扩散；共设置离（入）郑交通服务站 90 个，出动 13.8 万余人次参与值守，检查车辆 761.9 万台次，劝返 11.8 万台次；落实“三保障一通畅”，完善核酸快速便利检测机制，开辟应急绿色通道，储备 368 台应急客货运车辆，累计投入各类运力 1.2 万台次，运送人员 1 万余人次、物资 6900 余吨、核酸样本 918 万剂次，有力保障疫情防控需要。

三、交通基础设施网络不断完善

坚持“项目为王”，完善工作机制，狠抓组织实施，为全市经济健康平稳运行提供了交通支撑。

高速公路建设全面展开，共有 7 个高速公路项目开工，第二绕城高速公路全面开工，其中安罗高速公路原阳至郑州段于上半年开工，郑洛高速公路、焦平高速公路等 6 个项目于 12 月集中开工，标志着郑州市高速公路“13445 工程”项目全面开启建设高潮。

国省干线公路建设加快推进，共有 310 国道线郑州西南段改建工程、234 国道线郑州境 310 国道以南段改建工程等 5 个项目主体完工，新改建国省干线公路51公里。沿黄最美公路312省道于2021年4月30日全线通车，312省道郑州境改建工程从立项开工到正式通车仅用一年时间，跑出了项目建设“加速度”，并获评全省交旅融合示范工程。15个在建项目完成投资37.5亿元，其中，省市重点项目年度完成投资26.6亿元，完成率119.8%，在全市市直单位重点项目建设综合考评中排名第一。

“四好农村路”建设持续推进，新改建农村公路158公里，新郑市成功创建省级示范县。

四、运输服务保障能力持续提升

圆满完成春运、“双创”活动周等重要时段、重大活动期间运输服务保障任务。全年累计完成公路货运量1.65亿吨，货运周转量521.1亿吨公里，货运周转量同比增长20%，增速较全市GDP增速高15.3个百分点；完成公路客运量、旅客周转量3770万人、36.5亿人公里，分别同比增长55.5%、58.5%。城市公交、地铁、出租车分别完成客运量5.3亿人次、4.3亿人次和2.6亿人次。新开和优化公交线路86条。高铁东站换乘地铁实现单向“免安检”。公交场站建设力度空前，制定并发布了《郑州市加快推进公交场站建设工作实施方案》，充分发挥统筹协调作用，克服重重困难，积极筹措资金，强化一线调研，加大工作推进，完成14处场站搬迁、23处场站建设。建立了网约车运力动态监管、事中考核评价和平台车辆退出机制，推动形成规范有序、融合发展的出租车行业新格局。城乡交通运输一体化加快建设，全域公交稳步推进，开通登封环山旅游公交专线，巩义市、登封市成功创建省级“万村通客车提质工程”示范县。交运集团启动客运站“一站多点”试点建设，推进客运业务多元化延伸。“空中丝绸之路”空陆联运项目成功创建国家级多式联运示范工程，8个项目入选省级第三批多式联运示范工程。建成“司机之家”2个、总数达9个，建成“司机休息室”4个，有效保障从业人员合法权益。

五、行业治理能力持续提升

不断优化交通运输营商环境，深化行业改革，加快建设人民满意的服务型政府部门。

“放管服效”改革持续深化。承接省级交通运输管理权限46项，下放市级管理权限54项，赋予基层更大改革发展自主权。新增30个交通运输涉企便民事项实现“掌上办”，取消普货驾驶员从业资格考试，驾驶员凭培训机构结业证书和驾驶证直接申领普货从业资格证。12328交通运输服务监督电话工作获部、省、市主要领导批示肯定，在全国会议上作典型发言。

交通运输执法领域突出问题专项整治行动圆满完成。共排查整改5大类75项问题，执法行为明显规范，行业投诉大幅下降，群众满意度显著提升。以客运市场秩序整治和清剿“百吨王”为抓手，持续加大执法力度，共查处各类违法违规车辆9774台次、驾校82家次、违法装载源头企业709家次，共处罚金3654万元，有效规范了市场秩序。

“万人助万企”活动扎实开展，走访调研54家企业，帮助解决68个问题，高标准办结省市交办问题15项，受到企业好评。

六、安全生产监管持续强化

夯实安全生产责任。牢固树立总体国家安全观，严格履行“三管三必须”要求，坚持每月通报主要领导、分管领导开展安全生产工作情况，每季度召开安委会会议分析研判安全形势，组织开展10余次专项整治行动，共开展安全检查230余次，排查整治各类隐患13000余个，全市道路运输事故起数、死亡人数同比分别下降7%、14%，实现了“双下降”目标。深入开展“两客一危”专项整治行动，聚焦客运市场乱象下猛药、出重拳、亮狠招，实现“两个提高、七个下降”（其中，企业内部处罚提高59%，不按包车牌核定线路运营下降64%），对运输企业和从业人员起到了良好警示教育作用。

扎实开展无证大客车和“两证”座位数不一致大客车整治。1011台无证大客车在市大客办和各县区的通力协作努力下，已基本整治到位；“两证”座位数不一致大客车正按照整改方案，通过提前淘汰、回厂改装等方式着力解决问题顽疾，截至年底，841台“两证”座位数不一致的车辆已通过报废等方式提前淘汰44台，完成回厂改装20台、正在改装75台。

组织开展公路运营安全专项整治。紧盯长大桥隧、急弯陡坡、临水临崖、长大下坡和已接养“跨铁跨渠”桥梁等重要路段，严格隐患排查治理，编制了专项整治方案，正有序推进、分类处置，着力提升基础设施安全保障水平。

七、智慧绿色交通稳步推进

强力推进污染防治攻坚战，按期完成国三及以下排放标准营运柴油货车淘汰任务，道路运输证和机动车登记注销完成率均达到100%。持续推进新能源巡游出租汽车更新，在2020年更新8000余台的基础上，继续打好政策组合拳，完成剩余2000余台车辆更新，郑州市成为全国第三个实现巡游出租汽车纯电动化的城市。

数字交通建设持续推进，构建了省综合交通运输管理服务平台三级监管体系，全年共接收省综合平台交办工单1.4万余条，办结率98.9%；开展疑似非法营运车辆布控1015次，成功拦截车辆337台次。完成90%以上巡游出租汽车车载终端设备升级安装工作，行业科技化水平持续提升。

郑州市2021年城市管理工作报告

郑州市城市管理局

2021年是“十四五”开局之年，也是我市发展进程中极不平凡的一年。一年来，在市委、市政府的正确领导下，全市城管系统面对疫情灾情双重叠加的大战大考，在困难很多、挑战很大的情况下，勠力同心、沉着应对、拼搏进取、积极作为，推动各项工作取得了新成效。先后高质量、高标准地完成了中国共产党成立100周年、2021中国（郑州）黄河文化月、2021年双创活动周、辛丑年黄帝故里拜祖大典、国家卫生城市复审、全国文明城市创建等一系列重大活动的服务保障工作，受到群众和社会各界的一致好评。郑州市城市管理局被省委、省政府评为全省“十三五”污染防治攻坚战表现突出集体，被市委、市政府评为第二轮中央生态环境保护督察协调保障工作先进单位等市级以上荣誉30多项。

一、“四化”管理推进有力

序化攻坚成效明显。加快网线入地改造，完成架空通信线缆入地改造207.7公里，三环内主次干道、主要支路等架空通信线缆基本清零。有序开展电力线塔（杆）、通信线塔（杆）、配电箱和交接箱整治，推进多杆合一、多箱合一，拔除通信线杆3715根，拆除、移位通信铁塔100座，整改箱体94处。有序开展道路中小修，完成道路中小修130.49万平方米，占全年任务的114%。加大占道乱象整治力度，共治理占道突店经营、流动摊贩、农用车占道14.57万处。稳妥推进户外广告和招牌治理，拆除墙体、落地广告418处，清理橱窗广告、软体条幅、小广告12.48万处，整治门头招牌5220个。突出抓好停车序化管理，制定停车管理“序化1+6”工作方案，积极推动停车差异化收费政策出台，开展停车资源共享试点，充分挖潜道路停车资源，设置临时停车场109处、16531个泊位；持续开展非机动车及共享单车乱停乱放专项治理，整治乱点232处，完成13.2万辆分体锁共享单车更换；加快智慧停车建设，智慧停车管理平台已接入3.4万余个路内停车泊位和1305家经营性停车场共计约33万个停车泊位，注册用户数突破108万，安装道路停车泊位高位视频2.3万个，通过“郑好停”微信公众号、“郑好办”App已实现车场推荐、车位查询、无感支付等服务功能，累计为市民提供停车服务超过1000万次。

洁化整治提效提质。强力推进市容治脏活动，启动道路清扫保洁、城市家具、无主楼院等物业化、家政化、一体化管理试点，持续开展城市清洁行动，定期对道路侧石、硬隔离、防眩板、防撞墙、交通护栏等城市家具进行冲洗、擦拭，做到无积尘、无污迹；加大出入市口道路、高速公路站点桥区匝道环岛、工地周边等卫生保洁力度，实现无死角、全覆盖。不断提高道路机械化清扫率，购置新能源环卫车辆155台，市域机械化清扫（冲洗）率达到了97%。加大公厕服务提升力度，新建公厕65座，新增24小时开放公厕100座，4月份高德地图发布《2021中国公共厕所图鉴》，郑州上榜十大如厕方便城市，国内厕所数字化程度最高的十大城市。深入开展“河湖清四乱”“三污一净”整治行动，城区黑臭水体清零成果得到全面巩固。加强餐饮油烟治理，3.1万家餐饮服务场所全部安装高效油烟净化设施，累计检查餐饮服务业15.3万家，立案处罚157家，下达整改通知书2568份，约谈1327家，整改8066家。

绿化彩化扮靓城市。加快推进中原路、中州大道绿化提升改造，高标准实施高架路桥月季彩扮（一期）项目，完成月季彩扮37.5公里，进一步丰富了城市绿化层次，扮靓高架路桥，擦亮郑州月季品牌。持续开展绿化补差专项行动，累计补植行道树 1.2 万株，补栽绿化带 19.2 万平方米，修剪行道树 53.7 万株、绿化带 714.6 万平方米，治理黄土裸露 11.8 万平方米，整治美化树穴 3.2 万个，悬挂智慧树牌 10302 个。

亮化提升流光溢彩。加快推进路灯“一张网”管理体制改革，《城市照明管理“一张网”体制改革实施方案》已经市深改委会议审议；加大功能性照明设施管养力度，共维修路灯 2.37 万盏，整修路灯设施 4.9 万余处，处理高压低压故障 3646 处，主干道亮灯率达到 98%，次干道、支路亮灯率达到 96%以上。优化景观照明建设，规范夜景管理，围绕春节、中秋、国庆等重大节日和重大活动，在重点道路、立交、广场、沿街楼体开启夜景亮化模式，播放活动宣传画面，节日祝福，庆祝中国共产党成立 100 周年主题灯光秀亮相中央电视台及 70 多家新媒体平台，用一城璀璨迎接党的百年华诞。

二、专项整治成效明显

窨井盖专项整治深入推进。全面完成窨井盖普查建档，升降维修窨井盖 10.72 万座，完成全年任务的 113.97%。

违法建设治理持续发力。坚决遏增量、减存量，累计拆除各类违法建设 7824 处、405 万平方米，较 2020 年 240 万平方米的拆除量增加了 68.7%，实现高架桥下、老旧小区改造、断头路打通和铁路沿线等区域性清零。

施工围挡整治卓有成效。共整改和拆除施工围挡 1.22 万处（次）、526 万平方米，打造了金水路、中原路等 298 处、近 9 万米具有郑州特色、富有文化色彩的墙体围挡。精品道路打造持续推进，完成精品道路创建 1017 条，实现道路环境更加整洁、街容街貌更加美观、空间视觉更加靓丽。

养犬管理更加规范。加大文明养犬宣传力度，发放宣传彩页、宣传手册 1.67 万份，新办犬证 2.58 万只、年审犬只 3.25 万只。开展不文明养犬专项整治行动，共处理违规养犬、遛犬案件 1234 件，抓捕流浪犬

2518只。

城乡接合部综合整治高效推进。城区组779项工程类项目已全部完成，“一村一策”已超额完成不少于10%的保留村（社区）示范村改造提升任务；围绕城乡接合部“违法建设，散乱污企业，旱厕、黑臭水体、垃圾堆放”三个清零，紧扣时间节点，强化督导跟进、专报评比，共排查并督促责任单位办结“三个清零”问题20046项（违法建设401项、旱厕67项、黑臭水体66项、垃圾堆放19512项），各区（开发区）列入“三个清零”专项整治工作台账问题639项，自查问题2371项，均已全部整改，销号率100%。再生资源回收中转站排查建立台账1038项，已依法关停取缔266处，限期停业整顿87处，城乡接合部再生资源回收站乱象初步得到治理。

三、水气暖供应保障能力持续增强

城市供水有序向好发展。大力推进供水“一体化、一张网”建设，《郑州市推进全市供水一体化一张网改革实施方案》已经市深改委会议审议，正有序推进郑州白庙供水有限公司无偿划转和高新区供水业务整合；龙湖水厂已完成厂区主体施工的90%，郑开同城供水工程建设全面启动，新建改造供水管网120.6公里；最高日供水量达到159.98万立方米，水质综合合格率100%，总产销差率12.28%，同比降低0.48个百分点。

集中供热服务和质量持续提升。新增供热入网面积776.6万平方米，新建改造供热管网107公里；特别是围绕供暖保供工作，成立工作专班，建立会商机制，积极衔接上游热电厂和气源单位，做好热源气源调配，提前启动今冬明春供暖工作，扎实开展供热领域突出问题专项整治，严肃查处隐患排查不认真、隐患整改不及时不彻底等不履行或不正确履行职责的行为，受到群众好评与点赞。

燃气供应安全平稳有力。持续完善郑州市燃气输配系统建设，优化气源结构，新建改造燃气管网105公里，新发展燃气用户11.5万户；强化燃气市场监管，深刻吸取十堰、沈阳、大连燃气爆炸事故教训，全面开展全市城镇燃气安全隐患大排查大整治，制定了排查方案、组建了工作专班，加密巡查频次，加大排查整治力度，累计排查天然气门站、瓶装液化石油气分销站点、商业综合体等场所12698处、燃气管网70813.2公里，发现整改隐患1776处；针对瓶装液化气无证经营、超期钢瓶、“黑气点”，管道占压圈占，第三方施工现场危害管道安全等重点隐患，加大查处力度，共下达执法文书367份，责令停业整顿14家。

污水污泥处理能力不断提高。郑州新区污水处理厂二期、南曹污水处理厂一期、马头岗污水处理厂厂外再生水管线工程加快推进，8座污水处理厂安全稳定运行，出水指标达到《贾鲁河流域水污染物排放标准》。

四、垃圾综合治理取得长足进展

推进生活垃圾分类管理。加快分类处理设施建设，已建成生活垃圾分拣中心9座、果蔬垃圾处理站15座、生活垃圾分类收集房（亭）2436座，全市已开展垃圾分类小区数8514个，开展户数349.88万户，垃圾分类覆盖率达到97.2%。

加快垃圾处理设施建设。登封垃圾焚烧发电厂一期于2021年11月建成投运，南部生活垃圾焚烧发电厂二期于2021年12月30日已开始接收垃圾进场；西部生活垃圾焚烧发电厂已办理完成项目建议书、规划选址意见等13项手续，正进行场地内山体爆破及清表工作；侯寨生活垃圾填埋场生态修复工程全面启动。

强化建筑垃圾源头管控。推进建筑垃圾消纳场所建设，共计核准临时消纳处置场所268处，工程弃土消纳场所4处，建成投入使用建筑垃圾资源化利用项目1个，建筑垃圾资源化利用年处置能力达到1500万方。加强建筑垃圾清运市场管理，处置结案违规清运案件1817起，对28家清运公司所属1025台渣土车信用扣分1672次，渣土车违法违规行为与去年同比下降34%。加快新能源渣土车推广，研究出台新能源渣土车替代及奖补方案，加大政策宣传引导，购置新能源渣土车1039台。

推进餐厨垃圾资源化利用和无害化处理。签订餐饮单位餐厨垃圾集中收运协议 1.53 万家，签约率达到 90%，餐厨垃圾收运覆盖率达到 95%，累计处理餐厨垃圾 14.2 万吨。

五、城市防汛抢险和灾后恢复重建基本完成

2021 年，郑州市遭遇“7·20”特大暴雨灾害，造成城区道路、桥涵、隧道等大面积积水，交通整体性瘫痪，城区河道水位暴涨、河水外溢，供水、供气、垃圾污水处理等基础设施受损严重。

面对突如其来、史所罕见的特大暴雨灾害，全市城管系统快速反应，第一时间启动抢险救灾，打响“四通一排”“两清一消”攻坚战，加快推进积水抽排、垃圾淤泥清理、防疫消杀、水气设施抢修等工作，用 5 天时间实现了 1864 个停水小区供水，112 个停气小区全部恢复供气；用 10 天时间，完成了城区 66 座隧道桥涵积水抽排，道路淤泥和积存垃圾清理，抢通了所有道路，损坏的公厕、中转站、果皮箱等环卫设施全部修复完毕，环卫保洁转入常态化运行，城市市容秩序基本恢复。市建成区 2667 处道路塌陷、27 座存在安全隐患的桥梁、389 处雷达检测道路病害、212 处河道塌方全部完成修复整治，清理倒伏树木 6999 株、断枝 3.6 万处，补植补栽绿化 22.4 万平方米，维修受损灯具 5364 处、路灯箱变 414 台，侯寨垃圾填埋场 90 万吨积存污水已处置完成 42.8 万吨，受损市政设施抢修任务基本完成，水、气、暖供应及城市照明、停车管理等工作进入常态化运行。

六、大城管体系高效运行

持续完善问题发现机制。按照范围全覆盖、类别全包含要求，推动信息采集向城乡接合部、居民楼院以及游园廊道、施工工地、铁路沿线、高速公路站点、匝道、桥区延伸扩展，准确界定城市管理边界，实现了“空间上无盲区、区域内无盲点”的覆盖式管理。

优化提升数字城管闭环管理体系。针对“四化”方面存在的问题，全面排查，精心梳理，分门别类建立了问题台账和责任清单，特别是事关民生的垃圾、扬尘等痛点、乱点和群众反映的突出问题，以及责任不清、长期搁置的架空线缆损坏、通信交接箱、立杆等积压案件，建立分析、会商、研判机制，定期组织会议会商、研判，深入分析问题存在原因和解决途径，明晰责任主体，明确整改节点，压实管理责任，实行销号管理，构建了问题处置的闭环，实现了“高效处置一件事”的目标。

严格落实大城管工作日督导、周例会、月点评工作制度。强化动态管理，定期研究、定期调度、定期讲评。各级、各部门组建强有力的督导队伍，按照分解下达的任务，对照进度表和责任人，定期不定期进行督导，逐项、逐块、逐点检查。对新发现的问题及时列入管理台账，逐一整改，做到问题及时发现、及时整改。

七、管理体制机制日趋完善

积极推动管理职能下放。下放城市道路 17 条、约 680 万平方米、总长度 165 公里；下放全市城市道路路名牌，桥梁 41 座；下放行道树 31919 棵，道路绿地总面积 84 万平方米。

加快智慧城管建设。智慧城管一期总体完成 93.5%，7 个领域 11 个子项目 77 个子系统基本建成，实现了综合执法、智慧市政、智慧停车、共享基站等重点场景突破。市数字化管理平台共接受各类案件 316.7 万件，按期结案率 81.04%。

持续优化营商环境。深化“一网通办、一次办成”改革，持续减证便民优化服务，取消许可证明材料 4 项，临时占用城市道路、养犬证办理许可上线“郑好办”App 一件事系统，全年受理行政许可事项 2616 件，核发许可证 6407 份，满意率 100%。持续提升水气暖报装服务水平，通过四减一优等措施，形成了 1 份资料、2 个环节、3 个工作日的报装“123 模式”，营商环境排名市直单位前列。在 2020 年度国家营商环境评价中，获得用水用气进入优秀序列。

加大科技创新力度。不断充实城市管理科技创新“智库”，新增专利成果 106 项，省级科技成果 3 项，个人科技奖项 6 项，集体科技奖项 2 项，主编省级标准 2 项，省级技术导则 1 项，省级定额 1 项，参编团体标准 5 项，新增市社会科普基地 2 个。

加强执法队伍建设。持续巩固深化“强基础、转作风、树形象，打造人民满意城管”专项行动成效，创新实施“精管理、优服务、暖民心”专项行动，扎实开展“大练兵、大比武、大提升”执法职业技能竞赛，执法队伍综合能力素质不断提高，形象得到全面提升。全省城市管理执法规范化建设观摩会在郑州召开，实地观摩了我市执法队伍标准化建设情况和模拟执法演示，并进行经验交流。在河南省首届城市管理执法职业技能竞赛中，我市代表队荣获团体一等奖和个人奖前三名。市城管执法支队被住建部评为巩固深化“强转树”专项行动表现突出单位，金水区“五室一庭”执法保障机制在全省推广；市城管执法支队、航空港区综合执法监察支队、管城区城管局、中牟县城管局被住建厅评为“强基础、转作风、树形象、打造人民满意城市”专项行动表现突出单位，市城管执法支队、金水区城市综合执法局被住建厅评为执法队伍规范化建设模范单位。

着力打造“绿城啄木鸟”志愿服务品牌。全市 131 个“绿城啄木鸟”志愿服务分队 1.3 万余名志愿者围绕文明交通引导、市容秩序维护、疫情防控、防汛救灾和 2021 年中国（郑州）黄河文化月、2021 双创活动周等重大活动开展志愿服务 3000 余场次，有力助推了中心工作完成。

郑州市2021年农业农村工作报告

郑州市农业农村工作委员会

2021年，郑州市农委认真贯彻落实中央、省委、市委农村工作会议精神，以实施乡村振兴战略为总抓手，坚持把“三农”放在优先发展的位置，积极应对灾情疫情，加快农业农村灾后恢复重建，扎实做好美丽乡村建设，不断巩固拓展脱贫攻坚成果，全市“三农”工作保持稳定发展。全市第一产业增加值181.69亿元，同比增长2.5%，农村居民人均可支配收入26790元，增长8.1%，实现了“十四五”良好开局。

一、稳定重要农产品供给

坚决扛稳粮食安全重任，统筹抓好肉蛋奶、果菜鱼等重要农副产品生产，加强农产品质量安全监管，提高农产品供给质量，满足城乡居民多样化消费需求。

抓好耕地和种子两大关键。加大耕地地力保护补贴力度，全年下达中央补贴资金24083万元、应对农资价格上涨补助资金4383万元。投资3040万元，新建高标准农田2万亩。加强农业种质资源保护开发利用，共征集农作物种质资源183份，完成畜禽、水产、食用菌面上普查，金苑、豫玉、隆平联创、欧兰德4家企业被认定为第一批省级种质资源保护单位。成功举办了第四届黄淮麦区新品种地展博览会、第七届黄淮海玉米新品种地展博览会、2021 年第三届郑州种业博览会暨第六届中原国际种业科技展览会。

稳定粮食生产。粮食种植面积 420.07 万亩，总产 135.29 万吨。其中，夏粮种植面积 204.4 万亩，总产 70.63 万吨；秋粮种植面积 215.67 万亩，受“7·20”特大暴雨灾害影响，受灾 72.5 万亩、成灾 45.2 万亩、绝收 22.5 万亩，总产 64.66 万吨，同比减产 14%。

保障“菜篮子”供应。以郑州市“菜篮子”工程工作领导小组名义及时出台《关于做好“菜篮子”产品稳价保供工作的实施意见》，下达资金 5000 万元，新建高标准“菜篮子”生产示范基 6300 亩。全年蔬菜播种面积 83 万亩、总产量 198 万吨。全年新增果树种植面积 2000 亩，总面积 29.83 万亩，同比增长 0.6%；受冬季严寒天气影响，产量 28.95 万吨，同比下降 26.7%。市政府下发《关于加快推动畜牧业高质量发展的意见》，把肉牛、肉羊、肉鸡、蛋鸡等 4 个品种纳入地方特色农业保险，下达市级美丽牧场建设资金 3500 万元，对二级以上种猪场引进的种猪给予每头 2000 元的补贴，下拨 1200 万元对因灾死亡畜禽予以补贴。全年生猪存栏 65.73 万头，同比下降 8.5%，出栏 89.77 万头，同比增长 18.7%；肉类产量 9.51 万吨，同比增长 9.3%；禽蛋 11.88 万吨，同比增长 0.3%；牛奶产量 9.33 万吨，同比下降 12.7%。深入开展水产绿色健康养殖“五大行动”，积极发展现代渔业，全年水产养殖面积 6.9 万亩、总产 6.04 万吨。

保障农产品质量安全。加强基地监测，截至 2021 年 12 月底，共抽检农产品 1303 批次、监测合格率 99.39%。继续推行食用农产品合格证制度，鼓励有条件的企业开具含追溯码的食用农产品合格证，开具合格证 31.09 万张，获证上市农产品 5.13 万吨。开展食用农产品“治违禁、控药残、促提升”三年行动，建立生产主体名录品种 11 个，检查生产经营主体 1486 家次；完成兽药抽检任务 303 批，产品合格率为 98%；饲料抽检任务 340 批，产品合格率为 97%；农药抽检任务 95 批，产品合格率为 98%；3 家农资生产经营企业被立案处罚。开展“瘦肉精”专项整治，完成肉牛养殖场（户）1320 个、23871 头和肉羊养殖场（户）3741 个、

115420只的排查工作，排查率100%，未发现违禁添加“瘦肉精”情况。

二、提升都市现代农业发展水平

围绕发展科技型、示范型、服务型、生态型“四型”农业，坚持融合化发展方向，构建农业全产业链，打造具有郊区特色的现代农业。

培育新型农业经营主体。试点整县推进农民合作社质量提升，大力培育农民合作社示范社、农业生产社会化服务示范组织，截至2021年12月底，在市场监管部门登记注册的农民专业合作社共5741家，其中正常运行2788家，其中国家级示范社21家、省级示范社37家。新评定市级示范社25家，市级农业生产社会化服务示范组织3家，登封市、中牟县获选第二批河南省农民合作社质量提升试点整县，新郑市成功申报省级农业生产社会化服务示范县。出台《郑州市家庭农场培育计划的实施意见》，开展家庭农场示范创建，完成录入的经工商登记注册的家庭农场数量1476家，录入规模经营户7840户。

壮大龙头企业。积极实施龙头企业及产业化集群培育工程，出台《郑州市农业产业化经营重点龙头企业认定及监测管理办法》，挖潜与淘汰结合，实现动态管理。全市培育市级以上农业产业化龙头企业215家，其中国家级14家、省级60家、上市企业11家（含新三板挂牌7家）；累计培育农业产业化集群31个，其中省级19个、市级12个。新郑市银发牧业被新认定为国家级龙头企业，三全、思念、好想你三家企业荣获2020年全国农业产业化百强企业称号。

提升农业科技装备水平。加强农业科技创新，郑州市农业科技创新中心项目获批，一批科技创新重点项目顺利推进，培育农业科技创新平台4家，建设农业科技示范展示基地18个。稳步开展基层农技推广体系改革与建设工作，着力构建以“县域农技推广首席专家＋农技指导员＋村级农民技术员”为主体力量的农技推广人才队伍，共选聘47名县域推广首席专家、确定416名技术指导员、选聘村级农民技术员1717名。大力提升农业机械化水平，提高农机服务组织化程度和社会化服务能力，截至2021年底，全市农机总动力达到435.53万千瓦，主要农作物耕种收综合机械化率达到85.72%，小麦耕种收综合机械化率达到99.53%，玉米耕种收综合机械化率达到94.42%。推动绿色发展，主要农作物化肥用量继续保持零增长，测土配方施肥技术覆盖率达到92.8%，小麦、玉米肥料利用率均达到40.5%，畜禽养殖粪污综合利用率达到93.9%。

建设现代农业示范园。将现代农业示范园作为推进农业现代化的重要抓手，全年下达财政专项资金3000万元，启动建设市级现代农业示范园15个。加快推进省级现代农业产业园项目建设，荥阳河阴石榴产业园项目已完成项目规划、方案编制，惠济区蔬菜种业、中牟县草畜种业两个省级现代农业产业园新增获批，总数达到4个。

推动融合发展。积极发展特色农业，巩义市鲁庄镇获批全国农业产业强镇，荥阳市张庄村、枣树沟村获批第十一批全国一村一品示范村镇，全国农业产业强镇、全国一村一品示范村分别达到3个、7个。实施农产品精深加工行动，将速冻食品、肉制品、面制品、枣制品、乳制品及饮料制品、果蔬制品等食品行业作为重点产业进行培育和提升。大力发展休闲农业和乡村旅游，通过推介精品线路、举办特色农事节会活动、开展星级示范创建等举措，促进休闲农业提档升级。新密市神仙洞村成功申报全国美丽休闲乡村。截至2021年底，全市有全国休闲农业与乡村旅游示范县2个（登封、惠济），中国美丽休闲乡村4个（泰山村、樱桃沟村、民权村、神仙洞村），全国十大精品线路1条（滨河风光揽胜）。2021年新培育提升全国休闲农业与乡村旅游星级园区9家，全国休闲农业与乡村旅游星级企业达到52家，农业科普研学基地16家，完成休闲农业及乡村旅游营业收入10.35亿元，接待人次1621万人次。

三、加快美丽乡村建设

围绕郑州城市功能布局和“两带一心”文化旅游布局，聚焦精品村、示范村创建，统筹推进美丽村庄、美丽田园、美丽公路、美丽河道、美丽产业一体布局、一体打造，建设美丽乡村。2021年市财政安排资金

7.2 亿元，截至 12 月底，50 个精品村项目总体进度达到 85%，89 个示范村达到“四美乡村”创建标准。

坚持科学规划布局，分层分类推进。加强规划指导，制定了《郑州市美丽乡村建设导则》，出台了《郑州市 A 级景区村庄评定标准》，对美丽乡村精品村创建进行规范指导。按照东部平原地区、西部丘陵山区、近郊城乡接合部和沿黄地带四大区域，因地制宜，分层分级推进。50 个精品村规划已全部完成，300 个示范村完成规划 240 个村。

坚持融合发展，培育美丽产业。坚持走城乡融合、文旅融合的路子，大力发展乡村旅游、乡村民宿等新产业、新业态，推动美丽风景向美丽经济转变。50 个精品村新增农家乐 103 户、民宿 111 家。“五一”“十一”期间，到 50 个精品村旅游的人数达到 141 万人次，实现经济收入 5897 万元。

坚持创新驱动，增强发展动力。出台《关于用好城乡建设用地增减挂钩政策　助推美丽乡村建设的意见》，探索开展农村全域国土整治试点，指标出让收益全部返还村级集体，50 个精品村 2021 年以来流转土地 1.2 万亩。出台《郑州市农村宅基地管理导则》，规范乡村建房质量，提高民居设计标准，盘活宅基地 599 处。出台《精品村试点建设“数字乡村”的指导意见》，已建成 5 个试点村。出台《关于实施“三年强村计划”发展壮大村级集体经济的意见》，50 个精品村集体经济收入达到 1.34 亿元，其中 47 个村超十万元、14 个村超百万元、3 个村超千万元。

坚持多轴联动，强化服务保障。坚持政府投入与社会投入同向发力，形成财政资金、社会资本、农户自筹多渠道投入机制。市财政对精品村每村每年扶持 1000 万～2000 万元，连续扶持 2 年；县级财政对示范村以每户不低于 1 万元标准扶持打造。发挥财政资金的撬动作用，吸引龙头企业、乡村企业家、致富带富能手等社会投资 53.6 亿元，已投入 6.1 亿元。建立市县两级部门“联乡包村”帮扶机制，安排 50 家市直单位一对一分包精品村建设。将美丽乡村建设工作列入郑州市 15 个重大专项工作，实行月度综合评比。

坚持整体推动，提升农村人居环境。启动实施农村人居环境整治提升五年行动，深入推进旱厕、黑臭水体、垃圾乱堆“三个清零”，全市1637个涉农行政村和10797个自然村组，已实现收运处置体系覆盖率100%，农村生活垃圾做到日产日清，垃圾乱堆问题实现动态清零；实现全市农村黑臭水体源头“动态清零”，深度治理率达到50%；完成旱厕整治34089个，均已拆除或新建改建到位。

四、巩固提升脱贫攻坚成果

推动脱贫攻坚与乡村振兴有效衔接，牢牢守住不发生规模性返贫底线。截至2021年底，脱贫户农民人均可支配收入达到15035.19元，同比增长10.71%；三类户中，消除风险户124户422人。

加强组织领导。严格落实“四个不摘”的要求，成立了以市委书记、市长任组长的巩固拓展脱贫攻坚成果工作领导小组，挂牌成立了郑州市乡村振兴局；出台《郑州市实现巩固拓展脱贫攻坚成果同乡村振兴有效衔接的实施意见》，研究下发《郑州市“四个不摘”主要政策调整优化清单》，111项政策中延续51项、优化25项、调整23项、新增12项。全年共争取中央、省资金21651万元；下达市本级资金32820万元，同比增加516万元；落实县级配套资金23061.78万元，同比增加753.78万元；总投入达到77532.78万元。

扎实开展防返贫动态监测帮扶。建立健全行业部门数据共享、常态化排查和精准帮扶三项机制，构建完善监测帮扶网络，做到早发现、早干预、早帮扶。全市共排查农户8万户28万人，新认定监测对象18户65人；围绕灾情疫情影响，先后开展三轮集中排查，共排查农户36.99万户163.33万人，按照应纳尽纳的要求，将3254户10012人纳入监测对象；全年共纳入监测对象3272户10077人，均落实了一对一帮扶措施。

夯实“两不愁三保障”基础。紧紧围绕提升“两不愁三保障”水平，相关行业部门完善政策举措，强化工作指导，加强督促检查，教育、医疗、健康、饮水安全、住房保障、兜底保障等政策得到有效落实。

着力巩固提升脱贫成果。强力推进产业振兴，产业对脱贫户覆盖率达到100%。做实稳岗就业，共完成“雨露计划”培训3455人，脱贫人口务工总人数达到21870人。深化金融帮扶，截至12月底，全市历年累计投放脱贫人口小额信用贷款45624.19万元，贷款户数8015户；向32家帮扶企业投放精准扶贫企业贷款23265万元，帮扶脱贫户2411户。加强易地搬迁后续扶持，先后扶持了一批特色种养、服装加工、光伏发电等配套产业，全面启动实施“五个新”专项工程建设。扎实开展消费帮扶。探索实施党建引领、政府引导、工会助力、邮政搭台、社会参与的消费帮扶新模式，据不完全统计，全市累计销售脱贫地区农副产品34.81亿元。加大驻村帮扶力度，全市共派出驻村工作队420支，驻村干部1260名，实现了脱贫村全覆盖。

加强扶贫项目资产后续管理。全面落实中央、省关于加强扶贫资产管理各项要求，切实做好登记备案、运营维护、收益分配、资产处置和监督管理等各项工作，确保扶贫资产保值增值。截至12月底，完成确权登记2013—2020年各级财政专项扶贫资金、社会扶贫资金等投入形成的资产总数4895个，资产原值36亿元。经营性资产年资产收益3912万元，覆盖脱贫村178个，增加脱贫村集体经济收益2833万元，带动脱贫人口及监测对象731人就业。

扎实做好结对帮扶卢氏县工作。研究制定了《郑州市结对帮扶卢氏县工作方案》。持续开展产业帮扶，累计投入产业帮扶资金3100万元。做好就业帮扶，共提供就业岗位3000余个，达成就业协议220人。抓好教育帮扶，选派95名教师到卢氏县继续支教，组织72所中小学校结对帮扶卢氏县73所学校，实现建制学校全覆盖。搞好健康帮扶，组织市属12家医院对口帮扶卢氏县4家县直医院和20家乡镇卫生院，开展远程诊断860例，组织医疗专家赴卢氏县义诊600人次。开展消费帮扶，全年共购销卢氏县各种农产品价值6500余万元。

五、深化农村改革

坚持以深化改革为动力，推动农业农村持续发展。

深化土地制度改革。做好农村集体产权制度改革后半篇文章，探索实施农村集体经营性建设用地入市制度，制定了郑州市集体建设用地基准地价、集体农用地基准地价、国有农用地基准地价等地价体系，推进郑州市集体经营性建设用地制度顺利实施，地价成果已完成。鼓励发展多种形式的适度规模经营，联合市财政局出台《关于申报 2021 年度农业适度规模经营奖励资金的通知》，下拨奖励资金 288 万元，对土地流转成效显著的乡镇政府、村集体经济组织、农村产权交易机构给予财政奖励，共评定 31 个村集体经济组织、1 个乡镇政府和 1 家农村产权交易机构。

深化农村宅基地制度改革工作。出台了《关于稳慎推进农村宅基地改革的指导意见（试行）》，从宅基地集体所有权行使机制、农户资格权保障机制、使用权流转制度等 9 个方向，对闲置宅基地认定标准、盘活程序、盘活用途予以明确，并选定巩义市全域推进，在市级 50 个美丽乡村建设的精品村和各地自行确定的村庄内有序推进。

深化农村产权制度改革。做好农村集体产权制度改革后半篇文章，研究制定《郑州市农村集体资产管理暂行办法》，推进市级农经信息一体化平台应用，全市村及集体经济年经营性收入在 10 万元以上的村达到 80.4%。

协调推进农村治理体系建设。充分发挥郑州市加强乡村治理工作联席会议制度作用，登封市雷家沟村、新密市高沟村、荥阳市南屯村、荥阳市高山村成功创建全国乡村治理示范村。截至 2021 年 12 月底，我市共有全国乡村治理体系建设试点示范县 1 个（新密市），全国乡村治理示范镇 1 个（巩义市竹林镇），以及全国乡村治理示范村 7 个。

深化农村金融改革。完善农业保险政策体系，制定下发了《关于加快农业保险高质量发展工作的通知》，建立了农业保险工作联席会议制度。做好农业担保工作，截至 2021 年 12 月底，年度新增担保 24793 户，新增担保 134857 笔，新增担保额 58.56 亿元，在保 18433 户，在保额 23.14 亿元。加强“政担”三级服务体系建设，截至 2022 年 12 月底，本年新增放款 9565 户、14.9 亿元。

六、扎实做好灾后重建工作

“7·20”特大暴雨灾害发生后，郑州市农委高度重视，迅速行动，积极采取有效措施，扎实做好农业救灾和灾后重建工作。

加强组织领导。主要领导亲自安排部署，靠前指挥，统筹灾情调度、技术指导、灾后生产恢复重建、困难群众救助等工作。建立灾情日报制度，全面掌握农业农村受灾动态及灾后重建恢复情况。

加强技术指导。组建农业灾后生产恢复专班，成立9个专家指导组，深入各区县（市）现场开展实地指导。印发各项农作物恢复生产指导意见和明白纸，全面提供技术支持，确保秋粮颗粒归仓、麦播顺利完成、畜禽养殖恢复好转。灾后补改种6.44万亩、飞防50万亩。

加大资金扶持。根据受灾情况，将2780万元中央救灾资金分解下达到各区县（市）。积极做好农业保险赔付工作，受理农业保险报案1258件，赔付资金2453.92万元，实现应赔尽赔。

推动灾后重建。研究制定了《郑州市农业农村灾后重建和恢复生产实施方案》，采取自救和项目化扶持相结合，10.37万亩轻度损毁农田已经全部修复到位，7.55万亩中、重度损毁农田、分别纳入省、市高标准农田建设任务；全市受灾养殖场（户）已恢复正常生产1178个，补栏增养8.4万头/只，修复养殖圈舍面积13.76万平方米，修复养殖设备771台/套；淹没鱼塘和冲毁鱼塘已全部恢复。

郑州市2021年脱贫攻坚工作报告

郑州市农业农村工作委员会

2021年，郑州市认真贯彻落实习近平总书记关于巩固拓展脱贫攻坚成果的重要批示指示精神，加强组织领导，强化责任担当，完善推进举措，克服灾情疫情影响，推动脱贫攻坚与乡村振兴有效衔接，牢牢守住不发生规模性返贫的底线，脱贫成果得到进一步巩固，脱贫户收入实现较快增长。2021年脱贫户农民人均可支配收入达到15035.19元，同比增长10.71%；三类户中，消除风险户124户422人。

一、加强组织领导

赓续伟大的脱贫攻坚精神，将巩固拓展脱贫攻坚成果作为推进乡村振兴，加快农业农村现代化，助力国家中心城市建设的底线任务和基础性工程来抓。

*严格落实“四个不摘”的要求。*坚决贯彻落实中央、省委决策部署，坚持“摘帽不摘责任、摘帽不摘政策、摘帽不摘帮扶、摘帽不摘监管”，持续保持攻坚态势，加大资金投入和帮扶力度，做到力度不减、工作不松，不断巩固拓展脱贫攻坚成果。研究下发《郑州市“四个不摘”主要政策调整优化清单》，111项政策中延续51项、优化25项、调整23项、新增12项。

加强组织领导。坚决贯彻五级书记抓巩固脱贫攻坚成果的要求，成立了以市委书记、市长任组长的巩固拓展脱贫攻坚成果工作领导小组，挂牌成立郑州市乡村振兴局，出台《郑州市实现巩固拓展脱贫攻坚成果同乡村振兴有效衔接的实施意见》，市委、市政府主要领导多次深入脱贫乡村调研，全年召开市委常委会、市政府常务会、工作推进会等 20 余次。

优化政策供给。出台《郑州市实现巩固拓展脱贫攻坚成果同乡村振兴有效衔接的实施意见》，提出了一系列政策举措。研究下发《郑州市"四个不摘"主要政策调整优化清单》，确保政策的稳定性和连续性，其中延续 51 项、优化 25 项、调整 23 项、新增 12 项。

加大资金投入。在积极争取上级资金的同时，加大市、县两级投入，全年共争取中央、省资金 21651 万元；下达市本级资金 32820 万元，同比增加 516 万元；落实县级配套资金 23061.78 万元，同比增加 753.78 万元；总投入达到 77532.78 万元。

强化督导指导。专门成立督导组，加强常态化督导，发现问题，推动工作。发挥乡村振兴局统筹协调和工作指导作用，全年举办培训班 35 期，培训各级从事巩固拓展脱贫攻坚成果干部 6197 人，向有关区县（市）和市直部门下发重点工作提醒 4 期，向各有关区县（市）委书记发提醒函 2 期，对 14 个部门进行了约谈。

二、扎实开展防返贫动态监测帮扶

坚持把做好防返贫动态监测帮扶放在巩固拓展脱贫攻坚成果的首要位置来抓，从健全体制机制入手，不断构建完善监测帮扶网络，做到早发现、早干预、早帮扶。

建立健全行业部门数据共享机制。市直相关部门按照责任分工每月向市乡村振兴局提供一次数据变动清单，其中民政局负责提供农村低保户、特困供养户名单，医保局负责提供医疗报销后自费部分超过 2 万元的农户名单，城建局负责提供 C 级、D 级危房户名单，教育局负责提供农村义务教育适龄儿童少年失学辍学名单，水利局负责提供饮水安全未保障到位农户名单，残联负责提供新办理、新升级的一级、二级残疾人及精神、智力三级残疾人名单，市乡村振兴局负责做好脱贫人口、监测对象信息推送，做到每月一比对，及时筛查返贫致贫风险点，及时反馈基层核实，及时会商研究解决问题。

建立健全常态化排查机制。采取基层干部排查、部门筛查预警、农户自主申报等途径，按照“五个必到”要求，定期开展多渠道、全方位排查，做到排查全覆盖，无死角。上半年，全市共排查农户 8 万户 28 万人，新认定监测对象 18 户 65 人；围绕灾情疫情影响，先后开展三轮集中排查，共排查农户 36.99 万户 163.33 万人，按照应纳尽纳的要求，将 3254 户 10012 人纳入监测对象；全年共纳入监测对象 3272 户 10077 人，均落实了一对一帮扶措施。

建立精准帮扶机制。对按程序纳入的监测对象，第一时间指定帮扶责任人，从产业帮扶、就业帮扶、社会帮扶、综合保障、扶志扶智等方面采取针对性帮扶措施，展开一对一帮扶，有序消除风险。

三、夯实“两不愁三保障”基础

紧紧围绕提升“两不愁三保障”水平，相关行业部门强化工作指导，完善政策举措，加强督促检查，推动政策落实，提升保障水平。

教育扶持方面。全面推进乡村教育振兴，试点启动义务教育中小学午餐供餐和课后延时服务，实现了城乡全覆盖；加强中小学校建设，调整优化教育资源，促进均衡发展；严把“控辍保学”关，加大对困难学生的资助力度，生源地信用助学贷款大学生由每生每年 8000 元调整到 12000 元，研究生由每生每年 12000 元调整到 16000 元，全面提升脱贫乡村学生受教育水平。全年共发放资助资金 24395.7 万元，惠及学生 32.2 万人次。其中，共对建档立卡学生发放资助资金 6692.676 万元。没有发生因贫辍学问题。

健康扶持方面。扎实开展“优质服务基层行”活动，大力推进乡村医疗卫生机构达标建设，持续提升乡村医疗服务能力；针对脱贫人口继续实行“七免一减”惠民举措和家庭医生签约服务。全市享受“七免一减”惠民政策1.19万人次，累计减免金额204.6万元。严格落实医疗保障各项惠民倾斜政策，脱贫人口门诊慢性病、重特大疾病门诊病种报销比例均提高到85%，较一般人群分别高出15个、5个百分点；大病保险住院起付线由0.75万元下降为0.55万元，个人负担的政策范围内合规医疗费用报销比例，10万元（含）以下的达到85%、10万元以上的达到95%。通过多重医疗保障，脱贫人口住院医疗费用平均报销比例稳定在90%左右。脱贫人口和三类户住院1.44万人次，医保支付5654.7万元；门诊慢特病待遇享受3.59万人次，医保支付905.42万元；享受医疗救助1.2万人次，救助资金支出1014.94万元。住房保障方面，建立住房安全保障动态监测机制，及时进行精准改造，申请中央及省补助资金52万元，落实改造任务26户，已全部完工。

饮水安全方面。扎实推进农村供水规模化、市场化、水源地表化、城乡一体化发展；健全完善农村供水动态监测和响应机制，及时做好农村供水问题排查和整改，保持动态清零，不断巩固农村饮水安全成果，全年完成饮水问题整改和现场复核18项，落实农村供水工程维修养护资金1585万元，争取农村供水工程水毁修复资金2.973亿元，有力保障群众基本生活用水。

兜底保障方面。扎实开展贫困边缘人口基本生活状况动态监测，完善农村低保申请对象收入认定标准，对收入超过低保标准的脱贫人口和三类户给予“渐退期”政策，将符合条件的脱贫户和监测对象按规定及时纳入低保或特困供养范围，全面落实农村低保、特困人员供养、残疾人补贴、临时救助等政策，实现应保尽保。目前，已将脱贫户中符合条件的5830人纳入低保、765人纳入特困供养；将监测对象中符合条件的2687人纳入低保、308人纳入特困供养，对2942人实施了临时救助。巩固提升残疾人脱贫成果，享受困难残疾人补贴、生活脱贫人口2374人、监测对象627人，重度残疾人护理补贴脱贫人口2150人、监测对象508人。扎实做好受灾困难群众基本生活保障，共发放省、市两级受灾困难群众临时生活补助 8877 万元，募集慈善捐款、捐物合计 20.5 亿元。

四、着力巩固提升脱贫成果

紧紧围绕提高脱贫群众收入水平，增强脱贫乡村可持续发展能力这一核心，坚持把各项工作做深、做细、做实，确保脱贫成果得到有效巩固。

改善人居环境。持续开展人居环境整治，推动美丽乡村建设，实施农村旱厕、垃圾乱堆、黑臭水体“三个清零”行动，因地制宜推进“厕所革命”，脱贫村村容村貌不断提升。目前，脱贫村列入全市美丽乡村精品村 12 个、示范村 21 个，已建成美丽乡村 10 个。加快补齐基础设施和公共服务短板，在全市开展城乡交通运输一体化示范创建活动，启动实施“全域公交”建设模式研究，深化“交通运输＋”，建制村通客车率、直接通邮率保持 100%，村庄公共区域亮灯率达到 90%以上，绿化率达到 37%，党建活动室、文化活动广场、教育、医疗、卫生等公共服务设施实现全覆盖。

强力推进产业振兴。坚持以土地流转为抓手，以现代农业示范园创建为载体，因地制宜发展特色种养业、农产品加工业，大力发展乡村旅游、农村电商等新产业新业态，产业对脱贫户覆盖率达到 100%，确保脱贫群众收入有来源、增收有保障。

做实稳岗就业。动态监测脱贫劳动力就业培训情况，扎实做好“雨露计划”培训，多渠道提供就业岗位，积极开发公益性岗位，努力实现脱贫群众和“三类户”劳动力应就业尽就业目标。2021 年以来，全市共完成“雨露计划”培训 3455 人，脱贫人口务工总人数达到 21870 人，完成省定任务数 21340 人的 103%。设置公益性岗位 2248 个，其中脱贫不稳定户、边缘易致贫户、突发困难户从事公益性岗位 325 人次。

深化金融帮扶。建立政府金融机构、企业、农户多方联动机制，完善金融基础设施，推进小额信贷政策落实，将更多金融资源配置到脱贫乡村，实现“基础金融服务不出村，综合金融服务不出镇，数字金融服务零距离”。截至2021年底，全市历年累计投放脱贫人口小额信用贷款44368.88万元，贷款户数7911户，贴息1027.5万元；向32家帮扶企业投放精准扶贫企业贷款23315万元，帮扶脱贫户2411户；落实救灾政策，受理农业保险报案1258件，赔付资金2453.92万元，实现应赔尽赔。

加强易地搬迁后续扶持。以“搬得出、稳得住、能致富”为目标，切实做好搬迁群众就业和产业后续扶持，对全部搬迁劳动力实行台账式动态管理，先后扶持了一批特色种养、服装加工、光伏发电等配套产业，提高搬迁群众收入水平。同时，全面启动“五个新”专项工程建设，建立健全搬迁安置点基层党组织，高标准建设综合服务中心，完善搬迁安置点基础设施和公共服务设施，广泛开展文明社区、文明家庭、星级文明户、文明信用户系列创建活动，使搬迁群众获得感、幸福感不断得到提升。

有效开展消费帮扶。探索实施党建引领、政府引导、工会助力、邮政搭台、社会参与的消费帮扶新模式，各级预算单位在“832平台”采购脱贫地区农副产品完成交易额1489.95万元，各级工会共采购脱贫地区农副产品价值639万元，郑州邮政帮助脱贫地区销售特色产品1282万，44个帮扶消费扶贫馆安排就业近200人，销售业绩突破6000万元。据不完全统计，全市累计销售脱贫地区农副产品34.81亿元。

加大驻村帮扶力度。全市共派出驻村工作队420支，驻村干部1260名，实现了脱贫村全覆盖。为每名市派第一书记下拨2万元党费、3万元工作经费，对市派驻贫困村和低收入村的每个工作队下拨30万元专项帮扶资金，按照每人每天140元标准发放驻村补助，为驻村工作提供资金支持和后勤保障。各驻村工作队和第一书记严格落实“五天四夜”工作制，履职尽责，得到了所驻村群众的高度认可。

五、加强扶贫项目资产后续管理

全面落实中央、省关于加强扶贫资产管理各项要求，确保扶贫资产保值增值。

加强组织领导。成立了扶贫资产管理工作领导小组，细化责任分工，明确工作目标，健全工作机制，制定工作方案，提供经费保障，扎实做好扶贫项目资产后续管理工作。

制定工作方案。以市委农村工作领导小组名义下发了《关于加强扶贫项目资产后续管理的实施方案的通知》，明确了扶贫资产范围、扶贫资产类别、建立资产台账，按照扶贫项目资产的产权归属做好资产移交工作，构建扶贫项目资产后续管理长效机制。

严格规范运营。坚持因地制宜、分类有序、科学管理、公开透明的原则，加强对扶贫资产的登记备案、运营维护、收益分配、资产处置和监督管理，落实扶贫资产运行管理全过程公告公示，接受社会和群众监督，确保扶贫资产管理工作在阳光下进行。

效益发挥明显。郑州市已完成2013—2020年各级财政专项扶贫资金、社会扶贫资金等投入形成的资产总个数4893个，资产原值共计36亿元，已全部完成确权。经营性资产年资产收益3912万元，覆盖脱贫村178个，增加脱贫村集体经济收益2833万元，带动脱贫人口及监测对象731人就业。

六、切实做好灾后重建工作

“7·20”特大暴雨灾害发生后，市委、市政府第一时间启动应急机制，全面开展灾情排查、制定临时救助措施，对受灾脱贫人口和三类户按照每人700元的标准（每人每天100元共发放7天）发放临时生活补助，及时研究出台《郑州市防止因灾返贫巩固拓展脱贫攻坚成果若干政策措施》，优先安排脱贫村、脱贫户、三类户重建工作，从建立健全机制入手，突出动态监测和精准帮扶，着力减轻暴雨灾害损失，坚决防范因灾返贫致贫。

建立灾后重建工作机制。下发《关于做好农业农村灾后重建和恢复生产的通知》，成立灾后重建和恢复生产指导组，下设五个工作专班，在灾后重建和恢复生产总体方案下，配套制定困难群众过渡安置与救助、房屋灾后紧急排查整治、灾后恢复生产和农田毁损修复、农村水毁工程灾后恢复生产和灾后重建、农村防疫消杀等五个专案，构建“1+5”工作体系，推动各项工作有效开展。

扎实开展动态监测。制订下发《关于扎实做好灾后重建和防返贫监测帮扶工作的意见》，聚焦收入低于6372元，因洪涝灾难导致安全饮水、住房安全有问题，由于无法务工、粮食绝收等原因收入骤减的农户，逐村逐户排查，分类统计受损情况，建立完善工作台账，实现动态监测。共排查出受灾脱贫村169个、受灾脱贫户和三类户10874户38497人。

分类精准帮扶。重点突出“四优先一加快”：优先恢复安全饮水，安全饮水出现问题脱贫户和三类户3066户，已全部恢复。优先恢复安全住房，住房安全出现问题脱贫户和三类三户3904户，计划列入危房改造和重建1033户。其中：计划加固修复685户、计划原址重建156户，2021年底前已全部完成；计划易地重建192户，2022年6月底完成。优先开展临时救助，为脱贫人口和“三类户”发放临时救助资金1487万元，涉及7540户。优先安排就业，着力开发新的公益岗位，满足困难群众务工需求；加快恢复农业生产，组织成立9个专家指导组，深入各区县（市）现场指导，扎实做好水毁农田修复、改种补种、中耕追肥、防疫消杀等工作，加快恢复农业和畜牧业生产。

抓好水毁扶贫项目建设。经排查统计，全市有水毁扶贫项目419个，涉及资金8176.4万元。灾后重建启动以来，各级各有关部门加强工作调度，加快项目建设，已完成418个，剩余1个计划2022年6月底前完成。

七、扎实做好结对帮扶卢氏县工作

在结对帮扶卢氏县如期全面脱贫的基础上，按照省委统一部署，持续结对帮扶卢氏县巩固拓展脱贫攻坚成果。

加强组织领导。继续推行“市委市政府统筹协调，20个市直部门行业对口，12 个区县（市）结对 18 个乡镇”的帮扶做法，市委常委会、市政府常务会多次召开会议研究结对帮扶卢氏县工作，并抽调 1 名副县干部、2 名正科级干部派驻卢氏县。

完善工作方案。研究制定了《郑州市结对帮扶卢氏县工作方案》，明确了指导思想、目标和任务，细化了 14 个区县（市）、27 个部门的帮扶任务和职责。

用情用力帮扶。持续开展产业帮扶，对 35 个产业帮扶项目进行了科学研判，累计投入产业帮扶资金 3100 万元。重点做好就业帮扶，充分发挥就业信息平台作用，不间断发布就业招聘信息，推动脱贫户稳定就业，共提供就业岗位 3000 余个，达成就业协议 220 人。扎实抓好教育帮扶，选派 95 名教师到卢氏县继续支教，组织 72 所中小学校结对帮扶卢氏县 73 所学校，实现建制学校全覆盖。积极搞好健康帮扶，组织市属 12 家医院对口帮扶卢氏县 4 家县直医院和 20 家乡镇卫生院，开展远程诊断 860 例，组织医疗专家赴卢氏县义诊 600 人次。充分开展消费帮扶，第二十七届郑州全国商品交易会期间为卢氏县提供了免费展位，万邦国际集团、河南农购信息科技有限公司为卢氏县农产品开辟绿色通道；全年共购销卢氏县各种农产品 6500 余万元。

郑州市2021年水利工作报告

郑州市水利局

2021年，是郑州水利发展史上极其不平凡的一年。面对“灾情＋疫情”双重考验，在市委、市政府的正确领导下，全市水利系统干部职工不忘初心、牢记使命，有效应对历史罕见特大暴雨洪水，全力推进灾后恢复重建，落实“四水四定”，实施“四水同治”，实现了“十四五”水利发展良好开局。

一、全力以赴抗击严重水旱灾害

2021年，全市遭遇历史罕见的特大雨情汛情。汛期期间，全市经历明显降雨过程27次，累积平均降雨量1151.3毫米，折合水量85.7亿立方米，是多年同期均值2.5倍以上。特别是“7·20”特大暴雨灾害，全市平均降水534毫米，降雨量近40亿立方米，是我市有气象观测记录以来范围最广、强度最大的特大暴雨过程。市域内多条河流超警戒水位，104座水库超汛限水位，84座水库出现不同程度险情，常庄水库、郭家咀水库出现重大险情，五星水库出现较大险情。全市水利系统扛稳扛牢防汛抗洪政治责任，坚持“两个至上”，迅速投入抗洪抢险，最大限度减轻灾害损失，有力有效确保了南水北调中线总干渠、主要铁路公路干线等重要基础设施安全。

精心做好防汛准备。全面压实各级责任。印发了2021年水旱灾害防御工作要点、郑州市河湖及水利工程防汛抗旱办公室职责分工等多份文件，明确年度重点工作、责任分工和具体任务；落实全市水利工程和山洪灾害防御责任人9460余人，并向社会公布。深入整治度汛隐患。开展防汛检查96次，针对防汛薄弱环节和问题，以“一县一单”形式，督促责任单位及早根除各类隐患；南水北调防洪影响处理工程二七和管城段，于7月中旬贯通，具备行洪功能，极大减轻了南水北调中线总干渠郑州段防洪压力。严格落实“五预”措施。建立联合会商研判和水旱灾害预报预警发布机制，汛期发布雨水情简报49期；持续开展山洪灾害监测预警网络运行维护，确保了市级和6个县级平台及设施设备正常运行；组织编制了市、县两级各类预案方案576个；开展河道、水库、南水北调、山洪灾害防御演练25场次；补充调整水旱灾害防御专家库人员58名；集中储备抢险物资3200万元，其中市级1500万元；组建各类抗洪抢险队15支；培训小型水库和山洪灾害防御责任人1642人。

全力应对“7·20”特大暴雨灾害。市水利局多次召开防汛工作部署会、视频会、调度会，并派出9个督导组下沉16个区县（市）检查指导防汛工作。滚动监测预报雨情，向市防指报送雨水情简报17期，累计发布发送雨水情信息、山洪灾害防御预警信息4万余条。按要求启动水旱灾害防御Ⅳ级应急响应，并逐级提升至Ⅰ级响应。同时派出9个由县处级领导带队的工作组，组织40余名技术人员，迅速分赴抗洪抢险一线，经过3天2夜奋战，有效处置了常庄、郭家咀、五星等水库险情。精准调度水利工程。分级统筹调度全市143座水库运行，拦蓄洪水6.7亿立方米，有效发挥了拦洪滞洪、削峰错峰作用，其中，尖岗水库在关键时刻几乎零泄洪，削峰率达94%，为下游错峰18.5小时；科学调度城区河道拦蓄水坝，最大程度承纳上游来水，最大限度发挥行洪功能，特别是综合治理后的贾鲁河，作为全市主要行洪泄洪通道，极大减轻了郑州城区防洪压力。

快速展开灾后恢复重建。“7·20”特大暴雨灾害造成全市水利基础设施造成严重水毁6600余处，为确保安全度汛，市水利局坚持一手抓恢复重建，一手抓防汛安全，快速恢复水利工程设施防汛功能，全力推进灾后重建。7 月 22 日，市水利局召开灾后恢复重建和防汛工作会议，成立以郑州市水利局主要领导为组长的工作专班，累计召开专题会议 20 余次；针对河道、水库、淤地坝等重点部位，开展各类检查 50 余次；紧盯 143 座中小水库水情、险情，统筹调度全市水库安全泄洪、平稳运行，确保了水库安全万无一失。突出重要水利工程功能恢复，严把质量关、安全关，快速推进水毁修复，其中，南水北调向白庙水厂供水管线高新区贾鲁河段水毁部位，28 天恢复供水；666 处农村供水工程水毁部位于 9 月底全部完成保通抢修；8 个水毁应急抢险救灾工程全部完成；105 个水库水毁修复项目开工 102 座；47 条河道水毁修复项目开工 36 个。高标准制定灾后重建方案。遵循流域治理、源头治理、系统治理理念，统筹编制了《郑州市水利设施恢复重建工作方案》，于 11 月 26 日印发实施；启动了《郑州市防洪规划》《郑州市城市防洪规划》编制修编；按照“报废一批、降等一批、加固一批、提升一批”原则，科学编制了《郑州市中小水库综合评估报告》和 143 本综合评估分报告，形成“一库一案”，并于 12 月 15 日通过市政府常务会议审议。扎实推进灾后重建项目。贾鲁河综合治理七里河分洪工程、南水北调左岸截流及分洪工程项目建议书已经批复，郭家咀、常庄、五星等水库除险加固和贾鲁河、双洎河、颍河等河道防洪能力提升项目按计划推进；农村供水工程恢复重建开工建设，完成投资 1.8 亿元。

二、高质量推进水安全保障体系建设

水利高质量发展规划体系不断完善。坚持以高质量规划体系引领水利高质量发展，高标准编制了《郑州市“十四五”水利发展规划》，编制完成了郑州市黄河水资源节约集约利用规划、水利基础设施空间布局规划、大中型水库移民后期扶持“十四五”规划、“十四五”农村供水保障规划等专项规划和郑州市水源工程及生态水系运行调度运用方案、桃花峪水库建设对郑州影响因素调查分析及对策研究等专题研究。

水资源节约和管理力度持续加大。深入实施节水行动，组织开展郑州市2020年度节水行动落实情况年度评估，全面评估节水成效；积极开展节水型社会建设，共创建市级节水型载体152个、省级节水型载体58个；4个区县（市）通过县域节水型社会复审；持续压采地下水，出台《郑州市“十四五”地下水压采实施方案》，压采水量1632万立方米，超额完成年度任务；深层地下水持续回升，在全国37个深层地下水超采城市中排名靠前。落实最严格水资源管理制度，开展最严格水资源管理制度考核，督促推动全市水资源管理各项制度落到实处；持续推进取用水管理专项整治行动，取水口核查登记全部完成；加强与省水利厅、南阳等其他地市沟通对接，南水北调水权交易积极开展。全面完成中央环保督察反馈问题和“占地造湖”问题整改。牵头督办中央环保督察反馈问题21批47个，企业超计划用水、农业超采地下水、牛口峪引黄工程违规取用水等3个问题完成整改；牵头完成5个“占地造湖”项目问题整改验收，配合完成全市37个水利项目涉水手续整改和14个“占地造湖”项目整改。深入抓好节水宣传和水情教育。积极开展“世界水日”“中国水周”等节水宣传，水利部“关爱山川河流·保护大运河”志愿服务河南分会场活动在郑州举办，营造了浓厚的节水护水氛围。

水生态系统建设稳步推进。深入实施“四水同治”，系统推进全市域水生态修复和保护，制定《郑州市四水同治2021年度重点项目方案》，全市共有85个项目纳入省定方案，年度计划投资123亿，完成投资140亿元，观音寺调蓄工程、郑州黄河堤岸刚性加固试点工程、贾峪河生态治理工程、圃田泽水循环工程等重点工程规范有序推进。持续开展水土保持生态建设。总投资1870万元的国家水土保持重点治理工程和总投资1000万元的坡耕地水土流失综合治理项目全面建成，治理水土流失面积31平方公里、坡耕地5000亩；成功创建省级生态清洁小流域2条、水土保持科技示范园1个、水土保持生态村1个；黄河流域生产建设项目水土保持专项整治行动圆满收官，排查项目1419个，查处违法违规项目65个，解决违法违规问题118个；水土保持补偿费转税改革平稳过渡，征收水土保持补偿费3396万元；复核卫星遥感监管图斑3批次，1231个。

郑州市水利局代表郑州市被推荐为淮河流域2021年水土保持工作会议典型发言单位。

河湖长制深化落实。全面落实河长“管、治、护”责任。持续落实“两函四巡三单两报告”工作法，全年向各级河长发出履职提示函129份，各级河长签发交办单878份、督办单468份，全市河湖长巡查河湖16.9万次，解决各类问题5352个；紧盯水质改善，每月检测通报28条市级河长河流水质情况；严密组织县级河长书面述职，引导各级河长切实履职尽责；全年各级河长巡河率99.9%，“三个清单”交办率100%。不断完善工作机制。建立了南水北调干线工程郑州段河长管理体系，设置各级河长113名；深入践行“河长＋警长”“河长＋检察长”工作机制，向市检察院移交整改各类问题254个，开展联合执法专项检查171次；持续推进信息平台建设，完成“一河一策”修编，为河长巡河履职提供了精准强力支撑。扎实开展专项整治。积极推进黄河岸线利用项目专项整治，排查相关项目61个，整改项目5个；持续开展河湖“四乱三污”问题整治，组织召开河湖专项整治行动推进会3次，发现整改河湖问题748个，整改率100%，市级河长责任河流全面消除劣Ⅴ类水。

农村水利基础设施建设持续提升。巩固拓展水利脱贫攻坚成果。完善动态监测和响应机制，保持问题清单和整改台账动态清零，核查解决水利部12314等舆情反馈问题17个，现场复查各渠道反馈问题22个；细化“三个责任”和“三项制度”，压实县级管理责任，多渠道筹措维修养护资金1485万元；强化供水应急保障，采取多种应急措施，确保了882个村148万农村居民基本生活饮水需求。扎实推进农村供水“四化”建设。拟定“四化”工作推进方案，跟踪指导巩义、新郑“四化”试点工作，登封、新密、中牟、荥阳完成了县域城乡供水“四化”规划；针对新密、登封两市缺水问题，分别提出了解决方案，得到市委主要领导高度肯定。不断完善农田水利基础设施。中牟县三刘寨引黄灌区年度节水改造项目加快实施，完成投资5555万元；农田水利设施排查整改提前完成，共排查机井22987眼，完成整改4849眼；全面完成全市17处大中型灌区考核，对全市灌区38个水质监测点开展了2次水质检测，检测结果全部达标；首次开展并完成全市农田灌溉水有效利用系数测算。

南水北调和移民管理工作扎实推进。工程效益持续发挥。配套工程运行整体平稳、安全，精细化管理水平持续提升，全年实现供水7.29亿立方米，其中生活供水5.85亿立方米，生态补水1.44亿立方米，供水综合效益持续发挥。移民工作有序开展。持续开展“美好移民村”建设，下达后扶资金9398.54万元；批复各类后扶项目140个，完成验收项目242个；创建省级“美好移民村示范村”10个，发放补助资金9191.97万元；创新实用技能培训模式，培训移民687人次；全面开展移民矛盾问题排查化解，维护移民和谐稳定发展。

三、持续加强行业能力建设

水利工程建设和运行管理严格规范。水利工程建设监管严格高效。严格落实水利工程招标投标、政府采购监管责任，确保招标采购工作全过程合规有序；强化质量管控，严把法人验收关、质量核备、质量巡查关，核备重要隐蔽及关键部位单元工程198个、分部工程112个、外观及单位工程28个，核定项目施工质量2个，市水利局获评“全市质量工作先进集体”；持续强化工地管理，提升扬尘污染防治标准，中牟县三刘寨引黄灌区2019年度节水配套改造工程、贾鲁河综合治理生态绿化工程等多个工地，被省水利厅评为“水利建设工程文明工地”；加快水利项目验收，相关县（市）中小河流治理、小型水库除险加固项目遗留验收工作全面提速。水利工程运行管理和生态水系调度日趋规范。完成了15座水库大坝安全鉴定、5座水库降等报废，划定了14座中型水库、87座小型水库管理与保护范围；小型水库安全运行维修养护任务全面完成；持续进行小型水库安全运行专项督查问题整改工作；编制《郑州市水源工程及生态水系运行调度运用方案》，完成生态调水1.86亿立方米。

水利行业营商环境持续优化。深入推进“一件事·一事件”改革，持续开展36项涉水政务服务颗粒化事项录入，落实提示函制度，进一步压缩承诺办理时限至3个工作日以内；扎实开展“万人助万企”活动；

全年办理行政许可事项79件，满意率98%以上，提前办结率100%。严格落实“一金三制”，扎实开展欠薪专项治理，市水利局被表彰为“2020年度根治拖欠农民工工资工作先进单位”。强化水利行业信用体系建设，印发了《郑州市水利局2021年社会信用体系建设工作要点》等4份，完成了信用郑州、国家企业信用信息公示系统数据维护。持续开展“双随机、一公开”监管，对相关监理、检测等单位和从业人员进行检查。严格落实安全生产责任制，常态化开展扫黑除恶专项斗争，全力抓好未成年人防溺亡、水域安全隐患排查整治工作，扎实开展平安水利建设，促进水利行业安全形势持续向好。积极排查化解矛盾，工程处转企改革积极推进，信访工作实现“三无”。

法治水利建设不断强化。制定了依法行政建设工作要点和领导干部学法计划，加强行政执法责任制建设；完成了省政府下放权责事项承接，梳理完善了市水利局权责事项清单，公开了行政处罚、行政强制条件和行政处罚、行政强制流程图；开展了行政执法等领域地方性法规专项清理，修订了地方性法规规章水行政处罚裁量标准；依法申请行政强制执行案件4起，参加线上行政诉讼1起；严格执法巡查，规范执法行为，积极推行服务型执法，组织各类巡查230次，受理举报177起，下发督办函56份，立案查处86起，有效维护了全市良好的水事秩序。

郑州市2021年林业工作报告

郑州市林业局

2021年，全市林业系统以“两带、三山、五河、一网”绿化为工作重点，在妥善处理好生态保护修复和严格保护耕地的关系基础上，积极开展国土绿化，为加快推进黄河流域生态保护和高质量发展以及国家中心城市现代化建设提供生态保障。

一、推进黄河流域生态保护和高质量发展

全力推进沿黄生态廊道建设。该项目于2021年1月启动建设，基本建成了“两脉、三带、四区、多节点”长76.5公里的复合型生态廊道。总体生态景观布局主要沿黄大堤及两侧展开，大堤北侧宽50～100米，南侧宽100～500米。

认真做好黄河郑州段滩区和邙岭专项规划设计工作。现已完成《黄河郑州段滩区和邙岭专项规划》的招投标工作，中标单位为国家林业和草原局林产工业规划设计院（林产院）。市林业局协助规划设计单位进行了资料收集和初期规划编制，已完成初稿编制工作，正在征求各沿黄开发区、区县（市）和有关单位意见。

扎实推进黄河郑州段生态环境综合治理。针对中央环保督察反馈我省主要问题，局党组召开专题会议进行安排部署，印发了《郑州黄河湿

地自然保护区生态环境问题整改工作实施方案》，成立了整改工作领导小组，组织了五个督察组加大检查督导力度。经核查，中央环保督察反馈的鱼塘养殖问题，实验区鱼塘已整改1520个；需落实占补平衡项目3个，正在编制方案；国家林草局下达5个违建点位，已整改3个，剩余2个正在整改；省交办黄河流域生态环境突出问题整改基本完成；“绿盾2021”交办整改点位37处，已整改8处。

积极探索黄河湿地自然保护区生态补偿。建立健全分类补偿制度，推动黄河湿地生态修复。黄河湿地自然保护区核心区、缓冲区生态修复项目，每年每亩1000元（市、县财政各承担50%）。2021年实施1万亩，市财政安排500万元。计划从2022年开始，每年实施2万亩，市财政安排1000万元。

二、大力开展国土绿化工作

今年，市政府下达全市国土绿化面积3.13万亩、森林抚育5.8万亩的任务，截至2021年底，全市完成新造林3.89万亩，占目标任务的124.1%；完成森林抚育7.67万亩，占目标任务的132.3%；花卉苗木0.69万亩，全部超额完成任务。全市参加义务植树人数126万人次，栽植树木405万株，市全民义务植树尽责率达95%以上。市级森林乡村、森林特色小镇创建工作已完成实地验收，建成森林乡村68个、森林特色小镇13个。

三、有序推进森林、湿地公园建设

建设项目资料已报送市生态办，市生态办将组织第三方验收，通过验收后安排奖补。嵩顶森林公园、巩义河洛湿地公园、新密雪花山森林运动公园、郑州黄河湿地中牟鸟类栖息地、赵口引黄灌区沉沙池生态修复等5个项目，因暴雨受灾原因推迟，经市政府研究同意延期至2022年3月底完成，会议纪要正在运行印发程序。

四、依法规范管理森林资源

大力开展森林督查问题集中整改专项行动，全市共涉及违法案件1061起，截至2021年11月初，已经结案989起，立案正在查处66起，未立案正在调查的6起，综合查处率达到93%。落实森林防火网格化管理和六级森林防火责任，完成森林火灾受害率低于省定0.9‰的工作目标。持续开展森林资源有害生物防治工作，成灾率低于3.6‰。加强野生动植物资源保护管理，开展“清风行动”，严厉打击野生动物非法交易，督导野生动物疫源疫病监测防控。

五、认真筹备第十一届中国花卉博览会

在市委市政府的坚强领导下，经过各级各部门的共同努力，我市成功获得2025年第十一届中国花卉博览会举办权。获得举办权后，筹备工作有序展开。9月13日，市政府向中国花卉协会报送了《第十一届中国花卉博览会总体方案（建议稿）》。市林业局与省林业局、省花协积极协调、及时汇报，并拿出了关于成立组委会、执委会和筹办建设指挥部等花博会组织机构的初步意见，总体方案和组织机构方案正在修改完善。

郑州市2021年商务工作报告

郑州市商务局

2021年，全市商务系统在市委、市政府坚强领导下，坚持“稳中求进”总基调，立足新发展阶段，贯彻新发展理念，融入新发展格局，商务领域各项工作保持了稳中有进的良好态势。全市实际吸收外资48.6亿美元，同比增长4.4%；全市引进省外资金1252.4亿元，同比增长3.1%；全市外贸进出口完成5892.1亿元，同比增长19.1%，连续十年稳居中部第一。

一、对外开放迈向新高地

充分发挥“枢纽＋物流＋开放”比较优势，深度融入“一带一路”建设，以自贸区为引领，持续提升“四路协同”发展水平，在服务“双循环”新发展格局中厚植新优势。

自贸区建设持续引领。研究出台了《郑州片区深化改革创新打造新时代制度型开放高地实施方案》，构筑更加完善的对外开放体系架构。片区256项改革创新试点任务完成率达98%、实施效果显著率达89%，260项全国自贸试验区复制推广任务实现“应推广尽推广”。在制度创新方面，累计形成240多项制度创新成果，其中全国首创47项。“跨境电商零售进口退货中心仓模式”创新经验由海关总署发布公告在全国复制推广。郑州片区2021年新注册企业达1.5万家，位列全省营商环境评价18个国家级功能区第1位。

四条丝路协同发力。增强空中丝绸之路辐射力。机场三期扩建工程北货运区及飞行区配套工程总承包项目综合楼地下室结构封顶。马尼拉航线开通，柬埔寨吴哥航空与郑州航空港经济综合实验区管委会签署战略合作，共同推进“河南—柬埔寨—东盟空中丝绸之路”合作计划。2021年，郑州机场完成货邮吞吐量70.47万吨，同比增长10.22%，全国排名第六位；完成旅客吞吐量1895.5万人次。提升陆上丝绸之路核心竞争力。中欧班列集结中心建设方案完成，集结调度指挥中心成功封顶，第二运营公司中铁快运班列开行，初步形成多主体开行国际班列格局；新开通郑州—波兰卡托维兹线路、郑州—米兰线路，形成“十站点、六口岸”国际物流网络体系。2021年，郑州国际货运班列共计开行2002列，货值75.03亿美元，同比增长74.04%，货重121.83万吨，同比增长68.25%。推进网上丝绸之路创新突破。成功举办第五届全球跨境电子商务大会，成功获批跨境电子商务零售进口药品试点。开展跨境电商企业国际快递费用降费活动，共计降低郑州市跨境电商企业135.84万单，推动出口贸易额2421.39万美元。郑州市《发挥创新优势　建立健全全流程监管模式》，被商务部作为典型做法进行推广。2021年，全市跨境电子商务交易额1092.47亿元，同比增长17.35%。深化与海上丝绸之路无缝衔接，2021年，铁海联运班列到发17930标箱，同比增长18.6%。

外向型经济规模持续扩大。加强政策资金扶持。2021年4月首单出口退税资金池融资和“外贸贷”业务分别落地。截至2021年年底，“外贸贷”共为64家企业授信额度1.53亿元，234批次发放贷款共计1.22亿元；出口退税资金池为企业20批次发放贷款共计2668万元。两项业务合计投放资金规模约1.8亿元，为缓解企业资金压力，减少企业出口退税等待时间，促进外贸产业发展发挥了积极作用。为760家企业申请省市奖励、补贴7800多万元，有效促进外贸企业稳定经营。拓展汽车进出口业务。扩大乘用车整车出口规模，出台《郑州市关于扩大汽车整车出口的意见》，积极申报国家汽车及零部件出口基地，推进上汽郑州分公司在郑州市建立出口中心。开辟二手车出口业务，印发《郑州市二手车出口工作实施方案》《郑州市二手车出口企业管理办法》，8月份实现郑州市二手车出口“首单”成功。推进汽车平行进口试点建设。印发《关于支持汽车平行进口加快发展的若干政策》，加快建设中部地区汽车平行进口分拨集散、整改检测、展示销售中心。培育外贸转型升级基地。成功获批经开区国家外贸转型升级基地（汽车及零部件），截至2021年底，郑州市共有3个国家级出口基地，8个省级出口基地。大力发展服务贸易。编制《郑州市服务贸易发展“十四五”规划》《国家服务贸易创新发展试点建设实施方案》《文化贸易发展规划和国家文化出口基地建设实施方案》，为郑州市服务贸易创新发展提供政策支撑。积极组织企业参加中国国际服务贸易交易会等国内服务贸易重点展会，帮助企业开拓国际市场。做好自由类进出口技术合同备案工作，累计办理251项技术进出口备案，技术进出口总额达2193万美元。持续推进服务外包示范城市建设。重点围绕“产业发展情况、综合创新能力”提高全市服务外包合同执行额以及高新技术企业入库数量。组织全市服务外包业务培训，宣传推广国家、省、市各项支持政策，鼓励服务外包企业在商务部业务平台注册并填报数据。积极推进境外经贸合作区建设。河南国基实业集团有限公司塞拉利昂国基经济贸易合作区、河南豫矿开源矿业有限公司坦桑尼亚环维多利亚湖资源综合利用产业园等3家境外经贸合作区已经纳入商务部统计范围，数量位居中部省会城市第一。

二、招商引资取得新成效

“三个一批”活动项目总额领跑全省。在已举办的两次“三个一批”推进会上共签约重大项目33个，签约总额734亿元。其中，7月10日，郑州市共签约16个项目，签约总额313.5亿元，16个项目中已履约项目9个，已开工项目4个；10月8日，郑州市共签约17个项目，签约总额420.5亿元，是第二名的两倍，17个项目中已履约项目7个，已开工项目12个，一个月内开工率达到70.6%。力争2022年上半年两期“三个一批”项目开工率达到100%。

“125计划”提前完成年度目标任务。全市引进的139个“125计划”项目中已有111个项目实现开工或投产，约占总数的79.9%。百亿级头部企业项目中有26个项目实现开工或投产，开工率89.7%。其中，郑东新区中建七局中原分公司等2个项目已投产，高新区中软国际“中原数字总部”基地等24个项目已开工建设。高质量项目有30个项目实现开工或投产，开工率78.9%。其中，中原区东方雨虹河南总部等4个项目已投产；航空港区创新药研发生产销售基地等26个项目已开工建设。5亿元以上主导产业链项目中有55个项目实现开工或投产，开工率76.4%。其中，金水区信大网御网络与信息安全产品研发及产业化等5个项目已投产；经开区上汽郑州产业基地高效节能发动机等50个项目已开工建设。

重点区域招商成果丰硕。京津冀方向，走访了360集团、中软国际、中国电子、京东方等头部企业，举办了郑州市情推介会暨项目集中签约仪式，签约字节跳动河南区域总部、京东方数字文创产业基地等74个项目，签约总额1240.5亿元。已有24个项目落地建设，占签约项目总数的三分之一，其中，航空港区德国思灵机器人研发及区域运营中心项目已正常投产；郑东新区启迪启智园项目主体结构全部封顶；高新区中软国际“中原数字总部”基地项目轻资产部分已装修完成并入驻办公。长三角方向，走访了上海交通大学、上汽集团、复星国际、吉利集团，上汽资产公司河南总部基地、复星数字金融产业基地等项目已于全省“三个一批”活动签约。珠三角方向，拜访了比亚迪、华为云与计算等知名企业，比亚迪、华为等公司的项目均已落户我市。

建立完善台账管理推进机制。将市委主要领导会见项目、市级领导联系重点项目、京津冀签约项目、长三角签约项目分别纳入全市重点招商项目台账，实行专人负责、定期跟踪督导，171个重点项目已开工78个、开工率45.6%，投资总额1492.6亿元、占投资总额3836亿元的39%。

及时兑现招商引资奖励政策。为7家企业兑付2020年河南省招商项目奖励和增资奖励1125万元，为2家外资企业申报兑现区域型总部和总部机构的资金奖励320万元，为9家外资企业11个项目兑现市级外商投资奖励资金3140万元。利用2021年省级外经贸发展资金为26家外资白名单企业和受灾较为严重的38家外资企业支持资金450万元。

三、消费品市场规模持续扩大

积极创建国际消费中心城市。起草《郑州市创建国际消费中心城市三年行动计划（2021—2023年）（征求意见稿）》《郑州市2021年创建国际消费中心城市实施方案（征求意见稿）》，成立工作专班，赴创建先进城市学习创建经验。在市委财经委第一次会议上专题汇报了国际消费中心城市创建工作，根据会议精神，对接专业研究机构推动国际消费中心城市创建顶层设计工作。

开展各类灾后促消费活动。组织第二届“醉美·夜郑州”消费季、品牌汽车展销、家电促销、电商促销等系列促消费活动，发放2.5亿元政府消费券，带动直接消费57.4亿元。

步行街改造提升国家试点稳步推进。开展德化步行街改造提升工作，先后完成德化街沿街外立面改造、街区地面部分人防出入口改造、背街小巷支路升级改造及经营业态升级等工作，为步入国家级示范步行街行列奠定坚实基础。

提升夜间经济活力。组织开展第二届“醉美·夜郑州”消费季活动，举办大型夜间促消费活动百余场，与“郑好办”、阿里本地生活、抖音等平台合作举办网红打卡地评选、深夜食堂TOP10评选以及短视频大赛等活动，吸引众多企业和市民踊跃参与。委托戴德梁行编制《郑州市夜间经济发展“十四五”规划》，为郑州市夜间经济发展奠定良好基础。

积极申建国家级试点。成功获批国家级商品市场优化升级专项行动试点城市，成功入围服务业标准化（商贸流通专项）国家试点城市，河南万邦国际农产品物流股份有限公司、河南云速通跨境电子商务有限公司被列为试点企业。制定《郑州市城市一刻钟便民生活圈试点建设方案》，积极建设国家级一刻钟便民生活圈试点城市。

四、会展业复工复展有序开展

引进了2021年世界电信和信息社会日大会，郑州成为北京以外首个举办地。高水平举办2021中国（郑州）国际旅游城市市长论坛、第五届全球跨境电商大会、2021中英氢能产业合作论坛、2021世界传感器大会等国际性展会。根据疫情形势变化，动态调整展会活动安排。全市专业展馆共举办展览100场，展会总面积156.99万平方米，举办国际性展会10个，吸引参展商28320家，采购商及观众291.34万人次。

五、帮扶企业加快灾后复工复产

面对灾情疫情，迅速行动，采取有力措施，最大限度降低企业因灾损失。向各开发区、区县（市）商务主管部门下发《关于加强商贸行业主汛期安全生产工作的紧急通知》，通过各种渠道向企业发出预警预报，提醒做好安全防范、防汛救灾等各项工作。灾情发生后迅速组建11支工作组，下沉基层一线，驰援企业开展抢险救灾，协调社会各方面调度抽排水设备，协调电力部门为147家大型商超企业优先恢复供电，协调交警部门保障生活必需品运输车辆24小时不限行、不限路线快速入市，全力推动商贸企业尽早恢复经营，水灾发生一周内，全市大型商超恢复经营率达到98%以上。第一时间对接省贸促会，为受灾情影响的外贸企业快速开具不可抗力证明，帮助企业在国际贸易规则允许的范围内减免违约责任，最大限度降低企业损失。研究制定《郑州市洪涝灾害报废车辆快速处置办法》《郑州市洪涝灾害受损车辆快速维修办法》，联合市财政局下发《关于下达2021年全市城乡小商户帮扶救助资金的通知》，下拨资金5350万元。扎实开展"万人助万企"活动，与航空港实验区积极行动，引导辖区内"万人助万企"各工作组及相关单位，帮助企业防灾减灾、恢复生产，帮助排查建设项目受灾和安全隐患情况，积极协调保障水、电、气、通信等供给，推动航空港实验区425家“四上”企业迅速全面复工复产。

六、全力做好市场保供工作

面对洪灾及疫情叠加影响，郑州市商务局牢固树立以人民为中心的发展理念，全力以赴保障市场供应。制定出台了《郑州市疫情防控期间生活必需品应急保供方案》，对疫情期间全市特别是封控区域的市场保供做出具体安排。启动生活必需品供应和价格监测机制，建立日报告工作制度，每日赴大型批发市场及商超便利店现场查看，随时掌握库存、交易、价格情况，每日进行汇总、分析、上报。指导万邦农产品交易市场加大调货力度，要求肉蛋菜应急储备企业加大生产能力，紧盯全市生活必需品重点生产、销售企业，确保生产、销售环节正常，安排商超企业加大配送频率，协调市红十字会向封闭区调度捐赠物资，多渠道保证了郑州市，尤其是封控区域内民生物资供应充足。畅通物资运输渠道，累计协调办理省市运输车辆通行证7200张，实现运送民生物资50万吨。做好精准保供，设立了24小时保供服务热线，制定了工作流程，组成工作专班负责接听、处置热线反映的问题，为市民提供“点对点”式的保供服务。开通以来收到市民反馈的各类民生问题1088个，立即解决305个，转交并协调相关部门解决783个，群众满意率达到100%。

郑州市2021年文化广电和旅游工作报告

郑州市文化广电和旅游局

2021年，以习近平新时代中国特色社会主义思想为指导，认真贯彻党的十九大和十九届二中、三中、四中、五中、六中全会精神，深入学习贯彻习近平总书记关于河南及郑州系列重要讲话指示精神，紧紧围绕市委、市政府“两化五强”战略部署，加快推进文旅强市建设，持续优化“两带一心”布局，重点抓好城市文化品位提升、文旅融合发展和黄河文化保护传承弘扬三项工程，不断增强“山·河·祖·国”四大文化核心吸引物传播力、影响力，全面构建和完善七大工作体系，全力打造具有广泛影响力的国际文化旅游中心。受疫情和洪灾影响，2021年接待国内游客数10192万人次，比2020年下降9.8%，旅游总收入1272亿元，比2020年下降9.2%。

一、全面加强党的建设，落实党建主体责任

郑州市文化广电和旅游局党组自觉履行党建主体责任，充分发挥党组领导核心作用，严格按照市委要求，不断完善基层党组织建设。

抓基层党建工作责任制。狠抓思想理论武装。组织开展党的十九届

五中全会精神学习宣传贯彻，巩固深化“不忘初心、牢记使命”主题教育成果。深入开展习近平新时代中国特色社会主义思想学习教育，及时跟进学习习近平总书记最新重要讲话精神，持续贯彻落实总书记“7·9”重要讲话和视察河南、郑州重要讲话及重要指示批示精神。继续组织各基层党组织开展党内法律法规的学习，抓好《中国共产党党和国家机关基层组织工作条例》《中国共产党支部工作条例（试行）》《中国共产党基层组织选举工作条例》《中国共产党党员权利保障条例》等重要条例的学习贯彻，推动上级关于党组织建设的新精神、新要求尽快在全系统落地生根。加强思想淬炼、政治历练、实践锻炼、专业训练，引导党员干部坚定正确政治方向，不断提升政治判断力、政治领悟力、政治执行力。强化主体责任。党组书记认真履行全面从严治党第一责任人职责，坚持对全面从严治党负总责，做到重要工作亲自部署、过问、协调、督办，党组会研究部署党建工作 11 次。落实党建责任制。建立“三强化三提升”工作机制，强化党章党规教育和党费使用制度，提升党员意识。深化“四强支部”建设，开展“逐支部观摩、整单位提升”和党支部“过筛子”活动，评选星级党支部，提升支部建设规范化水平。先后审定《2021 年党建工作要点》《党建工作“三级四岗”责任清单》《党员积分化管理制度》等一系列党建制度，分批次以线上线下相结合方式开展基层党组织书记、党务干部和党员培训，进一步夯实系统基层党组织标准化工作基础。党建引领带动更加有力。“7·20”特大暴雨灾害发生后，局机关党员干部组成 16 个督导组，不间断开展行业市场安全大排查。8 月疫情暴发后，我局文旅市场综合执法人员不间断排查行业网点 2.5 万家次，确保行业市场未发生防疫隐患。从防汛一线到抗疫一线，在关键节点启动县市区分包工作机制，组建 5 支党员突击队和 4 个专项工作组，闻“汛”而动、逆水而行，全系统党员干部下沉社区，累计出动党员志愿者 200 多人次，人均服务时长 80 个小时。我局成立了灾后恢复重建工作领导小组，对分管领域受灾严重的企业和帮扶村镇进行调研走访，形成《郑州市文化广电和旅游局关于灾后恢复重建有关情况的报告》，全面梳理全市文化广电和旅游行业受损情况，统筹安排灾后恢复重建工作。

目前，行业市场复工复产情况良好，尤其是旅游市场，国庆期间各项数据显示按照可比口径已恢复至往年同期的90%。

*履行党风廉政建设责任制。*强化理论武装。深入学习贯彻党的十九大和十九届历次全会以及十九届中纪委全会和十一届市纪委五次全会精神，系统学习《中国共产党章程》《中国共产党纪律处分条例》《关于新形势下党内政治生活的若干准则》《中共中央政治局关于加强和维护党中央集中统一领导的若干规定》等党规党纪，用全面从严治党的法律法规和专业知识武装干部头脑、指导工作实践、推进工作落实，确保党员领导干部进一步认清全面从严治党的新形势新任务，不断增强遵规守纪意识和廉洁从政意识。强化监督检查。紧盯“三重一大”事项、“关键少数”、重要节点和政治生态加强监督检查。在局系统建立廉政档案，强化了党员干部职工的纪律意识和规矩意识，推动了全面从严治党向纵深发展。排查岗位风险点，先后两次对局系统科级以上干部岗位职责和岗位风险点进行逐个排查，进一步加强了对重点领域、重点岗位人员的经常性监督，积极推进清廉郑州建设。严格落实中央八项规定精神。利用重大节日、重要节点严查办公经费使用、违规吃喝、公车私用、违规收送礼品礼金、违规发放福利津补贴、违规操办婚丧喜庆事宜等问题，杜绝“吃公款”“不吃本级吃下级”“虚构凭证违规吃”“不吃公款吃老板”、私车公养、变通入账、设立“小金库”、分批异地操办酒席等隐性变异问题，先后对3名党员干部违规违纪问题进行查处处理。加强监督执纪。一年来，局属单位、机关各有关部门的大项招投标项目，以及职称评审、干部录用等重点环节，机关纪委都予以实时监督；局属基层党组织也结合工作实际设置纪检专干，不断强化了内部监管。在干部调整晋级、中级职称、民间艺人评审和招投标过程中及时公布举报投诉电话和地址，进一步畅通信访举报途径，使群众反映的突出问题得到有效解决。

*落实意识形态工作责任制。*明确领导责任。局党组把贯彻落实意识形态工作责任制作为年度重要政治工作任务，明确党组书记为第一责任人，其他党组成员按照工作分工，各司其职，分兵把守。完善工作制度。将意识形态工作纳入全局重要议事日程，纳入党建工作责任制，制定了

局意识形态工作责任制实施细则等各项制度，严格按照要求细化分工、压实责任、健全机制。强化工作落实。局党组召开2次专题会议研究部署意识形态工作，每季度召开意识形态工作研判会，研究解决重点难点问题，安排部署下步工作。贯彻落实意识形态责任制。具体效果体现在文艺创作、文化演出活动、文旅市场监管、广电媒体监管、扫黄打非等一线工作，坚持以人民为中心的创作导向，弘扬主旋律，创作文艺精品。强化落实意识形态工作责任制。突出净化网络文化市场。成立网络执法大队，探索建立“四抓四化”监督机制，全年线上巡查网络文化经营单位9000余家次，做到了网上发现、终端倒查，推动了线上线下共同治理。突出打击非法出版物。严厉打击文化市场各类出版物非法发行传播活动，共破获非法出版物案件21起，收缴各类出版物54种、60万余册，涉案码洋1.74千万余元，打破了我市文化执法历史记录。突出文化市场专项整治。以专项打击为抓手，重拳频出，坚持不懈清扫各类文化垃圾，相继开展全市中小学校园周边文化市场专项整治等行动17次。

落实组织建设。有序推进职务任免职级晋升工作。按照局党组工作部署，相继完成了3批次、职级晋升工作，32名同志职级得到晋升，组织开展局机关中层正职选任工作。指导完成执法支队完成首次职级晋升工作，指导郑州歌舞剧院中层领导干部选任工作。认真开展干部培训考核表彰工作。认真落实公务员平时考核工作，协助上级机关完成2020年度局领导班子和市管干部年度考核以及所属事业单位班子及市管干部考核。积极向省文旅厅推荐先进典型，郑州歌舞艺术中心（郑州歌舞剧院）局党组书记、局长李芳分别被评为全国文化和旅游系统先进集体和先进个人。严格落实干部监督工作。认真落实领导干部个人事项报告制度，持续开展局机关及所属单位副县级及以上干部、离退休干部出入境证件集中管理，局系统全体干部职工身份证件出入境证件持有情况，领导干部配偶、子女及其配偶经商办企业行为有关工作清查等。完成市管干部个人事项即时报告相关工作。做好专业技术人才工作。严格按照推荐标准、选拔程序，在听取各方意见基础上，完成了中级称职评审工作，先后向省人社厅、省文旅厅、市人社局推荐各类人才；1名同志入选文旅部2021年度乡村文化和旅游能人支持项目入选。

厉行节约反对浪费。加强组织领导，建立健全工作体制机制。党政主要负责同志亲自抓，各有关部门各司其职、密切配合，确保厉行节约反对浪费工作落到实处。结合系统工作实际和职责任务，先后制定了公务用车、值班、公务接待、差旅费管理等管理制度，基本形成厉行节约反对浪费制度体系。从小处着手，厉行节约。从节约一滴水、一滴油、一张纸、一度电、一粒粮等细节做起，反对铺张浪费，号召大家以节约为荣，增强节约意识。加强督促检查，加大惩戒问责力度，对铺张浪费行为要发现一起、查处一起，坚决维护制度的刚性约束力，坚决杜绝浪费。

二、紧盯目标，明确任务，年度指标任务圆满完成

2021年，在市委、市政府的领导下，全市文化广电和旅游系统积极推动文化旅游融合发展，以重点项目建设为抓手，以文化旅游惠民、文化旅游便民为宗旨，着力理顺发展机制、丰富产品供给、优化市场环境、完善公共服务、强化投资消费，各项目标任务顺利完成。

黄河文化月系列活动圆满成功。我局承担2021中国（郑州）国际旅游城市市长论坛、“三座城、三百里、三千年”系列活动、沿黄精品剧目演出季等三项活动，全网累计曝光量超10亿、话题播放量超4.5亿、活动传播覆盖总人次达4.2亿。受节会效应影响，“五一”期间，我市共接待游客1023万人次、旅游总收入57.6亿元，按可比口径分别较2019年分别增长16.5%、21.3%；端午小长假期间，郑州冲进全国端午热门城市第四位。

完成文化旅游、非遗规划。《黄河流域（郑州段）文旅融合高质量发展工作规划》已经编制完成，6月初通过专家评审，近期将提交市政府会议研究出台。规划提出的“山·河·祖·国”文化IP得到社会各界广泛认可，文旅核心吸引物的品牌效应得到彰显。《黄河流域（郑州段）文旅非物质文化遗产发展规划》《郑州市文化广电和旅游“十四五”发展规

划》正在进行第二轮规划调研论证。这些规划是推进文旅融合高质量发展的理论和实践成果，正成为全市文旅系统统一思想、统一行动、统一目标的重要共识。

文艺精品红遍全国。郑州歌舞剧院舞蹈《唐宫夜宴》开启黄河文化“创造性转化、创新性发展”新篇章，成为郑州继电影《少林寺》之后又一部现象级的文化精品。目前，郑州歌舞剧院、华冠文创科技公司正联手打造《唐宫夜宴》产品生态链。已完成“舞台艺术进乡村、进社区”演出1200场、2021年郑州市精品剧目演出30场。

成功创建国家文化和旅游消费试点城市。通过开展文化旅游惠民消费季活动，发放文旅消费等活动，成功创建国家文化和旅游消费试点城市，全年发放文化旅游券1200万元，发放郑州旅游年卡补贴200万元，进一步拉动了文旅消费。

积极推进“大伏羲山旅游”战略。巩义市竹林镇、海上桥村以及南岭新村成功入全国乡村旅游重点村镇。指导新郑市黄帝千古情、中原豫西抗日纪念园积极创建国家AAAA级景区。建业·华谊兄弟电影小镇、郑州方特旅游度假区、郑州市樱桃沟景区等4家单位荣获河南省夜间文化旅游消费集聚区。中牟县、登封市、新密市荣获河南省文化和旅游消费示范区县（市）。

文旅项目建设有序推进。国家黄河文化公园、长城文化公园、大运河文化公园建设全面铺开，其中黄河国家博物馆、荥泽古城文旅融合项目一期等13个项目，总投资约791990万元，已纳入省发改委“十四五”文化保护传承利用工程项目储备库。郑州市非物质文化遗产展示中心项目正在进行立项评审。郑州市社会投资类重点文旅入库项目100多项，银基国际旅游度假区、只有河南·戏剧幻城、黄帝千古情等文旅项目投资收益率持续增强；新郑寒舍轩辕夜游谷、巩义嵩顶云谷等项目正在加快建设；全市民宿投资发展迅速，逍遥谷、山石舍、禅心居等都一房难求。

郑州市2021年卫生健康工作报告

郑州市卫生健康委员会

2021年，郑州市卫生健康工作在市委市政府的坚强领导和省卫健委的正确指导下，坚持以习近平新时代中国特色社会主义思想为引领，在新冠肺炎疫情和洪涝灾害的双重影响，以“健康郑州”建设为目标，全面深化医药卫生体制改革，着力提升医疗服务水平，不断夯实基层服务能力，统筹推进各项工作，取得明显成效。

一、抗击新冠疫情坚决有力

郑州市六院聚集性疫情发生后，立即启动应急响应机制，迅速组织对市六院实施封控，紧急改造完成7家医疗机构，形成救治、安置及康复“1＋4＋1＋1”一体化医疗服务格局，组建22支多专业救治医疗队保持常态化应急状态；先后进行5轮全市全员核酸检测和5轮重点人群核酸检测；联合公安、工信、大数据启动“1＋N”多位一体流调模式，高效流调溯源，精准实施管控；疫情在第一个潜伏期内实现确诊病例清零。11月我市出现多点多源散发疫情，第一时间激活联防联控应急体系，科学划定管控区域、实体化开展流调溯源，重点人群每日“滚动式”核酸检疫、8区（市）3轮次全员核酸检测，全面筛查潜在感染风险，疫情蔓延趋势及时得到有效控制。全面开展院感防控专项整治，扩充院感防控专业人员力量，组织开展全院全员培训，守牢院感防控底线。规范提升发热门诊建设和管理，保持“哨点”灵敏高效。三批次 196 名医务人员支援河北、商丘、新乡等地，彰显了郑州担当。规划建设公共卫生应急救治中心和传染病医院。加快推进疫苗接种工作，截至 12 月底，郑州市新冠病毒疫苗累计接种 2570.38 万剂次，接种覆盖人群达到 1166.20 万人，加强针接种 239.64 万人，3～11 岁人群接种第 2 剂 134.85 万人，60 岁以上老年人接种第 1 剂 126.74 万人，全市全人群免疫屏障初步建立。

二、防汛救灾恢复重建有效开展

成立防汛救灾应急专班，统筹组织开展医疗救援、卫生防病、病媒消杀和系统内防汛救灾等工作。广大医务人员冒险奔赴洪水最前线，守护群众生命安全，累计派出急救车辆 3 万余次、救治伤病员 24069 人。全面彻底消杀防疫，实施“二清一消”行动，突出农贸市场、垃圾中转站、地下空间等重点部位，实施多轮次全域全方位消毒消杀；加强传染病监测报告，深入开展城乡环境综合整治，组织健康科普知识宣传，确保大灾之后无大疫。全力做好医疗服务保障，市级医疗机构在较短时间内全面恢复运营，所有基层医疗机构陆续正常开诊；安排二级及以上医院组建 113 个医疗服务队，深入受灾乡村、临时安置点开展巡诊医疗服务和防疫指导。同步开展灾后重建，成立工作专班，制定《灾后恢复重建医疗卫生专项规划》，规划和推动基础设施建设、设备采购等项目 39 个，总预算资金为 3.67 亿元。

三、健康郑州建设加快推进

全面推进健康郑州 18 个专项行动；深化健康管理，三级健康管理体系构建完成，新建“三个一”健康小屋 30 个、达到 77 个，我市创新健康管理模式入选健康中国行动典型经验案例。推进健康城市建设，新命名市级健康细胞 220 个、无烟单位 604 个、无烟党政机关 348 个，健康社区、健康学校覆盖率提升20%，荥阳市荣获全国健康城市建设样板市。深化健康教育，组织健康大讲堂3000余场，结合疫情和灾情，广泛宣传普及健康知识。妇女“两癌”、新生儿疾病、产前筛查及脑卒中、肺癌早期筛查等民生实事项目，均超额完成目标任务、71万余人次受益。深入开展爱国卫生运动，郑州市和登封、新郑、荥阳等3个县（市）及所辖9个乡（镇）顺利通过国家卫生城镇复审。

四、医药卫生体制改革持续深化

推进公立医院综合改革，完成市属公立医院去行政化改革；稳步推进医疗服务价格改革，确定四批次352项、新增182项医疗服务价格，规范5783项基层医疗卫生机构医疗服务价格项目；完成郑州人民医院与河南省煤炭总医院融并、与郑州市侨光医院整合改革。加快紧密型县域医共体建设，制定医共体建设操作规范，试点开展医保基金和公卫资金打包支付。坚持基本药物主体地位，试点开展总药师制度，政府办基层医疗卫生机构和二级、三级综合公立医院基药配备品种数量占比分别达到85.94%和56.00%、46.94%。持续推进智慧健康工程建设，17个区域级卫生健康信息系统全部建成，基本实现全市卫生健康数据汇集和互通共享；打造智慧卫生监管系统，实现卫生监管精细一体化；电子健康卡、家庭医生、检验检查、预约挂号等便民服务功能在“郑好办”App上线运行；市中心医院等4家互联网医院挂牌运营。

五、医疗服务水平持续提升

国家儿童区域医疗中心试点建设加快推进，南院区开诊运行；积极申报市中心医院创建国家创伤骨科区域医疗中心；7家医院纳入省级区域医疗中心建设。加强人才学科建设，新引进知名学科团队13个，柔性引进高层次人才61人、团队56个；获批国家自然基金科研项目5项、国家级继续医学教育项目92项、省医学科技奖39项，创历史新高。深化合作交流，市属医院新签约合作项目5项、续签合作项目6项，达到93项；郑州市中心医院、郑州人民医院开展国际化医院试点工作。持续改善医疗服务，新建县级质控中心16个，市县两级达到59个；智慧生命通道系统、“120”一键报诊定位手机功能上线运行；日间手术覆盖病种195种、术式增至281种，11家医疗机构独立设置医务社工部门，5个县（市）和9家医疗机构试点开展“互联网+护理服务”，群众就医满意度持续提升。

六、基层服务能力巩固加强

3家县级综合医院晋升三级；38家社区卫生服务中心建设任务全部完成；新增47家乡镇卫生院（社区卫生服务中心）达标、8家达到推荐标准，全市达标率达86.1%；完成公有产权村卫生室改造135家，占比达81%；加强校园医疗服务保障，16个区县（市）中小学全部完成校医配备。我市社区卫生服务做法被国家卫健委《工作交流》刊发。加强基层人才队伍建设，完成培养全科医生350名，培训乡村医生等基层医疗机构骨干人才521人。推动“乡聘村用”工作落实，6个区县（市）完成县级实施方案制定。加大对口支援力度，确定25家二级及以上医院对口支援71家乡镇卫生院。巩固健康扶贫成果，持续实施“七免一减”惠民举措。

七、中医药事业传承发展

夯实基层服务基础，评选示范中医馆28家；中牟县中医院晋升三级，完成上街区全国基层中医药工作先进单位复审。完成市县两级23家综合（专科）医院中医药科室标准化建设。提升中医药服务水平，持续推进1个国家级、5个省级区域中医专科诊疗（培育）中心建设，申报省级中医继续教育项目28项、省中医药科技成果奖11项。加强中医药人才队伍建设，遴选10名基层名中医开展特色疗法传承工作室建设，10名专家参加中医药学科领军人才培训，5人入选第二批省中医药拔尖人才培养项目，16名带教老师、48名继承人成功申请第二批青苗人才项目；首批启动西医学中医、基层中医药人才能力进阶、中医康复医师三个培养项目，培训300余人。实施中医药健康文化素养提升工程，开展中医药文化进校园活动，中医药健康知识广泛普及。

八、公共卫生服务能力得到提升

有序推进疾控机构标准化建设，8家疾控中心已基本完成，4家完成主体工程建设，市县两级疾控机构增加编制366个、新增245人。强化重大疾病防控，有序推进传染病监测项目，完成传染病监测预警信息化建设筹备工作；肺结核成功治疗率、严重精神障碍患者规范管理率分别达到96.3%、93.8%；地方病防治、慢性病综合防控、艾滋病防治等工作扎实推进。深入开展职业病防治，开展重点行业领域专项治理，建成尘肺病康复站13个，妥善处置新密职业病危害事件。开展食品安全监测，完成230家哨点医院18279例食源性病例审核，郑州市在全省营养健康厨艺大赛中荣获一等奖。有效实施3人以上723起突发事件医疗卫生救援工作，圆满完成2021辛丑年拜祖大典、2021中国（郑州）黄河文化月、2021年全国“双创”活动周以及重要会议、重大体育赛事等重大活动防疫医疗保障74场次。

九、“一老一幼”服务拓展深化

健康养老方面。出台《医疗健康与养老服务结合实施办法》《郑州市老年友好型社区建设实施方案》等文件，制定“大中心+小中心+医养结合”建设标准；探索形成10个老年健康与医养服务模式；10家机构评为省级医养结合示范单位；6个社区被评为全国老年友好型社区；新建安宁疗护中心28个、新增床位489张；新增5家医院设立老年医学科。

婴幼儿照护服务方面。出台《关于促进3岁以下婴幼儿照护服务发展的实施意见》；开展示范化托育机构评选活动，挂牌命名第一批13家市级示范托育机构；开展普惠托育专项行动，申请中央专项资金2895万，惠及托育机构32家；率先在市属公立医院试点建设托育机构，得到国家和省卫健委肯定；全市新增普惠托位2895个，每千人托位数达到2.1个。加强计生家庭保障，落实各级奖扶资金5.4亿元，特殊家庭住院护理保险补贴266.36万元、1320人受益。

十、重点项目建设稳步推进

2021年市本级政府投资项目共24个，完成投资6.52亿元。郑州市第七人民医院心血管病房楼、郑州市第三人民医院迁建等4个项目竣工，新增床位1900张；郑州大学附属郑州中心医院高新医院项目开工建设，郑州市第八人民医院迁建项目工程进入收尾阶段，郑州市第七人民医院滨河院区项目主体封顶，郑州市骨科医院东院区综合病房楼等5个项目完成前期手续办理，总体看项目建设基本完成年度目标任务。

十一、卫生健康治理体系逐步完善

强化行业综合监管，扎实开展“蓝盾护航行动”、打击非法医疗美容服务专项行动和打击非法应用人类辅助生殖技术专项行动；完成“双随机一公开”各级抽查任务5095家；打造“智慧卫监”，依法执业多元化信用综合监管评价等22个系统上线运行。深化行政审批“放管服”改革，133项政务服务事项全部实现“一网通办”，新增跨部门、跨层级“一件事”事项12项、“掌上办”事项19项，即办件数量提升至57项，占比达60%以上，在全市重大专项月度综合督查评比中取得优异成绩。加强执法监督，广泛开展普法宣传，认真贯彻落实基本法，法治建设深入推进。积极维护信访安全稳定，加强信访矛盾排查化解，大力开展灾后安全隐患排查整改，郑州市卫健委被评为郑州市首批信访工作“人民满意窗口”单位，3家二级机构被评为市平安建设基层创建示范单位。

郑州市2021年应急管理工作报告

郑州市应急管理局

2021年，受经济下行、暴雨洪涝灾害、新冠肺炎疫情等多方面因素影响，全市安全风险始终处于高位，形势异常复杂严峻。在郑州市委、市政府的坚强领导下，在河南省应急管理厅的大力指导下，郑州市应急局坚持人民至上、生命至上的安全发展理念，统筹推进安全生产现代化治理、应急管理基层基础建设，全面提升防灾减灾救灾能力水平，积极有效应对全市安全风险挑战，各项工作取得了新进展。

一、深化应急管理体系改革

推进“十四五”应急管理体系规划编制，以应急体系建设为总揽，将综合防灾减灾救灾、安全生产、应急指挥、实施救援等重点纳入规划主要内容，与有应急管理业务的院校交流沟通，征求方方面面意见，为科学编制规划打好基础。推进应急指挥体系建设，先后出台郑州市应急救援总指挥部《工作规则（试行）》《值班值守和突发事件信息报告工作规范（试行）》《应急指挥机制》《应急指挥与处置管理办法》，深入开展全市应急系统应急指挥制度建设年活动、应急指挥业务“大学习、大培训、大练兵”活动、应急指挥业务知识竞赛活动等，持续提升全市应急指挥能力。抓好应急救援保障体系建设，梳理全市急救援保障机构、应急救援装备物资和应急救援队伍信息数据库建设，立项全市综合性应急救援保障基地建设项目。推进应急预案体系建设，编制出台《郑州市突发事件总体应急预案（试行）》，防汛、抗旱、地质灾害预案等专项应急预案等，组织安全生产综合应急演练、森林防灭火应急演练等，指导突发交通事故综合应急演练、重点批发企业突发事件综合应急演练等，提升应急预案的科学水平。推进应急救援队伍建设，强化应急救援队伍建设管理，加强应急救援队伍协同能力、实战能力，对应急救援队伍建设、日常管理、战备训练、救援演练等方面情况进行常态化督导检查，促使各级救援队伍之间相互协作，提升全市整体应急救援水平。

二、管控重大安全风险

压实各方安全生产责任，制定下发《郑州市安全生产十条措施》《郑州市安全生产职责清单》，全面压实各级各部门安全生产责任。稳步推进安全生产领域社会信用体系建设，综合采取安全生产领域行刑衔接、联合惩戒、信用修复、黑名单曝光和加大事故调查追究力度等措施，倒逼企业认真落实主体责任。深入开展三年专项整治行动，突出对危险化学品、煤矿、非煤矿山、工贸、道路交通、建筑施工、消防等重点行业领域持续开展隐患排查治理。全市共排查整改隐患 39 万余条；行政处罚 21 万余次，责令停产整顿 3465 家，关闭取缔 511 家，罚款 9600 余万元，移送司法机关 499 人，约谈 5253 家，联合惩戒 971 家。全覆盖开展综合督导检查，围绕中国共产党成立一百周年期间全市安全稳定，不定期对各级各地区贯彻落实市委市政府决策部署情况、阶段性重点工作情况等开展巡查督导，督促相关部门严格落实重点时段、重点地区、重点部位安全防范措施，确保全市安全隐患排查整治取得实效。坚持问题导向，充分运用好全市安全风险防控线索交办会议平台，强化督查督办。持续推进双重预防体系建设，全市共有 3565 家规模以上企业（单位）、4768 家规模以下企业（单位）正在开展双重预防体系建设。加快安全发展示范城市创建，开展覆盖 8 个主城区、涵盖 22 个行业门类，共 1000 家重点企业（单位）的城市安全风险辨识与评估，编制城市安全风险防控清单、绘制城市安全风险电子地图，模拟自评得分从最初的83.5分提升到97.5分。

三、提升自然灾害防控能力

全力做好“7·20”特大暴雨灾害应对。过去的一年，全市灾害发生频次高，尤其是7月份进入主汛期以来，连续遭遇“7·20”“8·13”“8·22”“8·29”等多轮强降雨，郑州经历了历史罕见的特大暴雨，造成城市严重内涝，山区洪水暴发，水库河道多处出险，全市受灾人口181余万人。面对突如其来的自然灾害，郑州市委、市政府主要领导坐镇指挥，全市应急管理系统迅速行动、及时启动应急响应，科学调度、果断处置各种险情，较好地完成了防灾、减灾、救灾各项任务。特别是面对郭家咀水库、常庄水库、尖岗水库及各区县（市）多处出现险情时，果断调动3000多名部队官兵奔赴现场实施抢险，统筹协调各类防汛救援队伍335支，6.6万余人参与救援，参与转移安置群众85.5万余人次，最大限度地减少了灾害中群众伤亡和财产损失。地震地质灾害防控方面，深入调研地质灾害隐患点实情，准确掌握潜在救援对象（地质灾害潜在威胁人员）情况，扎实做好地震跟踪监视，积极推进国家地震烈度速报与预警工程，及时研判处置信息，全年共发布地质灾害预警预报55次，妥善处置各类地质灾害266处。特别是妥善处置新密市“9·21”M3.0级地震（塌陷）、登封市“11·15”M1.6级地震（塌陷）事件。森林防灭火方面，调整成立市森林防灭火指挥部，加强重点时期森林防灭火值班值守，健全联合督导检查机制，扎实开展火灾隐患排查专项治理，加强森林消防队伍建设，组织开展系列森林防火专题培训、演练活动，编印下发《森林防灭火应急实用手册》，进一步提高了森林防火队伍业务水平和作战能力，最大程度减少了人为因素引发的森林火灾。灾后重建和救灾救助方面，为确保受灾群众及时得到救助，按照“户报、村评、乡审、县定”程序，精准确认因灾倒损房需恢复重建对象，认真做好受灾群众过渡期临时生活救助，及时下拨受灾群众救助省级补助资金2.62亿元，因灾倒损居民住房恢复重建省级补助资金2.66亿元，确保受灾群众和困难群众温暖过冬。

四、推进应急基层基础建设

强化抓好顶层设计，组织开展综合行政执法改革调研，加快构建权责一致、权威高效的监管执法体制，提升安全防范能力水平。提请郑州市委、市政府研究《关于加强应急管理体系和能力建设的意见》，进一步完善应急管理机制，加强应急管理基层基础建设，全面推进应急管理能力建设。加快推进应急管理信息化建设，打通与水利、气象、河务、国土、城管等部门共享数据接口22个，完成数据共享4.7亿余条，建成后可实现监测预警全域化，应急救援协同化，辅助决策智能化，指挥调度可视化，政务管理便捷化，监督管理规范化。推动应急管理专家库建设，为我市安全生产、防灾减灾救灾等领域工作提供专业技术支撑。全面开展自然灾害综合风险普查，制定郑州市普查实施方案，组织开展自然灾害综合风险普查专题培训，强化各区县（市）以及行业部门普查进展月调度，积极协调财政部门和有具体普查任务的部门完成普查经费测算，完成区划边界等要素的调整、确认、上报。目前，普查进展速度较快，郑州市、新郑市被列入全国典型经验做法名单。深化“放管服”改革，以“一件事”和“一事件”为牵引深入推进“一网通办、一网统管”改革，扎实推进政务服务事项的标准化建设，有序推进省级权限承接、“互联网+监管”、营商环境建设月评，全年所受理、审核、办结的审批许可事项群众满意率100%。强化应急知识宣传教育，加大安全文化建设培育力度，持续加强与郑州市电视台、郑州日报等主流媒体合作，丰富“安全生产、警钟长鸣”、应急之声、安全第一线、“郑州应急”新浪微博、抖音App等专栏内容，积极开展“5·12”防灾减灾主题宣传周、安全生产月、“五进”等各项活动，严格安全生产资格考试，全面提升了应急管理软实力。抓好法治政府建设，科学制定年度法治政府建设工作要点、执法计划、“双随机、一公开”监管抽查计划，建立《行政执法公示制度、行政执法全过程记录制度、重大行政执法决定法制审核制度》，完善《行政执法全过程音像记录事项清单》《重大行政执法决定法制审核清单》，加强法制宣传教育培训，全面提升法治化水平，郑州市应急管理局被表彰为依法治市工作先进单位。

郑州市2021年统计工作报告

郑州市统计局

2021年是“十四五”规划开局之年，是全面建设社会主义现代化国家新征程开启之年，也是中国共产党成立100周年。在郑州市委、市政府的坚强领导和河南省统计局的有力指导下，全市统计系统以提高统计数据质量为主线，结合党史学习教育，创新制度建设，深入推进依法治统，有效发挥统计监督职能作用，强化统计监测分析，深化统计服务，夯实统计基层基础，提升统计整体质量，各方面工作取得了新成效。

一、2021年统计工作担当尽责、务实重干，“十四五”开局取得新成绩

落实全面从严治党责任，在政治思想行动上全面赋能。政治理论学习不断深化。建立“第一议题”学习制度，紧跟习近平总书记最新讲话精神，及时传达中央和市委全会各项精神，党组中心组开展专题学习交流、专题党课等各类集中学习36次，汲取奋进新征途的思想伟力。举办党的十九届六中全会精神专题培训班、“学习强国”挑战赛等，进一步带动党员干部坚定理想信念，筑牢思想根基。党史学习教育落地见效。深刻践行“我为群众办实事”活动，先后多次走访慰问困难群众18余人次，主动排忧解难，送去组织的关怀、慰问与温暖。创建“六坚持、六

着力”工作机制，统计工作形成闭环管理，旬旬相扣、月月相连、层层推进，数据质量和靠前服务能力大幅提升，为郑州国家中心城市高质量建设提供了坚强的统计保障。党建引领作用明显发挥。从严从实加强领导班子自身建设，自觉把习近平新时代中国特色社会主义思想作为谋划工作的源头活水，着力推动统计队伍、统计工作朝着高质量发展的目标不断向前迈进。强化党组从严治党主体责任，认真开展“三会一课”、民主评议党员、党员思想汇报等党内政治生活，积极引导党员干部在新时代统计事业中奋勇争先、建功立业。充分发挥党员先锋模范作用，系统上下积极投身灾情、疫情志愿服务，累计参与 639 人次，时长 1800 多小时。在市局党组领导下，驻巩义市站街镇七里铺村工作队，面对暴雨中滑坡垮塌险情挺身而出，安全转移群众 2000 余人，全村无一人伤亡。

制度建设革故鼎新，机关业务能力水平实现新跨越。创新建立“六坚持、六着力”工作机制，以制度变革带动统计治理能力现代化。一年来，我们始终坚持月度理论学习制度，着力强化政治机关意识；坚持月度调研指导制度，着力提升部门和区县（市）业务水平；坚持月度监测预警制度，着力夯实统计数据质量；坚持月度经济形势分析会制度，着力增强统计分析研判能力；坚持月度定期培训制度，着力打造高素质统计队伍；坚持月度向上汇报制度，着力畅通沟通渠道，统计系统政治站位、工作谋划和执行力度切实增强，各项工作完美收官得到了市委、市政府的高度肯定。

服务质效创新发力，监测预警分析彰显新作为。监测预警更加及时准确。强化日常监测，对异常数据及时查询，了解分析原因，确保数据真实反映企业的实际发展状况，真实反映经济运行态势。开展全市“10＋5”重点产业链统计监测方法研究。自主设计《企业（项目）生产经营情况调查问卷》，通过一套表平台抽样调查了 18213 家“四上”和“四下”企业受特大暴雨灾害影响情况，对全市经济运行进行评估测算，为市委、市政府灾后经济工作靶向发力、精准施策提供了决策依据。新郑局创新工作方式方法，在全省率先开展临界点企业调查工作，为“准规上”企业监测工作起到了很好的引领示范作用。统计分析更加优质高效。

强调“统计分析”与“党政决策”的连通性，变“事后预计”为“事前预判”＋“事后分析”。围绕数字经济核心产业、“三新”经济、战新产业、电子商务等经济模式发展状况分析研究，为领导决策提供先手资料。全年撰写统计分析324篇，市领导批示13篇，其中《灾情疫情影响总体可控　经济恢复发展未来可期》《1—7月郑州消费品市场增长放缓　缓中有进》《一波三折显韧性　服务业持续恢复》等7篇被市委、市政府主要领导重点批示，多项意见建议转化为政府决策，为推动郑州经济持续向好发挥了积极作用。公众服务更加丰富出彩。及时发布国民经济和社会发展公报、改版《郑州经济动态》、编印《“十三五”时期郑州经济社会发展汇编》、出版《郑州统计年鉴》，服务“两会”需求向人大代表、政协委员发放宣传折页3000余份。做好重要事件重要时点宣传报道，47篇信息被《中国信息报》《郑州日报》《郑州工作》采用刊登。开通统计微信公众号，全年接受公众咨询上万人次，全市统计宣传传播力和影响力继续提升。

对接国家战略全市重点，相关领域工作彰显新能力。认真做好碳达峰碳中和工作。参与《“十四五”能源发展规划》等多项任务，相继开展“火电和钢铁行业重复用水情况”等5个专项调研，为河南省统计局试算碳排放数据提供支持。主动服务国家粮食安全战略。将部分科研育种企业纳入2022年研发年报科技创新监测范围，开展种子企业专项调查，了解掌握研发型种子企业科研育种领域生产经营现状。深入参与助力营商环境建设。成立局工作领导小组及办公室专责推进工作，抽调18名干部参加全市16个“万人助万企”工作组。结合“万人助万企”走访县区和企业，落实省委、市委加快灾后恢复重建和复工复产部署。开展“我为营商环境做点啥”主题讨论，提出意见建议60余条。积极推动“一网通办、一次办成”政务改革，实现统计服务事项网上办理。丰富“郑好办”App统计服务专区建设，优化统计政务服务便民事项。第七次全国人口普查圆满收官，助力社会精准治理。十年间，郑州常住人口保持快速增长态势，从第六次全国人口普查的862.7万人增加到现在的1260.1万人，人口总量位次前移11位，位居全国城市第10位，郑州作为加快建设中的国家中心城市，展现出超强的人口吸纳能力与活力。常态化疫情防控中，第七次全国人口普查数据与公安户籍信息比对，准确圈定出第四轮核酸检测范围，为科学部署疫情防控，提供了准确翔实的数据支持。“四上”单位奖励助力提振市场信心。从税务部门有效整理准“四上”企业名录信息2.4万余条，全年新增“四上”入库企业1996家。通过郑州政务服务网“亲清在线”平台，十天内发放2020年1337家入库企业奖励资金1.07亿元，工作效率、奖励形式广受好评。

深入推进依法治统，统计监督职能作用彰显新担当。贯彻落实习近平新时代法治思想。认真落实党中央、国务院《关于更加有效发挥统计监督职能作用的意见》，持续巩固深化统计督察反馈问题整改成效。推动市、县两级党委政府及统计机构建立防惩统计造假、弄虚作假责任制，督促乡镇一级参照执行，严格落实领导干部违规干预统计工作记录制度，持续清理和纠正违反统计法精神文件和做法。坚持领导干部带头学法，推进统计法律法规进党校，市县两级参训人数达1100余人。执法检查力度不断加强。紧紧围绕“严治虚、狠打瞒、重防漏”重点检查统计调查单位390家，实现区域、专业全覆盖。完成对新密市、航空港区、登封市、二七区218家调查单位“双随机”执法抽查，新郑、巩义等8个区县（市）对本区域174家调查单位开展“双随机”执法抽查工作。加大诚信单位公示力度，对全市第一批74家统计诚信单位认定通报，大力营造“重信守诺”的行业风尚，河南省发改委致函郑州市人民政府，对市局创新开展的“签承诺、亮信用”活动表示感谢。普法宣传工作广泛深入开展。制定郑州市统计法治宣传第八个五年规划（2021—2025）和重点任务分工方案，印制《统计报表常见易错指标及问题解答》宣传手册，组织法律法规知识竞赛活动，制作行政相对人统计违法风险点宣传画册和视频，开展统计法进企业活动，加强典型案例宣传推进以案促改，统计法治氛围日渐浓厚。

全面整合多点发力，统计基层基础工作实现新发展。开展统计工作大调研，全年赴县区调研32次，有针对性的帮助县区对各自优势行业和薄弱环节再梳理，再细化。深入走访调研企业1600多家，送政策、送服务、解难题、强信心，确保源头数据真实准确。开展统计知识大培训，印发统计干部教育培训方案，组织线上线下培训173期，培训党政领导干部、统计人员、和“四上”企业人员12000多人，实现业务能力转型。构建部门统计大格局，协同9个市级部门，不定期研究协调解决统计以及国家部门统计事权中涉及的相关重大问题，以经济运行分析会为纽带，打通部门间数据壁垒、主动协同，形成强大合力。搭建统计数据大平台。积极配合“数字郑州”建设，丰富充实郑州宏观经济基础信息共享库，累计加载统计数据40余万条，畅通部门间数据交流渠道，实现统计信息资源共享。抓好人才队伍大培养，采取“建平台、重实践、优结构”等措施，储备培养优秀后备干部，激发干事创业热情，以统计人才建设助推统计事业发展。打造学习型机关，构建符合统计特点的学习培训体系，促进统计干部提高思想水平、完善知识结构、增强工作能力。重点围绕决策机关需求，统计服务全程参与，锻造出一支能文能武、能打胜仗的统计干部队伍。树立“以德为先、凭素质立身、靠实绩进步”的鲜明导向，稳步推进职级晋升，提拔4名同志晋升到正科实职岗位，全局形成了人人争先、事事创优的良好氛围，队伍建设焕发生机活力。扎实推进基层基础建设，认真落实统计基层基础建设目标任务，高质量完成三年行动计划中提出的2021年达到90%的目标。

二、把握时代大势、保持战略定力，主动应对统计事业发展的新形势和新考题

我国发展已进入新时代，党领导人民踏上了实现第二个百年奋斗目标新的赶考之路，郑州统计工作也迈进了新的发展阶段。2022年是党的二十大召开之年和“十四五”规划实施的关键之年，也是新中国政府统计机构成立70周年，是具有特殊意义的一年。全市统计系统要主动适应重要环境变化，坚定不移讲政治，厘清工作思路和方向，将“国之大者”“省之要者”和“市之重者”作为全局工作重心，不断提升统计人服务郑州高质量发展的能力和水平。

主动适应统计工作环境面临的重要变化。近年来，党中央、国务院为郑州在国家中心城市现代化国际化建设新征程中提供了更多发展机遇和政策支持，河南省委、省政府持续加大郑州国家中心城市建设力度，郑州战略地位得到强化提升，作为建设中的国家中心城市、全省发展的“龙头”，支撑带动全省乃至更大区域发展，郑州市委、市政府对此作出了全面的谋划和具体的安排部署。要求以“当好国家队、提升国际化、引领现代化河南建设”为总目标，以“整体工作争先进成高原，重点工作创一流起高峰”为总要求，全面开展“三标”活动，深入推进“十大战略”行动，努力发挥好全省经济发展“领头羊”作用，为服务全省乃至全国大局作出新的更大贡献，这对我们的统计数据监测和分析研究提出了新任务和新要求。

加快提升三方面的统计能力。更突出的统计改革能力。以习近平同志为核心的党中央从党和国家事业全局的高度出发，明确提出推进统计现代化改革，为“十四五”时期统计事业改革发展擘画了新蓝图、明确了新任务。在郑州聚集“当好国家队、提升国际化、引领现代化河南建设”中，需要统计工作为郑州市委、市政府科学执政提供可量化的评价标准和决策依据，各方面对统计工作及时反映经济运行趋势、解读经济结构特点的期待进一步增强，对统计数据时效性的期待进一步提升，对统计现代化改革的要求进一步提高。统计系统各级干部要适应承压的新常态，做到各方有所呼、我必有所应，要保证宏观决策部署到哪里，统计工作就延伸到哪里，跨前一步、担当尽责，向中心聚焦、为大局出力，加快推进郑州统计现代化改革，力争形成一批高质量改革成果，用高质量统计数据满足各级党委政府和各部门的需要，更好地支撑经济社会发展决策，把统计改革转化为推进全市经济社会发展的动能，转化为政府治理的效能。

更到位的统计监督能力。统计三大职能中，存在统计调查和统计分析职能较强，而统计监督职能相对较弱的情况。新的历史条件下，统计监督已经由单纯业务监督转变为专业属性和政治属性并重，由单纯执法监督转变为执法惩戒和防范预防并重。打铁需要自身硬，统计监督职能的增强，也对统计系统自身提出了更高要求，对全市统计数据质量提出了更高标准，需要我们严守统计数据质量这一生命线，杜绝统计弄虚作假，充分发挥统计监督的综合评价和校正作用，积极推动统计监督与纪律监督、监察监督、派驻监督、巡视监督、审计监督等各类监督方式统筹衔接、有机贯通、相互协调。

更强大的统计监测能力。郑州市委十二届二次全体会议暨市委经济工作会议，明确了今年全市将深入推进“十大战略”行动，努力在全省率先实现高台起势。服务经济社会高质量发展，统计工作重任在肩，全市统计系统要立足全局、服务新局、融入大局，准确识变、科学应变、主动求变，不断开阔视野，不断开拓思路，切实提高统计监测能力，提前掌握经济运行态势，摸透经济发展中存在的难点堵点，做到未雨绸缪、心中有数，加强事前研判，建立常态化的分析研判机制，推动统计工作高质量发展。

着力聚焦三个领域的工作任务。夯实统计数据质量。坚持“严治虚、狠打瞒、重防漏”的工作思路，切实履行提高统计数据质量的主体责任。注重事前预防，认真做好风险点排查化解，抓好统计数据防控；注重理顺历史数据关系，做好趋势衔接、避免大起大落。强化事前、事中、事后数据质量管理，加强对领导干部统计工作的考核管理，引导领导干部树立正确政绩观，坚决捍卫统计数据的权威尊严，确保统计数据经得起实践、历史和人民的检验。

重点推进服务兴统。深入践行人民城市重要理念，坚持服务为民，用统计视角展现人民城市新气象。树立前瞻思维，紧紧围绕灾后恢复重建、稳定宏观经济大盘、保持经济运行在合理区间和党委政府的工作重点、热点、难点，把准问题实质，及时准确做出反馈，为党委政府科学决策贡献统计力量。

推进能力作风建设。时代是出卷人，我们是答卷人，人民是阅卷人。过硬的作风过去是、今天是、未来仍将是我们党保持先进性和纯洁性，凝聚人心、汇集力量的关键所在。统计系统要以高度的政治责任感，扎实组织好、开展好、参与好“能力作风建设年”活动，形成抓作风促工作、抓工作强作风的良性循环，真正把活动成果转化为实际成果，在推动郑州国家中心城市现代化建设中展现新担当新作为。

郑州市2021年文物工作报告

郑州市文物局

2021年，全市文物工作坚持以习近平新时代中国特色社会主义思想为指导，深入贯彻落实习近平总书记关于文物工作重要论述和指示批示精神，按照市委决策部署，以黄河文化保护传承弘扬为统揽，积极深化落实黄河、大运河、长城国家文化公园建设战略，以大河村国家考古遗址公园、黄河国家博物馆、郑州商城国家考古遗址公园、郑州博物馆新馆、郑州市文物考古研究院和商都博物院等重点项目为抓手，加强文物保护利用和文化遗产保护传承，着力构建黄河流域生态保护和高质量发展核心示范区“两带一心”城市历史文化布局，打造郑州黄河历史文化主地标城市，为加快郑州国家中心城市提供了有力文化支撑。

一、突出项目支撑，加强文物保护利用传承

深入开展黄河文化、夏文化研究。系统梳理黄河文化核心区文明起源和早期中国发展脉络，加强黄河文化研究阐释，完成河洛古国与中原文明等6个学术研究专项课题。编制《郑州市黄河文化遗产保护传承弘扬专项规划》《郑州市全域文物保护利用示范区总体规划》。成立郑州市夏文化遗址发掘保护利用和夏文化研究专班，建立6个关键夏文化遗址工作台账和具体研究保护方案。持续加强相关遗址考古发掘，双槐树遗

址入选“2020年度全国十大考古新发现”。

高质量推进重点项目建设。按照郑州市委、市政府黄河文化保护传承弘扬“两带一心”城市历史文化布局，积极推进沿黄文化带、环嵩山文化带和中心城区文化板块项目建设。黄河国家博物馆先后多次召开座谈会，研究选址、功能、规模和建筑风格等相关问题，7月18日实质性开工建设，中国建筑设计研究院陈同滨团队正在编制陈展大纲。大河村国家考古遗址公园（中国仰韶文化博物馆）6月开工建设，启动核心区保护展示工程，加快推进仰韶文化博物馆建筑主体地下结构施工及博物馆陈展形式设计，陈展大纲课题研究已结项，大纲编制和设计招标已经完成。郑州商都遗址博物院和郑州市文物考古研究院12月19日试运行开放。

加大生态保遗工程和百家博物馆项目建设力度。加强区县（市）服务跟进督导，召开项目建设推进会，推进全市博物馆体系建设。遗址生态文化公园在建项目受“7·20”特大暴雨及新冠肺炎疫情防控影响，全年计划新建8处、已基本建成3处，年底遗址生态文化公园总数达44处；2021年博物馆37家建设目标全部建成，全市建成开放各类博物馆达109家。

二、夯实保护基础，提高文物管理保护水平

加强文物蕴含的时代价值阐释。重点推进商代王城、黄帝故里、河洛汇流、登封“天地之中”历史建筑群、荥泽古城文化遗产保护利用和大运河文化带、黄河文化遗产廊道项目建设。全方位多渠道研究、阐释郑州文物时代价值，筹备举办第10届亚洲旧石器考古学年会、郑州中华之源与嵩山文明研究会年会、李伯谦先生学术思想研讨会等重要学术会议。12月17日，省政府核定公布第八批河南省文物保护单位名单，我市入选24处，至此全市共有河南省级文物保护单位147处，总数位列全省前茅，进一步丰富了作为国家历史文化名城的文化内涵。

深化文物考古前置改革。高效实施文物考古勘探发掘，全力配合中

原科技城、城市32个核心板块等省市重点项目建设。全年共签订考古工作协议220个，完成勘探面积870万平方米，发现遗迹2232处；完成发掘项目158个，发掘文化层58264平方米，清理各时期遗迹4696处；出具拟供应土地考古调查勘探发掘意见书204份，文物勘探考古发掘备案意见书61份。

加强受灾文物抢险恢复。受“7·20”特大暴雨灾害影响，全市共有73处土城址、土遗址类、古建筑等文物保护单位发生坍塌、滑坡、灌水等受损情况。灾情发生后，郑州市文物局及时深入现场开展全面摸排，向全市30多家文物保护资质单位发出倡议，通力协助各区县（市）受灾文物保护单位实施科学抢险。积极争取上级专项经费35万元用于购置文物救灾物资，市财政划拨文物抢险救灾资金1580万元，扎实推进文物灾后修复重建。积极向上级汇报争取，郑州市53项文物灾后抢险修复及防灾抗灾综合能力提升项目纳入《河南省特大暴雨灾后水利基础设施恢复重建专项规划》。9月30日，古荥冶铁遗址、郑韩故城、宋陵、中岳庙、打虎亭汉墓等10个全国重点文物保护单位受灾受损及文物保护项目得到国家文物局批复同意。12月16日，国家文物局批复全国重点文物保护单位文物保护项目增补计划，我市立项项目新增郑州第二砂轮厂旧址、汉霸二王城、少室阙等12项。至此，全市全国重点文物保护单位得到国家文物局立项项目达22项。

三、健全功能体系，提升公共文化服务水平

提升公共文化服务水平。2021年，全市博物馆纪念馆先后推出《“百年飞跃　复兴伟业”——庆祝中国共产党成立100周年革命文物展》《微观之作：英国V&A博物馆馆藏吉尔伯特精品展》等各种展览140个，开展社会教育活动578场，接待参观人数227万人次。郑州博物馆新馆于4月30日正式开馆，推出《黄河珍宝——沿黄九省文物精品展》等精品展览16个，迅速成为省内外文博爱好者的打卡热地。《星火初燃——庆祝中国共产党成立100周年展》等5项展览被评为河南省庆祝

中国共产党成立100周年精品展览。“千秋二七”展览完成改造升级并对外开放，郑州二七纪念馆被中共中央宣传部命名为“全国爱国主义教育示范基地”，成为我市崭新的红色地标。

加强博物馆体系建设管理。实行博物馆月报制度，督促各博物馆每月月底前上报博物馆免费开放情况。完成2020年度非国有博物馆和国有博物馆绩效考核，做好非国有博物馆2020年奖补资金核算。完成2021年博物馆资金申报各项工作和非国有博物馆2018年、2019年奖补资金的专项审计。严格博物馆备案工作，指导1家国有博物馆备案工作，完成4家非国有博物馆备案。规范博物馆借展文物备案和引进外展展览备案，完成郑州二七纪念馆、郑州博物馆、新郑博物馆、巩义市博物馆、郑州市文物局考古研究院等5家借展文物备案，完成郑州博物馆引进《微观之作：英国维多利亚与艾尔伯特博物馆馆藏精品展》和《大河流域文明展》备案。完成郑州博物馆数字化、藏品修复和荥阳市文保中心可移动文物预防性保护申报工作。

四、激发活力动能，彰显古都郑州文化魅力

积极筹备重大会议活动。先后召开第九届中国博物馆及相关产品与技术博览会（以下简称“博博会”）咨委会办公室会议、郑州独立展区设计规划汇报会，完善第九届“博博会”执委会方案和“博物馆之夜”活动方案，完成第九届“博博会”吉祥物设计全国征集活动。受新冠肺炎疫情影响，国家文物局研究决定第九届“博博会”延期至2022年4月在郑州市举办。同时，协调省市各级领导到国家文旅部、国家文物局、中国历史研究院对接汇报“世界大河文明论坛（中国·郑州）”举办事宜，积极主动争取对口支持，协助做好“世界大河文明论坛”申办筹备工作。

加大文物工作宣传力度。持续完善政府信息公开工作，进一步推进决策、执行、管理、服务、结果公开，加强政策解读、回应社会关切、公开平台建设等工作，全年主动公开政府信息650条，迁移政务服务目

录数据530条，办理依申请公开5件。加强革命文物宣传，做好党史学习教育、全国“两会”等宣传工作。加强新闻策划，做好郑州博物馆新馆开馆、黄河珍宝——沿黄九省（区）文物精品展、郑州文物系统特大暴雨抢险救灾系列等新闻专题报道。严格落实意识形态工作责任制，强化网络舆论引导。开展2021年政务服务便民热线直通车节目，现场办公，服务民生。加强网络安全管理，认真组织开展软件正版化、国产机替代等工作。开展政府网站政务新媒体适老化、无障碍和IPv6改造工作。丰富文物图片数据库建设，开展文物保护单位夜景拍摄工作。加强与新闻媒体的联系沟通，强化正面宣传引导，讲好郑州文物故事。组织开展国际古迹遗址日、国际博物馆日、中国文化和自然遗产日等相关活动。组织文博单位在全市集中开展文物保护宣传入政府、入企事业单位、入校园、入社区、入村、入户等“六入”活动，切实加强文物普法宣传，广泛发动社会力量共同开展文物宣传活动，引导社会各界支持文物工作。

筑牢文物安全底线。按照国家文物局和公安部部署要求，联系公安机关深入开展打击防范文物犯罪专项行动。深入落实安全工作“一岗双责”和“三管三必须”制度，与16个区县（市）签订2021年文物安全目标责任保证书。印发《市文物局安全生产月活动通知》《全市文物系统火灾警示宣传教育月》等文件，将文物消防安全宣传纳入“5·18博物馆日”等活动内容，6月举办全市文博单位革命文物建筑消防演练及提醒谈话活动。联合市消防救援支队对全市文物建筑和博物馆开展多次消防安全检查，抽查检查45处，发现问题隐患79处，督促相关单位整改到位，确保文物安全。

郑州市2021年园林绿化工作报告

郑州市园林局

2021年，市园林局坚持以新发展理念和以人民为中心的发展思想为指导，以党史学习教育为引领，深入践行国家黄河战略，认真落实市十二次党代会精神，围绕“三项工程、一项管理”和32个核心板块建设，坚持品质为上、细节为王，统筹推进生态廊道、公园游园和拆围透绿建设，全市新建绿地面积1783万平方米，建成公园游园208个，打造312省道沿黄最美道路，成功承办河南省首届花境竞赛，圆满完成建党百年氛围营造，园林绿化管理工作迈上新台阶。

一、以项目建设为带动，大幅增加城市绿量

围绕生态廊道、公园游园、道路绿化和郊野公园建设四个重点，采取重要节点把关评审、重点项目团队跟进两项措施，着力提升公园绿地建设质量，大幅扩增城市绿量，全市共新建绿地1783万平方米，其中建成区1292万平方米，超额完成全年绿地建设任务。

生态廊道建设亮点纷呈。以312省道市区段生态廊道建设为引领，完成长江西路等16条（段）生态廊道建设，共新建生态廊道108公里、面积537万平方米。尤其是312省道市区段生态廊道，以“自然风光＋黄河文化＋慢生活”为主题，按照“一廊、四段、九驿”的总体结构，

绿化栽植任务已全部完成，正在推进驿站等服务设施建设，沿黄最美道路已初步成型。

公园游园建设特色鲜明。围绕全市新建200个公园游园的建设任务，通过拆除违章建筑、利用边角空地等方式，大力推进公园游园建设，全市建成公园游园208个，其中建成区168个（四环内96个），涌现出电厂路叠翠园、京广路节点陇海记事园、六厂前街游园等一批主题鲜明、富含郑州文化特色的精品园，特别是双秀公园以“生态林荫＋体育文化”为核心打造多功能运动场地的做法，被住房城乡建设部作为典型经验向全国推广。

重点公园建成开放。贾鲁河西流湖公园五一前建成开放，成为西部城区的生态新名片；青少年公园北区国庆节建成开放，成为河南省唯一一座以青少年为主题的专类园，填补了我市中心城区北部缺少大型综合公园的空白。四是道路绿化建设全面推进。按照“有路就有绿、有地就有绿”的原则，结合全市道路工程进度，同步推进绿化建设，完成道路绿化151条。

二、以为民服务为载体，持续提升绿地品质内涵

坚持以人民为中心的发展思想为指导，以基础设施改造为载体，以景观营造为抓手，持续提升公园绿地品质内涵。

公园拆围透绿工程加快推进。按照街景园景相融合的原则，加快推进公园基础设施提升和拆围透绿工程。月季公园提升改造、南环公园拆围透绿可实施区域建成开放，世纪公园提升改造可研报告已进入审批流程。

建党100周年氛围营造出彩完成。按照“一轴、一环、两横、两纵、多点”的布局结构，在全市重要交通枢纽、重点道路、重要区域、城市广场、重点公园等地，共制作大型立体花坛64个、花境80余处，地栽花卉5万平方米，特别是在郑州东站、河南艺术中心广场等重要位置设置的绿雕，营造了全市人民喜迎建党百年华诞、共筑中国梦的热烈喜庆

氛围。

公园公厕改造工程加快建设。对市管公园设施旧、蹲位少的公厕进行全面排查，编制公厕改造提升方案，对碧沙岗等5个公园广场的18个公厕进行改造提升，其中人民广场、碧沙岗公园3个新建公厕建成投用，主体建成8个，其他正在加紧施工。

公园花展活动精彩举办。成功举办月季花展、海棠花展等“绿满商都 花绘郑州”系列花展活动17个，接待游客500余万人次。特别是五一期间举办的郑州市第二十七届月季花展，将艺术性、文化性、科普性相融合，组织开展了月季盆景展、插花比赛和相关科普活动，展出月季1200余种、40余万盆（株），得到了市民群众的广泛好评。

绿地管理品质全面提升。制定《郑州市最佳最差公园游园绿化道路生态廊道出入市口评比方案》，邀请市人大代表和政协委员，深入开展园林绿化大提质竞赛和“双最”评比活动，每季度对全市最佳最差公园游园和道路廊道进行评选，营造了你追我赶、奋勇前进的浓厚氛围。

三、以赛事活动为契机，不断彰显郑州园林影响力

坚定扛起“三个在”和“龙头高高扬起来”的职责使命，积极参加国内园林赛事活动，不断提升郑州的影响力。

成功承办河南省首届花境竞赛。按照省住建厅和市政府工作安排，以“迎百年华诞、展生态花韵”为主题，以宿根花卉、草本花卉为素材，成功承办河南省首届花境竞赛，各省辖市、省直管县、郑州市辖区和部分园林企业参加了竞赛，组织参赛作品55个，全面展现了园林绿化行业的新技术、新品种，郑州市在11个综合类一等奖中斩获5个奖项。所有参赛作品已永久保留，作为长效花境向市民群众免费开放，成为郑州园林对外展示的一个新窗口。

扬州世界园艺博览会郑州园建成开放。扬州世界园艺博览会郑州园占地面积1768平方米，今年4月8日建成开放。展园以“家源”为立意，以郑州乡土树种和市花月季为种植特色，并结合民居窑洞的建筑特

征，充分展示了中原地域文化和黄河根亲文化，在26个国内城市展园中别具一格，得到了各级领导和游园群众的一致肯定。

第十三届中国（徐州）园林博览会郑州园基本完工。第十三届中国（徐州）园林博览会郑州园以“溯源”为主题，提取黄河文化及嵩阳书院文化元素，通过“闻声、听雨、予茶、书影、寻真”五个空间，打造了精神文化的园林景观。郑州园占地面积4529平方米，除浮雕、玻璃桥面外，其他园建工程已基本完工。

各类花展赛事活动大奖连连。积极组织参加扬州世界园艺博览会月季国际竞赛等各类花展活动，相继获得金奖、银奖等各类奖项90余个，系统展现了郑州的园林园艺水平，扩大了郑州市园林园艺在国内外的影响力。

四、以法治建设为核心，深入推进综合行政管理

完成古树名木保护立法。根据市人大常委会2021年度地方立法计划，起草《郑州市古树名木及古树后备资源保护条例（草案）》，经市政府常务会研究、市人大常委会审议通过，省第十三届人大常委会批准，将于2022年1月1日起施行，成为省内首个将古树后备资源纳入保护范围的城市，特别是对于损害古树名木生长造成死亡的，每株处以最高100万元的罚款，是国内古树名木保护中惩处力度最严厉、保护措施最严格的城市之一。

深入推进依法行政。全面落实法律顾问制度，组织行政处罚法知识竞赛，深入开展法治宣传教育，全面加强文件及合同法制审核，做到应审尽审，共完成各类文件法制审核524件、政府信息公开法制审核33件，有力推动了法治政府建设。

不断加强制度化规范化管理。按照法律法规有关规定，健全完善机关各项制度，探索推进公车管理、工程履约金、农民工工资支付等一系列管理规定，全面推进机关规范化管理。

全面深化安全生产。针对游乐设施、建筑工地、消防设施、动物管

理等“四大”部位，深入推进安全监督检查，在重大节日和重要活动期间持续开展专项治理、防溺亡等一系列安全生产行动，组织开展5次安全生产大检查和消防安全回头看等活动，有效堵塞了安全漏洞。园林系统总体形势安全稳定。

持续优化营商环境。按照“一件事”和“一事件”有关要求，持续深化“放管服”改革，深入开展一把手走流程活动，不断优化水气热报装工程涉及城市绿地的审批程序，共办理树木审批事项86件，审查建设项目绿化方案117件，提供咨询辅导400余（人）次，群众满意率、审批事项办结率、双公示信息录入率达到3个100%，最大程度为企业和群众排忧解难。

扎实做好社会信用体系建设。制定《郑州市园林绿化市场主体信用管理办法》等系列制度，利用园林局网站、公园广场电子屏、展板等多种载体，广泛开展信用宣传，同时在郑州市动物园开展“信用亲子游”活动，凡被评为“信用极好”和“信用优秀”的市民，可免费携带家人游览参观，成为市区首家收费场所开展信用免费的单位，得到了市民群众的广泛赞誉。

五、以人民群众为中心，统筹推进灾情疫情双战

2021年，郑州接连遭遇暴雨灾害和新冠肺炎疫情冲击，在市委市政府的坚强领导下，我们坚持以人民群众生命安全为中心，尽最大努力，争取避险除险主动，把灾难损失降到最低。

扎实抓好防汛抢险。面对严峻复杂的汛情雨情，围绕贾鲁河西流湖公园和雕塑公园两个关键部位，安排专人值守，24小时监控灾情险情。同时，市属17个公园广场实施紧急闭园，组织排险、开展自救，全局系统没有因汛情出现人员伤亡和动物脱笼情况。

统筹开展灾后重建。制定《郑州市园林局特大暴雨灾害灾后恢复重建工作方案》，组织各公园广场和在建项目，统筹开展排积水、消隐患、清淤泥、扶树木工作，共抽排公园游园内积水约8.5万余立方米，清除

淤泥约6050立方米，组织修复广场、绿地、游路460处小面积塌陷。加快推进9个市级公园灾后重建工作，其中人民公园河道修复工程已建成，西流湖灾后重建已进场，雕塑公园河岸重建等7个项目已完成可研编制。

筑牢疫情防控屏障。充分发挥党组织战斗堡垒作用，筑牢主体责任、内部管控和社区家园“三道防线”，严格落实“扫码、测温、限流、戴口罩”的要求，劝离广场舞、大合唱、暴走等人员聚集性活动，对公共区域实施一天两消杀。积极配合疾控部门做好流调工作，全局系统完成隔离456人，切断病毒传播途径。

郑州市2021年工会工作报告

郑州市总工会

2021年，在市委和省总工会的正确领导下，我市各级工会坚决贯彻落实中央和省市委决策部署，牢固树立“服务大局、服务中心、服务职工”理念，以庆祝中国共产党成立100周年为主线，按照省总“五大行动”和“十件实事”工作安排，以突出办好服务职工“十件实事”和重点打造郑州工会“三大品牌”为载体，履职尽责，担当作为，高质量推动工运事业深入发展，充分发挥了工会组织的政治优势、组织优势、群众优势，为郑州实现“十四五”良好开局作出了积极贡献，各项工作有序开展、稳步推进、取得成效。工会信息工作被全国总工会评为成绩优异单位。工会全面工作和乡村振兴劳模出彩、困难职工帮扶、基层工会组织建设、新闻宣传等工作被河南省总工会评为先进单位。

一、坚持以习近平新时代中国特色社会主义思想为引领，职工群众听党话跟党走的信心更加坚定

坚持把团结凝聚职工、教育引领职工作为政治任务，把习近平新时代中国特色社会主义思想、党的十九届六中全会、习近平总书记关于工人阶级和工会工作的重要论述以及关于视察河南及郑州的重要讲话指示精神、省市党代会和经济工作会议精神作为重点内容，着力强化职工思

想政治引领，着力培育和践行社会主义核心价值观。结合“万人助万企”“工会进万家”活动，全市各级工会干部、劳模工匠、优秀职工进企业、进学校、走街道、入楼宇，进火热工地、入车间班组，面向基层一线，开展互动式宣讲。组织开展“永远跟党走·奋进新征程”郑州市庆祝“五一”国际劳动节表彰大会暨“百万职工庆百年华诞”主题活动启动仪式，举办庆祝中国共产党成立 100 周年郑州市职工合唱比赛，近百万职工通过直播平台观看直播盛况。组织全市各级劳模工匠宣讲活动 628 场，覆盖职工 50 万人。在郑州市总工会微信公众号、抖音号开设《劳模讲党史》《党史故事 100 讲》专栏，得到职工广泛参与和普遍欢迎。大力弘扬劳模精神、劳动精神和工匠精神，让辛勤劳动、诚实劳动、创造性劳动成为职工的自觉行为。郑州市总工会联合市委宣传部开展郑州“最美职工”选树宣传活动，举办“逐梦新征程　奋斗郑当时”郑州市职工短视频大赛，充分展示逐梦加快郑州国家中心城市现代化建设新征程的奋斗故事和动人瞬间。中央、省、市各级新闻媒体及新闻客户端编发全市“三工”稿件 1000 余篇（条）。

二、坚持依法维护职工合法权益，维护职工队伍团结和社会和谐稳定更加给力

以“三建合一”（即建会建制建家合一，机关企事业单位建会、建立职工民主参与管理制度、建设职工之家）为主要抓手，基层工会组织活力不断增强、维权能力有效提升。全市新建基层工会组织 1243 家，发展新就业群体和农民工在内的工会会员 103463 人。持续推进集体协商，促进劳动关系和谐，启动开展集体协商“集中要约”行动，签订集体合同 3698 份，覆盖职工总数为 62.3 万人，集体协商建制率达 93.45%。积极维护职工群众的劳动安全和职业健康权益，组织开展“安康杯”竞赛，覆盖全市 5789 家企业近 123 万名职工。参与“3.3”“5.26”“5.30”“10.28”“11.19”生产事故调查处理，督促事故单位建立完善制度，加强安全生产管理。多渠道维护农民工劳动保障权益，全市各级工会共参

与解决农民工欠薪案件687件，帮助4455名农民工追讨欠薪3447.3万元。严格落实职工信访工作制度和领导干部接待职工来访制度，充分发挥“12351”职工维权热线平台作用，接待调处职工来信来访来电739起，完成27件信访案件办理。广泛组织开展学习宣传法律知识系列活动，进一步营造“学法尊法守法用法”浓厚氛围，不断提高全市广大职工群众的依法维权意识。坚决维护劳动领域政治安全，推动建立落实“五个坚决”要求长效机制，组建信息员队伍，建立工作台账，开展职工队伍稳定风险专项排查化解，妥善处置涉稳涉政治安全事件，努力做到“五个不发生”，有力维护了职工队伍团结和社会大局稳定。

三、坚持为民服务宗旨，用心用情用力为职工办实事，工会组织的关心关爱更加务实

扎实开展“我为群众办实事”实践活动，组织进行“双节送温暖”“工会进万家”“留郑过年送关爱”“疫情汛情送关心”等一系列的走访慰问困难职工活动，其间重点走访慰问困难企业、困难劳模、困难职工、农民工和节日期间留郑一线职工，共计走访慰问企业445家，慰问对象13.2万人，发放慰问金2370万元，为1万多名困难职工提供了帮扶救助。开展春风行动，为返城农民工提供6000余个就业岗位。全市各级工会组织就业创业服务活动251场，为失业人员、转岗职工、农民工、困难职工家庭成员、高校毕业生、灵活就业人员等重点就业群体提供了就业服务。新建104家爱心驿站（目前全市共有821家），为户外劳动者提供了周到暖心的服务。持续开展“普惠重疾”职工互助保障活动，为患重疾病及意外伤害的2172名会员赔付金额774万元。开展会员“二次救助”活动，为患病会员362人发放救助金额77.4万元。全市实名制录入工会会员信息185.57万人。全市工会建成172个爱心母婴室，开办爱心托管班60个，托管幼儿近3000名，市总为26个爱心托管班补贴资金42万元。全面关注女职工心理健康，推出“女职工心理援助专线＋预约心理辅导＋心理健康知识宣讲”维权服务免费套餐。为35对职工新人举办

“见郑爱·携手奋斗”第七届郑州市职工集体婚礼。“绿色出行”等系列普惠活动发放补贴近2210万元，惠及工会会员91.5万人次。以困难职工、失业待岗职工和农民工为主要培训对象，开设母婴护理、老年护理、烹饪烘焙、电焊工等14个专业技能培训，开展培训255场（期），培训人员1.4万人次，举办“超级带货官”电商新媒体培训35次，培训学员3500人。“郑州工会职工服务平台”被全国总工会评为全国互联网＋普惠服务优秀平台“市级十佳平台”、全国微信小程序应用优秀案例。

四、坚持人民至上生命至上，工人阶级主力军作用在疫情防控、防汛救灾和复工复产、灾后重建中更加凸显

面对“7·20”特大暴雨和新冠肺炎疫情的严重冲击，全市工会组织贯彻落实习近平总书记重要指示精神，落实党中央、国务院和市委市政府决策部署，积极响应党和政府号召，强化责任担当，举全会之力，尽最大努力减少人民群众生命财产损失。组织出动机关党员干部志愿者830余人次，在高速路卡口参加疫情防控，查验、放行、劝返司乘人员8.2万人。对16个区县（市）工会、14个涉及民生公共服务单位和防汛救灾任务重的基层单位工会，第一时间拨付650万元专项救助慰问金（全总、省总150万元，市总配套500万元）。市总代表全市工会组织和广大职工向郑州市防汛指挥部捐款500万元，全市各级工会累计投入防汛救灾资金4205万元。全市7189名各级劳模先进人物、251个先进集体捐款捐物近8000万元。全市302个劳模突击队，承担急难险重任务，开展近1000场次抢险服务活动。450多支职工志愿服务队，开展隐患排查、疏散群众、交通疏导、垃圾清理、防疫消杀、心理咨询等志愿服务活动8220多场次。郑州市总工会开通职工心理咨询热线，缓解职工因突发危机造成的不良情绪，帮助职工坚定战胜灾情的信念和灾后重建的信心。党员突击队下沉社区、乡村、企业开展帮扶慰问，帮助群众解决实际困难，助力企业复工复产，把党和政府的温暖送到了职工群众的心坎

上。落实小微企业工会经费支持政策，市县两级工会共计返还经费1602万元，助力4250家小微企业复工复产和灾后重建。乡村振兴劳模出彩，全市1082名各级劳模先进人物和110个先进集体参与行动，投入和带动社会资金5亿多元。持续开展“三比两降”节能减排竞赛活动，积极营造绿色发展浓厚氛围，表彰30家节能减排先进单位和80名节能减排先进个人和技术标兵。牵头承办省第七届全国职工职业技能大赛河南省参赛队钳工、焊工的赛前集训及参赛工作，举办第十八届职工技术运动会，全市30万职工参与90个工种竞赛，培养和造就了更多知识型、技能型、创新型劳动者大军。稳步推动产业工人队伍建设改革，全面提升职工队伍整体素质，努力打造高素质产业工人队伍，为郑州高质量发展提供强大人力支撑。

五、坚持强化党的政治建设首位意识，工会系统党建工作成效更加显著

市总党组坚决扛稳管党治党主体责任，坚持以习近平新时代中国特色社会主义思想为指导，以新时代党的建设总要求为遵循，以政治建设为统领，以创建模范机关为主线，深入学习贯彻党的十九届五中、六中全会、河南省第十一次党代会和郑州市第十二次党代会精神，牢牢抓住“围绕中心、建设队伍、服务群众”职责定位，着力坚持三个导向，提高政治三力，做好三个表率，市总机关党的建设取得扎实成效。聚焦建党百年主题，扎实开展党史学习教育，按照“学史明理、学史增信、学史崇德、学史力行”总要求，开展特色鲜明、形式多样的学习教育。注重抓好专题学习、专题党课、专题培训，用好党的红色资源，让干部群众切身感受艰辛历程、巨大变化、辉煌成就。制订“我为群众办实事”重点项目清单，扎实开展“万人助万企”“工会干部赴基层蹲点”等活动，深入部分县（市）基层工会开展不少于3个月的蹲点调研，着力为职工和企业办实事、解难题。持续加强党的建设，扎实做好市委巡察反馈意见整改工作，严格落实党建工作制度，组织召开专题民主生活会、组织

生活会，加强基层党组织标准化规范化建设，进一步强化党组织的凝聚力和战斗力。严格落实中央八项规定精神，坚决纠治“四风”，深化以案促改，深入推进党风廉政建设，开展岗位廉政风险排查防控，全方位营造了风清气正的政治氛围，党员干部以勤政廉政的实际行动，树立了党员干部的良好形象。

郑州市2021年共青团工作报告

共青团郑州市委员会

2021年是党和国家事业发展进程中具有里程碑意义的一年，这一年，喜迎党的百年华诞，共青团员和少先队员“请党放心　强国有我”的青春誓言在天安门广场久久回荡。这一年，习近平总书记先后在五四、六一深情寄语全国各族青少年，多次对做好青少年工作作出重要指示批示。这一年，河南省委书记楼阳生同新一届团省委领导班子成员集体谈话，深切勉励共青团工作。这一年，郑州市委对青少年和共青团工作高度重视、亲切关怀，市委常委会2次听取共青团工作汇报，市领导4次出席共青团活动，8次对共青团工作作出批示，并以市委名义下发《中共郑州市委关于全面加强新时代少先队工作的实施意见》，对全市共青团工作给予大力支持。牢记使命、勇毅前行，这一年，郑州共青团聚焦为党育人主责主业，坚持服务青年与服务大局相统一，深化改革创新，全面从严治团，团结带领全市广大团员青年心向党、传薪火、燃青春、勇担当，为郑州国家中心现代化建设释放青春能量、贡献青春力量。

一、坚持为党育人，为党培养合格的社会主义建设者和接班人

把培养社会主义建设者和接班人作为根本任务，引领青少年听党召

唤、跟党奋斗。用红色基因塑造青少年，以习近平新时代中国特色社会主义思想为指导，突出“三会两制一课”作用，扎实推进“青年大学习”“青马工程”“青年讲师团”“红领巾心向党”等，推进“学党史 强信念 跟党走”学习教育全面覆盖、直达基层，被评为河南省2021年基层理论宣讲先进集体。用青春寻访感召青少年，开创学党史红色主题寻访品牌，4条线路入选省级示范打卡线路，引导青少年在互动体验中厚植爱党、爱国、爱家乡的朴素情感。用网络正能量激励青少年，打造覆盖100万粉丝的政务新媒体矩阵，制作发布《敢为青年 郑州有我》等正能量视频，4部作品荣获郑州市“五个一工程”奖，源源不断为青少年提供“有血有肉 有声有色”的精神食粮，让红色基因，革命薪火代代传承。

二、服务中心大局，提升在郑州国家中心城市现代化建设中的大局贡献度

把牢围绕中心、服务大局工作主线，不断提升大局贡献度。在创新创业中显身手，承办第八届“创青春”中国青年创新创业大赛河南分赛，联合举办第五届“豫创天下”创新创业大赛、郑州市第七届职业技能竞赛，助力郑州创新高地建设。在急难险重中勇冲锋，组织9万余名青年志愿者冲锋在前、勇挑重担，筹措1700余万元物资及时转运受灾一线，构筑起风雨同舟、众志成城的“青春堤坝”和“青春防线”。在生态保护中展作为，扎实推进河小青、河小文等7个“河”字头项目，动员青少年积极投身植绿护绿、环保宣传、保护母亲河、黄河文化传承等生态文明实践。在乡村振兴中善担当，深化“春雁行动”“领头雁计划”，深挖乡村致富带头人。郑州市五四奖章获得者，方一坤野山菌胡辣汤创始人金一，当选首届“全国乡村振兴青年先锋”。在优化营商环境中树形象，开展郑州青年优化营商环境服务月、青年文明号助力优化营商环境交流展示等活动，推进“致敬敢为青年 优化营商环境”青年宣讲走进企业、深入基层，塑造青年优化营商环境新名片。

三、竭诚服务青年，巩固和扩大党执政的青年群众基础

坚定履行巩固和扩大党执政的青年群众基础政治责任，以《中长期青年发展规划》为统揽，持续解决青少年急难愁盼。强化青年发展监测，在全省率先建立包括5项核心指标和21项重要指标的监测指标体系，及时了解青年成长发展状态。搭建就业交友之桥，常态化开展青年交友联谊活动，深化“百校千岗”行动，组织青年人才专场招聘会，提供就业岗位5万余个、见习岗位1100余个，提升青年归属感。织密权益保护之网，常态化开展法治、自护、心理健康教育，创新开展“青春守护·平安春节”主题活动，组织1914名平安青年志愿者配合人民调解员全面排查各类矛盾纠纷300余起，化解280余起，推动共青团系统“六防六促”专项行动落地见效。点亮温暖青年之光，深化希望工程，募集善款、物资价值2500余万元，建立希望小屋181间，援助学校80余所，资助青少年10万余人。关注因灾致困青少年，资助受灾学生2136人，维修重建学校18所。

四、筑牢基层基础，夯实新时代党的青年工作的组织保障

树立大抓基层鲜明导向，以“钉钉子精神”推动共青团改革落到底、见实效。扩大组织覆盖，坚持青年在哪里，团的组织就建在哪里，适应青年发展新特点、新业态，新建社会领域团组织4900余个；严控团学比例，新发展团员2.85万名，初中、高中阶段毕业班团学比例分别控制在8.2%、40.1%；完善发展链条，学社衔接率达99.9%，市属中学中职团校建设率达100%；吸纳河南省青少年作家协会等4个社会团体为市青联会员团体，区县（市）成立三类团属青年社会组织，加强新兴领域青年联系服务，不断扩大共青团“朋友圈”。强化试点带动，中牟县域共青团

基层组织改革取得阶段性成果，有力有序推进全国县域共青团基层组织改革、全国中长期青年发展规划、全国行业系统团组织建设郑州试点工作。筑牢队建基础，履行全团带队职责，推动出台《中共郑州市委关于全面加强新时代少先队工作的实施意见》，党团队一体化建设加速推进。

郑州市2021年妇联工作报告

郑州市妇女联合会

2021年，《郑州市国民经济和社会发展第十四个五年规划和二〇三五年远景目标纲要》设置专节安排部署妇女儿童发展和家庭建设；郑州市委、市政府持续把提高妇女儿童健康保障水平纳入重点民生实事，大力支持妇女儿童活动阵地建设；心系全市妇女儿童冷暖，“三八”节、“六一”节前向广大妇女及儿童发出慰问信，主要领导参加主题活动并送上节日祝福。这一系列重要举措，充分彰显了郑州市委对妇联工作的高度重视和不断强化。

一年来，在郑州市委的坚强领导下，郑州市妇联以习近平新时代中国特色社会主义思想为指导，以开局即决战、起步即冲刺的奋斗姿态，围绕庆祝中国共产党成立100周年这一条主线，深入开展党史学习教育，认真履行引领服务联系职能，在防汛抗疫的大战大考中彰显巾帼担当；全面助力科技创新、乡村振兴、污染防治攻坚等主战场，斩获多个大奖、交出亮眼答卷；家庭教育立法、美丽庭院创建、妇女儿童民生实事、法律援助等多个项目领跑全国全省。全年，郑州市妇联荣获全国巾帼建功先进集体、全国巾帼志愿服务十大优秀项目、省城乡妇女“巾帼建功”先进集体、省优秀志愿服务组织、2020年度市综合考评优秀单位等荣誉41项。

一、主动担当作为，助力打赢防汛战疫两场硬仗

在汛情、疫情“双线战”中，闻令而动、听令而行、尽锐出战，号召百万巾帼和家庭共同撑起郑州救灾、抗疫“半边天”。

在防汛救灾攻坚战中勇担当。以巾帼不让须眉的硬核担当带领各级妇联干部日夜奋战、支援一线。四方筹集抽水泵、暖心包、橡皮艇等物款 130 余批次 9041 万元，以最快速度送往最需要的地方，实现每日“零库存”；坚持主要领导坐镇指挥，精锐专班连续作战，严格落实“双报到”制度，让“巾帼红”闪耀在防汛救灾第一线；创新“五疏五安·安心彩虹”心理援助常态化机制，妥善处理网络及电话咨询 4000 余起，累计服务市民群众超过 1.1 万人，列入全市综合考评特色创新事项；微信公众号特批日发布信息六次，热而密、快而准的宣传，让小阵地彰显大能量，为 613 万妇女打上“强心针”、服下“定心丸”。

在灾后重建持续战中展作为。参与实施“豫爱共行　重建家园”、灾区幼儿园学校重建、图书捐赠、“母亲健康快车”等多个公益慈善项目，累计争取重建物资、资金意向金额 2942 万余元；积极发动 2.3 万名巾帼志愿者开展灾后重建等服务 4500 余场，助力广大群众开启重建家园、恢复生产的新生活。

在疫情防控阻击战中扛重任。面对三次疫情反弹，迅速动员、逆行而上，号召 613 万妇女和 363 万家庭守望相助、共克时艰，筑起郑州巾帼战疫的铜墙铁壁。截至年底，争取价值 627 万元的口罩、药品、消杀用品等防疫物资支援二七区、管城区等抗疫一线；开发在线云平台 1 个，录播《“疫”路同行》《抗疫“心”力量》直播访谈 38 期，开通心理援助热线 8 条，招募专业心理咨询师 270 人，并公布 52 名咨询师联系方式，开展“7×24 小时”心理咨询服务；创新群众“点单”志愿者“接单”服务模式，获中国妇女报报道、省妇联转发。由副县级领导带队、党员志愿者全员参与，下沉二七区长江路街道 2 个社区、4 个楼院，服务 5 个核酸检测点，累计协助完成采样 6 万余人次，排查沿街商铺、上门服务

隔离户及特殊人群1000余家，为疫情防控贡献巾帼担当。市妇联获评全市在防汛救灾和疫情防控一线表现突出的基层党组织。

二、拥护“两个确立”，凝聚“巾帼心向党”的奋进力量

深入实施“巾帼心向党”系列行动，带领全市各级妇联组织自觉承担引领妇女听党话、跟党走的政治任务，妇女思想政治引领工作走深走实走心。

政治引领更有力。强化意识形态工作，深入实施“头条工程”，确保习近平新时代中国特色社会主义思想始终成为妇联全媒体最强音。引导市妇联系统、广大妇女群众全面深入学习习近平总书记在庆祝中国共产党成立100周年大会上的讲话精神，深入学习十九届六中全会精神，认真学习省委、市委工作会及党代会精神，深刻理解“两个确立”的决定性意义，进一步增强“四个意识”、坚定“四个自信”、做到“两个维护”。

价值引领更深入。坚持修好党史学习教育“必修课”，分别面向妇女、儿童和家庭，精心组织开展“郑州巾帼大讲堂”260场，3184支基层巾帼宣传队活跃在城乡社区，其中12支队伍获省妇联表彰。开展“红色小剧场”“党史中的巾帼力量”等原创宣讲近百场，网络点击量超过300万人次，党史学习教育和群众性主题宣传活动19篇信息登上市委专题简报。市妇联荣获河南省党史暨涉台知识网络大赛“优秀组织奖”、全市党员干部“四史”知识竞赛活动优秀组织单位等荣誉。

典型引领更有效。联合多家单位积极在各行各业宣树先进典型，全年涌现市三八红旗手、“美丽庭院”等市级妇女、家庭和儿童典型2437人（户），一大批妇女典型、最美家庭、优秀儿童活跃在城乡、社区、学校，成为弘扬社会主义核心价值观的践行者和引领者。其中，131个“妇”字号集体、家庭和个人受到全国、省级表彰。

网上引领更广泛。精心谋划开展网络意识形态工作，参加全市第二

季度网络意识形态研判分析会并做典型发言。开辟群众性主题宣传活动“云模式”，家庭乐跑活动线上吸引超过15万观众互动参与，“三八”“六一”主题活动网上直播在线收看人数超过150万人次，创历史新高。制播30期专题抗“疫”心灵关爱直播访谈——《“疫”路同行》，全媒体平台播发100余次，听众超过200万人次。一年来，市妇联荣登省级以上媒体报道119篇，190篇稿件登上“学习强国”平台，市直机关排名第一。微电影《唤醒》荣获全国巾帼志愿服务微电影大赛十大优秀影片。

三、聚焦服务大局，书写“巾帼建新功”的出彩华章

坚持以新发展理念为指导，团结带领全市广大妇女以敢闯敢试、敢打敢拼的创新精神和实干担当，在参与郑州国家中心城市建设中书写精彩人生。

跑出就业创业“加速度”。全市“春风送岗”系列招聘会为女性提供就业岗位6万余个，制作发布“巾帼职场榜样”系列短视频为求职女性支招，2022年“创时代 她出彩”女性专场招聘会登上中央电视台《新闻联播》；参加黄河流域生态保护和高质量发展巾帼论坛等主题活动，彰显郑州在区域协同发展中的优势和作用；参加省电商“巧媳妇”直播带货大赛、省巾帼科技创新创业大赛获一等奖、优秀组织奖；深化城乡妇女岗位建功活动，获评全国、省巾帼建功先进集体（个人）表彰27个（人）。一系列行之有效的举措，助力巾帼岗位建功各项工作跑出加速度、迈上新台阶。

按下科技创新“快进键”。创新开展“六抓六强化”系列活动，在高新技术领域新建妇联组织50个，宣树“科技女杰”“巾帼科技致富带头人”30人，命名10个郑州市女性科技创新工作室，开设《科技创新“她”力量》线上专栏报道女性科技故事20个；6家企业入选省巾帼科技创新创业大赛10强10优，举办郑州市巾帼创新创业大赛，评选十强示范基地并给予17万元资金扶持。

打好巾帼成才“组合拳”。制定实施助力黄河人才计划工作方案，建

立扩容郑州女性人才库，优先表彰各行各业女性人才；举办基层巾帼“领头雁”、美丽乡村“村播巧媳妇”等培训班，培训女性人才近 800 人；组织全市 646 人开展职业技能提升培训，其中，高技能人才 200 人；“女性享学吧”全国试点平台带动 1.8 万人在线学习。

做好乡村振兴“必答卷”。巩固全市脱贫攻坚成效，宣树市级“巧媳妇”示范基地 17 个、“乡村出彩巧媳妇”80 人，其中，1 个基地获评全国巾帼现代农业科技示范基地，15 个基地（个人）获省级命名；持续推进以“五美”为主要内容的美丽庭院创建工作走深走实，创新云平台、“21 天改习惯”网上有奖打卡活动等十项“硬核”举措，全年新创建“美丽庭院”达标户 35725 户，全市达标户增至 9.4 万户，超额完成既定目标。

四、坚持人民至上，提升“巾帼暖心人”的民生温度

坚持以习近平法治思想为指导，扛稳妇女儿童权益维护旗帜，用贴心服务提升民生“温度”、标注幸福“刻度”。

“巾帼维权”让妇儿更具安全感。顶层谋划实现新突破。全力推动促进妇女儿童全面发展纳入市“十四五”规划专节，推动解决妇女儿童和家庭领域重点难点问题。巾帼维权开创新局面。推动婚姻家庭矛盾纠纷的排查化解纳入全市“一码解纠纷”机制，持续落实维权“六项机制”，在情感家事纠纷化解、女童人身保护方面加强风险联防、问题联治、权益联保；受理群众来电、来访、来信 1533 起，办结法律援助案件 30 起；广泛深入开展防范电信网络诈骗犯罪、“防溺亡”等专项宣传工作，有序开展“中彩金”法律援助、“和睦家家欢”“花儿朵朵开”等项目，多措并举让维权工作更加精准更有温度。普法工作取得新进展。组织“法进万家”宣传 278 场，印发“法进万家”法律读本 1000 本，采取“六进”宣传、制作发布普法短视频等方式推动法治宣传形式更加多样，普法工作更具实效。市妇联荣获全国中央专项彩票公益金（简称“中彩金”）法律援助项目实施、市打击治理电信网络诈骗违法犯罪宣传防范、全面

依法治市、“七五”法治宣传教育和依法治理工作等一系列先进单位荣誉称号。

“巾帼关爱”让妇儿更有幸福感。高质量完成上一轮全市妇女儿童发展规划终期评估，迅速启动新一轮两规划编制。投入1.3亿实施“我为群众办实事”十大项目。其中，组织“十暖”“四送”活动，陪伴妇女儿童留郑过大年；“绿城妈妈”“儿童之家”等项目纳入全市公共服务能力提升专项考核，新建“绿城妈妈”11个、新建提升“儿童之家”25所，“绿城妈妈”、“儿童之家”累计建成286个、774所；“绿城妈妈”社区环保服务项目常态化开展垃圾分类等五大行动，获全国妇联巾帼志愿服务十大优秀项目、河南省优秀志愿服务项目表彰，并获推参加中宣部、文明办等16部门开展的全国学雷锋志愿服务“四个100”先进典型评选；积极配合市卫健委完成“两癌”“两筛”44万人次。市妇联主席马斐颖作为省政协委员联名提交的《持续推进河南省为9至14岁女童免费接种HPV二价疫苗工作的提案》获评“省政协2021年度好提案”，并列入跨年度跟踪督办的重点提案。市妇联荣获河南省提高妇女儿童健康保障水平民生实事工作表现突出的集体、全省优秀志愿服务组织、污染防治攻坚战三年行动计划先进单位等荣誉。

五、发挥独特优势，共创“家家幸福安康”的美好愿景

以社会主义核心价值观为统领，深入实施“家家幸福安康工程”，争创好家庭、涵养好家教、培育好家风，为郑州基层社会治理创新做出“家”贡献。

注重家庭，凝聚“家”力量。不断深化“德润万家”“育兴万家”“书香万家”“法进万家”“康乐万家”“绿惠万家”等“六个万家”活动，让“家”力量为郑州经济社会发展赋能。一年来，全市19.8万人参与到寻找“最美家庭”活动中，共揭晓各类“最美家庭”19965户，其中25户获全国、省级命名；涌现市级“最美母亲”“十佳儿童”“十佳家长”

"优秀儿童""优秀家长"等 265 名。分别联合市卫健委、市平安办等部门宣树"健康（示范）家庭"110 户、市级"绿色家庭"1539 户及市和睦家庭创建示范户 100 户、示范村（社区）6 个。

注重家教，携手育新人。与市人大积极开展《郑州市家庭教育促进条例》立法调研工作，立法进程在全国地市级城市中领先。招募 390 名志愿者组建市家庭教育、心理咨询志愿服务讲师团，开展家庭教育公益讲座 127 场，惠及家庭 1.4 万户；指导成立民非组织郑州慧丰家庭教育研究院，成功举办全市第二届家庭教育高峰论坛，助力"双减"落地落实。市妇联荣获郑州市全民阅读优秀组织奖等荣誉。

注重家风，涵养正能量。持续开展礼遇好家庭活动，为 24 户 2020 年河南省"最美家庭"送奖到家。颁发奖牌，发放"家家幸福安康工程"知识书包。开展"颂党恩　传家风——郑州好家风"宣讲活动 400 余场；联合市纪委等开展"红色家书中的廉洁故事"系列活动，征集家书、廉洁故事 298 个；巩固提升市级家风家教示范基地 10 个，新获评省级示范基地 2 个。

六、加强自身建设，推进"三大工程"提质增效

以全面从严治党为统领，全面推动妇联改革创新，提档升级精神文明创建工作，以刀刃向内的决心，实现破局起势、跨越赶超。

深入推进全面从严治党工程，永葆政治本色。坚持以党建"第一责任"引领和保障妇女儿童事业发展"第一要务"。召开 2021 年党的建设暨党风廉政建设工作会议，全面部署重点任务；将党建带妇建纳入市委党建考核，推动基层妇建全面进步全面过硬；高质量开展庆祝中国共产党成立 100 周年主题党日活动；《巾帼心向党》节目获市直机关庆祝建党百年文艺汇演优秀作品二等奖。严格按照规定程序对机关工会进行换届选举，成立共青团组织，机关群团组织建设更加健全。重视并支持统战工作，将统战工作纳入党组重要议事日程，参加"百年圆梦　见证辉煌"河南省党史暨涉台知识网络大赛并荣获"优秀组织奖"，积极向市委统战

部推荐新的社会阶层人士，拓展妇联“朋友圈”，画好最大同心圆。

深入推进妇联改革创新工程，彰显工作亮色。以各级党委换届为契机，提高女性参政比例，全市各区县（市）党政班子均配备女领导干部。紧跟全市村级“两委”换届，压茬推进村（社区）妇联换届，选举产生村（社区）妇联主席3184名，副主席6545名，执委36227名。开展“四组一队”示范创建，全市新认定9个省级示范“四组一队”、100个市级示范“四组一队”；全市成立首个机关妇联；在新经济组织等领域新建妇联481个，位列全省“第一梯队”。

深入推进精神文明创建工程，厚植文明底色。全力推进九大项十九方面全国文明城市创建任务，结对共创工作获全市通报表扬，市妇联在市文明办主任工作会上作典型发言；高水平开展省级文明标兵单位复审工作，不断提升市妇联“颜值”“担当”。市妇联荣获河南省卫生先进单位、郑州市健康单位等多项荣誉。

Ⅲ

调研报告

加快推动郑州文化旅游融合高质量发展 打造具有国际影响力的黄河文化旅游带

——关于沿黄文化旅游融合发展问题的思考研究

郑州市人大常委会民侨外工委

郑州市人大常委会民侨外工委组织专题调研组于2021年4—10月，实地走访了郑州市惠济区、中牟县、新密市、荥阳市、巩义市，深入郑州市文化广电和旅游局及相关职能部门进行会商，与郑州旅游职业学院的专家学者和郑州市旅游协会负责人进行咨询论证。在此基础上，系统梳理了郑州市关于沿黄河文化旅游融合发展情况及存在问题，深入分析了内在根源，提出了相关意见建议。

一、主要做法及成效

（一）明确黄河文化保护传承弘扬工作思路。郑州市先后多次召开专题会、座谈会，并于7月24日召开全市文化旅游大会，出台《关于建设文化旅游强市的意见》，提出黄河文化保护传承，弘扬“一二三四”的工作思路。一个总体定位：即打造黄河历史文化主地标城市。两大发展布局：对内，推进“两带一心”“一园三核”文旅发展布局，对外，联动郑汴洛，打造“三座城三百里三千年”黄河黄金文化旅游带，带动全流域。

三个具体目标：全球华人寻根拜祖圣地、黄河流域国际旅游门户、世界黄河文化旅游目的地。四大文化 IP“山·河·祖·国”：山，是指“中岳嵩山，天地之中”；河，是指“母亲黄河，民族之魂”；祖，是“人文始祖，轩辕黄帝”；国，是“河洛古国，文明之源”。

（二）构建“两带一心”“一园三核”文旅发展布局。积极推进《黄河流域（郑州段）文化旅游发展专项规划》《郑州市黄河文化遗产保护传承专项规划》等编制工作。积极参与省级黄河文化遗产保护传承专项规划、黄河流域（郑州段）文化旅游发展专项规划和黄河、大运河、长城国家文化公园规划编制工作。在总体布局上，立足“东强、南动、西美、北静、中优、外联”的城市功能定位，依托黄河天然大气、厚重深沉的自然人文景观、嵩山历史文化资源和壮美风光以及以商代王城遗址为代表的古都历史文化资源，建设黄河文化旅游带、嵩山文化旅游带和彰显古都魅力的中心城区，做实“两带一心”文旅发展格局，重点打造以黄河国家文化公园、嵩山文化核、黄帝文化核、华夏古国文化核为支撑的“一园三核”文化旅游目的地产品体系。

（三）加快推动文旅重点项目建设。研究制定《黄河流域生态保护和高质量发展核心示范区文化博物旅游工作三年行动计划》，建立完善黄河流域生态保护和高质量发展项目库，收入重点项目 57 个，预计总投资 1252 亿元。邀请中国旅游研究院、清华同衡等文旅智库调研，吸引绿地、华侨城、中青旅等考察投资。重点推进黄河国家博物馆、大河村国家考古遗址公园、黄河天下文化演艺综合体、荥泽古城文旅融合、郑州国际文化交流中心、商代王城生态遗址公园、二七商圈区域城市复兴、黄帝故里景区提升、天地之中世界文化遗产景区提升文旅重点项目，建立项目推进工作台账，持续加强督导，致力通过全力推进示范性、引导性、平台性文化项目，带动文化博物旅游工作不断深入开展。目前，各个项目进展顺利，正在稳步推进。

（四）推进文旅融合发展。规划建设郑州中央文化区、郑州国际文创园、黄帝千古情等 32 个核心板块；文化赋能、旅游带动，推进黄河国家博物馆、黄河颂剧场、沿黄生态文化旅游廊道等重大文旅工程建设；依托郑汴洛轨道快线、大河文化绿道等交通设施，串联精品文旅线路，建设具有国际影响力的黄河文化旅游带。加快培育“旅游＋文创”“旅游＋会展”等文旅融合新业态新模式，新进热门游客打卡地只有河南·戏剧幻城以黄河文明为创作根基，结合沉浸式戏剧艺术表现手法，演绎着关于“黄河、土地、粮食、传承”的故事。推进通航与文旅融合发展，打造沿黄航空旅游生活圈。完善文化产业规划和政策，加强文旅市场体系建设，积极创建国家文化和旅游消费示范城市。继续将 1200 场文艺惠民演出、30 场精品剧目纳入市政府“民生实事”。

二、存在问题

（一）文化展示还缺少平台和载体。郑州历史文化名人灿若星河，历史典故比比皆是，文化遗产类别多、文化价值高，但难以吸引游客、留住口碑。目前，郑州还存在黄河文化保护压力大、利用质量不高，沿黄文旅项目的深度开发和创新发展不够等问题，大部分文化旅游资源仍处于“有说头没看头”“有看头没玩头”的尴尬局面，如不能充分利用科技创新和文化创意，打造有效的平台和载体，这些文化旅游资源将永远躺在地下或陈列在博物馆中，无法有效产生现实生产力和得到有效传承。

（二）文化旅游宣传推介还不够有力。郑州历史悠久，是中华民族的发祥地之一，全市各类文物古迹达 1 万余处，其中国家级重点文物保护单位 38 处 43 项。尽管如此，仍缺少能够叫响海内外的招牌，与打造国家级黄河文化旅游带仍有一定差距。缺乏文旅文创融合龙头企业、项目；专题研究并深化支持郑州国家中心城市建设、郑州打造黄河文化历史主地标和郑州大都市区建设的政策措施需要进一步深化；在黄河博物馆建设等重大项目上需加大力度协调上级的支持；需继续提升黄河文化月活动举办规格，继续深化“三座城、三百里、三千年”文旅活动和品牌推广，全力将郑州打造成为具有国际影响力的黄河文化旅游目的地。

（三）文化与旅游融合思路不够开阔。郑州拥有丰富的生态文化资源，但资源优势还未很好地转化为产业优势、发展优势，在健康养生、特色民宿等新业态培育上没有实现突破。目前，郑州很多文旅产品的融合属于自发性融合，文化内涵挖掘不够深入，产品类型较为单一；创新性不足，与市场需求结合度较低；在文旅融合的发展和研究中，对将文化转化为产业的思路、方式、结构等缺乏系统的研究。如何落实郑州委提出的将文化资源优势转化为文化软实力，是我们需要认真思考、研究和落实的重要问题，将文化、科技、生态资源优势转化为旅游优势，是做好黄河文化旅游融合发展的重要课题。

三、对策建议

（一）完善顶层设计，优化黄河沿线区域合作。一是完善规划体系。树立世界眼光、全域视野，统一规划、统筹推进，加快构建由黄河文化带、环嵩山文化带和主城区历史文化展示中心共同构成的“两带一心”文旅发展格局，将文化、生态资源优势转化为旅游优势。尽快修订完善《黄河流域（郑州段）文化旅游发展专项规划》编制等各项规划工作，通过邀请专家进行整体规划，确定发展目标，对郑州市文化旅游资源进行评估，进一步整合资源。二是成立文旅集团。紧密结合目前文旅市场发展状况，尽快成立具有黄河文化特色的文旅集团，将其打造成为旅游城市建设的主要投融资平台和运营平台，承担郑州文化旅游产业投资融资、项目规划建设、招商引资、资本运营、整合重组、开发提升、品牌打造、新业态培育等重点任务，推进郑州文化旅游资源集约化与规模化经营，增加有效供给，引领郑州市文旅产业跨越式发展。三是发展协作体。贯彻落实河南省、郑州市旅游业转型升级会议精神，进一步加强区域旅游协作，谋划成立河洛文化旅游特区、河洛文化旅游度假区等，实现郑州沿黄区域旅游一体化产业集聚发展，推动郑州市黄河沿线区县（市）旅游进入品牌化、组团化和区域化联动发展。

（二）抓好重大项目，示范带动文化旅游产业高质量发展。一是加快项目建设。贯彻落实省委省政府“项目为王”的工作导向指示，以十大重点文旅项目为抓手，积极谋划建设一批黄河国家文化公园重点项目，建立项目推进工作台账，持续加强督导，确保如期高质量地完成项目建设。二是筹划重大活动项目。通过筹划、举办重大活动，更好地展现黄河文化深厚底蕴，推动黄河文化带建设形成示范、打造样板。整合“天地之中”世界文化遗产、嵩山论坛、少林武术节等资源，策划好嵩山文化宣传展示等系列活动。策划举办好2022年世界大河文明论坛，抢建中国同世界范围内其他大河流域国家文化交流的国际级永久平台。三是强化精品创作项目。加强对文艺精品创作工作的组织领导和支持，从政策、资金、人力、物力各方面入手，建立健全支持文艺精品创作的系列制度，为文艺精品创作提供可靠保证。在总结《唐宫夜宴》出圈经验的基础上，继续深入挖掘黄河文化时代价值，推进优秀传统文化和现代科技的结合，创作出更多能在全国叫得响、传得开、留得住的文艺精品佳作。

（三）文旅融合发展，全力将郑州打造成为国际旅游枢纽城市。一是提炼文化符号，做好主题定位。结合郑州实际，加强了解旅游消费者的文化需求，充分发掘文化内涵，提高旅游文化品质，研究、确定具有鲜明特色、人文情怀的文化符号，让文化符号赋能旅游业发展，致力于将郑州打造成为两山理论的践行地、文旅文创的集聚地，全域升级、节点引爆，打造天下黄河旅游胜地。二是加大宣传力度，提升品牌文旅形象。进一步增加宣传资金投入，加大宣传力度，提升郑州的历史文化旅游品牌形象。充分利用各类媒体宣传，全方位、多渠道开展旅游宣传工作，将其打造成文化名片，形成文化品牌。三是增强文化活力，优化旅游环境。旅游是促进社会和谐的重要领域，是文化建设的重要载体，是文化交流的重要纽带。要通过旅游这个载体，全面提升服务质量，通过文明服务、优质服务和人性化服务，提升旅游业的文明程度，增强旅游文化的活力。职能部门要依法规范旅游市场秩序，通过大力开展市场整顿，进一步规范市场秩序，达到服务质量、游玩环境、旅游效益的多丰收。

（四）充分挖掘资源，积极探索文化旅游融合发展的新路径。一是探索创新“文旅＋商业”模式。在打造文旅商融合产品体系上下功夫，创新打造特色街区、历史街区、休闲奥莱街区、创意走廊等，创新打造“特色景区综合体”“多元休闲综合体”等具有郑州特色的“文旅＋商业”

模式；二是探索创新“文旅＋农业”模式。将郑州周边农业与文创深度融合、文化创意与农业要素有机融合，将地域特色的农耕文化生动、丰富地呈现给消费者，提升农产品的多重消费价值。创新乡村文旅产品、特色农庄、田园综合体、采摘园、乡村民宿、鱼乐体验、乡村集市等；三是探索创新“文旅＋遗址”模式。考古遗址公园具有极高的区域文化代表性，能创造出强烈的品牌印象，在推动郑州区域文旅品牌建设方面具有得天独厚优势。建议充分利用郑州现有考古遗址优势，在遗址公园项目中加入具有一流水平的旅游与文化结合的旅游演艺产品，创新遗址活化型体验，加快荥泽古城、双槐树遗址、大运河遗址公园等项目建设，全力将郑州打造成为具有国际影响力的历史文化旅游名城。

打造国内大循环战略节点、国内国际双循环战略链接点 全面推进高质量发展区域增长极建设

郑州市政协经济委员会

郑州打造国内大循环战略节点、国内国际双循环战略链接点，是落实习近平总书记关于构建新发展格局重要思想和郑州发展一系列重要讲话指示批示的实践要求，是郑州积极融入新发展格局、为构建新发展格局发挥更大作用的政治担当，是落实省委对郑州“三个在”要求和省委楼阳生书记关于郑州要出重彩、成高峰、当好“国家队”、提升国际化，提升核心竞争力，打造“四个高地”，在国家中心城市建设中提质进位要求的具体行动，是郑州站位新发展格局，抓住发展机遇，实现“两化五强”目标的主动选择。

一、郑州的比较优势和基础条件

从郑州打造国内大循环战略节点、国内国际双循环战略链接点的基础看，总体条件初步具备。2020 年全市生产总值完成 12003 亿元、地方财政一般公共预算收入 1259.2 亿元，进入中国城市综合竞争力 20 强；进出口总额为 764.9 亿美元，居中部城市首位、省会城市第五位；第七

次全国人口普查人口超过1260万人，全国城市排名前十。2020年，郑州晋身全球经济竞争力城市100强、全球营商环境友好城市100强、全国数字城市10强。郑州的影响力、带动力和美誉度持续提升，国家中心城市建设阔步前行。

从郑州打造国内大循环战略节点、国内国际双循环战略链接点比较优势看，一是区位和交通优势。郑州位于国家经济地理版图的中心，以郑州为圆心、1000公里为辐射半径，可涵盖经济最活跃、人口最集中的大半个中国，在全国经济发展格局中，郑州承东启西、连南贯北；已建成米字型高铁布局，轨道交通和高速公路网密集，航空港区和通航实验区的客货运发达，具备打造畅通国内国际双循环的枢纽优势。二是都市圈城市群核心地位优势。郑州以中心城市辐射引领郑州都市圈、中原城市群，支撑中部崛起，与京津冀、长江经济带、粤港澳大湾区错位联动发展，有大循环战略节点引导力。三是五区联动政策优势。郑州拥有国家级的航空港经济综合实验区、自由贸易试验区、自主创新示范区、跨境电商综试区、国家大数据实验区等国家重大政策优势，五区联动形成更大发展合力。四是国际枢纽门户优势。郑州航空港区是全国首批唯一的空港型国家物流枢纽，开通客货运航线245条，通航全球132个城市；中欧班列（郑州）网络覆盖全球30多个国家130多个城市。五是开放平台功能叠加优势。我市各级各类开放平台体系较为完善，叠加联动效应较好。航空港区建设国际化航空港和枢纽经济先行区，两个综合保税区、各类开发区提质发展，自贸区、口岸、保税、通关、金融等体系联动发展，为双循环战略链接点建设发挥更强承载作用。六是贸易物流优势。郑州以大枢纽带动大物流、发展大贸易、大产业，以“四条丝路”协同发展加快建成连通境内外、辐射东中西的贸易物流通道。截至目前，郑州与全球238个国家和地区建立了经贸往来。

二、郑州的短板弱项和困难挑战

郑州打造国内大循环战略节点、国内国际双循环战略链接点短板弱项和困难挑战，一是科技创新基础薄弱。从创新要素看，R&D投入、研发机构和研发人员等指标低于全国平均水平。科技研发投入强度低，郑州2020年R&D支出236.7亿元，占GDP比重的1.97%，落后于成都2.66%、杭州3.45%、西安5.17%、苏州3.25%；缺少大院名所等科研机构，高端教育资源匮乏，科技创新领军人才和团队稀缺，2019中国最具人才吸引力城市100强排名中，郑州排名第十三位，而济南第七位、武汉第十二位；2020年郑州在校研究生3.8万人，同期在校研究生西安13.2万人，成都11.1万人，武汉14.9万人。从创新成果看，郑州市的专利申请量和技术合同成交总额也均落后国内其他国家中心城市。二是新兴产业成长缓慢。优秀的“头部企业”、产业链核心企业较少，专精特新中小企业规模偏低。产业链现代化水平、自主可控程度需要跃升。三是国际化程度偏低。在郑全球500强企业88家，而武汉283家、西安228家、成都301家；郑州国际友好城市数量15个，而武汉28个、成都34个。自贸区开放能级不高，缺乏与国际商贸投资规则接轨的制度创新。四是多方面要素制约严重。制度改革和供给滞后，外商投资、营商环境优化、资源要素配置、收入分配等方面存在阻碍循环的制度空白和缺陷。

三、郑州打造国内大循环战略节点、国内国际双循环战略链接点的对策建议

郑州打造国内大循环战略节点、国内国际双循环战略链接点，要认真分析郑州的比较优势和短板弱项，立足新发展阶段，贯彻新发展理念，坚持深化改革，锚定科技创新，突出做优产业，着力扩大开放，持续提升消费，强化枢纽建设，积极融入新格局，率先构建新格局，努力支撑新格局，站位世界和全国大局，认清使命责任担当，抓住发展机遇，拉高发展标杆，坚定发展目标，坚持务实重干，建立市场流通畅通无阻、内需成为经济主要动力、外循环促进内循环，产业链全球化、价值链高端化、供应链安全化，高水平自立自强、高水平动态平衡、高水平对外开放为主要特征的经济发展模式，全面推进高质量发展区域增长极建设。

（一）把握“关键在改革”要求，围绕建设有效市场和有为政府加大制度改革力度。

当前改革，就是要聚焦重点问题，以制度为主线，加强改革举措系统集成，打通淤点堵点激发整体效应，促进活力和秩序有机统一，推动有效市场和有为政府更好结合。

1. 加快推进有利于资源配置效率的改革

破除妨碍生产要素市场化配置和商品服务流通的体制机制障碍，形成高效规范、公平竞争、充分开放的统一大市场。土地要素方面，要创新土地供给和使用方式，盘活存量土地，释放土地资源，为城市发展提供基础支撑；人才要素方面，要吸引高新技术人才，不断完善郑州系列人才政策；数据要素方面，完善数据有效收集、有偿使用、产权清晰、规范管理、公平交易的运营机制，让数据价值得到充分挖掘、可持续利用；技术要素交易方面，打造中部地区科技成果交易转化中心。

2. 加快推进有利于提高发展质量和效益的改革

对标国际一流营商环境制度，加快迈向全国营商环境第一方阵。政务改革方面，持续推动简政放权、简化流程、数据整合，全面实现“不见面”政务服务一网通办、就近可办、郑州大都市圈全域联办，更好地服务企业、服务群众；商事制度改革方面，积极探索以承诺制为核心的极简审批，最大限度降低制度交易成本。加快从商品和要素流动型开放向规则导向的制度型开放转变，塑造市场化、法治化、国际化营商环境。

3. 加快推进有利于提高调动各方面积极性的改革

深化“放管服”改革，持续深化权力清单、责任清单、准入清单、负面清单改革，规范执法行为，提高执法效率，维护公平公正；深化市场监管改革，对新产业新业态实行包容审慎监管，依法保护民营企业、中小企业和外地、外商企业合法权益，对各类市场主体一视同仁、平等对待；深化户籍制度、优化收入分配政策、社会保障体系改革。

（二）把握“核心在创新”要求，围绕国家级科创中心目标和科创生态体系建设完善政策措施。

对于郑州而言，要尽快确立国家级科创中心目标体系，制定建立国家级科创中心路线图，集聚科创生态体系相关要素，系统集成配套政策。

1. 优化城市创新格局

从市域看，要高质量打造中原科技城，以龙湖北部、智慧岛、科学谷三个区域为主体，协同推进科技创新、政策创新、金融创新、资本创新，着力打造全市新旧动能转换发动机、中原地区科技创新策源地和黄河流域高质量发展引领区。从区域看，要加强与洛阳、新乡联动，深化国家自主创新示范区改革创新，按照“一带引领、两翼驱动、四区支撑、多点联动”的总体布局，建设一批科创策源能力强、高端产业成长好、示范带动效应佳的区域创新载体。从全国看，要发挥郑州在校大学生数量多的优势，加强与北京高等人才、科创资源对接，定位建设北京科创副中心。

2. 升级完善人才政策

引进世界一流的科技人才、科技领军人才和高水平创新团队。健全以创新能力、质量、实效、贡献为导向的科技人才评价体系，建立科创成果转化利益分配确定化政策，构建充分体现知识、技术等创新要素价值的收益分配机制。

3. 完善城市创新生态系统

以国家科创中心建设为龙头，构建“政＋产＋学＋研＋金＋用”六位一体的创新生态。

特别是政府要发挥主导作用，创建宜居宜业大环境，打造一流生活设施，创建博物、图书馆和科创会议最优城市，给予科创者最大的创新自由度；打造参与科技合作和创新平台，发挥企业创新主体作用，构建以企业为主体，企业与高校、科研院所、创新创业平台、科创投资机构深度合作的创新体系。

（三）把握“支撑在产业”要求，围绕打牢产业基础和产业结构转型做强现代产业体系。

坚持用产业发展支撑国内大循环战略节点、国内国际双循环战略链接点打造。

1. 高度重视县域经济发展壮大

以县域治理“三起来”为带动，把县城作为城乡融合发展关键纽带，健全城乡一二三产融合发展机制，推动城乡要素平等交换、双向流动，强化县域产业支撑，增强县城综合承载能力，满足农村人口向县城转移需求，推动县域发展取得新成效。

2. 高度重视郑州都市圈建设

增强郑州核心城市增长极和动力源功能，发挥集聚和辐射效应，带动开封、新乡、焦作、许昌等城市和周边小城镇发展。突出郑州高端产业引领作用，打造分工合理、功能互补的城市产业圈层，形成相互衔接配套的产业链。

3. 高度重视金融和资本的力量

金融是国家中心城市链接国内国际双循环的核心功能之一，也是从产业链顶端集聚和配置各类资源要素的核心力量。深化金融供给侧结构性改革。健全金融要素市场，大力引进邦银金租、平安信托、华泰财险、华融资产等金融龙头机构，积极支持和奖励企业登陆资本市场，提高企业直接融资能力。加速发展产业金融。加大金融业支持战略新兴产业发展力度，优化航空、跨境、供应链金融服务，促进科技金融发展。增强与国内金融枢纽的融通共建。积极开展与上海、深圳等金融枢纽城市协作，争取更多首创性金融开放创新试点。

4. 高度重视产业结构转型

坚持在碳达峰、碳中和背景下推进先进制造业和现代服务业融合发展，以产业数字化推动产业转型升级。强化先进制造业支撑。以制造业高质量发展作为主攻方向，大力发展高新技术产业，通过数字化赋能、服务化转型、集群化培育，打造全国先进制造业基地；推进国家服务型制造示范城市建设，大力发展服务型制造，努力形成“郑州品牌、郑州创造、郑州质量”发展新优势。发展现代服务业。以服务业创新发展带动区域产业升级，加快推动生产性服务业与制造业联动。突出抓好以多层次资本市场培育为重点的现代金融业、以创新能力提升为核心的科技服务业、以“枢纽＋开放”体系为依托的贸易流通业发展。加快生活性服务业提质升级。发展数字经济。加强数字政府、“城市大脑”建设，推进数字产业化和产业数字化，加快新一轮信息技术与制造业融合发展，建设“工业大脑”，推动制造业数字化、网络化、智能化转型。争取创建国家新一代人工智能创新发展试验区，打造中部最强数据中心。

（四）把握“重点在开放”要求，围绕持续做强现有开放战略和积极争取国家新支持提升开放水平。

构建新发展格局，外循环促进内循环，开放是重点。一个方面，持续做强现有开放战略。比如，自由贸易试验区战略。准确把握“两体系一枢纽”战略定位，加强口岸、保税、通关、多式联运、物流、金融六大体系联动，大力推进监管体制改革、数字化应用、制度创新，推动海关特殊监管区功能拓展。积极扩大进口，创建国家进口贸易促进创新示范区；创新发展服务贸易、转口贸易、技术贸易，开拓多元化国际市场。对标国际高水平经贸规则，积极开展政策创新先行先试。再比如，郑州航空港实验区战略。发挥航空港区立体交通枢纽优势，全面提升开放门户功能，加快空港新城、空铁新城建设，提升郑州航空港支撑服务双循环功能。深化和扩大与东盟、日韩、中亚、欧盟等“一带一路”沿线国家和重点地区双向投资经贸合作，多层次、多渠道、全方位地建立与世界重要城市、全球主要自贸区、自贸港区的交流合作机制。另一个方面，积极争取国家新支持。要特别注重对接国家战略，争取更多国家战略在郑州落地，争取更多国家政策试点在郑州落地，争做国家开放的试验田、先行者。

（五）把握“基础在消费”要求，围绕供给侧改革和需求侧管理撬动消费提质扩容。

增加消费对发展的贡献，是新发展模式的重要特征。在国内庞大内需市场形成的基础上，扩大消费主要靠供给侧结构改革，用新供给创造新需求。同时，还要结合郑州实际，综合施策扩大消费。

1. 做强商贸扩大消费

统筹都市区、主城区、中心城区及社区商业的分层级商贸业发展体系，着力打造具有郑州文化特色、现代时尚的消费聚集区，形成多中心、广集聚、网络状的大都市商业新格局。着力打造具有国际知名度的顶级商圈。培育新型消费业态，推动郑州消费模式创新、业态升级。

2. 做大文旅增加消费

实施城市文化品牌战略，涵养城市历史文脉，充分挖掘华夏历史文明传承创新潜力，厚植具有鲜明郑州特色的文化创意优势，创新培育先进消费文化，提升郑州“华夏文明之源、黄河文化之魂”的认同感和感召力，以特色文化引领文旅产业顶层设计，打造有国际影响力的文旅产品，把文旅资源优势转化为国际消费集聚效应。

3. 做优时尚引领消费

以时尚产业赋能中心城市发展，提升城市国际化品质、激发国际化消费活力。用5～10年时间建成时尚文化名城、时尚创意名城、时尚制造名城、国际时尚消费名城，努力把郑州建设成为品牌荟萃、智造发达、市场繁荣、消费集聚、时尚活动与时尚会展活跃，富有强大影响、浓厚时尚氛围、辐射海内外的世界时尚之都、享誉全球的国际消费中心城市。

4. 增加收入促进消费

研究调整分配制度，促进居民收入和劳动者报酬增长，增加居民消费能力。提高居民收入在国民收入分配中的比重，完善社会保障制度，增加对城镇低收入群众和农民的补贴，多渠道增加居民收入。

（六）把握“先导在枢纽”要求，围绕基础设施建设和功能作用提升全面加强枢纽建设。

统筹航空枢纽、铁路枢纽、公路枢纽、水运枢纽基础设施和站场的布局与建设，完善以航空引领、公铁水集疏为特征的国际立体交通运输体系，不断提升郑州枢纽的集疏能力。一方面，建设好基础设施。强化郑州机场门户枢纽建设，加快建设机场三期工程，持续完善以郑州机场为核心的国内外航线网络布局。强化郑州国家铁路枢纽地位，加快建设高铁南站及高铁货运枢纽中心，加快建设郑州中欧班列集结中心示范工程和国际陆港第二节点。强化公路枢纽功能，建成第二绕城高速，优化高速快速路网体系。加快贾鲁河、黄河疏浚和通航基础设施建设。另一方面，加强枢纽功能建设。提升以“空中丝绸之路”为核心的“四条丝路”协同发展水平，拓展国内外空间、资源和市场。深化“郑州—卢森堡”双枢纽战略合作，建设郑州“空中丝绸之路”开放试验区。强化空港型国家物流枢纽功能，构建连接全球主要经济体的空中经济廊道。推进陆上丝路扩量提质，做强中东欧、西欧、中亚和东盟线路，拓展北欧新线路。推动网上丝路创新突破，深入推进跨境电商综合试验区建设。促进“海上丝绸之路”无缝对接，发展壮大专业化铁海联运平台公司，构筑通达全球的陆海双向国际物流通道。坚持航空引领、数字化引领，努力打通整合各类运输方式数据资源，形成“一单到底、高效衔接、多方联动”多式联运体系。

加快郑州建设区域性科技创新中心的调查研究

中共郑州市委政策研究室

一、国内部分城市科技创新中心的建设情况

“十四五”规划建议指出“支持北京、上海、粤港澳大湾区形成国际科技创新中心”，明确将三个地区承载的功能写入“十四五”规划，显示出国际科技创新中心建设在新发展阶段的全局性战略地位和价值。北京、上海、广州、深圳正利用科创优势，以建设国际科技创新中心为新引擎，提高自身的国际影响力。北京发挥中央在京创新资源作用，建设世界级原始创新承载区和开放科研平台，争创科技创新中心新地标。上海深化“五个中心”建设，打造具有全球影响力的科技创新中心。广州推进“广州—深圳—香港—澳门”科技创新走廊建设，搭建全球科技创新高地和新兴产业重要策源地。深圳大力推进粤港澳大湾区综合性国家科学中心建设，以“深圳路径”融入全球创新网络，打造最好最优创新环境。

与郑州经济规模实力相当的武汉、长沙、青岛、宁波、无锡，结合各自科创优势，着力打造科技创新中心。武汉争创国家科技创新中心，把科技创新“关键变量”变成高质量发展“最大增量”，建设以东湖科学城为核心的光谷科技创新大走廊，筹建东湖综合性国家科学中心，实施

黄鹤英才计划，筑造“青年之城、梦想之城”。青岛着力打造长江以北地区重要的国家科技创新基地，全力建设创业城市和国际化创新型城市。宁波努力建设长三角地区重要科创中心，研究与试验发展经费投入达到国际先进水平，建成新材料、工业互联网、关键核心基础件三大科创高地。无锡全力推动太湖实验室创建为国家实验室，加快建设成为具有国际竞争力的科技创新中心，努力成为沿沪宁产业创新带的重要极点。长沙全面建设国家科技创新中心，推进长株潭国家自主创新示范区提质升级，计划今年研发投入强度达到2.9%以上。

二、郑州打造区域性科技创新中心的基础条件

近年来，郑州市大力实施创新驱动发展战略，各项创新指标大幅增长，创新成效显著提升，科技创新对经济社会高质量发展的支撑作用进一步增强。

（一）推动产业质量升级。积极打造电子信息“一号”产业，围绕智能终端的研发与制造补链延链，2020 年电子信息产业增加值增速为12.2%，对全市规上工业的贡献率达 68.4%；上汽、华为、阿里、新华三、海康威视等一批创新型龙头企业先后落地，为我市数字经济发展和科技创新注入新活力。

（二）优化城市科创格局。高规格建设中原科技城，协同推进科技创新、政策创新、金融创新、资本创新，初步形成了人才和科创要素加快聚集之势。自创区引领作用日益增强，“一区四园多点”发展格局初步形成，汇集了全市 76.5%的高新技术企业、69%的创新研发平台。

（三）壮大科技创新主体。实施高新技术企业倍增计划，建立创新引领型企业培育库，目前登记入库国家科技型中小企业 5415 家，占全省登记入库企业总数的 49.56%。近 3 年相继投入 24.2 亿元培育发展市场主体，促进了智能终端、信息安全、智能传感器等领域创新企业快速发展。

（四）加速汇聚创新人才。实施“黄河人才计划”“智汇郑州·1125聚才计划”，新引进境外高层次人才 84 人次，新申请院士工作站 11 家，

总量达到113家。引进中科院计算所、微电子所、苏州医工所、中国计量院、浙江大学、中国地质大学、北航郑志明院士团队等7家院所在郑设立新型研发机构，累计引进建设新型研发机构43家。

（五）构建联动创新平台。国家超算郑州中心通过科技部验收，河南省地下工程装备技术创新中心成功筹建，国家技术转移郑州中心即将建成投用。黄河实验室、嵩山实验室筹建工作稳步推进。新建市级以上研发平台1100多家，累计建设各级各类研发平台3547家。启动“郑科贷”业务，开发郑州市科技金融公共服务平台，开展科技贷款利息补助、担保费补助、企业股权融资补助和科技投资风险补助，缓解科技型企业融资难问题。

三、郑州打造区域性科技创新中心的弱势短板

通过对比分析郑州、武汉、长沙、青岛、宁波、无锡6城市2020年的科技创新发展指标，研究梳理郑州的比较优势和弱势短板，有助于我们找准科创中心建设的发力点。

2020年6城市科技创新发展指标

城市	高新技术企业/家	高技术产业增加值增速	技术合同成交额/亿元及增长率		普通高校/所	在校大学生、研究生/万人		全社会研发投入/亿元及研发投入强度	
郑州	2918	6.4%	212.0	55.1%	62	109.5	3.5	236.4	2.04%
武汉	6259	10.4%	841.3	16.4%	83	130.2	18.1	419.0	3.20%
宁波	3102	6.9%	271.4	25.4%	15	16.9	0.8	385.7	2.85%
青岛	4396	8.0%	286.6	68.0%	27	37.7	5.3	—	2.78%
无锡	4374	10.2%	294.1	48.0%	12	12.4	0.9	—	2.79%
长沙	4100	16.0%	338.6	44.8%	57	71.6	8.1	316.2	2.73%

（一）科技创新主体不强。2020年，郑州的高新技术企业总数为2918家，同比增长42%，占全省总数的46%。在6城市中，郑州从

2019 年的第 4 位降至末位，无锡（4374 家）与宁波（3102 家）实现了反超，并且远低于武汉（6259 家）、青岛（4396 家）和长沙（4100 家）。

（二）研发经费投入不足。郑州市全社会研发投入经费由 2019 年的 185.3 亿元增长到 2020 年的 236.4 亿元，研发投入增长率达 27.8%，占全省研发投入经费的 29.9%。研发投入强度增长至 2.04%，但在 6 城市中居末位，且比全国投入强度（2.23%）低 0.19 个百分点。

（三）创新产出效益不高。从高技术产业增加值增速来看，郑州 2020 年增长了 6.4%，增速低于其他城市。从技术合同成交额增长率来看，2020 年郑州达 55.1%，仅次于青岛 68.0%，但在成交额上不及其他城市，反映了郑州科技创新活力不足的问题。

（四）科技创新资源匮乏。郑州市普通高校数量在 6 城市中排名第二，仅低于武汉（83 所），多于长沙（57 所）。郑州在校大学生同样是仅次于武汉，位居第二。但全市高端科教和创新资源严重短缺，研究生数量仅是武汉的 1/5，国家级大院大所只有 12 家，国家重点实验室只有 6 家，两院院士仅有 18 名。

四、几点建议

坚持把科技创新作为国家中心城市核心功能来打造，深入实施人才强市战略、科技兴市战略、创新驱动发展战略，以中原科技城为引领，推动以人才为核心的创新要素集聚，围绕产业链完善创新链，布局创新链培育产业链，加快打造国家极具活力的区域科技创新中心。

一是加快中原科技城建设。强化科技创新、政策创新、金融创新、资本创新协同，重点发展数字文创、信息技术、前沿科技、生命科技、人才教育等产业，加快科研、孵化、转化“三链”融合发展，积极探索“总部企业＋研发基地＋成果转移”共生模式。着力实现“研发在郑州、孵化在周边、转化在全省”的联动格局，力争达到“一年起步、三年初具雏形、五年基本建成”的建设目标，把中原科技城建设成为颜值最靓、环境最美、服务最优的“河南科创之窗”。

二是高质量引进双创人才。贯彻落实“黄河人才计划”，推进河南省（中原科技城）人才创新创业试验区建设，引进能够引领我市相关产业发展，带技术、带项目、带资金来郑创业创新的高层次人才团队，为我市高质量发展提供科技人才支撑。全力推动国科量子河南研究院落地郑州，重点对接中国科学院大学、上海交通大学等院校，力争引进一批高端创新资源在郑建立研发机构和教育机构。

三是深入实施高新技术企业倍增计划。完善企业培育、新型研发机构建设、高层次人才引进等政策，形成系统全面，保障有力的科技政策体系。建立高新技术企业培育后备库，加大政策宣讲和培训力度，发扬“店小二”精神，主动靠前服务，促进高新技术企业、科技型企业蓬勃发展。培育引进风投机构支持投资科技型企业，深入推进“郑科贷”业务，加强同合作金融机构协作会商，着力解决企业融资难、融资贵问题。

四是高水平推动重大创新平台建设。积极谋划建设嵩山实验室、黄河实验室，努力争取国家大科学装置、重点实验室、技术创新中心等国家创新平台在我市布局，引导企业积极设立各类研发中心。引导全社会加大科技创新投入，发挥企业创新主体作用，把制造业高质量发展作为主攻方向，重点在装备制造、人工智能、数字经济、生物医药、生态环境等领域凝练一批重大科技专项，培育企业竞争新优势。

面向开放的郑州国际物流枢纽建设研究

中共郑州市委政策研究室

党的十九届五中全会提出“完善物流等基础设施、加快发展现代物流等服务业、完善综合交通枢纽和物流网络、构建现代物流体系”，明确了物流产业的发展方向。近年来，郑州市着力打造内陆开放高地、推动国际物流枢纽建设，带动郑州高质量发展。当前在构建新格局下，郑州如何发挥好区位交通优势，坚定不移走好“枢纽＋物流＋开放”的路子，为郑州国家中心城市建设提供坚实的物流口岸支撑，是一个亟待破解的新课题。

一、新成效：郑州市物流业高质量发展态势持续增强

2019 年以来，郑州市按照国家物流枢纽、现代国际物流中心建设的总目标，加快物流业高质量发展，物流业主要指标增速稳步提升。先后入选空港型国家物流枢纽、中东部唯一中欧班列集结中心示范工程城市、首批国家骨干冷链物流基地、首批国家供应链创新与应用试点城市、国家城乡高效配送专项行动试点城市和国家绿色货运配送示范工程创建城市。

（一）物流枢纽功能实现新提升。一是物流枢纽地位不断强化。郑州航空港列入空港型国家物流枢纽，安排建设项目 19 个，总投资 46.9 亿元。已建成国际快邮货站、机场货运站改扩建工程等 11 个项目，完成投资额 50%以上。二是物流业规模不断扩大。2020 年物流业增加值 905 亿元，同比增长 5.8%。市 A 级以上物流企业 103 家，占全省的 60%，其中 5A 级 9 家，占全省的 81.8%。三是物流园区建设提质升级。郑州国际航空物流园等 3 个园区获批国家级示范园区；郑州国际陆港等 6 个园区获批省级示范园区；京东物流园、圆通速递物流园等 9 个园区入选省级冷链物流、快递物流、电商物流示范园区，占全省的 42.8%。

（二）对外开放体系更加完善。一是口岸功能不断提升。药品进口口岸成功获批，郑州铁路口岸获批国内中欧班列进口运邮唯一试点口岸。“一站式”快捷大通关服务能力明显提升，航空口岸全面实施“7×24 小时”通关，铁路口岸推行“7×24 小时”预约通关。二是“空中丝绸之路”辐射力快速增强。2020 年郑州机场累计完成货邮吞吐量 63.94 万吨，同比增长 21.8%，跃居全国机场第 6 位，其中国际货邮吞吐量增幅 48.2%，居全国机场首位。增加中原龙浩、中州航空两家本土基地航空公司。在全国首先开通郑州—赫尔辛基客运、货运航线。三是“陆上丝绸之路”增量提质。实施“中欧班列（郑州）＋”工程，构建“一主两翼”国际货运路线，成为国家五个中欧班列集结中心之一。2020 年中欧班列（郑州）累计开行 1126 班，增长 11.3%，货值 43.11 亿美元，货重 72.41 万吨，开行质量、综合运营能力保持全国第一方阵行列。新增至芬兰赫尔辛基线路。四是“海上丝绸之路”无缝衔接。获批“郑州港”国际代码，郑州集装箱中心站海运箱堆场于 2020 年 6 月 28 日正式启用，实现与青岛港、连云港、天津港、舟山港等港口无缝连接。2020 年海铁联运完成 15100 标箱，同比增长 25%。五是“网上丝绸之路”创新引领。E 贸易辐射 190 多个国家和地区，入选全国 10 个跨境电商 B2B 出口监管试点城市。2020 年 1—11 月全市跨境电子商务交易额 122.6 亿美元，同比增长 21.8%。

（三）物流生态持续优化。一是多式联运网络加快构建。郑州国际陆港公司“一干三支”海公铁多式联运等项目通过国家试点工程验收。创建国家级多式联运示范工程3个，省级多式联运示范工程4个。二是快递物流集聚发展。推动邮政和快递设施与新建国家物流枢纽同步规划、同步建设，提升完善已有物流枢纽的邮件快件分拨处理功能。三是冷链物流加快发展。中牟万邦被纳入首批国家骨干冷链物流基地。

二、新问题：郑州建设国际物流枢纽的制约因素

按照国家发改委《国家物流枢纽布局和建设规划》，郑州被列入陆港型、空港型、生产服务型、商贸服务型国家物流枢纽，经过近年来的发展，已经建立航空港、铁路港、公路港和无水港多式联运兼具的物流交通运输体系，国际物流枢纽打造已见雏形，但是与高质量发展的要求相比，还存在一些弱项和短板。

（一）基础设施相对薄弱。虽然近年来郑州市规划建设了一批大型现代化物流园区，物流基础设施建设步伐持续加快，但是与国内现代物流业发展较快城市相比，总量依然不足，尤其是综合枢纽场站、大型现代化仓储、转运设施不足，不能满足现代物流业迅速发展的迫切需要。

（二）洲际航线数量不足，基地航空公司缺乏。郑州与周边西安、武汉等城市相比，存在基地航空公司缺乏、国际航线数量少、覆盖范围有限等问题，特别是洲际客运航线资源稀缺、国际航空货运腹仓载货能力不足、航线结构不完善造成了航空货运运价高、客运中转量小等问题，从而制约了郑州机场国际枢纽功能的发挥。

（三）临空产业单一、政策补贴依赖度较高。空港物流枢纽周边基本形成了以智能终端为主导的产业体系，但其他具有高临空指向型的产业仍然匮乏，产业单一，且对富士康具有较高的依赖性，依靠产业拉动航空物流持续快速增长的内生动力不足，需借区位交通优势和消费升级的契机，通过对货源的大规模集疏来保证货邮吞吐量的持续增长。

（四）信息平台建设滞后、多种运输方式间未能实现高效衔接。传统商贸流通业与“互联网+”结合程度仍偏低，企业物流信息系统不完善，

社会专业化平台、公共服务平台、企业平台之间信息不能完全实现共享，不能完全实现多式联运各方联网的统一信息网络，航空、铁路、公路等多种运输方式之间的衔接存在着标准不统一、衔接不顺畅等突出问题。

（五）第三方物流发展滞后、合同物流服务能力和供应链管理能力不高。多数物流企业以运输和仓储粗放经营为主，经营模式、服务质量和工作效率不能满足社会化物流需要，专业的第三方物流和供应链管理企业数量偏少，小型物流企业的低水平发展无力承担先进物流技术高额成本，物流运营服务效率差，难以实现与供应链的深度融合。

三、新趋势：世界国际物流枢纽发展趋势及启示

（一）早期国外物流枢纽建设多是以市场力量推动的产业驱动型。经历了单一产业—综合产业—产城融合的升级过程。早期物流枢纽的建设是按照传统交通枢纽引致经济发展的模式来聚集产业和经济要素，多为产业驱动型。如 1959 年爱尔兰成立的香农国际航空港自由贸易区，利用国外资金和原料发展加工贸易；20 世纪 80 年代至 90 年代，日本长崎依托长崎空港在滨海区建立与航空关联的产业开发区、自由贸易区和高精尖端技术产业区。

（二）当今全新的枢纽经济发展出现了物流引导型枢纽。如美国孟菲斯依靠基础设施投入及龙头集成商带动建成了航空物流引导型物流中心；芝加哥依靠水运枢纽、铁路枢纽、公路枢纽交汇建成美国最大的多式联运市场，依托中西部发达的农业和广大消费市场，以农产品加工、集散地起步，最终成为美国制造业中心、金融和会展中心。借鉴孟菲斯、芝加哥等地经验，郑州应持续补强机场设施服务；加快引入龙头物流集成商和吸引相关货运服务企业，通过航空货运发展拉动产业升级；推动对时效要求严格，高附加值的临空产业发展；依靠航空枢纽、铁路枢纽、公路枢纽，大力构建便捷的多式联运体系，依靠内陆地区庞大的消费市场催生制造业、商贸物流业的布局调整，以物流高质量发展为突破口，培育经济发展新动能，加快推动提升郑州枢纽经济竞争力。

（三）郑州国家物流枢纽的建设，不能仅依赖本地产业支撑，而需要更大范围腹地的产业基础支撑和对物流运输费用的有效控制。一方面国际物流枢纽的建设虽依托某一城市，但物流枢纽的辐射、服务地域是区域城市群及更大空间，并非一个城市的枢纽，而是一个国家或世界的枢纽。另一方面国际物流枢纽的建设，不能只依赖当地产业支撑，应通过集疏转运功能来吸引更大范围内的货源，因为“物”的流动不必在枢纽集中，但必须由枢纽来进行组织（如西班牙萨拉戈萨），以支撑城市群乃至更大尺度的区域经济的一体化发展，并促进要素的自由、高效、低成本运作。

四、新谋划：郑州建设国际物流枢纽的发展思路及战略定位

按照党的十九届五中全会精神，郑州市建设国际物流枢纽要深刻领会我国进入新发展阶段的历史方位，紧紧抓住“一带一路”建设、黄河流域生态保护和高质量发展等国家战略机遇和加快内陆自贸区、航空港经济综合实验区等国家战略赋能，充分发挥区位和交通突出优势，进一步优化物流产业布局，持续推进物流资源优化配置和物流活动系统化组织，全力打造“通道＋枢纽＋网络”的物流运行体系，不断提升专业物流服务能力，加快建设国际物流服务高地，推动物流产业转型升级，努力建设双循环国际门户枢纽城市、大循环国际供应链组织中心和国家现代物流创新发展示范高地，为郑州建设国家中心城市提供坚实的现代物流体系支撑。

双循环国际门户枢纽城市。贯彻习近平总书记郑州物流业发展的指示，以国际陆港和国际航空港建设为引领，加快国际国内物流通道和集疏网络建设，强化物流基础设施和配套服务设施建设，大力实施大口岸、大通关、大物流战略，延伸国际物流服务链条和增值物流价值链条，打造物流核心竞争力，努力建成制度优、成本低、时效强、集疏便捷、运转高效的国际物流枢纽城市。整合开放资源，率先构建双循环互促发展

格局，发展成为双循环国际门户枢纽城市。

大循环供应链组织中心。紧抓中国消费国际化时代机遇，充分发挥郑州的交通区位和经济腹地优势，适应内陆城市开放特点和产业布局趋势，立足郑州市商贸产业和制造产业基础，提升物流需求捕捉能力，建设进口商品展示交易分拨中心、制造业核心部件供应基地、全球物流龙头企业总部基地，发展跨境人民币支付结算，打造中西部区域物流、商流、资金流和信息流合一的中枢节点，建设满足强大国内市场需求的大循环供应链组织中心。

现代物流创新发展示范高地。在经济发展质量变革、效率变革、动力变革的要求下，物流行业绿色化、集约化、智慧化成为发展的普遍形态和重要动力，通过打造定制化、精细化物流服务，建立便捷高效、服务规范、精细管理的都市群共同配送体系，发展“互联网＋”高效物流，推进新能源、新材料、新技术在物流领域的广泛应用，从而形成更具竞争力、附加值更高、持续性更强的物流运营模式，将郑州建设成为现代物流创新发展示范高地。

五、新路径：推动郑州国际物流枢纽建设的着力点

借鉴国内外发展先进经验，从郑州的资源禀赋来看，“区位＋交通”是郑州发展的最大优势，也是国际物流枢纽建设的最大优势。因此，郑州要紧紧围绕融入国内国际双循环新发展格局，着力构建“枢纽＋通道＋网络＋平台＋主体”的“五位一体”现代物流业发展体系，以“空中丝绸之路”为引领，持续补强航空港区设施服务，推动高时效、高附加值的临空产业发展，加快引入龙头物流企业和货运服务商，以航空货运拉动产业升级；以“五区联动”“四路协同”为突破，发挥多式联运优势，加快建设“四合一”型国家物流枢纽，以物流集聚带动产业发展；以物流业高质量发展为关键，强化物流基础设施建设、龙头企业培育，供应链创新，加快构建现代物流服务体系，着力培育经济发展新动能。

（一）强枢纽，建设三级物流枢纽体系。切实做好顶层设计，依据郑

州大都市区空间规划、郑州市国土空间规划等，规划布局以航空港、国际陆港2个国际物流枢纽集群引领，空港性、陆港型、生产服务型和商贸服务型等4个区域级物流集疏枢纽（中牟农产品冷链物流基地、经开区医药和肉类冷链物流基地、航空港区国际冷链物流基地等3大冷链物流基地），新密市、上街区、新郑市、惠济区等服务本地的城市分拨中心，加快形成国际物流枢纽—区域级物流集疏中心（冷链物流基地）—城市物流分拨中心有机衔接的三级物流枢纽体系。

（二）畅通道，建设便捷国内、通达国际的双循环物流通道。把“四条丝路”国际物流通道与国内物流通道建设相结合，加快形成“五通道一环线”的现代物流通道体系。强化空港型国家物流枢纽，持续拓展加密“空中丝绸之路”，深化“郑州—卢森堡”双枢纽战略合作，用好第五航权，争取第七航权。推进陆上丝绸之路提质增效，推进点对点运输向枢纽对枢纽运输的深度合作转变。推动网上丝绸之路创新突破，打造内陆地区国际网购消费中心；拓展“跨境电商＋空港＋陆港＋邮政快递”运营模式，打造充满活力的电商产业链和生态圈。加快“海上丝绸之路”无缝对接，发展壮大专业化铁海联运平台公司，构筑通达全球的陆海双向国际物流通道。

（三）建平台，高质量建设对外开放门户。加快推进交通与物流、口岸、保税、通关、多式联运、金融互为联动创新发展。巩固提升现有2个国家一类口岸及9个功能性口岸业务规模，扩展商品种类，拓展交易渠道，发展口岸经济。建设功能完备的口岸体系。扩大现有功能性口岸运营规模和辐射带动力，做大进口药品、邮件等新业务；推动国际邮件进口业务规模化开展；建设完善口岸设施场站。推动综保区高水平开放高质量发展。建设大通关服务体系，拓展优化国际贸易“单一窗口”功能。

（四）搭网络，建设高效的物流网络组织。坚持航空引领、数字化引领，努力打通各类运输方式数据资源，形成“一单到底、高效衔接、互为联动”的多式联运体系。强化设施联通、信息共享、服务联动，构建内外融合互通的全球物流网络。大力推进公转铁，做好空、铁、公多式联运物流网络组织。支持省机场集团等加快推进国家、省多式联运示范工程建设。抓好供应链体系标准化建设和城乡高效配送试点工作，持续推进物流业降本增效，力争3～5年打造1个商务部试点范例，培育本土城乡高效配送骨干企业5家以上。

（五）育主体，做强一批有影响力的市场运营主体。通过政策引导、资金奖补等措施，大力引进培育龙头物流企业，扶持本土物流企业做大做强。重点引进一批大型冷链物流集成商和货运货代企业、国内外知名电商平台、大型医药物流企业、龙头快递企业，借助其庞大的集散资源和高效的组织效率，迅速提升物流枢纽整体货量；利用投资及参股等方式，增强对其他节点及通道的掌控力；培育多家资源整合能力强、运营模式先进的枢纽运营企业，采用多主体开发，单一主体运营的方式最大化释放物流枢纽潜力。

疫情影响下经开区构建更高水平对外开放格局的调查与思考

郑州经济技术开发区党工委

党的十九届五中全会提出，要坚持实施更大范围、更宽领域、更深层次对外开放，依托我国大市场优势，促进国际合作，实现互利共赢。这是在构建以国内大循环为主体、国内国际双循环相互促进的新发展格局下，就“开放促合作”命题提出的重大战略思路，这对构建国家级经开区开放发展新体制，发展更高层次的开放型经济，加快形成国际竞争新优势，充分发挥产业优势和制度优势，带动地区经济发展，具有重要指导意义。

面对当前风云变幻的国际环境，当下应立足我们自身，不断夯实构建更高水平开放格局的国内基础，以国内高质量发展带动更高水平对外开放。

一、总体应对思路

（一）保持战略定力，牢牢把握发展与开放主动权，积极开展合作。中国发展面临风险和挑战越大，越要坚持稳中求进的工作总基调，坚定贯彻新发展理念和推动高质量发展，统筹稳增长、促改革、调结构、惠民生、防风险、保稳定，把保持经济运行在合理区间放在更加突出位置，坚定不移地全面深化改革开放，不断提高产业和经济的国际竞争力。在对外合作上，既推进“一带一路”国际合作深入发展，也积极挖掘同发达经济体之间的合作，不断推动形成全方位、多层次、多元化的开放合作格局。

（二）进一步坚定开放信心，完善开放体系，放大开放效应。把经开区打造成为全省对外开放的主平台，初步建成全省对外开放的示范区，形成对全省具有较强辐射带动力的对外开放引领区，为郑州国家中心城市建设和内陆开放新高地初步确定提供重要支撑。

二、发展定位

充分发挥国家政策性支持平台叠加优势，深入谋划自贸区郑州区块核心区、郑州国际陆港、跨境电商综试区核心区、经开综保区、“1+3+N”口岸体系等开放平台的建设发展，利用好中欧班列（郑州）和跨境电商发展的先发优势，坚持高起点定位、高标准规划、高水平建设，吸引国际物流、商贸和先进制造业高端要素集聚，发挥产业引领辐射带动作用，成为联通境内外、辐射东中西的物流通道枢纽和我省参与国际经贸合作的重要战略区域。

三、发展目标

通过努力，各项对外开放主要指标在全市占比具有重要位置，争做全省对外开放排头兵，招商引资签约、引进外资、外贸等重要经济指标，继续保持全市前2位次，中欧班列（郑州）开行、跨境电商交易额、功能性口岸等继续保持全省领跑地位。

四、具体任务

（一）高质量做优对外开放五大平台。

1. 中国（河南）自由贸易试验区郑州区块核心区创新平台

强化自贸区开放引领地位，围绕政务、监管、金融、法律、多式联运等五大专项服务体系建设，落实自贸区各项改革试点和创新案例总结、复制、推广任务。进一步推进制度创新，完善海关正面监管模式，不断探索智慧监管，提升个性化、智能化、国际化监管水平；继续从企业实际诉求出发，以制度创新为手段解决发展难题，探索总结跨境药品和医疗器械试点、保税检测等独创性创新案例；围绕营商环境建设，在建设、环保、规划、土地等方面全流程审批优化，探索行政监管制度创新。谋划建设中德产业园等国际合作园区建设，提升经开区块对外合作交流水平，提高国际竞争力。引进匈牙利、斯里兰卡等“一带一路”沿线国家商务部门驻郑办事处。培育自贸区负面清单外的自贸新兴产业，形成自贸特色产业聚集。

2. 郑州国际陆港铁路物流枢纽平台

完善郑州国际陆港规划建设，强化开放功能，疏解陆港非核心功能项目，做好对外交通组织，打通陆港与公路港、郑东新区交通干线的衔接，加快郑州国际陆港周边路网建设，不断增强进出口集疏能力。完善对外开放体系，加快海关大监管区整合提升，加快郑州国际陆港保税物流中心B型建设，优化国际陆港与经开综保区“区港联动”功能。推进郑欧班列提质增效，打造陆上贸易新通道。积极拓展欧洲国家的市场开发，加密往返班次，构建郑州通向欧洲、中亚、东盟以及日韩等四个方向的国际物流干线通道，进一步实现线路多元化、网络广覆盖，网络遍布欧盟和俄罗斯及中亚地区30多个国家140多个城市的网络，同时每条线路一级站点增加配备2个境外场站，以进一步扩大班列辐射范围，境内外合作伙伴超过5000家。大力发展郑欧班列冷链业务、数字班列、定制班列，引导郑欧班列走内涵式高质量发展道路，持续增强班列运营平台的发展活力，进一步延伸带动贸易、科技、冷链和装备等新兴产业发展，提升郑欧班列对外向型经济的贡献率和产业的带动作用，推进郑欧进口食品博览会，实现“运、贸、产”三位一体融合发展，培育铁路物流枢纽特色产业。

3. 中国（郑州）跨境电商综试区服务平台

持续推进郑州经开综保区、郑州国际陆港、凯越跨境电商产业园、河南商报跨境电商产业园区、河南邮政跨境电商产业园、豫满全球跨境电商产业园、郑州国际汽车公园跨境电商产业园等建设工作，构建“多模式、多主体、多园区、多平台”发展格局，实现各园区特色、错位发展，打造跨境电商完整产业链和生态圈。依托完善的跨境电商信息服务平台综合服务能力，高效的通关服务水平和监管能力，以及跨境电商大容量的数据沉淀和1000多家跨境电商企业形成的跨境电商产业链，探索监管模式，创新业务流程，建立服务运营平台，带动网购进口商品品种扩充，优化跨境电商业务模式。积极引进跨境电商龙头企业，鼓励整合、并购、合作等方式，引进跨境电商垂直专业平台企业。加快推进跨境电商进口药品和医疗器械、O2O线下体验店等先进经验和“1210模式”反向复制推广，创新出口模式、降低物流成本，增开出口航线，扩大跨境电商出口规模。积极打造国际化高端对外合作交流平台，积极参与全球跨境电商大会，推进跨境电商进口商品博览会，提升展览展示的水平和档次，持续扩大河南跨境电商的知名度和影响力。搭建更高标准的跨境电商标准和规则合作交流平台，提升我国在全球跨境电商领域的国际话语权，推动我国对外开放由商品和要素流动型向规则引领型转变，培育经开特色跨境电商产业集群。

4. 郑州经开综合保税区高水平开放平台

理顺经开综合保税区管理体制和机制，在出口加工区管委会和河南保税物流中心管委会相整合的基础上，尽快组建经开综合保税区管委会，整合区内国有平台运营公司，对商业性项目引入民营公司运营。高标准设计郑州经开综合保税区功能规划，合理确定A区、B区功能布局，布局保税加工、仓储物流、对外贸易、国际采购、分销和配送、国际中转、售后服务、商品展示等功能。建立口岸操作区、物流仓储区、综合服务区和保税加工区。通过连接口岸操作区，与其他海关特殊监管区域、铁路口岸、航空口岸实现“区区联动”和“区港联动”。产业布局方面，对标综保区前沿产业，引进具有一定影响力和竞争力的跨境电商集聚中心、加工制造中心、研发设计中心、物流分拨中心、检测维修中心、销售服务中心。大力发展服务贸易，探索文化艺术品在综合保税区存储、展示等业务，与汽车整车进口口岸联动，开展平行汽车进口业务和进口汽车保税存储、展示等业务，开展高技术、高附加值的保税检测业务。

5．“1＋3＋N”口岸综合体系平台

持续完善铁路枢纽口岸服务效能，依托铁路口岸建设整车、粮食、邮政等指定口岸，充分发挥郑州铁路枢纽口岸的影响、带动示范作用，筑牢郑州中部地区“一带一路”核心节点地位。支持郑州整车进口口岸、粮食进境口岸、邮政口岸加快基础设施建设、丰富交易品类、吸引客户入驻，迅速提升业务水平；加快国际陆港B型保税中心申建步伐，补齐国际货物中转、进出口货物保税短板；加强新的指定口岸（查验点）业务需求研究，积极开展肉类口岸、水果口岸、药品口岸查验点申建工作；拓宽对外开放的各项进口商品指定口岸范围，持续扩大进口汽车、粮食、国际邮件等口岸业务，延伸现有汽车整车、进口粮食、国际邮件转运等功能性口岸的增值服务。积极加强与沿海、沿边口岸合作，增强功能性口岸辐射能力，打造内陆重要的进境产品集散分拨中心以及功能门类齐全的综合口岸体系，逐步培育口岸经济发展壮大。

（二）高标准实施对外开放十大工程。

1．招商引资提质增效工程

坚持招商与招才并举，引资与引智并重，产业上以树状图为招商方向开展精准招商，重点引进世界500强企业、国内500强企业、中央直属企业、上市公司等投资项目。围绕经开区主导产业，瞄准汽车链、装备链、物流链等重点产业链，着力引进有重大带动作用的龙头项目和强链、补链、延链的专精尖配套项目，三年内引进3家世界500强企业投资项目，引进不低于6家投资30亿元的主导产业项目。持续完善创新支撑体系，重点引进新一代人工智能、生物医药等新兴产业项目，推动我区互联网、大数据、人工智能和实体经济深度融合，初步形成战略性新兴产业发展集聚区，培育经开区新动能增长主体力量。持续引进一批总部利税型企业、科技研发中心、国际学校、国际医疗中心和以跨境电商、新零售、线上线下等为主业的大型现代服务业项目，初步形成经开区高标准现代服务业配套体系。

2. 外资、外经、外贸转型升级工程

尽管疫情对外资流动短期内有一定的冲击，但外商直接投资本身具有长期性、稳定性、前瞻性的特征，疫情的短期冲击不应放大。充分拓宽利用外资模式，以外向型项目作为招商引资的重要方向，引进一批优质外资、外经企业入区投资，鼓励现有园区外资企业增资扩产，帮助有意向的企业开展跨境并购和境外发债。优化外经、外贸结构，加大外向型企业扶持力度，依托经开综保区，加快形成跨境电商企业集聚，扩大跨境电商进出口业务规模；依托上汽郑州分公司整车、郑州国际汽车公园和宇通新能源客车出口业务，培育经开区整车和二手车出口基地；依托中欧班列（郑州）遍布欧洲、中亚和日韩等地的业务网络，通过直采、直购、全程溯源，与“一带一路”沿线国家制造商、贸易商等建立直接合作关系，在全市复制郑欧商城模式，重点打造“丝绸之路经济带”进口商品展示交易中心，并逐步在全省全面布局线下郑欧商品体验店；大力发展“郑欧班列＋”（跨境电商、国际运邮、国际冷链、进口汽车、进口肉类）等新业态，持续放大郑欧班列发展新动能。

3. 中外合作园区工程

国际方面，重点推进中德产业园，落地中德智能制造创新中心、智能制造国际培训中心、中德智能制造合作试点示范园区等重点项目，争取申建省政府认证的国际合作园区；继续推进新加坡国际物流园政府层面合作，建立便捷的外事沟通机制；引进境外国家科研机构，构建智能制造的研发及科技成果转移转化公共服务平台，促进双方技术项目合作、技术转移和产业化，实现技术和人才集聚。国内方面，与曹妃甸经开区、昆明经开区国家级开发区等共建合作园区，开展深层次战略合作。

4. 国际陆港B型保税物流中心申建工程

依托郑州铁路口岸，申建国际陆港B型保税物流中心，服务中欧班列（郑州）国际物流产业链条集聚、拓展、延伸，规划建设集装箱、整车堆存区、查验区、保税仓储区、保税展示区、商务办公中心等功能区域。B型保税物流中心以平行汽车进口、国际采购与配送、保税仓储、流通加工、转口贸易和国际中转功能为主，三年内引进入驻企业15家，完成进出口贸易额 30 亿元，成为“一带一路”节点城市重要的物流基地。

5. 铁路口岸大监管区整合提升工程

优化海关监管查验资源使用效能，推动铁路口岸作业区＋功能口岸监管区＋陆港 B 保共建共享，形成铁路货站、物流基地、国际口岸、保税物流、临港工业区、商贸集聚区，“六位一体、无缝衔接”发展模式。对郑州铁路口岸已有监管场所实施扩建改造，统一整合铁路集装箱中心站监管场所区域和国际陆港海关多式联运监管中心，提升郑欧班列、各类口岸、进出口货物的通关效率及监管水平。积极推动郑州铁路口岸扩区发展，适时将监管区海关职能延伸至整车口岸二期、粮食口岸二期、国际陆港 B 型保税中心及陆港规划区域。

6. 国际化营商环境培育工程

简化境外个人、团体、企业等政务审批事项。推进通关与物流并联作业，推行跨部门一次性联合检查，实施 7×24 小时通关服务，简化通关流程，压缩查验清关时限。进一步引进外事驻郑办事处，便捷涉外商业机构手续办理，与中欧班列（郑州）、跨境电商形成良好互动。初步形成办事便捷、服务高效的国际营商环境。

7. 多式联运服务平台工程

建立统一高效的海铁联运运输管理与协调运营体制机制，加强政策支持力度。整合铁路运营单位、船公司、港口企业等资源，组建成立海铁联运平台公司。统一海铁联运服务规范，搭建海铁联运公共信息服务平台，强化信息系统互联互通。完善航运融资、航运保险、货币保管、兑换、结算、担保等服务体系，建设郑州区域航运交易结算金融中心，着力打造运输时效高、物流成本低、集港能力强的海铁联运班列运营服务平台。

8. 郑州平行进口汽车试点工程

依托郑州汽车整车进口口岸和汽车平行进口试点两项功能“叠加”的优势，培育河南速欧汇等汽车平行进口试点企业，加大推进郑州汽车平行进口试点的业务发展，打造一站式平行进口汽车国际供应链服务平台。推动出台相关扶持政策和汽车平行进口保税监管政策落地，促进汽车口岸尽快扩大业务规模。进一步加大平行进口汽车服务企业招商力度，推动入驻企业积极开展汽车进口业务，建设进口汽车保税展示展销中心，打造平行进口汽车展示交易集散中心，推动汽车符合性整改场所建设，提高口岸服务功能。

9. 国际邮件铁路陆运处理中心工程

规划建设郑州国际邮件铁路陆运处理中心，争取打造成为国家级国际邮件铁路陆运处理中心，实现航陆中转、国内集散和进、出、转欧亚国际邮件集散分拨功能，建成中欧班列对外国际邮件物流通道国内重要节点，助推郑州成为现代化综合运输体系和全国重要的铁路物流中心。2021年以出口国际邮件为突破，实现郑州至德国、俄罗斯路向国际邮件常态化运邮，初步拓展国内集散范围和出口通达国家，三年内实现欧亚路向进、出、转国际邮件集散分拨全功能，年运邮量达到1万吨。

10. 跨境电商进口药品和医疗器械试点项目

统筹推动跨境电商进口药品试点建立跨境药品交易网平台、互联网医院平台、药品外贸综合服务平台和线下医药保税物流中心的“三平台、一中心”运营服务体系建设，推动监管部门出台进口药品试点的监管方案和正面清单，推动试点在风险可控的前提下进行业务实单测试工作。按照线上线下结合和一致性原则，探索利用跨境电商渠道实行“医药批量先入保税区，后检疫，分拣再出区”的监管模式，实现国外先进抗癌药、罕见病药通过跨境电商渠道进入国内市场。三年内推动跨境电商进口药品试点在验收、评估后，尽快进入常态化运营，实现社会和经济双收益，解决国内患者购买进口医药“难”和“贵”的问题。

在危机中育新机，与变局中开新局。今后的工作中更要增强战略思维、辩证思维、底线思维、创新思维，助力经开创新突围，充分发挥集中力量办大事的制度优势和国内超大规模的市场优势，打好产业基础高级化、产业链现代化的新一轮攻坚战。

锻造新兴产业长板　厚植发展新优势
提升产业链龙头带动能力

——以郑州高新区传感器和超硬材料产业为例

郑州高新技术产业开发区管理委员会政策研究中心

一、郑州高新区在发展新兴产业的探索和实践

郑州高新区自成立以来，始终秉承“发展高科技实现产业化”的功能定位，围绕发挥产业聚集优势，不断锻造产业链长板。特别是进入“十三五”规划实施期以来，确立了围绕产业链，布局科创链，完善金融链，强化政策链，建设更加宜居宜创宜业智美新城“四链一城”发展路径，把强化和打造产业链作为工作重点，根据高新区产业基础，重点聚焦和推动以传感器为重点的物联网、网络安全为重点的电子信息、精密测绘为重点的北斗应用、超硬材料为重点的新材料四大主导产业发展，取得了一定效果。截至“十三五”期末，郑州高新区已开发面积的每平方公里全口径增加值排名全国高新区第 8 位，单位土地产出接近世界一流高科技园区水平。以 2019 年 169 个国家高新区统计数据和 2019 年高新区发展情况为基础的 2020 年度国家高新区综合评价，郑州高新区位列第 17 名，连续两年实现“三级跳”，排名前进 6 名。在首次发布的《国家先进制造业百强园区排名》中，位列全国 387 家国家级开发区第 45

位。四大主导产业得到长足发展。

（一）智能传感器产业跻身国内先进行列。截至2020年底，高新区传感器领域相关企业达到3011家，占高新区企业总数的6.7%。“十三五”期间，高新区已形成全国领先的智能传感器研发与产业化基地。规划建设中国（郑州）智能传感谷，明确“一点多谷”的产业空间布局，重点打造智能传感器材料、智能传感器系统、智能传感器终端“三个产业集群”。聚集了汉威科技、新天科技、光力科技、新开普、天迈科技等上市公司为代表的一批国内龙头企业，技术和产品等均处于国内领先水平，综合实力排名位居全球气体传感器领域前列。

（二）初步建成全国有影响力的网络安全产业基地。截至2020年底，高新区网络安全领域相关企业达到1232家，占高新区企业总数的2.7%。布局了清华紫光、长城计算机、芯盾网安等行业龙头企业，推动启明星辰华中大数据总部等落户，积极培育安全可信领域未来增长点。持续优化网络空间安全产业基地、网安科技馆等园区和场馆，形成了大中小企业融通、创新创业融合的产业生态。

（三）北斗应用产业培育成效凸显。截至2020年底，高新区北斗应用领域相关企业达到760家，占高新区企业总数的1.7%。高新区获批全国唯一的北斗应用技术知名品牌创建示范区，揭牌成立河南省GIS协会卫星导航工作委员会，形成了以天迈科技、威科姆、思维自动化等上市挂牌企业为引领的创新型产业集群，拥有60余项卫星应用专利技术，参与19项北斗授时应用国家/行业标准的制（修）订。

（四）新材料产业发展势头强劲。截至2020年底，高新区超硬材料领域相关企业达到1838家，约占高新区企业总数的4.1%。郑州高新区是国内唯一的国家级超硬材料产业基地，获批“国家超硬材料特色产业链”“国家火炬计划河南超硬材料产业基地”等国家级称号。基本形成骨干企业各具特色、产业链相对完善的产业群体，拥有富耐克、中南杰特等为代表的上游材料企业，以新亚复合超硬材料、锐力超硬材料、博特硬质材料为代表的下游生产企业，以金海威为代表的装备生产企业。尤其在超硬材料领域，直接推动了科研成果向生产力的转化，为产业链的持续发展提供强力技术支持。郑州高新区超硬材料领域研发创新实力全国领先，集聚了行业内70%以上的中高端创新资源，拥有郑州磨料磨具磨削研究所（简称“郑州三磨所”）、郑州机械研究所、中钢金属制品研究院等国家级科研院所，成功创建超硬材料国家重点实验室，拥有国家超硬材料及制品工程技术研究中心、全国标准化技术委员会、检验检测中心，生产力促进中心等8个国家级创新平台。

二、郑州高新区龙头企业的产业链带动作用

郑州高新区四大主导产业发展过程中，龙头企业发挥了强大的带动作用。这里就以物联网（智能传感器）产业和新材料（超硬材料）产业链龙头企业为例。

（一）汉威科技——物联网（智能传感器）产业链龙头。

在新兴产业物联网、人工智能基础的智能传感器产业方面，汉威科技集团股份有限公司（以下简称汉威）是发挥龙头带动作用的典型代表。该公司是郑州高新区培养的“本土”上市公司之一，初创于1998年，2009年成为河南省首家创业板上市公司后，汉威的研发方向从气体传感器不断扩展到压力、流量、振动、湿度等多种传感器门类，已拥有专利596项。目前，在气体传感器细分领域，汉威产品居国内市场占有率第一，超过75%。汉威科技集团围绕物联网产业，积极向上下游业务扩展，建立了传感器、智慧城市、智慧环保、智慧安全、智慧消防、智慧公用、健康家居等七大产业板块：在传感器方面，形成了由郑州炜盛电子科技有限公司、苏州能斯达电子科技有限公司、郑州易度传感技术有限公司组成的事业群；在智慧城市方面，形成了由汉威智慧燃气事业部、智慧水务事业部、广东龙泉科技有限公司、鞍山易兴自动化工程有限公司、沈阳金建数字城市软件有限公司、汉威智能交通组成的事业群；在智慧环保方面，形成了由嘉园环保有限公司、河南雪城软件有限公司组成的事业群；在智慧安全方面，形成了由河南汉威智慧安全科技有限公司、汉威化工冶金事业部、石油炼化事业部、上海中威天安公共安全科技有

限公司组成的智慧安全事业群；在智慧消防方面，成立了英吉森安全消防系统（上海）有限公司；在智慧公用方面，形成了郑州汉威公用事业科技有限公司、郑州智源科技有限公司、郑州高新供水有限责任公司、郑州高新水务工程有限公司、郑州高新梧桐水务有限公司、郑州高新热力有限责任公司、河南高新时代热力工程有限公司、郑州汉威智能仪表有限公司等八家法人主体；在健康家居方面，成立了威果科技、开云健康、风向标科技等健康家居企业。

汉威公司高度重视崇尚创新和研发，建设了以汉威研究院为核心，涵盖北京、上海、深圳国内研发中心和美国、德国、新加坡海外研发中心在内的全球研发创新体系，围绕传感器、智能仪表、地理信息、云计算、大数据、移动互联等互联网技术，水、气、固废净化处理技术，节能技术等方面全面创新，大力推进产学研合作开发力度，其模式已成功实现了由最初的短期、单一技术转让型向合作开发、人才培训、共建研发实体等多种合作模式并举的转型。“优势互补，互利互惠”的产学研合作机制促进了公司科学技术水平的快速提高，同时也推动了国内科研院所和高等院校科技成果的产业化进程，建立了全面互动的科技创新生态圈。

正是由于郑州高新区聚集了以汉威科技为代表的传感器龙头企业，因此不断带动了高新区传感器产业的发展，已培育了5家传感器产业上市公司，带动了关联企业3000余家，目前传感器产业已成为郑州高新区的支柱产业。

（二）郑州三磨所——新材料（超硬材料）产业链龙头。

在行业科研院所及龙头企业的共同努力下，2015年9月国家批准在郑州三磨所组建超硬材料磨具国家重点实验室，开始着手研究超硬材料行业发展的基础共性课题，进而为行业产业链长远健康发展谋大局。全国磨料磨具标准化技术委员会组织制修订超硬材料及制品领域标准23项，其中国家标准9项，行业标准14项；“十三五”期间标准总数达到63项，比“十二五”的54项增加16.7%。取得了一批具有国际前沿技术的科研开发及产业化重大成果，代表性的有纳米聚晶金刚石合成尺寸

由 ϕ6 毫米增长到 ϕ10 毫米；宝石级金刚石商品粒径从 5 毫米增长到 10 毫米，成品钻石的生产销售主峰为 1～2 克拉，最大的达到 20 克拉；粉红、蓝、绿等彩钻研发成功并投入产业化生产；3D 打印技术成功应用于金刚石刀头智能制造；金刚石砂带成功用于卫星成像碳化硅镜面及飞机发动机叶片的高效加工等等。国防军工及电子信息等战略性新兴产业及黄金首饰雕刻用 3×3×1 毫米至 8×8×1～2 毫米片状金刚石单晶刀具材料生产工艺技术越来越成熟、产品质量及成品率越来越高、规格越来越全、售价越来越低，大量销售国内外市场。微米级金刚石聚晶类产品以量大面广的石油天然气钻探用及刀具用 PDC 为典型代表，“十三五”期间陆地深井（4000 米以上）及海上难钻地层钻探用 PDC 已实现了产业化生产，开始进入国内外市场，得到了国内外客户的批量应用，替代了部分进口高端产品，其质量已达世界先进水平。CVD 金刚石技术取得了巨大发展，基础研究和科技成果转化都有了长足的进步。实现了直径 2～5 英寸、厚度 1 毫米的金刚石窗片制备，拓展了 CVD 金刚石在基础研究的国家大科学工程及尖端领域的功能化应用。还有，突破诸多关键技术，部分企业锯切钻进工具技术达到世界领先水平，锯片刀头智能化 3D 打印机开发成功并投入商业化运营，金刚石有序排列锯片实现了规模化生产。金刚石绳锯生产技术持续提高，用于石材切割的产品质量已达世界先进水平。另外，金刚石线锯科研生产技术日臻成熟，降低了成本，取代了进口，支撑和推动了战略性新兴产业的发展。加之晶圆磨削理论及高端砂轮制造技术取得突破，在“中国芯”制造等关键领域开启了替代进口高端产品的征程。特别是硅晶圆硬划片刀研制成功并已进入实际应用，使用寿命和加工效率等指标达到了国外同类产品水平，填补了国内空白，打破了国外产品技术封锁，实现了从无到有的跨越，开启了替代进口产品的征程。这里特别强调的是，超硬（PCD/PCBN）刀具设计能力有了显著提升，开发出一些汽车、航空及其他精密机械加工领域替代进口类的高端产品，2015 年超硬刀具企业成功进入中航集采平台，多种特殊专用、复材加工等刀具技术水平、使用寿命达到国际领先或先进，填补了国内空白，成功替代了进口产品，已经批量供应多家汽车、机床及飞机制造用户。还有，历年来自动化程度很低的超硬材料砂轮制造领域也开发出了自动化智能化生产线，实现了自动配混料、自动冷压成型、节块（磨块）自动粘接、自动包装等。使标准化程度高、批量大的砂轮实现自动化生产成为可能，为未来砂轮制造的数字化、无人化车间奠定了基础。

郑州三磨所是郑州高新区新材料产业链龙头企业，正是由于郑州三磨所的龙头带动作用，郑州高新区新材料产业发展才势头如此强劲，并在省市乃至全国新材料领域开辟出高新区的一片天空。“十四五”时期，郑州三磨所将带领产业链上下游企业继续做优做强超硬材料，做精做深超硬材料制品，提升超硬材料装备水平，进一步推动郑州高新区新材料产业高质量发展。

三、郑州高新区新兴产业集群发展的战略措施

（一）着力打造物联网（智能传感器）“一号产业集群”。

加快推进以传感器为主的物联网产业集群、以网络安全为主电子信息产业集群、以精密测绘为主北斗应用产业集群建设。尤其是将以打造中国（郑州）智能传感谷为目标，以 MEMS 传感器为核心突破点，兼顾发展传统工艺传感器，配套发展软件和系统；同时，往上游突破重要的配套材料，下游延伸发展智能传感器终端。着力在传感器设计、封装、测试、生产等产业领域实现突破，引进培育产业链上下游配套企业，打造集研究开发、检验检测、批量生产等功能于一体的产业集群服务平台。通过上下游协同发展，着力突破智能传感器材料、智能传感系统、智能传感器终端三大集群，进而建设包括环境监测传感器产业链、智能终端传感器产业链、汽车传感器产业链三个特色百亿级产业链。

（二）大力发展壮大战略性新兴产业。

健全战略性新兴产业培育机制，推进 5G、新型电子元器件、工业互联网、云计算、大数据、人工智能等新兴产业集群化、高端化、智能化发展。推动骨干企业以中高端新能源及智能网联车型开发、智能制造等为重点实施改造升级。抓住专用车、商用车替代机遇，出台特种商用车

新能源替代工作方案，更新新能源渣土车50辆和新能源水泥罐车50辆，新能源物流车200辆以上。着力推进新材料、绿色环保产业发展，积极布局虚拟现实、区块链前沿产业。2021年，计划全区战略性新兴产业增加值占规模以上工业的比重稳定在55%以上。

（三）推动新型研发机构在创新型产业集群中的链式分布与融合服务。

新型研发机构的“四不像”是对传统研发组织模式的变革，目前根本的突破口就在于变革科技创新链内部的分割及其与产业链的分割，变革长期以来沿袭的科研机构的“事业单位”属性定位，让新型研发机构的科创资源有效融入产业链中，为产业链上企业提供优质的科技创新服务。从这个角度讲，新型研发机构理应属于产业链上牵引科技创新的重要动力源。围绕主导产业发展需求，引进中科院系统院所、双一流高校及其他国家级科研院所在郑设立新型研发机构，依托新型研发机构聚集培养人才。重点做好与哈尔滨工业大学等大院名所对接，引进建设新型研发机构两家以上。按照《2021年科技部火炬中心工作要点》部署，在科技部政体司及相关部门指导下，制定和印发新型研发机构评价标准和统计指标，开发建设全国新型研发机构信息服务平台和数据库，开展新型研发机构统计、监测与评价，引导新型研发机构投入主体多元化、管理制度现代化、运行机制市场化、用人机制灵活化，打破行政化干预管理的制约，真正发挥市场化运营管理机制的作用。探索与地方共建一批示范性新型研发机构，为中小企业提供高质量技术供给和研发服务。扎实做好新型研发机构发展报告、业务培训交流等工作。还要坚持以建设新型研发机构为导向，围绕新型研发机构建设发展需要深化科研体制、成果转化体制和创新企业培育体制改革，而绝不能让新型研发机构适应顺从传统体制。通过上述措施，加快推动新型研发机构的健康发展，充分发挥新型研发机构在新兴产业集聚集群发展中的重要作用。

（四）尽快实施产业链链长制。

链长制就是强化产业链责任的一种制度创新，其工作机制就是由管委会主要领导任产业链总链长，各分管领导任各产业链链长，一个产业链发展规划、一套产业链发展支持政策、一个产业链发展空间平台、一批产业链龙头企业培育、一个产业链共性技术支撑平台、一支产业链专业招商队伍、一名产业链发展指导专员、一个产业链发展分工责任机制和一个产业链年度工作计划的“九个一”机制全流程推进，不断巩固、增强、创新、提升产业链。链长制着眼于贯通上中下游产业链条的关键环节，通过介入产业链上中下游企业的沟通协同环节，以链长制方式在要素保障、市场需求、政策帮扶等领域精准发力，形成稳定、发展、提升的长效机制。链长制的基础是产业集聚，目标是实现产业链上中下游协同发展。不仅如此，还要以国际视野看待产业链联动，关注国际产业链上中下游联动，充实国际产业合作内核。

（五）积极组建并充分发挥产业链联盟的重要作用。

产业链联盟是指出于确保合作各方的市场优势，寻求新的规模、标准、机能或定位，应对共同的竞争者或将业务推向新领域等目的，企业间结成的互相协作和资源整合的一种合作模式。在每个产业链中选出一个核心企业（或头部企业、领军企业），由这个核心企业牵头按照市场法则组建该产业链联盟。联盟成员可以限于某一行业内的企业或是同一产业链各个组成部分的企业。联盟成员间地位平等，独立运作。由于企业的联合，产业链联盟能在某一领域形成较大的合力和影响力，不但能为成员企业带来新的客户、市场和信息，也有助于企业专注于自身核心业务的开拓。相对于企业并购等模式，产业链联盟能以较低的风险实现较大范围的资源调配，避免了兼并收购中可能耗时数月乃至数年的整合过程，从而成为企业优势互补、扩展发展空间、提高产业或行业竞争力、实现超常规发展的重要手段。一旦联盟组建起来，就可以通过联盟对产业链上企业的资源要素进行科学有效协商匹配，而且，根据国际国内市场变化情况进行营销指导并做出转型升级部署等等，形成“蛇形”联动运行模式，这样一来，整个高新区的企业都按照产业链环紧密结合，抱团取暖，协同发展。

建设郑州都市圈黄河流域生态保护和高质量发展示范区思路举措研究

郑州市发展和改革委员会

一、功能定位

总体定位：国家黄河流域生态保护和高质量发展示范区

高高扬起郑州建设国家中心城市的龙头，加快提升“三中心一枢纽一门户”功能，全面增强要素集聚力、区域辐射力，推动与开封、新乡、焦作、许昌四市深度融合，优化都市圈生产、生活、生态空间结构，拓展都市圈联动发展的深度和广度，加快发展新经济、构筑基础设施新支撑、创造联动发展新模式，打造沿黄地区生态文明建设的先行区、经济社会发展的重要增长极。

示范1：国家生态文明建设先行区

突出黄河中下游沿线地区的地质、水文和生态特色，加快推动山水林田湖草系统治理，将生态文明融入城市发展当中，依托山河湖丰富多样的生态要素，发挥历史文化积淀丰富的优势，建设显山露水、透绿见蓝的区域开敞空间，打造有历史记忆、文化脉络、地域风貌、中原特点的美丽城市，塑造生态文明时代人居环境的典范区域，为全国生态文明发展探索新路径、积累新经验。

示范2：黄河流域制造业高质量发展引领区

以郑洛新国家自主创新示范区、国家创新型城市及智慧城市建设为载体，打造国家创新智慧新高地。推动高成长型制造业和战略性新兴产业实现高端突破，促进传统产业脱胎换骨改造，加快向智能化、绿色化、服务化转型升级，构建竞争优势明显的先进制造业体系，大力发展新技术、新产业、新业态、新模式，打造黄河流域制造业高质量发展的引领区。

示范3：黄河流域协同治理示范区

坚持“上下游、干支流、左右岸统筹谋划，共同抓好大保护，协同推进大治理”的原则，实施一批跨区域的重大生态保护和治理项目，建立区域协同治理的工作体制机制和更加完善的生态补偿机制。坚持“以水定城、以水定地、以水定人、以水定产”，统筹规划和布局交通、水利等基础设施，以及产业、城市、生态保护和治理工程。推动滩区内贫困人口异地搬迁，谋划黄河沿线跨区域生态保护和治理工程，打造黄河流域协同治理的样板。

示范4：丝路开放合作和创新的重要节点

强化郑州综合交通枢纽地位，合理布局各级各类交通枢纽，提升郑州都市圈对物流、人流和资金流等战略性要素的聚集和配置作用。建立健全与“一带一路”沿线城市合作机制，加强对外合作交流，积极承办国际重要文化活动、体育赛事和重要论坛、展会，汇集全球各类创新主体活力，加快形成具有全国辐射力、国际影响力的内陆开放门户和国际化科技创新高地。

示范5：黄河文化传承创新核心区

坚持保护和开发相协调、传承与创新相融合，突出黄河文化、中原文化的引领作用，强化“黄河母亲”“黄帝故里”主题形象，强化全世界对中原作为黄河主地标认知度，到中原观黄河、游黄河、感黄河。深度挖掘历史文化资源，不断扩大文化品牌影响力，打造黄河文明寻根目的地和中华优秀传统文化旅游体验胜地。

示范6：可持续脱贫致富样板地

坚决打赢脱贫攻坚战，持续做好产业扶贫、金融扶贫，加快实施乡村振兴战略，实现农村脱贫地区教育、卫生、文化和产业等领域的全面发展，力争实现从脱贫奔小康向逐步致富的转变。统筹有序实施黄河滩区移民搬迁工程，确保滩区人民搬迁后具有幸福稳定的工作和生活环境，为全流域滩区脱贫致富提供样板。

二、空间范围

（一）整体范围。

在目前郑州都市圈空间范围基础上，把焦作市的孟州市、温县和新乡市的封丘县、长垣市以及开封的兰考县等五个沿黄河县（市）纳入后，整体范围可以描述为：以郑州为核心，包括郑州市域，开封、新乡、焦作、许昌四市中心城区和巩义市、孟州市、温县、武陟县、原阳县、新乡县、封丘县、长垣市、尉氏县、兰考县、长葛市、平原城乡一体化示范区。

将五个沿黄河县（市）纳入示范区主要基于以下几点考虑。一是五县（市）处于黄河沿岸，岸线较长，滩区面积较大，是黄河流域生态保护的重点区域，纳入示范区范围有利于统筹黄河流域生态保护一体化，更好推动黄河滩区协同治理；二是五县（市）与郑州联动发展格局初步形成，尤其是近年来受土地制约，郑州的产业、职业学校等向外围转移趋势明显，五县（市）承接郑州产业转移成效显著，县（市）的部分龙头企业也在郑州设立了研发中心以利用郑州创新资源，纳入示范区范围有利于促进产业、要素有序转移，优化空间布局和要素配置，为区域高质量发展拓展空间；三是五县（市）融入郑州都市圈意愿强烈，抓住黄河流域生态保护和高质量发展国家战略机遇，在交通、生态、水利、信息等方面实施一批基础设施互联互通重大工程，可以有效带动黄河北岸地区整体迈入高质量发展新阶段。

（二）空间布局。

综合考虑生态空间、产业布局、城镇格局、交通通道以及资源分布等，建议构建"一轴、一核、两区、两带"的网络化、一体化高质量发展新格局。

一轴：黄河生态文化主轴。坚持生态优先、绿色发展，南北岸统筹谋划，共同抓好大保护，协同推进大治理，加强示范区内沿黄河两岸湿地、森林、水体、山体等生态环境和自然景观保护，实施河道和滩区综合提升治理工程，共建山水林田湖草生命共同体。保护传承弘扬黄河文化，做好黄河沿线历史文化遗产保护，深入挖掘黄河文化蕴含的时代价值，讲好"黄河故事"，提升文旅产品层次，打造生态文化主轴，带动示范区整体建成国家级生态文明建设先行区和具有国际影响力的黄河文化旅游目的地。

一核：郑州市区。突出郑州龙头带动作用，聚焦郑州国家中心城市建设，发挥国家战略叠加效应，强化交通、信息和创新枢纽功能，链接全球全国要素资源，推进"1＋4"基础设施、创新网络、产业集群、公共服务等一体化布局，为示范区高质量发展提供核心支撑。

两区：黄河北岸合作示范区和郑汴许合作示范区。

黄河北岸合作示范区。主要包括孟州市、温县、武陟县、原阳县、新乡县、封丘县、长垣市、平原城乡一体化示范区，协同推进交通、生态、产业等布局，在交通廊道、物流通道、滩区治理、环境保护、脱贫攻坚等领域构建协调机制，探索跨区域合作新模式，谋划与黄河南岸交通、生态、产业、要素对接，形成错位联动发展格局。

郑汴许合作示范区。郑汴许联动发展格局已初步形成，郑汴产业带、郑开"双创"走廊、开港产业带、许港产业带雏形初现，持续推进轨道交通、城际铁路无缝连接，在开放创新、文化旅游、物流、生态等领域探索合作新模式，打造成引领全省制造业高质量发展先行区、创新创意创业高地、枢纽经济试验区、古都文化旅游生态圈。

两带：郑开创新创意创业示范带、沿京广制造业高质量发展示范带。

郑开创新创意创业示范带。依托郑开科创走廊，充分发挥郑州、开封两市的科教资源、文化资源、人才资源叠加优势，强化郑州高新区、金水科教园区、中国郑州航空港引智试验区、龙子湖智慧岛、白沙科学谷、国际文化创意产业园、汴西新区等战略支撑，协同推进“三创”要素集聚和“三创”平台构建，打造具有全球影响力的创新创意创业生态圈。

沿京广制造业高质量发展示范带。依托京广复合通道，引导郑州、新乡、许昌中心城区和新乡县、原阳县、新郑、长葛市等制造业联动发展，吸引高端装备、电子信息、生物医药、新能源汽车以及智能制造服务商、工业互联网平台等集聚发展，鼓励龙头企业向高附加值环节延伸拓展，提高产业能级，打造链接京津冀和粤港澳大湾区的制造业高质量发展示范带。

三、建设目标

（一）总体目标。

力争通过6年努力，生态、文化、经济、生活等各项指标均显著提升，部分核心指标位居全国前列，把示范区建成生态生产生活深度融合的国家级生态文明建设先行区、黄河文化引领的国际旅游目的地、跨区域协调机制运行高效的都市圈、链接全球的创新网络枢纽、国家重要的先进制造业基地，打造成黄河流域生态保护和高质量发展的典范地区。

（二）阶段性目标。

按照统筹规划、分步实施的原则，分阶段推进示范区建设。

到2020年，生态文明制度建设取得明显成效，空间开发保护制度基本建立，城市开发边界、永久基本农田和生态保护红线制度得到有效实施，山水林田湖等多元化生态要素得到有效保护，水资源节约集约利用水平明显提升，基本形成生态经济体系。黄河滩区扶贫工作取得全面胜利，居民生活水平明显提升。跨区域协调发展机制基本建立，交通互联互通、公共服务设施共建共享、生态环境联防联控联治、创新资源高效配置和开放共享的机制不断完善，在重点领域探索形成一批可复制、可推广的改革成果。制造业高质量发展取得积极成效，黄河文化遗产保护进展顺利，文化旅游国际影响力持续提升，生产、生态、生活融合发展格局初步形成。

到2025年，示范区生态经济发展水平全国领先，生产、生态、生活融合发展格局全面形成，建成全国生态文明建设先行区，为全国生态经济发展创造出一批典型经验。跨区域协调发展机制高效运行，协同型、网络化的一体化空间发展格局全面建成，一批区域合作改革创新复制推广，成为全国领先的跨区域一体化发展典范。黄河文化遗产系统保护成效显著，黄河文化蕴含的时代价值得到充分挖掘，“黄河故事”影响力显著提升，示范区成为全球黄河文化旅游目的地。区域内居民幸福指数显著提升，成为全国知名的生态宜居宜业宜游的国际化都市圈，率先建成生态优美、生产繁荣、生活幸福的国家级黄河流域生态保护和高质量发展示范区。

四、主要任务

（一）加强生态环境保护。

（1）优化示范区生态安全空间格局。严守黄河水资源利用上线，以保护修复自然生态系统为目标，统筹山水林田湖草综合治理、系统治理和源头治理，以郑汴港“绿心”，郑州中心城区绿环、都市圈生态外环，都市圈沿黄文化生态带、南水北调保护带，都市圈绿色交通廊道、沿黄生态水系廊道，沿黄自然保护区、森林公园、黄河湿地公园等生态要素为重点，构建“一心、双环、两带、多廊”的区域生态格局，形成多层次、多功能、复合型、网络化的生态支撑体系。

（2）强化生态保护红线实行分区分级管控。以环境主体功能区划落地实施构建“基础骨架”，以生态保护红线划定“生态高地”，开展分区分级保护，分层次推进空间用途管制落地。划定示范区生产、生活、生态空间管制界限，明确“一轴一核两区三带”及各板块定位。严格落实生态空间用途管制，严守资源消耗上限、环境质量底线、生态保护红线，以推进沿黄地区生态修复、加强太行山、嵩山地区生态保护修复、推动平原地区生态网络建设为重点，系统提升生态保护水平。

（3）协同推进五大生态系统建设。协同推进森林、湿地、流域、农田、城市五大生态系统，积极构建示范区黄河生态治理体系。以植树增绿为导向，以都市圈城市生态林、嵩山生态区水源涵林、太行山绿化工程林、沿黄生态涵养林为重点，提升森林生态系统承载力。以黄河湿地自然保护区，贾鲁河、沁河湿地涵养区，雁鸣湖、凤泉湖等人工湿地为重点，整合城市水系、河流湖泊等湿地资源，实施扩水增湿、退耕还湿等工程，构建湿地生态系统。以改善水环境质量为核心，实施水源保护、跨流域调水、水系连通、水生态修复等工程，构建流域生态系统。以沿黄区域农田生态修复为抓手，强化农业生态保障功能，推进农田生态系统建设。以海绵城市和城市绿地为抓手，构建涵盖“森林、绿地、水系、河湖、耕地”的城市生态网络，提升城市绿色发展能力。

（二）保障黄河长治久安。

（1）协同推进沿黄区域“四水同治”。实施水生态、水资源、水环境、水灾害“四水同治”，深入落实“节水优先、空间均衡、系统治理、两手发力”十六字治水思路，以着力解决黄河水资源保护开发利用不平衡不充分问题为主线，以科技创新为动力，加快构建水资源高效利用、水生态系统修复、水环境综合治理、水灾害科学防治等体系；以全面保障黄河水安全为目标，坚持流域治理，上下游、干支流、南北岸联动，完善水沙调控机制，确保“大堤不决口、河道不断流、水质不超标、河床不抬高”。

（2）实施沿黄区域水沙调控工程。紧紧抓住水沙关系调节这个“牛鼻子”，构建完善的水沙调控体系，协同都市圈各市及三门峡、洛阳、濮阳等地，联动推进防洪减淤、水土流失综合防治、水资源合理配置和高效利用、水资源和水生态保护以及流域综合治理等工程。充分利用小浪底水库合理拦沙和调水调沙提高河道的输沙能力，通过水库拦沙和联合调控水沙，协调黄河水沙关系，保障黄河防洪安全和供水安全。

（3）构建沿黄区域防洪减淤体系。按照“上拦下排、两岸分滞”调控洪水、“拦、调、排、放、挖”综合处理和利用泥沙的思路，通过“控制、利用、塑造”管理洪水，以郑州及开封段地上悬河为重点区域，减轻河道淤积，维持中水河槽，保障防洪安全。以沿黄两岸河防工程为基础，以涵盖上下游、左右岸的水沙调控体系为核心，构筑多沙粗沙区拦沙工程、放淤工程、分滞洪工程等相结合的防洪减淤工程体系，辅以防汛抗旱指挥系统、防洪调度和洪水风险防控等措施，构建完善的黄河防洪减淤体系。

（4）实施河道滩区综合治理工程。适度开展收河紧堤工程，尝试性进行黄河北岸大堤南移，建立登记制水土综保利用体系。加密建设生态河道网，推进区域内“堤（岸）、疏、蓄、滞”综合治理工程布局，提高防洪标准。兴建若干应急性平湖工程，平时蓄水做景观，及时清淤调蓄水。采取滩区引洪放淤及机械放淤、淤堵串沟、淤填堤河等措施，综合治理都市圈开封段黄河“二级悬河”问题。统筹协调滩区群众生活生产与黄河行洪防洪之间的矛盾，加快滩区安全建设，实施滩区洪水淹没补偿政策，探索逐步废除生产堤。

（三）推进水资源节约集约利用。

（1）统筹“四个格局”形成人水和谐新局面。统筹沿黄区域生态保护、资源开发、产业发展、城乡协调“四个格局”，处理好水—城、水—地、水—人、水—产之间关系，坚决抑制不合理用水需求，推动用水方式由粗放向节约集约转变；牢固树立“一盘棋”思想，以水而定、量水而行，将沿黄区域空间布局、城市建设、乡村振兴、生态保护、环境治理、沿水景观、文化传承等统筹谋划，重点解决沿黄区域生态环境容量、黄河滩区移民迁建安置、沿线产业转型升级和高质量发展以及损害群众健康的突出环境问题，发挥生产发展、生活宜居与生态良好的联动效应，推动沿黄区域民生、生态、经济、文化协同发展。

（2）构建水资源节约利用体系。加快都市圈现代化水网统一规划，统筹考虑黄河水、南水北调水、地表水、雨洪水、中水、地下水的综合利用，着力构建健康可持续的水资源开发利用体系。优化取水口布局，划定禁止排污区、限制排污区和河岸生态保护空间，保护饮水和供水安全。重点在郑州侧改造和扩建现有水源地，提升取水能力。优化水资源配置，保障河道水网生态需水，逐步开展生态用水调度。健全水源保护区的安全防范措施和制度。优化区域水资源配置，谋划一批重大水资源配置工程，实现跨区调水、丰枯调剂、一水多用、循环利用。

（3）全面推进节水型社会建设。强化水资源承载能力的刚性约束。严格实行水资源消耗总量和强度双控，国民经济和社会发展规划、国土空间规划、重大建设项目布局规划、工业园区规划要与水资源环境条件相适应。深化节约用水体制机制改革。强化节水考核刚性，提高用水效率，推进从粗放用水向集约用水方式的根本性转变。在生态脆弱区、地下水超采区，实行负面清单管理，严控新上或扩建高耗水、高污染项目。实施节水增效行动。继续实施大型灌区和重点中型灌区续建配套与节水改造，加快工业绿色转型升级，限制高耗水和低效用水产业发展，强化城镇节水降损，推进节水型城市建设，加快城镇供水管网以及污水再生利用设施改造，构建全域的水资源集约利用体系。

（4）系统修复黄河流域水生态。加强水土流失综合防治。加快推进山洪沟治理和淤地坝建设，统筹实施山水林田湖草措施，探索建设水源保护型、休闲观光型、绿色产业型、文化旅游型等新型小流域；在嵩山、太行山区实施封禁治理，保护好现有植被，提高涵养水源能力。加快黄河生态廊道建设。规划建设黄河干流绿带，打造黄河生态廊道；加快沿黄湿地和引黄湖泊湿地相结合的湿地公园群建设。实施地下水超采区综合治理。通过水源置换、引水补源、封停水井、节水技改、优化产业布局、调整种植结构等综合措施，以坚持开源节流并举，系统治理沿黄地下水超采问题。

（四）推动黄河流域高质量发展。

（1）突出产业融合，推动产业体系高质量发展。依托郑开创新创业走廊、郑新创新产业走廊、郑焦产业融合发展走廊、荥阳—巩义创新产业走廊、许昌—港区先进制造业走廊、开封—港区产业融合发展走廊，集中布局高端制造业、战略性新兴产业，推动云计算、大数据等新业态与制造业融合赋能，推动都市圈先进制造业高质量发展；推动郑州市现代物流中心与全球资源配置中心建设，加快开封、新乡、许昌、焦作等次级中心城市综合商务中心功能升级，推动都市圈形成以现代商贸物流业为基础，以现代金融业、文化旅游业、国际会展业和信息服务业为重点的现代服务业体系；着力优化都市圈现代农业发展格局。推动沿黄农业与旅游、文化、教育融合发展，发展休闲农业、养生农业、创意农业、体验农业等新业态。发展智慧农业，推动沿黄区域藏粮于地、藏粮于技，在确保国家粮食安全方面有新担当新作为。

（2）突出产城融合，促进城镇体系高质量发展。优化产业空间布局，推动产城融合发展。以都市圈各类产业集聚区为抓手，以产兴城，依城促产，发挥不同层级城市资源禀赋优势，在大中小城市和小城镇之间逐步培育形成分工合理、优势突出、特色鲜明、吸纳就业能力强的城镇产业体系。郑州立足建设国家中心城市，大力吸引高端要素集聚，形成以服务业和高端制造业为支撑的产业结构。开封、新乡、许昌、焦作等坚持制造业与服务业融合互动发展，提升城市产业能级。沿黄各县市以围绕集聚人口、扩大就业、拉动内需，充分利用要素成本优势，大力发展县域经济。统筹都市圈中心城区与周边中小城市和小城镇产业发展，形成产业集聚、就业增加、人口转移、产城融合发展的新格局。

（3）突出城乡融合，推动民生福祉高质量提升。统筹城乡产业、基础设施、公共服务、资源能源、生态环境等布局，以规划一体化促进城乡空间融合，以基本公共服务普惠共享促进城乡社会融合。坚持民生优先，把保障和改善民生作为都市圈城乡融合的出发点和落脚点，以黄河滩区脱贫攻坚为重点，打好打赢扶贫攻坚战，谋划黄河滩区后脱贫时代民生福祉持续提升的长效机制；着眼补齐农村公共服务短板，着力化解城乡“二元结构”，健全全民覆盖、普惠共享、城乡一体的基本公共服务体系，着力提升都市圈城乡基本公共服务均等化水平。

（4）突出要素融合，激发高质量发展新动能。构建都市圈一体化的资源要素市场，以打破地域分割和行业垄断、清除市场壁垒为目标，以优化营商环境为契机，以都市圈各地市加大人才引进、加强人才培养、加速人才共享为抓手，推进人力资源市场一体化；以都市圈各地市组建共性技术创新联盟、搭建科技服务资源共享平台、打造科技创新创业平台为抓手，推动技术市场一体化；以“规划对接、战略协同、专题合作、市场统一、机制完善”为导向，推动金融服务一体化；营造都市圈规则统一开放、标准互通互认、要素自由流动的要素市场环境，激发市场主体的活力动力，为都市圈高质量发展助力赋能。

（五）保护传承弘扬黄河文化。

（1）启动黄河文化探源研究工程。充分利用郑州大学、河南大学、河南省社会科学院、中国社会科学院郑州研究院等科研平台，深化郑州都市圈在华夏文明起源中的核心地位研究，开展嵩山地区文明化进程与华夏文明形成、以嵩山地区为中心的东亚现代人起源、中国古代城市文明等黄河文化探源研究工程，实证都市圈在中华文明延绵不断、多元一体、兼容并蓄发展脉络中的主线地位。实施一批在中华文化中具有文化地标和精神标识意义的重点工程，坚定文化自信，提升国际影响力和标识度。定期举办以“黄河文化”为主题的黄河论坛和研讨会，深入研究黄河文化的内涵、外延、载体、价值和功能等。广泛开展黄河文化普查，开展黄河文化遗产的抢救和保护工作，谋划建设黄河文化博物馆。

（2）建立黄河文化全域综合保护体系。打造黄河文化与文物保护利用示范区，站位中华文明和黄河文化全局，围绕黄河文化保护传承弘扬，重点阐释、利用黄河沿岸双槐树遗址、大河村遗址、古荥大运河片区等黄河文化元素，建设黄河国家文化公园先行示范区；全面启动黄河母亲地标复兴工程，通过文学、艺术、专题片等形式重塑性推广，与四大文化片区建设协同宣传，使之成为郑州都市圈核心文化名片。启动黄河文化集合展示工程。借鉴深圳锦绣中华微缩景区主题公园经验，考虑在中牟建设黄河沿途风光微缩景区博览园，高标准荟萃黄河沿线地区民间艺术、民俗风情和民居建筑，建设一个具有代表性、独一性的集观光景点、文化体验为一体的精品文化苑区。

（3）打造黄河文化国际高端传播平台。建设郑州商城遗址城市文化客厅。强力推进郑州商都历史文化区建设，打造郑州作为中国“八大古都”的标志性区域，增强文化自信，提升城市品位，构建国际交往的城市客厅。深度挖掘开封千年宋都以及黄河“城摞城”文化资源，打造开封宋都历史文化交往平台，带动都市圈文化国际交往平台的构建。提升登封天地之中、南太行会议度假交往平台功能。充分挖掘都市圈嵩山天地之中世界文化遗产（塔林、中岳庙、少室阙、观星台等）、少林功夫等国家级非物质文化遗产，深入挖掘儒释道文化、少林功夫文化，培育相关文化产业与品牌，提升国际文化影响力。焦作、新乡南太行地区主要依托云台山等南太行生态和景观资源以及太极拳人文资源，重点培育休闲度假型国际交往平台功能。

（4）塑造推广“黄河文旅”整体品牌。以文旅融合为导向，整合郑州都市圈沿黄文旅资源，加快推动都市圈全域旅游一体化发展，以郑汴洛三座城、三百里、三千年为重点，协同郑州都市圈各地市，共同打造推广“黄河文旅”整体品牌。围绕中华文明溯源之旅、文化名人修学之旅、历史遗迹探寻之旅、大河风光体验之旅、生态养生休闲之旅等不同主题，擦亮都市圈功夫、根亲、古都、诗词、农业、研学等文旅融合名片，形成富有中原特色的黄河旅游产品和精品线路。

郑州黄河文化脉络及展示空间体系构建调研报告

郑州市自然资源和规划局城乡规划编制研究中心

习近平总书记视察河南对黄河流域生态保护和高质量发展作出重大战略部署，提出“黄河文化是中华文明的重要组成部分，是中华民族的根和魂”的重要定位，延续历史文脉，坚定文化自信，讲好“黄河故事”。为深入贯彻习近平总书记视察河南重要讲话精神，按照2020年省级重点课题调研计划的部署安排，郑州市城乡规划编制研究中心组成自然资源重大问题调研组，聚焦黄河流域生态保护和高质量工作重点，针对郑州黄河流域的文化资源现状情况、保护状况及黄河文化的内涵开展了专题调研工作。调研组认真学习研读习近平总书记讲话，围绕习近平总书记指示制定调研计划，抽调专业出身的骨干技术力量专门负责。调研组在经过为期一个月的调研基础上，进一步对郑州黄河流域的文化脉络进行了深入的梳理研究工作，并提出了黄河文化展示空间体系构建的想法和建议。

一、调研情况概述

郑州位于黄河之滨，是国家级历史文化名城、我国八大古都之一，历史文化资源丰富、文化人文底蕴厚重。在黄河流域生态保护与高质量发展战略指引下，开展黄河文化脉络和展示研究是提升城市文化软实力，增强城市竞争力的重要抓手。

（一）郑州黄河文化资源丰富。文物数量和规模居全国城市前列，市域拥有2处世界文化遗产，83项全国重点文物保护单位，131项省级文物保护单位。其中沿黄区域有中国大运河通济渠1项世界文化遗产，有以大河村遗址、双槐树遗址为代表的仰韶时期大遗址聚落群，以及以西山遗址、荥阳故城为代表的古城址等，共13项全国重点文物保护单位和23项省级文物保护单位。整体物质文化遗产数量众多、非物质文化底蕴深厚、历史文化名镇和特色村庄资源丰富。

（二）黄河文化内涵深厚。黄河是中华民族的母亲河，干流全长5464公里，流域总面积79.5万平方公里。黄河流域是中华民族先民早期最主要的活动区域，也是中国早期文化形态的主要诞生地。中国5000多年的文明史中，黄河流域有3000多年是全国政治、经济、文化中心。黄河文化是由古今黄河流域所衍生的文化，是中华文明的重要组成部分，是中华民族的根和魂。黄河流域拥有世界文化类遗产19项，占全国总数41项的46%；全国6处重要大遗址保护项目片区中，西安片区、洛阳片区、曲阜片区、郑州片区等4个片区都集中分布在黄河流域。从农耕文明到近现代，黄河文化表现出历久弥新的顽强生命力和巨大创造力，内涵极为丰富。

二、郑州黄河文化脉络梳理

（一）黄河文化发展历程。黄河文化的发展折射出华夏文明的发展历程，至今大致经历了萌芽期、形成期、鼎盛期、衰微期和复兴期五个阶段。

一是萌芽期。黄河流域是中华民族的发祥地、农耕文明的肇始地、氏族社会的兴盛地。在新石器时代，形成了马家窑文化、齐家文化、裴李岗文化、老官台文化、仰韶文化、龙山文化、大汶口文化等。二是形成期。中国第一个王朝夏朝建立在中原，以青铜文明为代表的三代辉煌在中原。三是鼎盛期。秦汉隋唐北宋，以西安、洛阳、开封为代表的王朝都城建立在中原，经历了秦文化、三晋文化、齐鲁文化等多元并立和多元一体的文化融合发展，中华文明鼎盛辉煌，影响世界。四是衰微期。宋室南迁后，中国古代的政治经济文化中心转移到其他地区。五是复兴期。当代黄河流域的经济社会文化不断得到发展，黄河流域生态保护和高质量发展的国家战略助推黄河流域再创新辉煌。

（二）黄河文化内涵。

主要表现在以下四个方面。

（1）黄河根源文化。黄河流域是华夏民族的孕育发祥地，也是海内外炎黄子孙共同向往的根脉之地。中华民族大一统的主流意识萌发于大禹治水；秦统一六国以来，中央王朝的疆土版图以黄河流域中原地区为中心，不断向周边拓展，促使统一融合成为炎黄子孙的共同信仰；魏晋南北朝时周边各民族文化与黄河文化碰撞，完成更多元的、多层次的融合。黄河文化蕴含的“同根同源”民族心理和“大一统”的主流意识，是增强民族认同感、维系国家统一和民族团结的精神文化支柱。

（2）黄河民生文化。黄河流域中原地区得天独厚的自然地理条件，为农耕文明形成提供了有力保障。“民为邦本”思想作为农耕文化的显著特点，从黄河流域延传播散；新中国以人民为主导的治黄事业实现黄河安澜。黄河文化蕴含的“安民”“重民”思想和“大同”“天下为公”理想，与当前中国特色社会主义事业和全心全意为人民服务宗旨一脉相承，是一切工作的出发点和衡量工作成效的最高标准。

（3）黄河精神文化。自强不息的民族精神。黄河儿女繁衍发展的历史，也是一部与水患不屈不挠抗争的历史。从大禹治水到潘季驯“束水攻沙”，从汉武帝“瓠子堵口”到康熙帝把“河务漕运”刻在宫廷柱子上，再到新中国创造黄河70年岁岁安澜的历史奇迹，实现了黄河治理从被动到主动的历史性转变，见证了中华民族敢于拼搏、坚韧不拔的斗争精神和开拓创新的民族精神。黄河流域孕育了农耕文明、商业文明，集合了中华民族伟大创造，从天文历法、冶铸陶瓷、建筑纺织到“四大发明”推动人类文明进程；当前科技革命和产业变革正在重塑黄河流域经济版图。黄河文化蕴含的创新精神，是中华民族生生不息的活力之源。

团结统一的民族精神。黄河儿女上下一心展现出强大感召力、凝聚力和向心力。从防风治沙的科学实践，到南水北调工程，从小浪底水库的建成到其稳定发挥效用30余年，均是中华民族协调配合共同实现的成就。黄河文化展示出万众一心、团结一致的民族精神，是激励中华儿女不断前行的动力所在。

（4）黄河生态文化。天人合一的生态哲学。黄河流域先民逐水而居、与河相伴，通过顺应自然规律，总结了天地人的独特生态理念、节气指导农事的天时理念、物尽其用崇尚节俭的可持续发展理念等，均体现了黄河文化中独特的生态观念，追求与自然的和谐共生，追求可持续发展的生活状态。

（三）郑州黄河文化核心脉络梳理。

郑州地处九曲黄河中下游分界点，自古有“悬河头、华北轴、百川口、万古流”的鲜明特征，从来是黄河安澜的国家治理中枢；郑州及其所在的中原地区是中华民族的摇篮，华夏历史文明遗迹嵌落于黄河岸边。作为黄河干流唯一的国家中心城市，郑州充当着黄河流域生态保护和高质量发展的战略支点，承担着新时代黄河文明保护传承和创新发展的重要责任。可从以下三点认识郑州在黄河文化发展历程中的价值和地位。

（1）郑州是孕育中华民族起源的核心地区。人类文明进化历程中，郑州黄河地区是唯一没有断线的地区，涵盖裴李岗文化—仰韶文化—河南龙山文化—二里头文化—商文化等文明早期发展的主要形态；覆盖荥阳织机洞、老奶奶庙、大河村、王城岗遗址、西山遗址等新旧石器时期重要聚落、城址遗迹，构成了旧石器时代至新石器时代发展过渡的完整年代链条，印证了中国现代人的独立起源；中华文明探源工程中，6座规模大、等级高的中心性城邑被列入研究重点，其中3座位于郑州。

（2）郑州是见证华夏文明中心的标识地区。政治中心，由夏代阳城王都肇始，至商代以亳都、隞都为统治核心，奠定了华夏民族的核心版图，同时孕育了延续千年的政治、文化制度；信仰中心，五岳四渎格局是象征国家地理的大坐标，也是早期中原区域范围的体现；交通枢纽，是东西、南北交通的咽喉要地，古代水陆路交通路线双节点；军事要地，是关乎国家政权兴衰的关键地区，诸多历史改天换地大事件的发生地；文化圣地，出现了最早的文字、青铜器、夏商王城、礼制建筑、国家形态、政治制度、哲学理念、思想文化、宗教艺术等，是科技文化艺术成就的集大成者，开创并奠定了中华文明基础。

（3）郑州是展现大国治理智慧的精华地区。历史上黄河下游河段决口泛滥频繁，郑州历来是河流治理的关键地区，从河治、国治、文治，展现大国治理智慧。古代黄河治理促进了国家的形成，同时治河方略推动提升了农业、水利、航运等的发展，郑州作为中国统一王朝最早定都之地，奠定了现代中心的核心版图；黄河治理是国家治理能力的集中反映，河运深系国运，黄河在中国政治史上有着崇高地位。黄河防洪关乎核心区域人口聚集和政权稳定，黄河灌溉保障农业时代的生存根基，水运漕运维系大一统国家的经济要脉，无一不与国家兴亡休戚相关。

三、调研发现问题

郑州文物数量和规模居全国城市前列，文化内涵深厚，经过调研分析，在展示和利用方面存在以下问题。

（一）黄河文化资源不显。

一是文化资源空间联系程度不高，空间碎片化。区域层面与周边资源缺乏串联，关联性不强；自身层面黄河沿线文化资源分布散落，缺乏有效整合，未形成空间集聚。二是文化内涵挖掘不足，特点不突出。缺乏主导性内涵提炼，流于表面，对黄河文化深层内涵反映不足；典型性不强，郑州地域特色欠缺。

（二）黄河文化品牌不彰。

一是代表性文化品牌和文化地标缺失，文化输出困难。地面现存可观可赏的文化遗产较少，文化展示过于粗犷，外化于形相对少，文化空间和地标感知较弱；本土原创文化品牌较少，国际影响力不足。二是魅力文化空间缺位，文化景观品质较低。文化设施数量少，类型单一，缺乏吸引力，文化展示与现代生态、景观等主流理念缺乏融合，城市文化景观品质粗糙。

（三）黄河文化创新利用不够。

一是文化遗产展示水平不高，活化利用形式和途径单一。文化遗产基本以原址保留为主，文化保护还处于刚需阶段，展示、利用和创新缺乏动力。二是黄河文化创新不足，缺少创新空间载体和传播渠道。黄河文旅发展以博物馆、纪念馆等游览参观为主，缺乏对利用模式的创新探索。

四、关于展示体系空间构建的建议与思考

（一）构建东西连横、南北合纵的区域文化展示格局。

立足全国大局，主动承担示范黄河流域、引领中原崛起的历史使命，以讲好黄河故事、发扬时代精神为时代任务，锚定郑州“华夏文明之源、黄河文化之魂”地位，打造黄河文化展示格局。创新区域联动，西衔洛阳、东联开封、辐射安阳，依托四大古都大遗址群，构建以郑汴洛轴线为核心，世界级黄河文化展示平台；强化市域整合，建立以郑州黄河文化公园（原黄河风景名胜区）、中国大运河通济渠、大河村遗址为核心的黄河文化展示示范区，辐射大都市区的以“民族起源”“文明中心”“古城址”“大事件”等为特征的主题展示示范带。

（二）建立沿黄文化展示分区及精神标识，以文化人。

依托沿黄地区具有代表性的历史文化资源，围绕郑州黄河文化历史方位，划定四段文化华彩篇章，全景展示文明发展完整链条。华夏起源展示段以河洛古国、洪沟遗址为代表的历史资源为依托，集中展示华夏文明起源，体现同根同源认同感；文明中心展示段以西山遗址、炎黄广场、汉霸二王城为代表的历史资源为依托，综合展示文明发展，重铸中华民族根与魂；大国治理展示段以控导工程、黄河大堤为代表的治河水利工程设施，以花园口记事广场、大运河通济渠遗址为代表的资源为依托，展示黄河利用和治理，体现百折不挠的刚健风骨；生态智慧展示段

以雁鸣湖、中牟森林公园等自然资源为依托，体现和谐共生的生态智慧。

从文化弘扬视角，树立六处黄河文化精神标识，涵盖河洛古国（双槐树遗址）、江河聚首（南水北调穿黄水利工程）、鸿沟叠翠（汉霸二王城遗址及鸿沟）、华夏之源（炎黄广场）、仰韶遗风（西山遗址）、花园新忆（花园口事件记事广场）；塑造三处重量级黄河文明展示窗口，多感官、全方面展示中原自信，包含黄河博物馆、黄河望河台（中下游界碑）、黄河颂文化演艺综合体。

（三）以沿黄景区建设为主导，描绘文化景观长卷。

作为黄河胜景和文化的重要空间载体和展现区，加强对沿黄区域各类自然、文化资源的挖掘，形成范围全覆盖、内容更完善的展示体系，构建“黄河胜景观览带、华夏文明体验带、八大核心景区、八处核心景群”的总体格局，营造画境、意境兼具的文化景观长卷。

黄河胜景观览带以滨河景观为主线，最美大河绿道为载体，突出邙山—滩区—黄河大堤一线自然风光，打造自然，风景与园林共生的空间体验；华夏文明体验带以沿线文化璀璨明珠为主线，黄河国家风景道为载体，建立区域历史文化脉络，加强整体保护利用，形成“五千年文明、三千年营城、千百年治黄”的文明体验。依托资源集聚且具有代表性的八个核心景观区及核心景观群，实现区域整体保护利用。

（四）创新黄河文明博览体系和体验场景。

新建改建一批传承弘扬黄河文化、城市精神的博览设施、纪念场地，提升文化国际影响力。大力推进一批国家级文化精神标识建设，同时支持河洛书院、河洛古国博物馆、中国南水北调水利博物馆、青台遗址博物馆、中国大运河博物馆、黄河自然博物馆等黄河文化博览场馆，及毛主席视察黄河纪念地、习近平总书记视察黄河处、伏羲台遗址、花园口事件记事广场等黄河精神纪念场地发展。

依托郑州主城区、沿黄名镇名村及传统村落，积极拓展交往、创意、科研、体验、文娱等多种类型场景，推动黄河“可参与、可感知、可欣赏、可消费”。对标郑州国家中心城市建设目标，突出郑州在中华文明复兴中担当，布局黄河文明研究平台；对应黄河流域治理中心职能，布局黄河治理科学平台；利用名镇名村及传统村落资源，沿黄布局一系列文化创意聚落和特色村镇。

挖掘、整理、恢复和保护各类非物质文化遗产，完善非物质文化遗产宣传、展示与交流平台，促进活态传承。恢复传统美术、民间文学、传统手工艺等活动，布局各类非物质文化遗产体验中心，依托传统音乐、舞蹈、曲艺等布局文艺演艺中心；恢复传统文化节庆、仪式，布局一系列特色活动场地。

（五）推动全域文化旅游发展，打造精品文旅线路。

以黄河为纽带、郑州为核心串联郑汴洛国际黄河文化旅游带，深度融入以国内大循环为主体、国内国际双循环相互促进的新发展格局，促进郑汴洛旅游供给侧改革。打造郑汴洛全域旅游产品体系，形成旅游高质量发展新动能，满足更高水平的人民群众需求。

依托区域品牌旅游景区和主要交通干线，串联旅游节点，连点成线，串景成廊，发挥沿线旅游资源的整体优势，融入郑汴洛国际黄金旅游带格局，打造区域协同“48h 中华遗迹游”“72h 寻根问祖游”“72h 宗教朝圣游”“96h 文化观光游”五大主题精品旅游线路。